U0132363

中國古代海戰史

梁二平
王國平
——著

目錄

"夏，楚子為舟師以伐吳。"

公元前 549 年夏日的一天，正是長江豐水之時，春秋五霸之一的楚國派出舟師沿長江順流而下，攻打吳國。《左傳》由此留下上述這麼一行字，這是中國史籍有明確記載的第一次水戰，也是關於舟師作戰的最早記載。

此後，有關舟師的作戰記錄，不時出現在中國的史書之中。

中國歷史上有許多改變歷史的水戰。比如赤壁之戰，一戰形成了魏、蜀、吳三分天下的局面；比如朱元璋和陳友諒的鄱陽湖水戰，奠定了朱元璋統一江南的基礎，掃清登帝之路上的最大障礙；比如宋金的黃天蕩水戰，金軍自此不敢輕易渡江，南宋半壁江山暫時得以保全。

……

類似的水戰還有很多，它們共同的特徵是都發生於江上、湖上。從本質看，這些水戰還是陸戰的延續。這是因為古代中國戰事主要發生在陸上，中國政體方略也基本是在陸上展開與建構的。因此，這些發生在江和湖上的水戰都不是本書關注的對象。

在第一次出現舟師作戰文字記載的六十多年後，已是春秋末期。長江下游的吳國，越海北上攻打位於山東半島腹地的齊國，這便是"自海入齊"的故事。後世將此視為古代中國的海戰之始，舟師作戰由此開始從江和湖延伸於海洋。

就國土疆域而言，中國有數萬公里海岸綫，《漢書·地理志》就已明確了東北至東海，西至今越南的中華萬里海疆。從地理分佈而言，中國無疑是一個海洋國家。

同時，中國又是一個有豐富歷史記載和濃厚研究傳統的國家。從《尚書》開始，就已有專門的史書，此後，歷代的史書、地方誌、筆記、檔案，汗牛充棟，浩如煙海。然而，我們循著這些歷史文獻搜尋時發現，關於中國古代海戰的歷史記載少之又少。

這當然是中國歷史發展的獨特性所決定的歷史研究現實：海戰不屬於古代中國戰爭的主流，中國關於海上戰事的歷史記載多是三言兩語式提及，鮮有學者系統地去疏理中國古代海戰的歷史脈絡。

而海戰又是一個政權關於海權認識、海洋管理乃至海洋戰略的集中體現。在古代中國兩千五百多年的漫長歲月裏，舟師、水軍、水師、海軍作為一支海上軍事力量，逐漸活躍在朝鮮海峽、渤海灣、黃海、東海、南海乃至印度洋，影響著中國和世界歷史的進程。

著眼於此，我們嘗試著對中國海戰做一次近於通史性的考察與整合，重點梳理中國古代的海戰史。在這本書中大體包括四個部分：一是華夏內部的海戰，二是跨外海的巡洋與遠征，三是外國艦隊侵略中國與中國海疆保衛戰，四是圍剿本國海盜與外來海盜……通過疏理有關中國古代海戰史，展示中國古代的海上戰船、海上戰法、海防與海洋經略的演變、古代海軍的建立與發展，本書力求勾勒出一幅真實生動的關於中國古代海戰史的全景畫卷。

本書的重點部分為中國古代海戰史，所運用的主要史料分為三個部分：一是古文獻中的文字史料；二是古代文獻中的歷史圖像，如海戰繪畫、地圖，其中有中國的，也有外國的；三是文物實證圖片；四是田野調查照片等。

本書以時間為經，以戰事為緯。簡單來說：

第一章，春秋戰國時期。甲骨文中有關於舟船的描繪和舟船的使用記錄，至商周時期，文獻中有關於水上運兵的記錄，以及春秋戰國時期，出現水戰、海戰的雛形。

第二章，漢晉南北朝時期。這是漢朝的海上榮光時期。漢朝樓船從山東半島跨海東征朝鮮半島，又平南越、征交趾。並由此產生一個讓後世銘記的海將名詞"伏波將軍"。

第三章，隋唐五代時期。隋、唐延續了漢代的海上雄心，接連發動東征高句麗、百濟的跨海作戰，尤其是白村江（今韓國西南錦江）海戰，這是中日之間的第一次海上交鋒，唐朝水師大獲全勝。

第四章，宋、遼、金時期，兩宋時期，中國科學技術發達，海洋文化興盛，指南針、火藥等技術開始應用於航海和海戰，這些科技發明影響了整個世界。但令人唏噓的是，宋朝也是滅亡於一場海戰——崖山海戰，崖山也因此成為中國古代文化史上一個特殊的地標性存在。

第五章，元朝時期，這是一個充滿殺氣和鐵血橫行的時代。成吉思汗開創的蒙古帝國，一邊憑鐵騎馳騁歐亞大陸，一邊下馬上船，渡海遠征，表現出征服世界的野心。在忽必烈時代，元朝東征日本，南討爪哇，西伐占城、安南，但這些戰爭多以失敗告終，而教訓深刻。在這些戰爭中，元朝只將船舶作為渡海的工具，卻不研究了解海洋，這是導致海戰失利的重要原因，亦可見海戰中光有野心是不夠的。

第六章，明朝時期，這個時期本應該成為古代中國的大航海時代。鄭和七下西洋的壯舉、平定倭寇的海防建設、在朝鮮半島打敗日本海軍的戰績，以及首次打敗葡萄牙、荷蘭等西方海上力量，都讓明朝看起來像一個海洋強國。然而，明朝的海洋方略，主流是"守口"和"岸防"，若隱若現的大航海曙光終歸熄滅在封建王朝的海禁黑暗中。

第七到第十三章，有清一代，我們用了七個章節來講述。清朝在早期有過將台灣納入版圖的偉績，也有靖海澄疆的決心。但到了中晚期，清朝在"天朝上國"的自大之中，先是在二十年裏先後打了兩次鴉片戰爭，之後幾乎每隔十年就有一場海上戰爭：1874 年日本以"牡丹社事件"為由入侵台灣；1884 年清法在馬江開戰；1894 年清日甲午之戰；1900 年"庚子事變"，清廷與十一國開戰。

源自宋元時代的火藥，一次次撬開古老中原王朝的海門。自兩次鴉片戰爭後，清朝也有過經略海洋的努力，開辦船政，購買軍艦，建設現代海軍，但這些努力都消磨在統治集團的黨爭與短視之中。從本質來說，這樣的局勢是因為清政府尚不明白海軍的真正價值所在，無法理解或者說不願意理解海洋造成的。

甲午海戰後，清朝痛定思痛，海軍也一度中興，進行了首次環球航行，收復東沙島，巡視西沙群島……但留給清朝海軍的時間已經不多了。

第十四章，講述"現代海軍的曙光"。隨著辛亥革命一聲槍響，清末的海軍，這些接受世界最新潮思想的軍人，全軍種起義，走向共和。

本書在記述各歷史階段戰爭時，原則上不用"中國"一詞，而用當朝政府的名稱，如，元、明、清等。

特別是清代的海戰，對於中國人來講，皆為抵抗外來侵略之戰。如果把這些戰爭放在國際背景下來描述和研究，戰爭命名就應依據國際慣例，以當事國的主賓關係來命名。比如鴉片戰爭，即是"清英戰爭"；甲午海戰爭，即是"清日戰爭"；馬江海戰，即"清法戰爭"；至於日俄的旅順之戰，自然是"日俄戰爭"。本書即按此原則來命名這一連串的中國海上戰爭。

清英鴉片戰爭前，文中紀年均以傳統的農曆標識，括號中標明公元紀年，在鴉片戰爭後，文中開始使用阿拉伯數字公元紀年。

縱讀中國古代海戰史可以發現，海軍或者海洋軍事力量的強弱同一個政權的興衰密切相關，反之亦然。只有在一個強大、開放的政權下，才會保障、發展出一支強大的海上軍事力量。

中國古代海戰的領先優勢在清代之前，不論是戰船製造，還是航海技術，甚至初期的火炮技術，都不輸於西方世界。

漢朝的樓船軍是漢武帝開拓海疆的先鋒，在中國海區從南到北縱橫馳騁。乃至到了明代，水軍還有過前所未有的遠征。但近代中國海戰，不僅在“船堅炮利”層面遠遠落後於西方，在戰術戰法上，軍隊的現代操演、管理，也遠遠落後於西方，甚至鴉片戰爭都開打了，清朝水師還沒有一面正式的海軍軍旗，對於近代海戰中的水道測量、輿論戰，清朝則完全沒有這方面的意識。連開眼看世界的林則徐都把與英國海軍交戰的希望，寄託在西方人“不熟悉”珠江江汉的假設上，沒料想英國人的水道測量本來就是海上戰備的有機組成部分。

海權是靠海戰打出來的。清朝識見如此，更遑論藍水海軍思想了。

古代中國一直沒有明確的“海軍”。春秋戰國時，稱舟師；漢代以船名代之，稱樓船軍；東晉至元稱水軍；清代稱水師，一直到 1888 年北洋海軍正式成軍，才正式稱其為“海軍”。

中國文化不能單純定位於“黃土文化”，它也有獨特的“海洋文化”。只是受黃土文化影響，中國的海洋文化，特別是海戰文化，沒有得到很好的梳理與彰顯，以至於我們今天談論海戰時，還沒有一個很好的思想體系來統領。

幾千年來，中國歷史上除了少數時期，對於海洋這片神秘的藍，是敬畏，更是懼怕。

因為懼怕，中國產生了獨特的傳統媽祖海洋文化，以此祈求“神靈”庇佑；因為懼怕，朝廷會不斷發出禁海令；因為懼怕，朝堂上的“大人”們擔心西風東來、“以夷變夏”；因為懼怕，古代中國逐漸喪失了對海洋的理解和對交往的渴望……

從風帆時代到蒸汽時代，中國幾乎錯失了每一次海洋時代的“風口”。

正是因為海戰失敗的剜心劇痛，直到今天，有關甲午海戰的反思仍在繼續。

歷史已經一次次證明，不能制海，必為海制；背海而衰，向海則興。海洋，對於中華民族的生存、發展和繁榮，具有著重要的意義。今天，我們仍然需要對海洋文明、海洋權益這些“藍色文化”進行公共普及。

中國海軍從黃水走來，經過綠水，走向藍水，是一個逐漸走向現代化的進程。這條路有多曲折，就有多少東西耐人尋味和反思。

……

是為序。

作者

2021 年春

第一章

春秋戰國

由"舟"到"舟師"，
交通工具變戰爭利器

　　很早以前，先民們就發明了筏和舟，它們最初是作為渡水工具，其後才是戰爭工具。《易·繫辭下》曰："刳木為舟，剡木為楫，舟楫之利，以濟不通，致遠以利天下。"《漢典》解釋"刳"的基本字義為將木頭"從中間破開再挖空"，它道出了古人製作獨木舟的先後步驟。

　　21世紀之前的中國歷史教科書，一直以距今約七千年的浙江餘姚河姆渡新石器時期氏族村落遺址出土的疑似獨木舟殘骸，為中國舟船文化的起點。這裏出土一隻廢棄的疑似獨木舟殘骸，殘長2米，寬約0.4米，還有六支木槳的殘骸。專家推測，河姆渡遺址出土這麼多木槳，說明當時人們已廣泛使用舟或筏，並已採用多槳划行。

　　值得一說的是，當一些學者對河姆渡出土的獨木舟殘骸和兩個舟形陶器表現的是七千年前的獨木舟抱有疑問之時，2002年中國考古人員在浙江蕭山跨湖橋一帶又發掘出一條較為完整的獨木舟。它長5.6米、寬0.53米、深0.2米，船幫有部分被損壞，寬窄不一，船體凹面內還有支撐橫木的痕跡。這是一條近乎完整的獨木舟。

　　在出土的獨木舟旁邊，不規則地擺放有幾根粗木條，和四五根形狀不一的木樁，估計是用來固定獨木舟的。有關專家考證，這裏應是當時的一個船塢。經北京大學考古文博學院、中國社會科學院考古研究所對此獨木舟及遺址木樁等三個標本進行的碳-14年代測定，該獨木舟距今八千年到七千五百年，屬於新石器時代中期，是迄今為止世界僅存的、年代最久遠的獨木舟。

　　毫無疑問，長江下游早在八千年前後就已創造了獨木舟。考古專家指出，在新石器時代，中國先民們製造獨木舟至少有兩種方法：一種是"刳木法"，即將木頭從中間破開再挖空，做成小舟；一種是"火焦法"，即將整木從中間剖開，根據舟型確定需要先後燒烤的位置，再用濕泥保護其餘部分，然後用火燒烤需要挖刳的部位，待其呈焦炭狀後，用石錛等工具將已經疏鬆的焦炭層刳除，做成

圖 1.1：蕭山跨湖橋出土的獨木舟。

小舟。

　　船史專家們高度關注跨湖橋獨木舟，因為人類對舟船的發現路徑，最早是筏，其後才是獨木舟。獨木舟後期是"獨木舟＋邊架艇"，就是在單艘獨木舟上加裝木架，有一側的單架或兩側的雙架，以增加獨木舟的浮力和穩定性。此後，人類便由獨木舟走上製造木板船的道路。

　　值得一提的是，大約在三千年前，甲骨文中有了"舟"這個字。從存世的甲骨殘片看，商王已確立了一些用舟制度，如水路出行、占問天象，"王其率舟於河，王其率舟於商"。商朝的"舟"，本意即是船。秦代之前人們在描述舟船時，用的都是"舟"字。雖然，西周金文中開始出現了"船"字，但漢代之後，"船"字才被廣泛使用。

　　"以濟不通，致遠以利天下"的舟船，何時被當作戰船來使用？

　　郭沫若主編的《中國史稿》載，甲骨文上曾記錄，商代後期，商王武丁派人乘船追捕逃亡海上的奴隸，並用了十五天才把這些奴隸追回來。明確倚船為戰的最早記載，應當是《尚書·泰誓序》寫到的"武王伐殷，一月戊午，師渡孟津"。

圖 1.2：商人水路出行時，以甲骨占問天象，
"王其率舟於河，王其率舟於商"。

春秋時期晉國史官和戰國時期魏國史官所編寫的《竹書紀年》，也有"周師渡盟津而還"的記載。這些文獻都記錄了武王伐紂在黃河上運兵這件事。史書所記"盟津"又名孟津，為古黃河渡口名，位於今河南孟津東北。這是運兵船渡河的最早記載，但對於用什麼船渡河沒有詳記，也沒使用"舟師"這個詞。

中國最古老的水軍"舟師"，最早在《左氏春秋》（亦稱《左傳》）中出現。此書成於春秋末年，也就是說春秋時，已有了"舟師"這個詞。春秋戰國時期，生鐵生產技術和鐵質工具的出現，為造船業和"舟師"的發展奠定了基礎，使各國不僅有了"舟師"，也使水戰也很快發展成一種新型戰爭形式。

二

最早的舟師，
吳、楚、越的水上爭戰

1976 年 12 月，浙江鄞縣（今寧波鄞州區）甲村公社郟家堭第三生產隊社員在開挖河道時，於石禿山旁邊的農田中，發現了春秋時期的"羽人競渡紋銅鉞"。這個小斧頭上方刻了兩條龍，它們昂首相對，前肢彎曲，尾向內捲；下方以弧形邊框綫為舟，舟上四人成一排，都戴高高的羽毛頭冠，雙手持槳奮力划船，動作整齊劃一，頭冠上的羽毛迎風飄揚。這個"羽人競渡紋銅鉞"，反映了春秋時期吳越一帶的舟船活動已經相當發達與活躍。正是在這樣的背景下，春秋後期，爭霸天下的楚、吳、越等國，為適應在江河水網地區作戰需要，各自建立了舟師。

據《左傳》記載，魯襄公二十四年（前 549 年）夏天，楚國派舟師沿長江順流而下，攻擊吳國——"夏，楚子為舟師以伐吳"。這九個字是中國史籍中有明確記載的第一次水戰，也是中國關於舟師作戰的最早記載。

明代李昭祥在《龍江船廠志》為這句話作註："以舟為戰，蓋始於楚。"據元代學者馬端臨考證："楚用舟師自康王始。"楚康王元年為魯襄公十四年（前559 年），按照馬端臨的說法，這應該是舟師運用的時間上限。

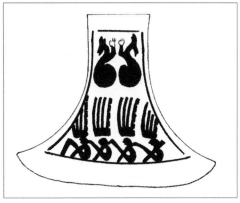

圖 1.3：1976 年浙江鄞縣出土的春秋時期"羽人競渡紋銅鉞"與墨綫圖。

公元前 525 年，吳、楚再一次交戰，這一次是吳國沿長江逆流而上伐楚。當時楚國的令尹陽匄曾為此戰占卜，結果為"不吉"。但楚司馬子魚認為，楚國地處上游，為何不吉？從《左傳》的這一段記載來看，時人已注意到水文對於舟師作戰的影響，時人已經熟練掌握。

此後，司馬子魚率軍與吳軍戰於長岸，史稱"長岸之戰"。長岸在今天的安徽當塗地界，位於長江邊上，這裏河網密佈。戰鬥中，楚司馬子魚雖戰死，但大敗吳軍，楚軍甚至繳獲了吳國的一艘大船——"餘皇"，也寫作"艅艎"。

"餘皇"是吳國舟師指揮船，即最初的"旗艦"，其具體形制已難考證。葛洪在《抱朴子》中稱之為"涉水之良器"，稱其形制寬大，首尾高聳，船首繪有鷁鳥，專供吳王乘坐。因此，有學者認為"餘皇"是一種大型樓船或樓船的雛形，對後世樓船的演進具有重要作用。俘獲"餘皇"之後，楚軍為了防止吳軍將其奪回，派人看守它，並在它的四周挖了很深的塹溝。

吳國公子光（即後來的吳王闔閭）擔心獲罪，向下屬做了說明。《左傳·昭公十七年》記載："吳公子光請於眾曰：'喪先王之乘舟，豈唯光之罪，眾亦有焉。請藉取之以救死。'"大家答應了。

公子光先派人潛伏在"餘皇"附近，夜間派兵襲擊楚軍並高呼"餘皇"，吳軍潛伏者輪流答應。楚軍誤認為吳軍已攻入楚營，大亂。吳軍乘勢進攻，大敗楚軍，奪回"餘皇"。

又過了二十一年，吳、楚再一次展開舟師之戰。

據《左傳》記載，魯定公六年（前 504 年）"四月乙丑，吳太子終累敗楚舟師，獲潘子臣、小唯子及大夫七人。楚國大惕，懼亡。子期又以陵師敗於繁揚。"魏晉時學者杜預在給《左傳》作註時指出，潘子臣、小唯子皆是"楚舟師之帥也"。這一戰，楚國的舟師將領被俘，導致楚國甚至有了亡國的危險。此後，楚國的陵師再敗。"陵師"指陸軍。這說明當時"舟師"已經是一個獨立的軍種。這一戰，楚國因為水陸均戰敗，最終只得遷都。

"舟師"作戰，還發生在吳國和越國之間。

吳、越兩國的國界東側都是海洋，同處長江下游，紛爭不斷。公元前 506 年，吳王闔閭率軍攻楚。越國趁吳國國內空虛，於次年春天出兵襲擊吳都姑蘇。吳王揮兵回救，越軍撤離。

公元前 496 年，越王勾踐繼位。吳王乘勾踐新立之機，率軍攻越。在這一次戰鬥中，吳王闔閭身受重傷，死於敗退途中，是為"檇李之戰"。闔閭臨終命其子夫差"必毋忘越"。夫差即發誓為父報仇，日夜練兵，準備報復越國。

公元前 494 年，越王勾踐先發制人，興兵伐吳。吳王夫差聞訊，徵發全部水陸軍迎戰。雙方在夫椒（今江蘇蘇州西南太湖中的椒山）展開激戰。越軍大敗。吳軍乘勝直搗越都會稽，並攻破會稽城。越王勾踐率殘兵五千人退保會稽山，吳軍將勾踐等人團團圍住，越國求和。

公元前 482 年，吳王夫差自詡國力強盛，率大軍赴黃池（今河南封丘西南）舉行會盟，試圖與晉國爭霸。此時，經過臥薪嘗膽的越王勾踐乘吳國後方空虛起兵。

越兵兵分兩路，一路由范蠡、舌庸統領，循海而逆入淮河，斷絕吳兵歸路。另一路由勾踐統領，逆江而上，攻擊吳都姑蘇。

《史記·越王勾踐世家》："乃發習流二千人，教士四萬人，君子六千人，諸御千人，伐吳。"這裏的"習流"指水兵，"教士"是指經過訓練的士卒，"君子"是越王的警衛部隊，"諸御"指軍官。

當時吳國太子友留守姑蘇，不敵越軍，首都被焚，吳王的坐船"大舟"也被俘獲。

越國舟師從海上保障了主力攻破吳都，完成了戰略防禦任務。

此戰過後，吳國的軍事優勢已經喪失。夫差則佯作息戰姿態，暗中作戰爭準備，企圖恢復力量報仇。

公元前 478 年，吳國遭受旱災。越大夫文種乘機獻伐吳之計。勾踐再次起兵伐吳，吳王夫差則率軍到笠澤（今江蘇蘇州松江）抵禦。宋人徐天祐《吳越春秋注·勾踐伐吳外傳》中稱："笠澤之戰，越以三軍潛涉，蓋以舟師勝。"

此戰過後，吳、越兩國軍事實力對比發生根本性變化。此後，越軍包圍吳國三年，公元前 475 年，越王勾踐傾全國之力，發動了滅吳之戰。勾踐也成為春秋時期最後一位霸主。

從上述三國所處的地理位置來看，在長江中下游地區，陸上交通阻隔較多，但由江河湖海組成的水道密佈其中，這成為舟師發展的基礎條件，也是調兵運輸的便捷通道。其中的每一次水戰幾乎都是國運之戰，此中舟師力量起到了決定性作用。

雖然，這些戰鬥主要發生在江河之上，但這些舟師卻是後來海軍的雛形。

三

最早的海戰，
吳國舟師東海伐齊

清人顧棟高在《春秋大事表》中寫道："海道出師，已作俑於春秋時，並不自唐起也。……春秋之季，唯三國邊於海，而用其兵相戰伐，率用舟師蹈不測之險，攻人不備，入人要害，前此三代未嘗有也。"——這段話概括了春秋戰國時期舟師作戰的一些特徵：一是舟師開始成為一個軍種；二是舟師開始作為戰術奇軍使用；三是舟師進入了海戰時代。

顧氏口中的"三國"，指的是當時齊、吳、越三個沿海諸候國。上一節曾說了，吳、越兩國短短幾十年內就運用舟師打了多場水面戰爭，最精彩的就是戰時越國對舟師奇襲的運用。

處於海濱之地的齊國同樣也是舟師強國。

在擊破越國後，公元前 486 年，吳王夫差準備北上，與齊國爭霸，並為此開鑿溝通長江與太湖的胥溪，以及溝通淮水與長江的邗溝。吳國這些舉動，明顯帶有把舟師作為快速機動力量使用的戰略意圖。

第二年，吳國會同魯國、邾國、郯國，向齊國用兵。當時吳王夫差親自率領大軍，從陸路向齊國南部邊界進發。另派徐承統領舟師，"自海入齊"。

隨著伐齊聯軍從水陸兩個方向進逼齊國，也引爆了齊國國內的矛盾。《左傳》僅記載了一句話："齊人弒悼公，赴於師。"《史記·齊太公世家》則記載得比較詳細："鮑子與悼公有郤，不善。四年，吳、魯伐齊南方。鮑子弒悼公，赴於吳。"

鮑子指鮑牧，是鮑叔牙的後代，時為齊國大夫。他趁機把齊悼公殺掉，並以此向吳王輸誠。但吳王並未領情，反而利用了這個機會，"吳王夫差哭於軍門外三日"，向齊悼公行諸侯間哭弔禮。

所以，吳國也並未停下進攻的腳步。按照吳王的設想，吳國舟師出東海北上，以奇兵偷襲齊國。齊國雖然發生內亂，但仍然立即派船隊在海上攔截。兩國舟師在海上相遇，《左傳》記載，吳國"徐承帥舟師，將自海入齊，齊人敗之，

圖 1.4：戰國 "水陸攻戰圖"
青銅器紋飾圖。由上至下為
"嵌錯水陸攻戰紋銅鑒"、
"嵌錯宴樂攻戰紋銅壺" 和
"宴樂漁獵攻戰紋青銅壺"。

　　吳師乃還。"吳國舟師大敗而歸。

　　這是中國有史料記載的第一次海戰，是一場近海戰鬥。戰鬥是如何進行的，
史料沒有更多的記載。人們只是推測，海戰地點大約在今天山東琊琊台附近的黃
海海域。

　　先秦的舟師、海戰都沒留下考古實證，可作為參考材料的僅有戰國青銅器紋
飾上留下的一點點先秦舟師圖畫。從已出土的戰國青銅器上的 "水陸攻戰圖" 青

銅器看，較為典型的有三件。這些承載著舟師重要資訊的青銅紋飾，多數已被研究者們描繪為便於觀賞與研究的“青銅器戰船紋飾墨綫圖”，主要表現了戰爭和宴飲兩類場景：

一是 1935 年於河南汲縣山彪鎮大墓出土的一對戰國早期採用嵌錯工藝的“嵌錯水陸攻戰紋銅鑒”。嵌錯是古代在金屬表面施用的一種裝飾工藝，也稱錯金銀，是用金銀或其他金屬絲、片嵌至青銅器表面，構成各種紋飾。

銅鑒上的一幅畫上，展示了激烈的“舟師戰”。畫面中有兩艘戰船對向駛來，船體分為上下兩層。兩船上層甲板，各有四名戰士在擊鼓、射箭、持槍接戰；下層各有四名划槳水手，腰間配著短劍；對陣雙方的船頭均插著樣式不同的旗子。兩船形制相同，船上沒有帆裝。此器現藏中國台灣。

二是 1965 年四川成都百花潭戰國墓中出土的戰國早期“嵌錯宴樂攻戰紋銅壺”，壺身紋飾有四層，其中的第三層為“舟師戰”，兩船相對急駛對攻。左邊船甲板上五名士卒，分別手持矛、戈與匕首，底艙四人合力划槳向前衝擊；右邊船上七人，甲板上四名士卒揮刀執戈近身搏鬥，底艙三人站立划槳操船，另一人從船頭潛入水中，一手持劍，似乎正要從水下向對方偷襲。此器現藏四川博物院。

三是被列為北京“故宮十大重寶”之一的戰國早期“宴樂漁獵攻戰紋青銅壺”，壺身紋飾有三層，表現“採桑、習射”，“宴樂、打獵”，“水陸攻戰”，勞作和習武的情景。其“舟師戰”頗為壯觀，兩船的旌旗不同，左為長條上綴八圓星點，右為兩條長穗形雉尾飄帶。左右船甲板上各五人，皆短衣冠幘，船身相向，長戈短劍並用。船下各有三人奮力搖槳。值得一說的是水下部分，水下三個戰士，游泳向前，應為輔助戰鬥者。水中有大魚，左有海龜一隻。說明這可能是一場近海戰鬥的記錄，有海戰研究的價值。

這些紋飾表現的內容，其裝飾性遠遠大於紀實性，無法證明它表現的具體是哪一場具體的水戰或海戰，但為今天觀察戰國時代舟師作戰提供了一些形象的資料。至少，它們證明了舟師的存在，水戰、海戰的存在。

四

最早的舟師理論，
《水戰兵法》

吳、越爭霸，打了許多年的水面戰爭，也留下了中國最早的水戰理論成果，其中最為重要的是《水戰兵法》。

《水戰兵法》相傳是春秋戰國名將伍子胥寫的一部兵書，也稱《伍子胥水戰兵法內經》。因原書早已失傳，人們只在一些歷史文獻中發現隻言片語。

比如，《史記·南越列傳》："故歸義越侯二人為戈船、下厲將軍。"南朝時期史學家裴駰在現存最早的《史記》註本《集解》中註引瓚曰："《伍子胥書》有戈船，以載干戈，因謂之'戈船'也。"

再如《漢書·武帝紀》："甲為下瀨將軍，下蒼梧。"文中的"甲"，指當時南方越人歸漢者。

唐朝史學家顏師古等人註《漢書》時，也引用"臣瓚"曰："瀨，湍也。吳、越謂之瀨，中國謂之磧。《伍子胥書》有下瀨船。"

《漢書·藝文志》在著錄兵書的目錄中有"伍子胥十篇"，或許說明該書在東漢時尚存。

顏師古說："有臣瓚者，莫知氏族，考其時代，亦在晉初。"說明在晉朝初期，這位叫"瓚"的人尚能看到《伍子胥書》的相關內容。

較多保留伍子胥《水戰兵法》內容的是《越絕書》。

關於《越絕書》的成書年代，爭論較多。以書中內容來看，其時間下限為漢代。

"越"即越國，越初都會稽（今浙江紹興），後遷都琅琊（今山東青島黃島區西南）；"絕"，絕也，謂勾踐時也。"絕"也有記載的意思。該書記載了吳越地區之事，後世方誌編纂者遂將傳世的《越絕書》視為地方誌之鼻祖。

關於《越絕書》的作者，說法不一。根據《四庫全書總目提要》的觀點，可以認為《越絕書》是會稽袁康所作，同郡吳平校定的。

《越絕書》的內容，以春秋末年至戰國初期吳、越爭霸史事為主幹，上溯夏禹，下迄兩漢，旁及諸侯列國，並對這一歷史時期吳越地區的政治、經濟、軍事、天文、地理、曆法、語言等多有涉及。它還是一部軍事著作，書中保存了許多舟師海戰文獻資料。

《越絕書》記載，越王勾踐初徙琅琊，為了建造海船，"使樓船卒二千八百人伐松柏以為桴"，"桴"古稱"泭"或"筏"。"泭"，《説文》云："編木以渡也。"

《越絕書》記載："方舟航買儀塵者，越人往如江也。""治須慮者，越人謂船為'須慮'"。

《越絕書》還記載："勾踐伐吳，霸關東，徙琅琊，起觀台，台周七里，以望東海。死士八千人，戈船三百艘。……夫越性脆而愚，水行而山處，以船為車，以楫為馬，往若飄風，去則難從，銳兵任死，越之常性也。"越人"水行而山處，以船為車，以楫為馬，往若飄風"；吳國也"不能一日廢舟楫之用"。甚至到西漢，吳地的船還被視為國家興亡的依賴之物。

伍子胥的《水戰兵法》正是誕生於吳越地區舟船使用頻繁的時代背景下，《越絕書》自然對其有所收錄。

宋代大型類書《太平御覽》中，輯錄了兩段相關內容：

第一處是在卷三一五《兵部四十六·水戰》中有：《越絕書》曰："伍子胥《水戰兵法》：'大翼一艘，廣丈六尺，長十二丈，容戰士二十六人，棹五十人，舳艫三人，操長鈎矛斧者四，吏、僕、射、長各一人，凡九十一人。當用長鈎矛、長斧各四，弩各三十二，矢三千三百，甲兜鍪各三十二'。"

第二處是在卷七七〇《舟部三·敘舟下》，引《越絕書》記錄的是一次對話："闔閭見子胥：'敢問船運之備何如？'對曰：'船名大翼、小翼、突冒、樓船、橋船。今船軍之教，比陵軍之法，乃可用之。大翼者，當陵軍之重車；小翼者，當陵軍之輕車；突冒者，當陵軍之衝車；樓船者，當陵軍之行樓車也；橋船者，當陵軍之輕足剽定騎也'。"

清代學者王先謙考證："《御覽》三百十五並引《子胥水戰兵法》皆明言出《越絕書》，《御覽》七百七引《越絕書》'子胥船軍之教'，以上今《越絕書》所無。"

可見，《越絕書》在流傳中出現了散佚。

不過現存這兩段，也是有關中國戰船分類的最早記載，其中伍子胥還以陸軍（陵軍）模式教授舟師的使用。可見伍子胥的水戰兵法是對實戰的昇華，已經具有理論高度了。

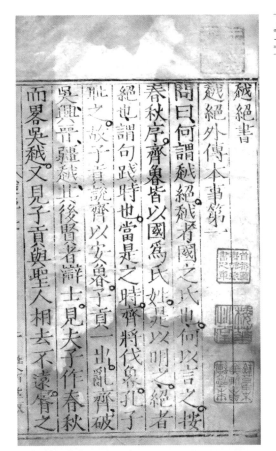

上｜圖 1.5：宋刻本《越絕書》乃海內珍本。
下｜圖 1.6：春秋吳國大翼戰船模型。

"大翼"和"小翼"均是戰船,上面配有相應的持械軍士。"突冒"屬進攻性很強的衝鋒船,船體結構十分堅固,船首裝有堅硬而伸出的衝角,水戰中用於高速衝向敵船,利用本身強大的慣性力和衝角撞毀敵船。伍子胥以陸軍樓車比喻水軍樓船,可以想象樓船甲板上當有高大的多層建築。外觀似樓,故曰樓船。橋船是一種輕捷戰船,體積小,速度快。

　　這些記載說明,春秋戰國時期各諸侯國使用舟師不僅頻繁,而且開始有了相應的分工。總體來說,春秋戰國時期的水戰,主要以冷兵器為主,大小戰船雖有弓弩這樣的"遠程"攻擊裝備,但戰法基本上是接弦近戰。

　　《水戰兵法》留下的文字不多,卻較為詳細地描述了當時的水戰規模、戰船大小、水戰方法,所以,仍被後世視為"中國第一部水戰著作"。

　　其中一些記錄,可與戰國青銅器上水陸攻戰紋飾中的戰船相互印證。至漢代,一些戰船發展成為獨立的舟師並衍生出軍職稱謂,如"樓船將軍"、"戈船將軍"、"下瀨將軍"等。

　　因此,唐代道家軍事著作《神機制敵太白陰經》中稱,戰船起始於伍子胥,"水戰之具,始於伍員,以舟為車,以楫為馬"。

第二章

漢晉南北朝

大漢開洋，
武帝七次巡海

　　秦始皇統一中國後，對帝國的邊界特別是海界，頗為重視，他曾五次出巡，其中四次行至海濱，甚至在朐界立石為秦東門。《史記·秦始皇本紀》載"於是立石東海上朐界中，以為秦東門"，有人將此石刻稱之為"中國最早的海權石刻"。但此石刻，只存在於文獻記載中，原石刻至今未被發現。

　　令人欣慰的是，1987 年和 1998 年在連雲港東連島上，接連發現了羊窩頭和蘇馬灣兩處東海郡朐縣與瑯琊郡櫃縣的界域刻石。兩處刻石內容基本一樣，羊窩頭處僅剩三十個字尚可辨認；而蘇馬灣處刻石全文六十個字，字字清楚可辨。專家將其拼讀為"東海郡朐與瑯琊郡櫃為界，因諸山以南屬朐，水以北屬櫃。西直況其，朐與櫃分高陌為界。東各承無極。始建國四年四月朔乙卯，以使者徐州牧治所書造"。刻石時間為王莽篡位後的"始建國四年"，也就是公元 12 年。

　　這是迄今發現的較為完整的、有確切紀年的西漢晚期界域刻石，也是迄今發現最早的中國界域石刻。同時，它也明確地劃定了兩郡的海域權屬。從膠州灣至櫃縣以東是瑯琊郡的海域，從櫃縣以南至今日灌河口以東是東海郡管轄的海域。海域權屬十分清楚。所以，這兩處石刻也被稱為"中國最早的海權石刻"。

　　如果說，秦始皇四次巡海，兩次派徐福海上探險，是在海上尋仙的過程中，表達帝國的海界思想，啟動了中國的海上探險，那麼，漢武帝則是在海上尋仙與貿易的過程中，開啟了海洋經略的新篇章。據《漢書·地理志》載：

　　　　自日南障塞、徐聞、合浦船行可五月，有都元國；又船行可四月，有邑盧沒國；又船行可二十餘日，有諶離國；步行可十餘日，有夫甘都盧國；自夫甘都盧國船行可二月餘，有黃支國，民俗略與珠崖相類。其州廣大，戶口多，多異物。自武帝以來，皆獻見。有譯長，屬黃門，與應募者俱入海，市明珠、璧琉璃、奇石、異物，齎黃金雜繒而往……自黃支船行可八月，到皮宗；船行可二月，到日南、象林界云。黃支之南，有已程不國，漢之譯使自此還矣。

上｜圖 2.1：連雲港東連島蘇馬灣石刻被稱為"中國最早的海權石刻"。
下｜圖 2.2：廣東最南端的徐聞古港，至今保留著漢港燈塔座。

　　這是史書第一次明確記載的中國海外貿易，所記錄的漢朝開洋時間：一是"自武帝以來"，即公元前 141 年劉徹登基後，印度東海岸黃支國等國"皆獻見"，南海開始通商；二是漢武帝平南越之後，於元鼎六年（前 111 年）置九郡（南海、蒼梧、鬱林、合浦、交趾、九真、日南、珠崖、儋耳郡），若從設置"日南"等郡算起，開洋時間應是公元前 111 年之後；三是這種海上貿易一直持續到"平帝元始中"，即公元元年之後，"王莽輔政，欲耀威德，厚遺黃支王"。

　　漢朝開洋，從時間上講，始於漢武帝，持續到王莽時期；從空間而論，遠至都元國（今蘇門答臘島東北）、黃支國（今印度半島東南部的建志補羅）、已程不國（今斯里蘭卡），這種情況説明，西漢王朝已完成了跨大洋交流。

　　不僅如此，在海上軍事力量支持下，漢王朝的海上疆域也得到極大拓展，從東北樂浪等四郡，到南方的交趾等九郡，還有今渤海、黃海、東海、南海，均在西漢王朝有效控制的疆域之內。

漢武帝可能是中國巡海最多的一位皇帝。他曾七次巡海，直到他死前兩年，在六十九歲高齡時還在巡海。

第一次巡海：元封元年（前 110 年）正月，漢武帝首次東巡海上。漢武帝巡至東萊（今山東萊州），齊人趁機“上疏言神怪、奇方者以萬數”。他為此派出了數千人組成的探尋船隊，甚至要親自率船隊出海赴蓬萊求仙人。後經東方朔勸阻，他才沿渤海巡行到碣石，向東北巡行到遼西，於五月返回都城長安。

第二次巡海：元封二年（前 109 年）正月，武帝再巡東萊，留居數月，求神仙無所見。四月回長安。這年秋天，他派左將軍荀彘從遼西出兵，樓船將軍楊僕率水軍五萬從山東渡渤海，討伐衛氏朝鮮。

第三次巡海：元封五年（前 106 年）冬，他先南巡今江西、湖南一帶位於長江中下游的造船基地，再從潯陽（今江西九江、湖北黃梅一帶）順江而下，其間“自潯陽浮江，親射蛟江中，獲之”，視察了樅陽（今安徽樅陽）造船基地，又增添船艦及水兵，然後“舳艫千里，薄樅陽而出”，出長江口，入東海，沿海北上至瑯琊。三月，返至泰山，四月回長安。

第四次巡海：元封六年（前 105 年）十月，他東巡至海上，查元封元年派遣出海尋仙船之下落，因未見返航，再派第二批船隊出海東渡。

第五次巡海：太初三年（前 102 年）正月，他又東巡海上求神仙，並詢問出海船隊情況，仍未見返航。四月，封泰山，還長安。

第六次巡海：太始三年（前 94 年）二月，漢武帝再次東巡，求神仙，至瑯琊，然後渡海到成山、芝罘，“浮大海而還”。

第七次巡海：征和四年（前 89 年）正月，他巡海至東萊，欲親自浮海求神仙，得群臣諫阻而不聽，適逢海上大風十餘日，樓船不能出港，只得返回。三月，武帝悔悟以往的錯誤，不再派方士求神仙。之後，武帝每對群臣自嘆：“天下豈有仙人？盡妖妄耳。節食服藥，差可少病而已。”

漢武帝七次巡海，四次為到海上求仙，兩次是視察水師基地，一次為考察用兵，最終放棄了求仙成仙的妄想。可以說，漢武帝的巡海之舉，客觀上助推了漢朝舟師的發展和航路開闢。

二

盛漢升帆，
"內增七校，外有樓船"

　　舟師起自春秋戰國，至西漢時已頗具規模，並有定制。據《漢書·刑法志》載："漢興 …… 至武帝平百粵，內增七校，外有樓船，皆歲時講肄，修武備云"。漢代"七校"指的是陸軍，"樓船"指的是舟師。

　　漢朝舟師是在戰爭中發展壯大的，漢朝擁有包括多達四千艘戰船和有二十萬水兵的樓船軍，作戰軌跡遍佈整個沿海。漢典籍中屢有樓船將軍、樓船校尉、樓船卒等記載，可以説"樓船"是漢代戰船的代表，也是漢代舟師的代稱。

　　樓船之名最早出現於春秋戰國，經過漢代的演進，成為中國古代造船技術初步成熟的標誌，對後世的戰船發展有著深遠影響。東漢人劉熙在《釋名》中介紹，樓船一般分三層，第一層為廬，第二層為飛廬，最上層為爵室。每層都設有防護女牆，用以防禦敵方射來之弓箭、矢石。女牆上開有箭眼，用以發射弓弩。為防禦敵方火攻，船上蒙有皮革，以隔熱。樓船上常遍插旗幡和刀槍，以壯聲勢。《史記·平準書》中記載："樓船，高十餘丈，旗幟加其上，甚壯。"折算下來，漢時"十餘丈"相當於現在的二十多米。中國古船的上層建築，在樓船建造上達到了高峰。

　　漢代樓船至今沒有考古實物出現。香港海事博物館有一件東漢玉雕樓船船模。此藏品來自民間，據考證是東漢實物，但沒有"坑口"，即沒有出土地點的記錄，所以它的真實身份尚無法確定。傳世船模中，出土的樓船船模實物確實有，比如廣州曾出土的漢代陶樓船模，而漢代的玉樓船模實為少見。特別值得一説的是，這件玉樓船模還有一面風帆。

　　甲骨文中已有"舟"和"凡"字。"舟"字中間從三，甚至從四短橫"凡"字中間從二，正如舊字形"九"。依字形看，"舟"和"凡"是同源的造字：表示江河中的小船，這裏的"凡"，可能是更簡單的漂浮工具——筏，並非帆船（也有人認為，"凡"即"帆"）。

　　關於風帆的記載，一直到東漢晚期劉熙（約生於 160 年）所撰辭書《釋名》

左｜圖2.3：香港海事博物館收藏的漢代玉雕樓船。
右｜圖2.4：西漢時期銅鏡上的樓船紋（墨綫圖）。

中才有明確說明。此書第二十五篇《釋船》，對船舶做出五個方面的解釋，其中對風帆的解釋是，"隨風張幔曰帆。帆，泛也，使舟疾泛泛然也"，這是古代文獻對風帆的推動功能的最早記載。

中國最早記錄帆船航行的是三國吳人萬震。他的《南州異物志》（原書已佚，轉錄見於《隋書·經籍志》《舊唐書·經籍志》等）記載："外徼人隨舟大小，或作四帆，前後沓載之。有盧頭木，葉如牖形，長丈餘，織以為帆。其四帆不正前向，皆使邪（斜）移相聚，以取風。"，許多人認為，這是關於"中國帆船"的最早文字記載。其實，它是早期外國帆船來中國的記載。這裏所說的"徼"指的是邊界，"外徼人"即邊界外的人。三國時吳人康泰所著《吳時外國傳》也有關於外國帆船的記載："從加那調州，乘大舶，張七帆，時風一月餘日，入大秦國也。""加那調州"，即今緬甸丹那沙林。這裏記載的都是外國帆船。

關於中國帆船最明確的表述，是在《三國志·吳書》中。吳國將領丁奉水上調兵，"時北風，奉舉帆二日至，遂據徐塘"，這說明三國時帆船已被用於軍事運輸，且被證明是高速運輸工具。

從文獻上講，至少在東漢時，中國開始有了帆船。但是，目前還找不到三國時期的歷史圖像實證，無法展示中國最早的風帆戰船的風采。所以，這件東漢玉雕樓船模上所刻的帆，就顯得很珍貴。有了帆，航船才有動力保證。

三

漢樓船軍，
基地建設與發明創造

漢代至三國時期，樓船軍得到了飛速發展。《文獻通考》中記載，早在漢初"高祖命天下郡國，選能引關蹶張、材力武猛者以為輕車、騎士、材官、樓船……平地用車騎，山阻用材官，水泉用樓船"。可見，漢代，樓船軍已經獨立成軍，成為特殊兵種。

《漢書儀注》記載，樓船軍士兵稱為"樓船士"、"楫濯士"或"棹卒"，多由漁民、船家子弟充任，服役年齡為二十歲到六十五歲。資料表明，漢代樓船軍屬於郡國兵，樓船軍不設常任指揮官。統領樓船軍的作戰指揮官戰時任命、戰後撤銷，屬下兵丁歸防地。平時樓船軍的管理和訓練，由沒有指揮權的官員負責。

據《漢書·刑法志》載，"至武帝平百粵，內增七校，外有樓船，皆歲時講肄，修武備云"。武帝時，漢軍每年每季，水陸兩軍都要進行戰法講授和作戰演習，形成專門的軍事教育。

漢代樓船軍發達，得益於造船業的興旺。

一是在沿江沿海地區建有眾多造船基地，如在長沙、廬江、豫章、會稽、福州、番禺等地，都有相當規模的造船工廠；二是能夠建造多種船舶，除了大型樓船外，還根據水上作戰特點創造出特種戰船，如艨艟，船體狹而長，機動性強，便於衝擊敵船；三是有諸多新技術發明，如漢代船舶已開始使用中心尾舵，一些大型船舶開始採用橫隔艙，有東漢後期墓葬中出土的陶質船模為證……這些都為樓船軍遠航與作戰提供了重要保障。

漢樓船軍發達，還表現在遍佈水鄉、沿海的軍事基地。大致有：

豫章，今之南昌。《漢書·武帝紀》記載，漢平南越時，"樓船將軍楊僕，出豫章，下湞水，"即楊僕從南昌沿贛江南下，在贛州入桃江轉入湞水，順流到韶關，再入北江轉達廣州。

尋陽，屬廬江郡，在九江郡西十五里，為咽喉要地。《漢書·伍被傳》中有"略衡山，以擊廬江，有尋陽之船"之語。廬江也屬廬江郡。據《漢書·地理志》

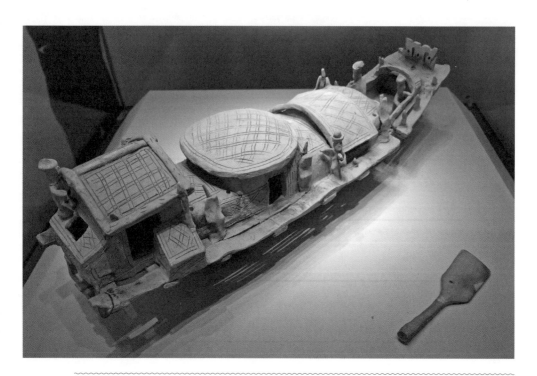

圖 2.5：中國國家歷史博物展示的"東漢廣州內河貨船陶船模"，已有船尾中心舵，此技術比西方早了一千多年。

載，盧江郡"有樓船官"。

蘇州，在當時既是造船中心，也是樓船軍基地之一。

博昌，西漢時屬千乘郡，位於今山東博興境內。是當時北方的一個重要口岸，也是樓船軍基地之一。

至三國時期，在樓船軍建設上成就最大的當屬東吳。

吳國瀕江臨海，造船工場遍佈，如沿江的株陵（今南京）、京口（今鎮江）、豫章（今南昌）等地，沿海的永寧（今浙江溫州）、橫陽（今浙江平陽）、溫麻（在今福建霞浦或連江）等地，並設有"船屯"，以發展造船業。

史載，吳國所造的戰船，最大的上下五層，可載三千名士兵。依靠發達的造船業，吳國建立了一支強大的舟師，"泛舟舉帆，朝發夕到，士風勁勇，所向無敵"。

吳國還組織大規模的軍事航海行動，有派人遠航南洋之舉，比如在與曹操爭奪遼東的過程中，吳國三次派出由戰船百艘、兵萬人組成的船隊航海北上，以及巡海至夷洲（今台灣島）、珠崖（今海南島）等地，在中國航海史上留下了濃重的一筆。

特別值得一提的是，漢代至三國時期，由於樓船軍發展迅猛，朝廷開始設置專職船官。《漢書・地理志》載，廬江郡有「樓船官」。《宋書・州郡志》載，「晉武帝太康三年，省建安典船校尉立」。三國時期的吳國，在建安（今福建建甌）設置了專管建造海船事務的官員——典船校尉。魏晉的校尉，比漢朝校尉官階要小，大約在五品至七品，這是中國最早的明確的專司造船的官職。

在漢代，相關天文學知識也被應用到了航海中。早在西漢時期，有關天文航海的「海中占星書」就多達一百三十六卷。《淮南子》中也已出現了明確利用觀察天體來進行海上導航的記載：「夫乘舟而惑者，不知東西，見斗極則寤矣。」

同時，在漢代，錨、舵、櫓、帆等船具開始廣泛使用，這不僅極大提高了船舶的適航性，也是中國對世界造船技術的重大貢獻。英國學者李約瑟在《中國科學技術史》一書中，把「櫓」的出現，稱作「中國發明中最科學的一個」。

四

浮海救東甌，
海上運兵與舟師調動

"自古帝王未有年號，始起於此。"唐初歷史學家顏師古在註釋《漢書‧武帝紀》時，寫下這樣一句話。說的是公元前 140 年，漢武帝劉徹即位，置年號"建元"。這是中國歷史上第一個年號。西漢王朝確實從此後進入了擴張的武帝時代，歷史也由此進入新紀元。

西漢初期，在中國東南沿海地區存在著兩個政權：以東冶（今福州）為政治中心的閩越和以永嘉（今浙江永嘉）為政治中心的東甌。雙方互相攻擊。建元三年（前 138 年），西漢朝廷收到一則求救信息——《漢書》載："閩越圍東甌，東甌告急。"

當時武帝問策於太尉田蚡，田蚡認為越人相攻擊，是常事，不足往救也，更何況"自秦時棄弗屬"。而中大夫嚴助則反駁田蚡說："特患力不能救，德不能覆，誠能，何故棄之？且秦舉咸陽而棄之，何但越也！今小國以窮困來告急，天子不振，尚安所訴，又何以子萬國乎？"

嚴助的話勾起一段往事。公元前 306 年，楚興兵滅越，越人被逐，向南遷移。《史記》記載："越以此散，諸族子爭立，或為王，或為君，濱於海上。"這些小國當時統稱為百越。秦滅六國統一後，百越割據東南。及至秦亡，劉邦、項羽進入楚漢相爭時，百越則助漢攻楚。因此，漢初分封搖為東甌王，無諸為閩越王。他們與漢朝保持著一種鬆散的藩屬關係。

在嚴助看來，對於東甌的求救，漢朝不能坐視不管，應該肩負起宗主國的責任，要救助弱小、主持正義，由此才能降服萬國。

當時漢武帝不到二十歲，登基不久。他一方面他贊同嚴助的觀點，表示"太尉不足與計"，另一方面也顯示出難得的穩重和克制，"吾新即位，不欲出虎符發兵郡國"。漢武帝採取了一種靈活的處理方式，不以中央王朝的名義出兵，而是授權嚴助個人組織兵力行動。

嚴助這個人，口才好，是有名的辭賦家。武帝即位初期曾讓地方舉薦賢良，

圖 2.6：2013 年溫州市在人文始祖東甌王的廟門台基礎上，建立了東甌國歷史陳列館。

當時參加對策的有一百多人，漢武帝認為嚴助的對策最好，就提拔他為中大夫。

事實證明，嚴助不僅口才了得，膽識和謀略也是非凡的。接受任務後，嚴助憑節杖到會稽調兵。

不見虎符，會稽太守按規矩自然應該拒絕派兵。嚴助也不含糊，殺了一個司馬，並把漢武帝的意思告訴太守，於是太守同意派出軍隊從海上前往救援東甌。《漢書》載，嚴助率軍"浮海救東甌。未至，閩越引兵罷"。嚴助不戰而屈人之兵。

從行軍路綫上看，會稽地處今天的江蘇蘇州，嚴助從此發兵時必由長江出東海，再南下。而嚴助本身也是會稽郡人，對此地形勢應有相當的了解。這條水路也是最快的進軍路綫，顯示了漢代海上運兵與舟師調動機制的成熟。這是漢朝首次在軍事行動中獨立使用舟師。

這次事件後，漢軍乘機進駐東甌，並將東甌居民遷至江淮一帶，在永嘉建立了南進的舟師基地。東甌地區從此轉入漢朝直轄範圍。

從公元前 192 年封國，至"浮海救東甌"的公元前 138 年，東甌國僅存在了五十四年。

五

浮海平南越，
伏波將軍與伏波祠

據文獻記載，漢代用縑八十匹畫成全國地圖——《天下大圖》，但該地圖沒能傳到後世。西晉初年，裴秀在其門客京相璠的協助下，在《天下大圖》的基礎上，以一寸折地百里的比例尺（約 1：180 萬）縮繪成一幅一丈見方的晉代全國地圖——《地形方丈圖》。此圖曾流傳到唐代，後來也失傳了。

現在人們能看到的漢代地圖，是 1973 年從湖南馬王堆西漢初期長沙國丞相利蒼及其家屬墓葬出土的漢代帛地圖。雖然，它僅僅是"湖廣兩省"地圖，但人們有幸藉此看到古代中國"面朝大海"的歷史之窗。

馬王堆出土的三幅帛地圖，原圖都沒有名字。為便於後人引用，專家們根據圖中所繪主要內容進行了命名。其中與海相關的就是那幅最有名的"地形圖"，此圖又稱"西漢長沙國深平防區地形圖"，繪製時間約為漢文帝十二年（前 168年）墓主入葬之前。

這幅地圖的海岸綫很不準確，從中大體可以看出珠江三角洲的"三江匯合，八口分流"的基本面貌。雖然此處沒有地名標註，但從地理位置上，人們仍能判斷出那個"月牙"無疑就是南海郡所依傍的南海了。這幅地圖的海域部分，正是長久以來被專家們忽視的此圖最寶貴的"身份"——中國現存最早的海域地圖，堪稱中國海圖的"祖母"。

漢文帝時代，長沙國為何繪有如此關注嶺南和南海的地圖？

秦亡之後，原本南征的秦將趙佗，以番禺（今廣州）為政治中心，割據嶺南自立為南越國。漢文帝時，漢朝雖然沒有攻打南越國，但長沙國作為與南越國為鄰的邊防前哨，戰略上不能不防，因此，馬王堆墓裏有這幅"地形圖"也就不難理解了。

漢高后五年（前 183 年），南越國與漢朝廷交惡，趙佗開始稱帝。其後，閩越、夜郎、同師等國皆臣屬南越國，南越國的勢力影響到達頂峰。文帝元年（前179 年），南越國又與漢朝廷修好，趙佗再次向西漢皇帝漢文帝稱臣。

圖 2.7：《地形圖》繪製時間約為漢文帝十二年（前 168 年）之前。
它有中國現存地圖中最早的海域描述，堪稱中國海圖的"祖母"。

　　元狩四年（前 119 年），在對北方匈奴的戰爭取得決定性的勝利後，漢武帝
將目光轉向南方。元鼎四年（前 113 年），南越第四代王趙興即位，漢武帝派大
臣安國少季勸說南越王及南越太后入朝長安，並派衛尉路博德率兵進駐桂陽（今
湖南郴州西部）。此時，南越王趙興以及南越太后，表示願意"內屬"，但丞相
呂嘉對此表示反對，還殺死趙興及漢使，立趙興之兄趙建德為新王，公然與漢朝
對峙。

　　元鼎五年（前 112 年）秋，漢武帝發樓船軍十萬人，分五路大舉討伐南越。
據《資治通鑒》載：

秋，遣伏波將軍路博德出桂陽，下湟水；樓船將軍楊僕出豫章，下湞水；歸義越侯嚴為戈船將軍，出零陵，下離水；甲為下瀨將軍，下蒼梧。皆將罪人，江、淮以南樓船十萬人。越馳義侯遺別將巴、蜀罪人，發夜郎兵，下牂柯江，咸會番禺。

其中伏波將軍、樓船將軍、戈船將軍、下瀨將軍皆是漢代樓船軍官職，所率南下之兵均由水路行進。

當時，遠在山東的齊相卜式也上書，表示"請父子與齊習船者往死南越"。東越王餘善也向漢武帝上書請戰，並派兵八千人協助進攻南越國，但東越王的軍隊行至今揭陽一帶時，便藉口遇上風浪而不再前進，還暗中派使者向南越國報信。

這年冬天，即公元前 112 年與前 111 年之交時，楊僕率領精兵，搶先進軍，攻破番禺城北的石門，繳獲了南越國的戰船和糧食，接著向南推進，挫敗南越國的先頭部隊後，便率領數萬大軍等候路博德的軍隊。路博德大軍抵達番禺外圍後，楊僕樓船軍從東南進攻，路博德水師從西北進攻，經過一夜激戰，大破南越軍，南越全城盡降。此時戈船將軍、下瀨將軍和馳義侯所率水軍尚未到達，而南越已告平定。

城破時，丞相呂嘉和新主趙建德等人則"夜與其屬數百人亡入海，以船西去"。所謂"亡入海"，一是逃難，二是採取了另一種武裝抗爭的形式。他二人採用的這種方式，為後世很多南方沿海政權所仿效。

路博德得知二人逃往海上後，立即派船追捕。最後，趙建德被路博德的校尉司馬蘇弘擒獲，而呂嘉被原南越國郎官孫都擒獲。這也是少有的海上追逃情節。

南越國共存在九十三年，歷經五代君主。

當平定南越的捷報傳給漢武帝時，漢武帝正在前去視察緱氏縣（今河南偃師東南）的途中，因當時自己正身處左邑縣桐鄉（山西古地名），於是漢武帝在桐鄉設立了聞喜縣。公元前 111 年春，呂嘉被漢軍處死，其首級被呈送給漢武帝，當時漢武帝正行進至汲縣新中鄉（今河南新鄉西南），於是漢武帝又在新中鄉設立了獲嘉縣。同年，趙建德也被處死，其首級高懸在漢朝皇宮的北闕上。其後，漢武帝在益州郡設立嶲唐（今雲南永平西北）、不韋（今雲南保山東北）兩縣，將呂嘉的子孫和宗族遷徙過去，以絕南越後患。在平定南越國後，漢武帝在原南越國轄地設置了南海、蒼梧、鬱林、合浦、交趾、九真、日南七郡。

圖 2.8：南越國第二代君主趙眜“文帝行璽”金印，以螭龍為鈕，此為中國第一個以龍為鈕的帝王之璽。

元封元年（前 110 年），漢軍又自合浦郡徐聞縣（今廣東湛江徐聞縣，位於中國大陸最南端，與海南島隔海相望）渡海，登上海南島。漢朝在此設儋耳、珠崖兩郡。據《漢書·賈捐之傳》：“初，武帝征南越，元封元年立儋耳、珠崖郡，皆在南方海中洲居，廣袤可千里，合十六縣，戶二萬三千餘。”海南島從此正式併入中原王朝版圖。島上兩郡和前面七郡同屬於交州刺史部，此為“南越九郡”，其疆域包括今天的海南、廣東、廣西及越南之河內、清化、義安一帶。

對於海南島上二郡的設置，路博德和楊僕均有功勞。伏波將軍路博德獲增封邑之賞，樓船將軍楊僕獲封為將梁侯。如今海南依然傳頌“伏波開瓊”的故事，即紀念伏波將軍路博德。宋徽宗宣和年間，加封路博德為忠烈王；宋高宗紹興十一年（1141 年），又加封路博德為忠烈明威廣佑王。

樓船將軍楊僕卻湮沒記憶。有學者認為，或許與楊僕生性殘暴好殺有關。班固在《漢書》中將楊僕列入《酷吏傳》。楊僕在攻破番禺時，收捕投降者充當俘虜，掘出死人充作“斬獲”的軍功。漢武帝曾就此譴責過：“前破番禺，捕降者以為虜，掘死人以為獲，是一過也。”清人梁廷枏在《南越五主傳》中對此也有記載：“僕素殘酷，既破越，來降者皆縛以為虜，又使軍士發掘死人，自誇多獲。因是越人盡降博德。”

楊僕被免官而淪為平民，最後得病而死。不過後世杜甫曾在一首詩中提到楊僕：“衛青開幕府，楊僕將樓船。漢節梅花外，春城海水邊。”

六

浮海平閩越，
“陳舟列兵，席捲南行”

漢武帝的“天下”，在平定東甌、南越之後，東南沿海不穩定因素只剩閩越。當時閩越管轄的地方大致包括現在的福建全境，西接豫章，北靠東甌，南鄰南越。閩越王對漢朝廷的一貫態度是陽奉陰違，對漢之外的鄰境則是擴張侵掠。

建元六年（前135年）八月，閩越進犯南越邊邑。南越王上書漢廷告急。漢武帝即命大行令王恢出豫章（今南昌）、大司農韓安國出會稽（今蘇州）征討閩越，閩越王即派兵扼險抵抗。閩越王弟弟餘善則趁機殺王兄投降。

漢武帝隨即命王恢、韓安國退兵，將未參與變亂的閩越王無諸之孫繇君丑封為越繇王，封餘善為東越王，“與越繇王並處”。

然而，對於閩越問題，漢武帝並未就此放下，而是一直做著軍事平定的準備。《漢書·朱買臣傳》載，漢武帝任命朱買臣為會稽太守，令其“治樓船，備糧食、水戰具，須詔書到，軍與俱進”。同時朱買臣向武帝提出了“發兵浮海，直指泉山，陳舟列兵，席捲南行”的出兵計策。

前文提到，當漢朝的樓船軍南下討伐南越時，餘善曾自請發兵八千人隨楊僕南征。但兵至揭陽（今廣東揭陽縣境）時，一面藉口風濤洶湧，停軍不進，一面又與南越暗通消息。

在漢軍攻克番禺後，楊僕擬在回軍時順便統一閩越。漢武帝以“士卒勞倦，不許”，令漢軍在豫章集結，休整待命。餘善聞訊，在元鼎六年（前111年）秋公開反叛，發兵進攻豫章、武林。

漢武帝聞訊，令橫海將軍韓說，率樓船軍出句章（今浙江慈溪縣境），浮海南下，從海上進攻閩越，並截斷其海上退路，此舉顯然是為了防止在平南越時出現的敵人海上逃亡的情況；樓船將軍楊僕出武林，中尉王溫舒出梅嶺；以越侯為戈船、下瀨將軍，出若邪（今浙江紹興）。從出土的漢代廣州城磚上的樓船圖來看，漢代樓船上面，不但有亭台樓閣，還有帽形帆，似可證漢朝樓船軍“席捲南行”之氣魄。

圖 2.9：漢代廣州城磚上的樓船圖（墨綫圖），不但有亭台樓閣，還有帽形帆。

　　當年冬天，漢朝水陸大軍分道攻入閩越境內，閩越人殺餘善後投降。

　　漢武帝用了二十八年的時間，先後平定了東甌、南越和閩越三個割據政權，使東南沿海的廣大地區正式歸入漢朝中央王朝的直接管轄範圍，東南沿海的航路也由此通達。在這一過程中，漢朝樓船軍發揮了巨大作用。

七

從齊浮渤海，
東征衛氏朝鮮

朝鮮半島在戰國時期屬於燕，在秦滅燕後，歸遼東郡管轄。

漢高祖十二年（前 195 年），燕人衛滿率眾入朝鮮，據王險城（今平壤）稱王。遼東太守與其訂立"外臣"之約，並且規定了雙方應當履行的責任和義務。衛氏朝鮮被納入西漢"外臣"序列之中。

衛氏王朝傳至第三代王右渠時，違背了"外臣"之職，時"所誘漢亡人滋多，又未嘗入見"、"真番旁眾國欲上書見天子，又擁閼不通"。衛氏不僅自己不去漢廷覲見，還阻斷了真番等朝鮮半島南部小國使團的來路。

元封二年（前 109 年），漢武帝派涉何為使，勸說右渠歸順，右渠不從，遣其裨王長，送涉何回國。當行至浿水時，涉何指使隨從殺死裨王長。

浿水長期是中原王朝與朝鮮半島諸國之界水。《史記·朝鮮列傳》載："自始全燕時，嘗略屬真番、朝鮮……漢興，為其遠難守，復修遼東故塞，至浿水為界。"浿水歷史上曾為多條河流的名字。有學者認為漢時浿水為今天朝鮮境內的清川江。

漢武帝聞訊後，任命涉何為遼東郡都尉。右渠乃出兵襲擊遼東郡，殺死涉何。

由於衛氏越境攻殺漢朝官員，漢武帝遂於元封二年（前 109 年）派水陸兩路大軍進攻朝鮮。對於《史記·朝鮮列傳》所謂"遣樓船將軍楊僕從齊浮渤海，兵五萬人"，其中"兵五萬人"是否真實顯示楊僕樓船軍規模，學界存在爭議，但"樓船將軍將齊兵七千人先至王險"，說明樓船軍至少應有七千人。漢軍這次渡渤海進攻朝鮮，史稱"從齊浮渤海"。

但在戰爭初期，漢朝水陸兩路大軍缺乏協調配合，都犯了孤軍冒進的大忌。

此前在平定南越的戰鬥中，樓船將軍楊僕曾率領軍隊率先進攻，並取得大捷。因此在此次討伐朝鮮衛氏政權過程中，楊僕立功心切，先率"齊兵七千人"自今山東煙台一帶渡海，在朝鮮列口（今大同江入海口附近）登陸，在沒有陸軍

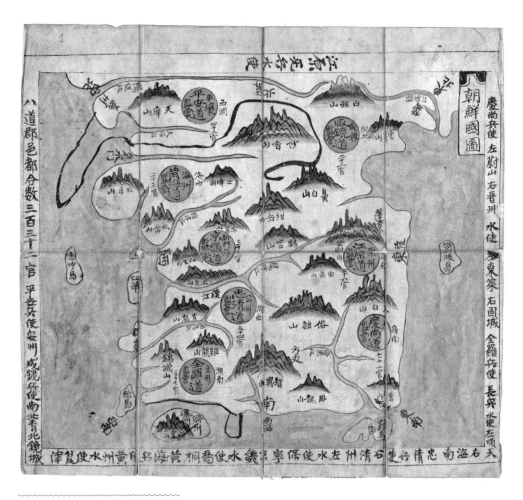

圖 2.10：繪於 17 世紀的古代朝鮮地圖。

配合的情況下，向王險城進攻。

　　右渠據險防守，探知楊僕軍隊兵少，主動出城攻打楊僕的軍隊。楊僕丟掉自己的部眾，逃匿於山中十多天後，才逐漸收攏潰散的士卒，待機與左將軍荀彘軍會合。

　　而荀彘軍前鋒也犯了與水軍同樣的錯誤，在主力沒有完成集結的情況下，便貿然發起攻擊，也遭到失敗。

　　《史記·朝鮮列傳》記載："左將軍擊朝鮮浿水西軍，未能破自前。"

漢武帝因楊、荀兩位將軍出師不利，便派使者衛山前往平壤曉諭衛右渠。右渠說：「願降，恐兩將詐殺臣。今見信節，請服降。」

衛右渠遣太子衛長前往漢朝謝罪，同時進獻五千匹馬，並向在朝鮮的漢軍饋贈軍糧。同時，右渠派出一萬多朝鮮人手持兵器護送衛長。在將要渡過浿水時，衛山和荀彘認為衛長既然已經降服，應該命令手下人不要攜帶兵器。衛長則懷疑衛山和荀彘是要設計殺害自己，就不再渡河，又率眾返回。

衛山回到京城向漢武帝報告此事。漢武帝以衛山不能專斷，破壞衛右渠歸降之約為由，將其賜死。與此同時，漢水陸兩軍再次完成集結。

荀彘打敗浿水西岸的朝鮮軍隊後，向前推進到王險城下，包圍王險城西北部。楊僕前往會合，駐軍王險城南部。楊、荀兩軍雖然在王險城下會師，但由於缺乏統一指揮，互不協同，甚至互有猜忌，導致漢軍數月未能攻克王險城。

為統一指揮和協調兩軍行動，漢武帝派濟南太守公孫遂前往擔任統帥。公孫遂到達朝鮮後處置失當，不僅囚禁楊僕，還錯誤地將楊僕水軍合併入荀軍之中，造成了更大的混亂。漢武帝因此處死了辦事不力的公孫遂。

直到元封三年（前108年）夏，漢軍經過整頓後，在荀彘的指揮下，對王險城發起總攻。在城破之前，朝鮮宰相殺右渠出降。

平定朝鮮後，漢武帝在朝鮮半島北部和中部分別設立樂浪郡（約在今朝鮮平安南道、黃海南道、江原道和咸鏡南道區域）、玄菟郡（約在今遼寧東部至朝鮮咸鏡道）、真番郡（約為今朝鮮黃海北道南部、黃海南道及京畿北道一部）、臨屯郡（約為今朝鮮江原道和咸鏡南道大部分），史稱「漢四郡」。

漢朝樓船軍「從齊浮渤海」是中國古代航海史的重要一環，不僅體現了漢朝發達的造船、航海能力，更為關鍵的是彰顯出漢朝對渤海海域的控制能力。

漢朝將朝鮮半島納入版圖，並進行有效的經營和管理，也保證了北方航路的暢通。自此，山東半島與遼東半島之間的跨渡渤海航行日趨頻繁。

八

南征交趾，
"緣海而進，隨山刊道"

漢武帝平定南越後，設置九郡，其中交趾（今越南河內附近）、九真（今越南清化附近）、日南（今越南廣治附近）三郡，在今天的越南境內。此三郡均按漢朝儀制，設太守之職，同時任命當地人為雒王、雒侯、雒將，治理基層。因此，交趾地區也被稱為"雒越"。此外，又有"駱越"之稱。

漢光武帝時，建武十三年（37 年）時，蘇定出任交趾太守。在此期間，爆發了徵側、徵貳姐妹領導的暴動。據《後漢書》記載，蘇定在任時，將當地一個名叫詩索的人按照漢朝的法律進行了治罪。詩索的妻子徵側是交趾麓冷縣（今越南河內東北）雒將的女兒，於是她號召起兵。

對於此事，越南的文獻有不同的記載。黎崱在《安南志略》中記載，由於蘇定的"貪暴"引起當地民眾的不滿；吳士連等編撰的《大越史記全書》則認為是因為蘇定殺了詩索，從而導致徵氏姐妹造反。

中國現代學者郭振鐸、張笑梅則認為，由於漢政府向當地輸入新的生產技術及教育方式，造成雒越部落制度面臨崩潰，原本散漫、保守而自由的雒越豪族難以適應，加以漢朝廷對當地增加賦稅和勞役，已引起雒越豪族不滿，而蘇定又無法貫徹實施漢朝廷制定頒行的法規，在不能妥協的情況下只好"以法繩之"，引起雒越豪族的強烈反抗。

從現有的史料來看，以上兩位中國學者的分析是可靠的。

建武十六年（40 年）二月，徵側和妹妹徵貳起兵，九真、日南、合浦等地交趾人響應。《後漢書·馬援列傳》記載："九真、日南、合浦蠻夷皆應之，寇略嶺外六十餘城。"漢朝派駐交趾各郡守抵擋不住，逃往內地避難。徵側據地為王，並派兵分駐險要。

建武十八年（42 年），剛剛平定皖城（今安徽潛山縣）李廣之亂的馬援，被光武帝劉秀加封為伏波將軍，他以扶樂侯劉隆為副，督率樓船將軍段志等徵發長沙郡（今湖南長沙）、桂陽郡（今湖南郴州）、零陵郡（今湖南永州）、蒼梧郡（今廣西梧州）兵兩萬人，及大小船隻兩千艘南征交趾。

各路大軍會於合浦時，樓船將軍段志病逝，其兵由馬援直接統領。對於漢軍南征路綫，《後漢書‧馬援列傳》載，"遂緣海而進，隨山刊道千餘里。"

清代學者吳裕垂在《史案》卷一五"始海運"條中對此解釋："馬伏波討交趾，緣海而進。厥後交趾貢獻皆從東冶泛海而至，爾時海運之行概可知也。"

晚清學者、外交家薛福成對此也表示贊同："昔漢伏波將軍馬援南征交趾，由合浦緣海而進，大功以成。厥後水軍入交，皆用此道。誠以廉州北海一口，形勢穩便，海道順利，駛往越南各海口，皆不過一二日海程，必以此為會師之地也。"薛福成曾入曾國藩幕府，中法戰爭中又籌防浙東，因此他的觀察中又加入了軍事視角。

馬援大軍除了"緣海而進"，還有"隨山刊道"的細節。據晉人袁宏所撰《後漢紀》載："援當浮海入交趾。船少不足渡，乃問山行者。遂浮海隨山開道千餘里，自西至浪泊。"

《舊唐書‧地理志》則解釋："後漢遣馬援討林邑蠻，援自交趾循海隅，開側道以避海，從蕩昌縣至九真郡，自九真至其國，開陸路，至日南郡。"

綜合史料來看，馬援大軍應該沿越南海岸南進，當遇到"不足渡"或"海難"情形時，一部分軍隊則沿著近海山嶺開闢陸路前行。

建武十八年（42 年）春，馬援大軍到了交趾浪泊（今越南河內西北）。其後首戰告捷，斬首數千級，收降萬餘人。馬援乘勝將徵側殘部逼入禁溪一帶（今越南紅河支流山陽河），然後數敗徵側。建武十九年（43 年）正月，馬援斬殺徵側、徵貳，傳其首級到洛陽。此後，馬援又率大小樓船二千餘艘、戰士二萬餘人，進擊九真等地，征討徵側餘部。

《後漢書‧馬援列傳》載："自無功至居風，斬獲五千餘人，嶠南悉平。援奏言西於縣戶有三萬二千，遠界去庭千餘里，請分為封溪、望海二縣。許之。"

當代學者陶正桐根據史料中所舉九真各縣的名稱，並依據九真各縣的位置，推斷馬援大軍在進入九真郡後，首先佔領了無功縣（今越南南寧省寧平附近），並有鑿九真山的行為，進而佔領了餘發縣（今越南清化東山北），後又佔領胥浦縣（今越南清化省東山縣）。此後，馬援分兵兩路，一路向居風（今越南清化省北馬江，北距胥浦十里），另一路向無編（今越南清化省靖嘉西）。

馬援每到一處，都組織人力，為郡縣修治城郭，並開渠引水，灌溉田地，以

圖 2.11：雷州伏波祠又名伏波廟，始創於東漢，祠內敬奉西漢邳離侯路博德及東漢新息侯馬援兩位伏波將軍。

利百姓。馬援還參照漢朝法律，對越律進行了整理，修正了越律與漢律相互矛盾的地方。從此之後，當地始終遵行馬援所申明之法律，所謂"奉行馬將軍故事"。

戰後，馬援受封為新息侯，食邑三千戶。建武二十年（44 年），馬援率部回京。光武帝劉秀賜馬援兵車一乘，朝見時位次九卿。《後漢書・馬援列傳》中還記載了受封之後馬援的一段話："昔伏波將軍路博德開置七郡（應為九郡），裁封數百戶；今我微勞，猥饗大縣。功薄賞厚，何以能長久乎？"

馬援和路博德都曾為伏波將軍，為漢朝平疆拓土，但馬援謙虛地認為自己的功勞難比路博德。民間卻以兩位伏波並重。早在東漢時期，今廣東雷州一帶就建了一座祠廟，敬奉西漢邳離侯路博德及東漢新息侯馬援兩位伏波將軍，彰顯了漢朝舟師的開疆拓土、撫民安國的漢朝舟師在民眾心中的重要地位。

九

史載 "海賊" 第一人，
張伯路渤海起義

漢代至晉代的海上戰鬥，多以朝廷舟師征伐為主。此間，也發生了一種特殊的海上戰鬥，它的主力興起於民間海上武裝，被古代官方文獻稱為 "海賊"，被後世史家稱為 "起義"。

《漢語大詞典》(1990—1994年版)中，將 "出沒於海洋或沿海地帶的盜賊" 稱為 "海賊"，將 "在海上或海岸劫掠財物進行非法暴力活動的人" 稱為 "海盜"。其實兩者意思差不多。

《三國志·魏志·武帝紀》說："濟師洪河，拓定四州，袁譚、高幹，咸梟其首，海盜奔迸，黑山順軌。" 也就是說，曹操平了袁氏後，連海盜都聞風逃散了。這是文獻中最早出現的 "海盜" 記載。

"海賊" 則首次出現在關於東漢的文獻中。《後漢書·董宣列傳》說東漢光武帝時期，北海相董宣因五官掾公孫丹 "前附王莽，慮交通海賊，乃悉收繫劇獄，使門下書佐水丘岑盡殺之"。

《董宣列傳》對此的記載十分簡略，"海賊" 的身影只是通過第三方閃現，但通過這點隻言片語仍能看出 "海賊" 當時的活動以及影響。

《後漢書·安帝紀》有關於 "海賊" 更為詳實的記錄。東漢永初三年 (109年) "秋七月，海賊張伯路等寇略緣海九郡。遣侍御史龐雄督州郡兵討破之"。次年春正月，"海賊張伯路復與勃海、平原劇賊劉文河、周文光等攻厭次，殺縣令。遣御史中丞王宗督青州刺史法雄討破之"。這是中國有名有姓的 "海賊" 首次在歷史文獻中出現。張伯路就這樣成了中國史載 "海賊" 第一人。

《後漢書·法雄列傳》中有關於張伯路起義的詳細記錄：

> 永初三年，海賊張伯路等三千餘人，冠赤幘，服絳衣，自稱 "將軍"，寇濱海九郡，殺二千石令長。初，遣侍御史龐雄督州郡兵擊之，伯路等乞降，尋復屯聚。明年，伯路復與平原劉文河等三百餘人稱 "使者"，攻厭

次城，殺長吏，轉入高唐，燒官寺，出繫囚，渠帥皆稱"將軍"，共朝謁伯路。伯路冠五梁冠，佩印綬，黨眾浸盛。乃遣御史中丞王宗持節發幽、冀諸郡兵，合數萬人，乃徵雄為青州刺史，與王宗並力討之。連戰破賊，斬首溺死者數百人，餘皆奔走，收器械財物甚眾。會赦詔到，賊猶以軍甲未解，不敢歸降。於是王宗召刺史太守共議，皆以為當遂擊之。雄曰："不然。兵，凶器；戰，危事。勇不可恃，勝不可必。賊若乘船浮海，深入遠島，攻之未易也。及有赦令，可且罷兵，以慰誘其心，勢必解散，然後圖之，可不戰而定也。"宗善其言，即罷兵。賊聞大喜，乃還所略人。而東萊郡兵獨未解甲，賊復驚恐，遁走遼東，止海島上。五年春，乏食，復抄東萊間，雄率郡兵擊破之，賊逃還遼東，遼東人李久等共斬平之，於是州界清靜。

從這段記載可知，東漢的張伯路義軍來往於山東半島和遼東之間，幾番跨越渤海，並將海洋作為其戰略腹地和基地。張伯路義軍頻繁在渤海跨航和"深入遠島"，表明漢代渤海航路已十分成熟，來往遼東半島與山東半島之間的航行活動已比較普遍。張伯路擁有如此機動的海上戰轉能力和航行能力，表明漢代民間航海和造船工藝已達到很高水平。由此反推，漢朝廷也應具備很高的造船和航海水平。

另外，追討張伯路的法雄說："賊若乘船浮海，深入遠島，攻之未易也。"表明自漢以來，海洋已經成為海上反叛者與統治者對抗的重要基地。

漢初，秦末起義首領、原齊國貴族田橫不願向劉邦稱臣，於是率徒屬五百餘人逃入海島。劉邦"恐為亂"，派人招撫。田橫被迫乘船赴洛，途中自殺，海島五百部屬聞訊，也全部自殺。司馬遷於《史記》中嘆曰："田橫之高節，賓客慕義而從橫死，豈非至賢！"

此外，吳王劉濞、東越王餘善在與漢朝廷的對抗中，都有"擊之不勝，乃逃入海"、"不勝，即亡入海"的預案。

上述幾位都是統治階級中分裂出來的海上叛逆，被官方稱為"海賊"。另有官逼民反的海上力量，也被稱為"海賊"。

據《漢書·王莽傳》和《後漢書·劉盆子列傳》載，王莽天鳳四年（17年），山東瑯琊海曲（今山東日照附近）富戶呂母，因其子被縣官冤殺，於是散盡家財，聚眾起義。呂母自稱將軍，用兵攻破海曲，抓住縣宰並斬殺之，以其首祭其

子塚。此後，呂母帶領隊伍"復還海中"。呂母是中國歷史上第一位農民起義女首領，也是"中國歷史上第一位女海賊"。至今，在日照崮河崖上還有一座呂母崮，人們仍在紀念這位最先舉起義旗的女英雄。

　　漢朝樓船軍與流入海上的武裝力量"海賊"，在交鋒和追剿中，都不同程度地壯大了各自的力量，進而反映了中國古代海戰的多樣性與複雜性。

十

寫入"海賊史"的孫恩、
盧循海上武裝起義

三國歸晉。所謂的西晉王朝，若以滅東吳始，僅立朝三十七年，然後中國北部地區陷入五胡十六國的割據時期（在中國西南和北方，主要由匈奴、鮮卑、羯、羌、氐五個部族，建立了十六個政權：成漢、前趙、後趙、前涼、北涼、西涼、後涼、南涼、前燕、後燕、南燕、北燕、夏、前秦、西秦、後秦）。十六國中的後趙統治者本是北方民族，卻重視海上經略，其奪位稱王的石虎在青州督造船隻千艘，沿山東半島巡邏，並劫掠沿海諸縣，以"海賊"的方式，向東南擴張。

遷都江南的東晉王朝自視為正統，於是派蔡謨沿海北上平定"海賊"。《晉書·蔡謨列傳》載："謨遣龍驤將軍徐玄等守中洲，並設募，若得賊大白船者，賞布千匹，小船百匹。"雖然後趙的海上擴張被東晉王朝視作"海賊"行為，但雙方的海上力量與海上衝突，基本上還是"國家"層面的較量。

事實上，真正與東晉形成海上對峙的是民間的海上武裝起義軍。這就是被寫入"海賊史"的孫恩、盧循等人領導的海上武裝起義軍。

孫恩，字靈秀，瑯琊（今臨沂）人。據《晉書·孫恩列傳》記載，孫家"世奉五斗米道"。孫恩的叔叔孫泰，奉杜子恭為師。杜子恭是吳地有名的五斗米道的道師，相傳其能為人治病，還曾為王羲之看過病。杜子恭死後，孫泰繼承了五斗米道的香火。

東晉隆安二年（398 年），孫泰認為晉祚將盡，準備聚義起兵，但被會稽內史謝輶揭發，孫泰及其六個兒子被誅殺。幸免於難的孫恩逃入舟山群島海域，"聚合亡命得百餘人，志欲復仇"。

東晉隆安三年（399 年），實際掌權者司馬元顯（其父為誅殺孫泰的司馬道子）因濫徵兵丁，引發門閥世家和江南百姓不滿。孫恩乘機率眾起義，從海上登陸進攻上虞，隨後攻克會稽（此時會稽郡治已移至浙江紹興），孫恩部眾增至數萬人。另外，會稽、吳郡、吳興、義興、臨海、永嘉、東陽、新安"凡八郡，一時俱起，殺長吏以應之，旬日之中，眾數十萬"。僅十天之內，義軍就佔領了東南八郡，聚數十萬人。孫恩據守會稽，自號「征東將軍」。

東晉王朝急調衛將軍謝琰和輔國將軍劉牢之等率兵前往鎮壓。孫恩率二十多萬民眾「逃入海」。東晉朝廷擔憂退據海島的孫恩會再度反攻，於是令謝琰為會稽內史，都督五郡軍事。謝琰是謝安的次子，曾領兵參加過著名的淝水之戰，戰後獲封「望蔡公」。但在會稽期間，謝琰卻犯了最基本的戰略錯誤：輕敵。

史載謝琰「及至郡，無綏撫之能，而不為武備」。部下進諫：「強賊在海，伺人形便，宜振揚仁風，開其自新之路。」謝琰則回答：「苻堅百萬，尚送死淮南，況孫恩奔衄歸海，何能復出！若其復至，正是天不養國賊，令速就戮耳。」

東晉隆安四年（400年），孫恩第二次率隊出海，在浹口（今浙江鎮海口）登陸，佔餘姚（今浙江餘姚），破上虞，進至邢浦（今紹興東北）。此戰中，謝琰及其兩子戰死，東晉朝廷聞訊「大震」。

孫恩此戰，不僅僅是取得了軍事上的勝利，也影響了東晉的政局。東晉朝廷又派劉牢之東屯會稽，劉裕駐守句章（今浙江慈溪），又命吳國內史袁山松築滬瀆壘（在今上海境內），沿海岸防備孫恩，完全處於守勢。

謝琰戰死後，以王、謝兩家為代表的大門閥士族權柄從此開始旁落，同時劉牢之、劉裕等一批寒門出身的將領開始崛起。

東晉隆安五年（401年）春，孫恩第三次從海上出擊，再次從浹口登陸，在餘姚大敗守將高雅之，隨後劉牢之率軍來援。面對劉牢之大軍，孫恩再次退入海中，採取戰略奔襲之策，從杭州灣「轉寇滬瀆」。這意味著孫恩帶領船隊在海上航行四百里後，直接進攻長江口的門戶滬瀆，也就是今天上海一帶，殲滅官兵四千人。隨後，孫恩帶領大軍溯長江而上，推進至京口（今鎮江），直逼東晉京城建康（今南京）。

「朝廷駭懼，陳兵以待之。」經過數次激戰，孫恩敗退，率船隊沿海南還。

孫恩這一段浮海轉戰，堪稱海戰之大手筆，顯示了民間海上武裝力量靈活機動的作戰特點。但幾次進攻，孫恩義軍損失大半，其實力也自此由盛轉衰。

東晉元興元年（402年），孫恩第四次率義軍出海登陸，進攻臨海，再次為晉軍所敗，義軍散亡殆盡。《資治通鑑》載，孫恩「恐為官軍所獲，乃赴海死」。

孫恩死後，義軍推舉盧循為首領。盧循為東漢名儒盧植之後，是孫恩的妹夫。孫恩起兵時，盧循是重要的謀劃者。

東晉元興二年（403年）正月，盧循派他的姐夫徐道覆進犯東陽，被劉裕擊

圖 2.13：孫恩、盧循等領導的海上大起義，對造船史的一大貢獻即是發明了"八槽艦"，
這是最早的水密艙壁技術應用，此為"八槽艦"船模圖。

敗。八月，劉裕又在永嘉打敗盧循，並追擊盧循到晉安。盧循迫於形勢，率軍入
海南下廣東海面。

東晉元興三年（404 年）十月，經過一百多天的攻打，盧循夜襲攻下番禺（今
廣州），稱"平南將軍"，自攝政事。隨後盧循派徐道覆攻克始興（今廣東韶關），
並任命其為始興太守，控制了廣州北面的戰略要地。

東晉義熙元年（405 年）四月，盧循遣使入朝。當時，東晉朝廷剛剛平定桓
玄之亂，無暇南顧，遂任命盧循為征虜將軍、廣州刺史、平越中郎將，徐道覆為
始興相。

次年，已是東晉大將的劉裕帶兵北伐南燕。徐道覆得知此訊後，便派人勸說
盧循乘東晉空虛之機襲擊建康，但盧循沒有聽從這個建議。

東晉義熙六年（410年），盧循決定北伐，他和徐道覆分兩路出兵，並在桑落洲（今江西九江東北長江北岸的安徽境內）大敗晉軍。

義軍由此聲勢大熾，“戎卒十萬，戰船千計”，並乘勝進軍建康。東晉大軍連戰連敗，朝廷緊急召回北伐大將劉裕，同時徵調多位刺史入衛建康。

五月中旬，盧循率艦抵達秦淮河口。而此時劉裕已經完成對建康城的防衛部署，盧循幾路進攻兵鋒接連受挫。七月，盧循敗退，準備退回廣州。據《宋書·武帝紀》載，劉裕“大治水軍，皆大艦重樓，高者十餘丈。”派晉水軍三千人自海道南下，襲擊盧循的基地番禺。

東晉義熙七年（411年）二月，劉裕部將劉藩奔襲始興，徐道覆城破戰死。三月，盧循返回番禺時，發現番禺已被晉軍佔領。盧循只好率餘部流動作戰，沿鬱水（今廣西境內）退到交州（今越南河內），交州刺史杜慧度以火攻擊破盧循部隊，起義軍戰船被焚，兵眾潰敗。四月，盧循投水自盡。

在盧循自盡的九年後，即公元420年，東晉大將劉裕逼迫晉恭帝禪位於己，建立了劉宋政權，晉朝滅亡，南朝開始。中國歷史由此進入南北朝時期。

孫恩、盧循領導的海上起義最終失敗了，他們的名字被史家以“海賊”之名寫入歷史，但是，不應忽視的是孫恩、盧循等領導的海上大起義，對照中國乃至世界造船史還有一項巨大的貢獻，即發明了“八槽艦”。中國古代帆船至少有兩項技術在世界造船史上是領先的，一項是前邊講過的船尾中心舵，這是中國的發明。另一項是水密艙壁技術，也是中國的發明。據晉人撰《義熙起居注》載，“盧循新作八槽艦九枚，起四層，高十餘丈”。這是中國水密艙壁技術的最早記載。孫恩、盧循起義軍的大型戰船為何叫“八槽艦”？是因為他們在造船的時候，利用水密艙壁技術將船體分隔成八個船艙，這樣在航行中就算其中的一個船艙漏水了，也不會影響船的行進。水密艙壁技術後來被中國船家廣為應用，成為中國帆船的一大特點，幾百年後，傳入西方。

第三章

隋唐五代

一

討伐高句麗，
隋軍三次跨海東征

公元 581 年，周靜帝宇文闡將皇位禪讓於國丈楊堅。楊堅改國號為 "隋"，改元開皇。開皇九年（589 年），隋軍消滅了陳朝，一統南北，結束了自西晉末年以來近三百年的分裂局面。

隋朝僅僅存世三十八年，但在這短暫的繁榮局面中，造船業及水軍的發展仍取得了較大的成就，尤其是隋煬帝時期，水軍的軍事行動在規模和影響上，都超出了前朝。

隋朝初期，為統一中國，隋文帝楊堅在全國各地大造艦船，編練水軍。僅楊素在永安（今重慶奉節）所造的戰船就達千艘。當時最大的船被稱為 "五牙"，是樓船的一種，上層建築有五層，高百餘尺，可容士兵八百人。船的前後左右設置六根拍竿，高五十尺，上懸巨石，兩軍接舷時，可用其拍擊敵艦。楊堅滅陳時，陳國有十餘艘戰船被這些拍竿 "拍" 碎。

隋煬帝楊廣即位後，多次徵發民工採伐巨木造船。其中，隋煬帝所乘龍舟有四層，高四十五尺，長兩百尺，上層有正殿、內殿、東西朝堂等，中間二層有百餘間房，下層為內侍居住之所。他每次出遊時所乘的船隻多達數千艘，有平乘、青龍等船型，船隊航行時首尾相接兩百餘里。

在這樣發達的造船技術背景下，隋朝曾三次對朝鮮半島進行跨海東征。

高句麗是公元前 1 世紀至 7 世紀時期生活在中國東北地區的一個族群。據《漢書·地理志》載：玄菟郡，武帝元封四年（前 107 年）開。……縣三：高句驪、上殷台、西蓋馬。漢孝元帝建昭二年（前 37 年），卒本夫餘王朱蒙與 "句驪" 部族融合後，將 "卒本夫餘" 改稱為 "高句麗"，在玄菟郡高句驪縣建 "高句麗" 國。

自西漢以後，高句麗與中國歷代中央政權保持著藩屬關係。南北朝時期，北周武王曾封高句麗王高湯為遼東郡公、遼東王，後改封高麗王。高句麗後來因此被普遍簡稱為 "高麗"。需要說明的是，此 "高麗" 與後來朝鮮半島出現的王氏

"高麗"（918 年－1392 年）沒有繼承關係。

高句麗是朝鮮半島北部的強勢部族，長期與朝鮮半島南部的百濟、新羅爭奪土地。中國集安高句麗古墓壁畫中，有一幅約繪於公元 408 年的《車馬出行圖》，反映的是 5 世紀時高句麗軍隊的一次出征，其出行的軍隊，將士穿鎧甲、戴頭盔、手持盾牌、鉤鐮槍，坐騎也披鎧甲，隊伍中部以兩部車駕為中心。該壁畫顯示，高句麗當時已經擁有大規模的強大軍隊。憑藉強大的軍事實力，公元 427 年，高句麗北上，遷都平壤，開始打破漢朝在朝鮮半島所設立的郡縣體系。

隋朝統一中國後，隋文帝楊堅準備收復被高句麗侵佔的地區，欲將高句麗的藩屬關係降格為遼東臣，但遭到高麗王的拒絕。

開皇十八年（598 年），高句麗侵犯遼西，被擊退。是年六月，隋文帝楊堅發兵三十萬，以第五子、漢王楊諒為行軍元帥，水陸並進伐高句麗，並"下詔黜其爵位"。陸路隋軍經臨渝關（今山海關）直指遼河，但因水潦、乏食、軍中疾疫，失敗而還，戰士死者十之八九。水路隋軍自東萊郡（今山東萊州）出發，出渤海渡黃海，直航平壤，但由於中途遭遇大風，隋朝水軍幾乎全軍覆沒。

雖然因為天氣等客觀條件，隋朝第一次跨海東征沒能達到目的，但高麗王高元忌憚隋軍強大，遣使請和並上表自稱"遼東糞土臣元"。隋朝就此息兵。

隋煬帝楊廣即位後，朝廷再次出現收復高句麗之議。《資治通鑒》記載了大業六年（610 年）的一次君臣對話。黃門侍郎裴矩向隋煬帝建議："高麗本箕子所封之地，漢、晉皆為郡縣；今乃不臣，別為外域。故先帝疾焉，欲征之久矣，但以楊諒不肖，師出無功。當陛下之時，安得不事，使此冠帶之境，仍為蠻貊之鄉乎？"

大業七年（611 年），隋煬帝乘龍舟抵達涿州，下令徵召天下兵馬。匯集於涿州的大軍中，有江淮以南的水手萬餘名，同時又急令東萊海口，趕造海船三百艘。準備第二次從海上討伐高句麗。

大業八年（612 年），隋煬帝率一百一十萬大軍御駕親征，分海陸兩路進攻高句麗。《隋書》記載，此次出征"旌旗亙千里，近古出師之盛，未之有也"。隋煬帝志在必得，準備水陸兩軍在平壤會師。

從遼東陸路推進的隋軍從遼河開始與高句麗軍連戰多場，在犧牲多名大將後，將兵鋒推進至遼東城（今遼陽西北）。但後來即使由隨煬帝親臨前綫指揮，隋軍仍無法將城池攻破。

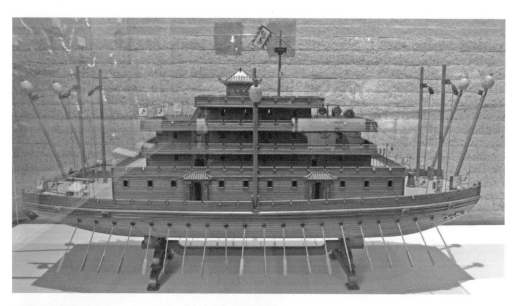

上｜圖 3.1：澳門海事博物館的五牙船船模，比
例為 1：60。

下｜圖 3.2：中國集安高句麗古墓壁畫中有一幅
約繪於公元 408 年的《車馬出行圖》，通過此
圖可以看出這一時期高句麗有著強大的軍隊。

水軍由右衛大將軍來護兒統領，史載"舳艫數百里，浮海先進"。隋水軍橫渡渤海，進入浿水（今大同江）。在距離平壤六十里的地方，與高句麗軍相遇，隋軍首戰告捷。

隨後，來護兒率軍進抵平壤，以精甲四萬攻城。高句麗軍以空城計，誘隋軍進攻而後發動反擊，隋軍大敗，僅有數千人逃回船上。"高麗追至船所，周法尚整陣待之，高麗乃退。來護兒引兵還屯海浦，不敢復留應接諸軍。"

水陸兩軍均未能得手，再加上大軍"糧盡"，隋煬帝只好率殘部回朝，虛設遼東郡和通定鎮。東征失敗。

大業九年（613年），隋煬帝再次從陸路親征高句麗。雙方在遼東城激戰二十餘天。在隋軍即將攻破遼東城之際，隋朝大貴族楊玄感謀反，率兵攻打洛陽。隋煬帝聞報，"使引軍還，軍資、器械、攻具，積如丘山，營壘、帳幕、案牘不動，皆棄之而去"。雖然楊玄感的叛亂被迅速平定，但隋煬帝也因此錯失高句麗戰機。

大業十年（614年），隋煬帝再次發兵進攻高句麗。此次隋煬帝未再如前兩次一樣親臨前綫，而是在遼西的懷遠鎮督戰。

第三次跨海東征的水軍，由來護兒率領，水軍從東萊郡出發，橫渡渤海海峽，在遼東半島南端登陸，攻打卑奢城（又稱卑沙城，今大連金州區一帶），擊破高句麗守軍，乘勝直趨平壤。此時，高句麗由於連年用兵，國貧民乏，不堪再戰，遣使求和。

當時來護兒對此明確表示反對，《資治通鑒》中記載了他的一段話："大軍三出，未能平賊，此還不可復來，勞而無功，吾竊恥之。今高麗實困，以此眾擊之，不日可克。吾欲進兵徑圍平壤，取高元，獻捷而歸，不亦善乎！"但隋煬帝執意納降撤軍，遣使召來護兒率軍返回。

事後證明，高句麗的請降只是緩兵之計。隋軍回朝後，隋煬帝召高句麗王高元入朝，被拒絕。隋煬帝"敕將帥嚴裝，更圖後舉"，但因"天下大亂，遂不復行"。四年後，即公元618年，隋朝滅亡。

隋朝兩任皇帝三次跨海東征幾乎無功而返，但隋朝建立之後，能在短時間內聚集幾百艘戰船跨海東征，說明隋朝的造船技術已經達到較高的水準，其水軍已經具備相當規模。

二

再伐高句麗，
唐軍三次跨海東征

唐承隋制，從高祖李淵開始，就欲解決前代遺留的高句麗問題，但一直沒有合適的機會。當時，朝鮮半島上有三個國家，即北部的高句麗、西南部的百濟和東北部的新羅。

貞觀十六年（642年），高句麗大將泉蓋蘇文殺掉與唐朝修好的高麗王高建武，另立其姪高藏為王。泉蓋蘇文掌控高句麗的軍政大權後，聯合百濟攻打新羅。新羅遣使入唐求援，唐太宗詔令高句麗罷兵，泉蓋蘇文置之不理。唐太宗藉此征討高句麗。《新唐書·高麗傳》中記載了唐太宗的一段話："今天下大定，唯遼東未賓，後嗣因士馬盛強，謀臣導以征討，喪亂方始，朕故自取之，不遺後世憂也。"

貞觀十九年（645年），唐太宗發水陸兩路大軍，東征高句麗。

陸路方面，四月，遼東道行軍大總管李世勣率軍渡遼水，攻克蓋牟城（今撫順），與唐太宗所部會合後，經過近一個月的激戰，攻克高麗控制的遼東城（今遼陽）。

水路方面，唐太宗以刑部尚書張亮為平壤道行軍大總管。據《舊唐書·高麗傳》記載，張亮率"勁卒四萬，戰船五百艘，自萊州泛海趨平壤"。算下來，平均每艘戰船載戰士八十人。唐初水軍規模之大，由此可見一斑。

唐水軍自東萊（今山東萊州）起航，渡渤海海峽，在今天的旅順口登陸，攻克卑沙城。此後，張亮部與陸路合軍攻破建安城（今遼寧蓋州東北）。隨後，張亮派總管丘孝忠率一支艦隊順遼東海岸直趨鴨綠江。

然而，隨著戰事進一步發展，唐太宗御駕親征的捷報未能延續。在七月進至安市城（今遼寧牛莊附近）時，遇高句麗軍負隅頑抗，唐太宗不惜集中全部兵力，並使用了巨大的攻城撞車等最新武器，仍久攻不下。最後由於天寒糧盡，唐太宗只得於十月班師回朝。

群臣認為高句麗"依山為城，攻之不可猝拔"，建議派偏師進襲騷擾，使高句麗疲於應付，耽誤農時，幾年後即可使高句麗政權因糧荒而瓦解。此後數年間，唐太宗吸取首次作戰的教訓，並採納群臣的建議，不斷遊擊遼東各城，其中有三次航海軍事行動。

第一次，貞觀二十一年（647年）三月，左武侯大將軍牛進達、右武衞將軍李海岸率水軍自山東半島萊州渡海，沿遼東海岸而行，進入鴨綠江流域，先後攻取石城（今遼寧丹東石城）、積利城（今遼寧寬甸縣鴨綠江北岸），得勝後引軍而還。

第二次，貞觀二十二年（648年）一月，右武衞大將軍薛萬徹、右衞將軍裴行之等率水軍三萬人，再次從萊州渡渤海，入鴨綠江，進攻泊灼城（今遼寧寬甸鴨綠江北岸），破高句麗軍三萬人。

第三次，貞觀二十二年（648年）四月，唐水軍第三次出擊高句麗，由"烏胡（今廟島群島北端之隍城島）鎮將古神感將兵浮海擊高麗"。首戰於勿山（也作易山），得勝。當晚，高句麗軍萬餘人，試圖偷襲唐軍船隊而中埋伏。唐軍大勝，渡海回航。

經過數年的"遊擊戰"，特別是迅捷的奇襲作戰，唐水軍使遼東的高句麗軍疲於應付、困頓不堪，實現了當初"可不戰而取"的戰略意圖。

圖3.3：敦煌莫高窟中的唐代壁畫《觀音救海難圖》中，有一艘疑似海船，這是目前能見到的中國最早的一幅海船畫。

唐太宗認為時機已經成熟，準備再伐高句麗。貞觀二十二年（648 年），他下詔劍南道（主要在今四川一帶）"伐木造舟艦，大者或長百尺，其廣半之"。根據計劃，唐太宗準備在貞觀二十三年（649 年）出兵，以長孫無忌為大總管，率兵三十萬東征高句麗。然而，在這年四月，唐太宗病逝，唐朝遂暫"罷遼東之役"。

　　東征高句麗，是李世民生前唯一沒有獲得全勝的戰役。

　　頻繁的海上用兵，使唐朝的造船技術也有突破性成就，比如釘接榫合工藝和水密隔艙技術，這些技術使唐朝船舶更加堅固。特別是水密隔艙的出現，大大提高了船舶的遠洋航行能力和生存能力。

　　不過，除了敦煌莫高窟第四十五窟南壁的一幅唐代壁畫《觀音救海難圖》，再沒有其他典籍留下有關唐代海船歷史的圖像。

　　有關唐朝水軍戰船的文字記載，最為詳盡的就是李靖的《衛公兵法輯本‧攻守戰具》和李筌的《太白陰經‧水戰具篇》，書中記載了唐朝水軍有樓船、艨艟、鬥艦、走舸、遊艇、海鶻等種類。

　　唐朝在保持傳統船種的同時，還研製了遊艇、海鶻等新船種。其中，遊艇是一種用於偵察的小船。海鶻頭低尾高，前大後小，如鶻之狀，舷下左右置浮板，形如鶻翅，具有極強的抗風浪能力。

三

白村江海戰，
朝鮮半島的五國殺

公元 7 世紀，東亞戰爭的焦點仍然在朝鮮半島——高句麗、百濟、新羅各方力量不斷較量，南方引來日本介入，北方則有唐朝的介入，最終以一場血染朝鮮半島的五國殺，重建了東亞國家秩序。

高句麗在隋、唐兩朝不斷打擊之下，將政治中心向朝鮮半島南部遷移。最初是新羅開始與百濟結盟對付高句麗，但隨著新羅從百濟手中奪到被高句麗霸佔的漢江流域後，新羅又開始與唐朝結盟，對付百濟和高句麗。雖然，新羅有唐朝的軍事支援新羅，但高句麗與百濟聯合，不斷進攻新羅，並佔據了新羅大片土地。

唐顯慶五年（660 年），在多次外交調解朝鮮半島各方矛盾無效的情況下，唐高宗最終決定，再次派兵阻止百濟聯合高句麗對唐藩屬新羅實施的攻擊，一攬子解決朝鮮半島上的問題。唐軍兵分兩路，北路軍從遼東進攻高句麗，直搗平壤；南路軍從成山角（今山東榮成）渡海增援新羅。據《日本書紀》載，唐水軍"乘潮而上，舳艫銜尾進，鼓而譟"，配合陸軍，三日攻克百濟王城泗沘，俘虜其國君，百濟被滅。

日本方面，孝德天皇即位後，仿效唐朝，於公元 645 年，首次使用年號——"大化"。順便說一句，雖然古代日本對中國王朝時有朝貢，但並沒有使用過中國年號，其年號皆從中國典籍中選取。比如，"大化"即出自《尚書·大誥》（"肆予大化誘我友邦君"）。這一點與朝鮮半島使用中國明、清年號幾百年有所不同。"大化"年號的開啟，標誌著日本朝廷想與中國王朝平起平坐，已進入到制度層級。

在"大化革新"中強大起來的日本，對朝鮮半島的野心再度膨脹。此時，百濟遺臣多次遣使日本朝廷，請求援助，要求送還在日本做了二十多年人質的百濟豐璋王子，讓他歸鄉復國。這恰好給了日本一個進入朝鮮半島的機會，一可幫助百濟復國，二可與高句麗、百濟共同瓜分新羅。

中日之間的第一次正式交鋒——白村江海戰，一觸即發。

百濟被滅的第二年，也就是唐高宗龍朔元年（公元 661 年），農曆正月，日本齊明天皇（孝德天皇死後，皇極天皇重新即位，稱齊明天皇）和中大兄皇子親赴九州，欲統兵渡海西征，但因旅途勞頓，齊明天皇於七月病死。八月，中大兄皇子監國，令先遣部隊帶輜重渡海。九月，日本派兵五千，由狄井檳榔、朴市田來津率領，護送百濟的扶餘豐璋王子歸國即位。公元 662 年初，扶餘豐璋在周留城（今韓國扶安）正式就任百濟王。此後，一年多的時間裏，日本先是派水軍戰船一百七十艘船增援百濟，不久又分幾次增兵，共四萬人支援百濟。

兩年前消滅百濟後，唐軍主力北上攻打高句麗，在百濟設置熊津等五個都督府，大將劉仁願率萬餘兵留守，其大營設熊津府城（今韓國公州）。百濟遺臣鬼室福信領導的百濟遊擊隊，得到日本肯出兵援助的消息後，包圍了熊津府城，一時間，留守百濟的唐軍方面形勢危急。唐朝急令劉仁軌率領數千唐兵渡海支援劉仁願，鬼室福信根本不是劉仁軌的對手，只得命令遊擊隊撤圍。

龍朔三年（公元 663 年）六月，中大兄皇子再向朝鮮半島增兵 2.7 萬人，猛攻新羅，奪取了沙鼻歧、奴江二城，切斷了唐軍與新羅的聯繫，藉此牽制攻打百濟的唐軍。唐朝也迅速增兵，由孫仁師率領的七千名援兵渡海到達熊津，與劉仁軌會師，新羅王金法敏率領新羅軍也趕了過來。兵強馬壯的劉仁軌，決定直搗黃龍，攻擊周留城。

所謂白村江海戰，其實就是圍繞周留城（今韓國扶安）展開的一場海陸大戰。白村江在今天的韓國忠清南道舒川郡錦江入海口，周留城建在白村江口上游左岸山地上，三面環山，一面臨水，山峻溪隘，易守難攻。此城是百濟國被滅之後，百濟遺臣鬼室福信和浮屠道琛的遊擊隊復國的大本營，扶餘豐璋回百濟後，在此就任百濟王，周留城也就成了王城。

百濟守軍只要能確保周留城至白村江口一綫安全暢通，就能得到日本的海上支援；如果時局不妙，守軍也可從海上溜走。白村江口是維繫周留王城存亡的生命綫，也是百濟復國的希望所在和重要象徵，這裏注定要上演一場大決戰。

唐、新聯軍採取海陸雙綫作戰的策略：唐將劉仁願、孫仁師與新羅王率陸軍，團團圍住周留城；唐將劉仁軌、杜爽與百濟降將扶餘隆則帶領戰船一百七十艘由熊津江進入白村江，列陣江口。

日、百聯軍亦採取兩路並進之策：一方面是百濟遊擊隊和日本援軍從陸上向周留城附近集結；一方面是日本趕來的盧原君臣率萬餘士兵和戰船，渡海增援周

圖 3.4：韓國扶餘白龍江口古戰場，現已闢為旅遊景點。

留城百濟守軍。

農曆八月二十七日，雙方大軍在白村江口遭遇。

陸戰方面，唐、新聯軍很快擊垮日本和百濟聯軍。

海戰方面，唐軍水師約七千餘人，戰船一百七十艘；日本水軍萬餘人，戰船一千多艘。從數量上來説，日本水軍遠勝唐朝水師，但唐朝水師的戰船與海戰經驗可不一般。年已六旬的劉仁軌作戰經驗豐富，研究了水面情況，鑒於白村江河口處河道彎曲，水流較急，他令唐朝水軍不出河口，佔據上游河道的地理優勢，在河口內以樓船和海鶻大型戰船，居中構築陣地，以守為攻。

據唐杜佑《通典·兵十三·水平及水戰具附》載，唐朝的主要戰船樓船"船上建樓三重，列女牆、戰格，樹幡幟，開弩窗、矛穴，置拋車、壘石、鐵汁，狀如城壘。忽遇暴颭，人力不能制，此亦非便於事，然為水軍，不可不設，以成形勢"。唐朝水師的樓船，不僅是大型戰艦，而且武器配備齊全，有弓弩、車弩、炮車等。這種水上堡壘，盡展"一夫當關"的優勢。

那麼，從外洋趕來的日本水軍，為何要湧入險要的白村江口內，而不在口外迎戰呢？這是沒有辦法的辦法，不入內河，無以解江口中的周留城之圍。日本水軍的戰船數量佔優勢，但全是裝幾十個人的小船。他們妄圖憑藉戰船數量上的優勢，以蜂擁而上的陣勢，圍殲或逼退唐朝水師。

　　戰鬥開始，日本水軍逆流而上，衝入白村江口，唐朝水軍則守在河口內，以戰鬥力強大但不夠靈活的樓船、海鶻為中軍，擋在日本水軍正面；以戰鬥力強又機動靈活的鬥艦、走舸，從左右兩翼出擊。就這樣，日軍一天三四次進攻，均被打退。

　　第二天，兩軍再次在水上交戰，日本水軍聯合百濟軍，仍然採取全軍突擊、

圖3.5：大唐水軍以戰鬥力強大的樓船、海鶻為中軍，守在河口內，擋在日本水軍正面，此為宋代《武經總要》中的海鶻圖。

〇六二

中國古代海戰史

蜂擁而上的戰術，但這些小船，不等靠近唐軍戰船，就被大唐強弩遠距離擊垮；一些日本戰船靠近了唐戰船，也因唐戰船船舷很高，根本跳不過去。大唐水軍以密集防守陣形佈下的包圍圈，待日本水軍攻到唐軍中軍之時，合力將敵船趕到一起，而後弓弩、火箭密集發射，日本水軍或被燒毀，或落荒而逃……

據《舊唐書‧劉仁軌傳》記載，唐、新聯軍"四戰捷，焚其舟四百艘，煙焰漲天，海水皆赤，賊眾大潰"。日、百聯軍初戰失利後，兩軍再戰，結果"大唐便自左右夾船繞戰，須臾之際，官軍（指日軍）敗績，赴水溺死者眾，艫舳不得迴旋。朴市田來津仰天而誓，切齒而嗔殺數十人，於焉戰死"。

白村江之戰，百濟與日本聯軍大敗。周留城守軍見大勢已去，只好舉了白旗，向唐、新聯軍繳械投降。百濟王扶餘豐璋，向北逃竄，流亡高句麗。殘餘的日本兵，除了一部分投降外，其餘則逃回了日本。

白村江戰役重整了東亞地區的政治格局。

戰敗後，日本認識到自己與唐存在著巨大差距，收斂了傲氣與野心，派出了數量遠遠超過以往的"遣唐使"，全方位地向唐學習，同時，集中精力於內治，為奈良時代的繁榮奠定了基礎。

唐朝、新羅聯軍打敗日本軍隊後，並沒有乘勝進攻日本本土。公元 667 年，唐朝、新羅聯軍乘勢北上，於公元 668 年，攻陷平壤，唐朝在平壤設安東都護府，任命右威衛大將軍薛仁貴為檢校安東都護——存在七百零五年之久的高句麗滅亡。

唐朝出兵朝鮮半島，不僅滅了高句麗、百濟，也給日本以深刻的教訓，大大加固了自己在東亞的宗主地位。此後一千多年裏，日本沒有再對朝鮮半島用兵。

新羅在唐朝的協助下，統一了朝鮮半島，隨後，新羅將唐朝軍隊趕出了朝鮮半島，半島進入新羅時代。

四

白藤江之戰，
五代十國時期的北部灣亂局

唐朝末年，各地藩鎮擁兵自立。哀帝天祐四年（907 年），朱溫篡奪了唐朝政權後，建立後梁。自此，中國進入了歷時五十多年的"五代十國"時期。

其中封州（今廣東肇慶市封開縣）刺史劉謙，擁兵過萬，有戰艦百餘艘。經過劉氏兩代人的經營，後梁貞明三年（917 年）劉謙第三子劉龑在番禺（今廣州）稱帝，改廣州為興王府，國號"大越"。次年十一月，劉龑又改國號漢，史稱南漢，劉龑被稱為南漢高祖。

劉龑原名劉岩，他仿照武則天而給自己造名字"龑"，《南唐書》載："龑音儼。劉氏偽撰此字以為名，自云取飛龍在天之義。"劉龑主政時期，四處征戰。

南漢大有三年（930 年），劉龑派遣將領李守鄘、梁克貞攻打交趾，擒獲靜海節度使曲承美。據越南史書《越南史略》記載，曲承美的家族是唐末五代時期鴻州（今越南海陽省寧江縣）豪族。

西漢元鼎六年（前 111 年），漢武帝滅南越國，並在今越南北部地方設立交趾、九真、日南三郡。後來，漢武帝在全國設立十三刺史部時，將包括交趾在內的七個郡歸於交趾刺史部，後世稱為"交州"。

鴻州豪族曲承裕曾獲唐朝廷認可，被授予靜海節度使，建衙宋平（今越南河內）。此後，曲家歷世三代擔任靜海節度使，管理交趾。曲承美就是曲承裕的孫子。

南漢所轄之地為現今的廣東、廣西兩省區及越南北部一帶，臨近曲氏的勢力範圍，雙方因此關係緊張。在劉龑稱帝當年，曲承美就受父曲承顥之命擔任"歡好使"到廣州，打聽劉龑政權的虛實。同年曲承顥去世，曲承美繼承父位，並於後梁貞明五年（919 年）"遣使求節鉞"，請求後梁朝廷冊封。

南漢劉龑政權對曲承美捨近求遠、攀附後梁相當不滿。史載，劉龑"屢欲併吞交管，而慮道遠、兵力不繼，因使招之。承美堅不肯內附，對人指高祖為'偽朝'。高祖聞，益怒"。最終劉龑興兵進攻交趾。

攻下交趾後，劉龑任命李進為交州刺史，與梁克貞一同守城。同時，南漢朝廷還對靜海節度使曲承顥的舊部、愛州（今越南清化）人楊廷藝等人授以爵位。

據《安南志略》，劉龑雖已得勝，但洞悉到"交趾民好亂，但可羈縻而已"，認為當地民眾不會服從其統治。而楊廷藝亦為驅逐南漢而做著準備，《資治通鑒·後唐紀六》載："楊廷藝養假子三千人，圖復交州；漢交州守將李進知之，受其賂，不以聞。"

南漢大有四年（931年）十二月，楊廷藝先發制人，攻破李進所在的大羅城（今河內），李進逃歸南漢。適值南漢派遣程寶率兵趕來，包圍楊廷藝。楊廷藝出戰，擊殺程寶。楊廷藝取得軍事勝利後，便自稱節度使。

此後，楊廷藝為避免南漢再次南下，主動臣服南漢並接受南漢詔封。同時楊廷藝也與當地的豪族聯姻，將女兒嫁給"世為貴族"的牙將吳權。

南漢大有十年（937年）三月，楊廷藝被牙將矯公羨所殺。吳權乃於次年十二月自愛州舉兵，討伐矯公羨。矯公羨無法應付，向南漢求援。南漢"欲因其亂而取之"。

圖3.6：白藤江是下龍灣通往河內市的門戶，歷史上為兵家必爭之地。如今這裏是重要的風景旅遊區。

劉龑以第九子、萬王劉弘操為靜海節度使，徙封交王，率大軍進抵交趾，自己則屯駐海門（今廣西博白）以為後援。

南漢崇文使蕭益認為此季節多雨且又道路難行，勸諫劉龑暫時放慢進兵的步伐，多用嚮導帶路。但劉龑不聽，仍命令劉弘操率水軍進擊，從越南北部海灣下龍灣進入白藤江。

中國古代的近海戰鬥，多發生在江尾海頭的江口水域，攻守雙方發明了許多特殊的戰法。吳權水軍就是利用海潮，以尖椿之法，戰勝了南漢水軍。

白藤江是越南北部的一條江，為太平江的一條支流，溯河而上，可抵大羅城。下龍灣是白藤江的入海口，為兵家必爭之地。已經攻破大羅城並殺死矯公羨的吳權，在得知南漢軍隊到達白藤江之後，命令手下的軍士砍伐樹木，製造木椿，並在木椿頂端包上鋒利的鐵皮，而後將這些尖利木椿插在白藤江入海口處，同時在河岸一帶設下伏兵。

白藤江口漲潮時，潮水上升，淹沒木椿。吳權命令自己的水軍，在漲潮時向南漢軍挑釁。劉弘操不知是計，命令南漢水軍藉潮水之力，向江口內進擊。吳軍佯敗而退。當南漢水軍到達了吳軍的埋伏地點，佯裝敗退的吳軍，此時藉退潮之力，返回迎敵。不久，海水退潮，水面下的木椿暴露出來。南漢戰船被刺穿底部，相繼沉沒。吳權設在兩岸的伏兵，趁機駕小船襲擊南漢水軍，與之展開白刃戰。南漢水軍大敗，主將劉弘操陣亡。劉龑率殘部撤出北部灣，返回番禺。

吳權擊敗南漢軍後，於公元 939 年稱王，為越南吳朝的開創者，後世稱他為前吳王。

三年後，即大有十五年（942 年），劉龑去世，南漢再無力染指交趾地區。公元 971 年，宋滅南漢。

第四章

宋、遼、金

"刀魚巡檢"，
宋代海巡與海軍基地

宋朝水軍建設超過之前歷朝，佈局更加全面。

宋朝初立，即著手完善水軍建設，單是駐屯京師、擔任宿衞的禁軍水軍，設有神衞水軍和殿前司、步軍司的兩支虎翼水軍，以及澄海水軍弩手等。宋朝第三位皇帝真宗趙恆時期，又設虎翼水軍，屯駐於開封。

除了京師的水軍外，北宋水軍大部分部署在南方，如淮南、江南、兩浙、荊湖、福建、利州、廣南等都設有水軍，但它們都是地方武裝構成的"廂軍"水軍，具有維持各地治安的性質。宋朝的邊患，主要來自北方，為防禦契丹的入侵，水軍主力佈局於京東登州。

登州在山東半島尖端，與遼朝所轄的遼東半島隔海相望，"號為極邊"，"便風一帆，奄至城下"。為防禦北方契丹的入侵，宋王朝接受登州知州郭志高建議，以丹崖山東部丘陵地為依託，沿海向東築堤建起"刀魚寨"，置"刀魚巡檢"，派兵駐守。

登州港自古就是"外捍朝遼"、"內障中原"的軍事要塞。登州港作為軍事港口，是從漢武帝派樓船將軍楊僕征伐朝鮮時開始的。三國時期魏帝曹叡派司馬懿征伐遼隧（今遼寧興城）由此出發。隋唐時期數次征討高句麗，運兵運糧多由登州港出發。

宋慶曆二年（1042 年），登州知州郭志高奉命沿丹崖山築起一道沙堤，構成一座城寨，用以停泊艦船，成為北方最大的水軍基地。因水軍使用的戰船稱"刀魚舡"，水城便被稱為"刀魚寨"。至於"刀魚寨"水軍基地之重要，蘇軾《登州召還議水軍狀》概括得最好：

> 右臣竊見登州地近北虜，號為極邊，虜中山川，隱約可見，便風一帆，奄至城下。自國朝以來，常屯重兵，教習水戰，旦暮傳烽，以通警急。每歲四月，遣兵戍砣磯島，至八月方還，以備不虞。自景德以後，屯兵常不下

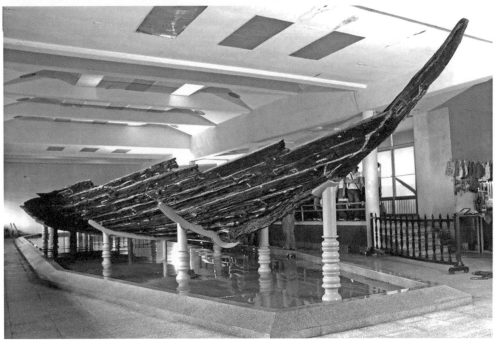

上｜圖 4.1：蓬萊水城是目前保存最完整的中國古代水軍基地。

下｜圖 4.2：蓬萊出土的元末明初古船，殘長 22.5 米，復原尺寸 35 米，

為目前發現的同時期最大的戰船，現展示於蓬萊古船博物館。

四五千人。除本州諸軍外，更於京師、南京、濟、鄆、兗、單等州，差撥兵馬屯駐。至慶曆二年，知州郭志高，為諸處差來兵馬頭項不一，軍政不肅，擘劃奏乞創置澄海水軍弩手兩指揮，並舊有平海兩指揮，並用教習水軍，以備北虜，為京東一路捍屏。虜知有備，故未嘗有警。

議者見其久安，便謂無事。近歲始差平海六十人，分屯密州信陽、板橋、濤洛三處，去年本路安撫司又更差澄海二百人往萊州、一百人往密州屯駐。檢會景德三年五月十二日聖旨指揮，今後宣使抽差本城兵士往諸處，只於威邊等指揮內差撥，即不得抽差平海兵士。其澄海兵士，雖無不許差出指揮，蓋緣元初創置，本為抵替諸州差來兵馬，豈有卻許差往諸處之理？顯是不合差撥。不唯兵勢分弱，以啟戎心，而此四指揮更番差出，無處學習水戰，武藝惰廢，有誤緩急。

伏乞朝廷詳酌，明降指揮。今後登州平海、澄海四指揮兵士，並不得差往別州屯駐。謹錄奏聞，伏候敕旨。

蘇軾不僅強調了登州水軍定期巡渤海之重要，還特別強調了登州平海澄海四指揮兵士，"並不得差往別州屯駐"。

登州"刀魚寨"，就是後來人們所熟知的經過後世王朝不斷完善的蓬萊水城。它依山傍海，是軍港也是海防堡壘，在出入海上的地方，建有水門，設閘蓄水。平時，閘門高懸，船隻隨意進出；一旦發現敵情，閘門放下，海上交通便被切斷。水門兩側又各設炮台一座，駐兵守衛，形成了一個進可攻、退可守的防禦體系。蓬萊水城是一處頗具特色的海防要塞，也是目前保存最完整的中國古代水軍基地。

分佈各地的北宋水軍，並非番號都稱"水軍"。較前朝，宋朝的水軍特別強調對"海"的經略，如廣州水軍，另有"巡海水軍"的番號，突出了這支水軍的海巡任務。《武經總要》記載，宋朝廷曾"命王師出戍，置巡海水師營壘"於廣南（今廣東），"治艪魚入海戰艦"，"從屯門山，用東風西南行，七日至九乳螺洲"。也就是說，南方的"巡海水軍"海巡到了九乳螺洲（今西沙群島），以護衛宋朝南方海域之安全。

再如登州水軍，另有"平海軍"的番號，突出了這支水軍的海戰特徵。平海軍原為廂兵（地方武裝），在宋仁宗時升為禁兵（禁軍）。登州水軍算是北宋禁軍中最大的一支水師，曾參與同北方談判的"海上之盟"相關活動。

二

"沿海制置司"，
中國最早的海軍衙門

沈括《夢溪筆談·權智》中有一個小故事，至今為地圖史家所樂道。宋熙寧朝（1068 年—1077 年），"高麗入貢，所經州縣，悉要地圖，所至皆造送，山川道路，形勢險易，無不備載"，當這些人到達揚州時，在揚州的丞相陳秀公對高麗貢使説自己正要繪製兩浙地圖，請高麗使者把搜集來的地圖拿來參考一下。陳秀公拿到這些地圖後，立即將它們付之一炬。

地圖史家引用這個故事，大多是以此説明，地圖涉及"天下山川險要，皆王室之秘奧，國家之急務"，不可外傳。筆者引述這個故事想説的是：丞相陳秀公並非哄騙了高麗商人，朝廷要繪製兩浙地圖也確有其事。沈括本人就曾編繪大型的全國地圖。

宋朝是中國歷史上一個海上開放的時代，也是古代海防觀初立的時代。宋建立之初，朝廷即對南部與西南部的沿海戰區進行了勘測。宋景德三年（1006年），沿海安撫使邵曄所繪《邕州至交州水陸路》及《宜州山川》四圖，即收錄今天的廣西到越南中部一帶的水路和陸路交通圖、地形圖等多幅地圖。

南宋皇帝趙構，為應對金朝侵略，下令編繪海圖，以防備金國從海上發動的攻擊。這期間出現過一幅《紹興海道圖》，詳細描述了長江口以北的海區航道及港口、島礁情況。但這幅最早見於記載的海道圖，未能流傳至後世。

宋代文化事業興旺，出版刻印業發達，為後世留下了古代印刷標誌性的"宋版"書，特別是宋代的一些方誌，保留了極為難得的地圖文獻。中國現存最早的地理總誌，為唐朝宰相李吉甫編撰的《元和郡縣圖志》，此書的圖與部分文字在宋以後亡佚，所以，後人見不到唐代最完美的"圖志"了。這樣一來，南宋《寶慶四明志》就是現存最早最完整的古代"圖志"了。

《寶慶四明志》始撰於南宋寶慶二年（1226 年），故以"寶慶"年號冠名之；"四明"即慶元府（今浙江寧波），唐朝在此地設立州治時，取其境內四明山的"明"字，稱其為明州，後世常以"四明"代指明州。《寶慶四明志》是現存最早也是最完好的古代"縣圖志"。全志共二十一卷,有十六幅地圖。其中的《定海縣境圖》和《定海縣治圖》,不同程度地記錄了南宋的海防情況。

先說一下《定海縣治圖》,這個縣治圖就是定海縣城圖。它的海洋部分,描述了定海城東、南、北三面環海,註明了江水的入海口、碼頭、臨海城防與城門。特別值得一提的是圖中標註的軍事重地。圖右上標註了"統制衙",其西是"統領衙","統領衙"之西有"新寨門",新寨門下面、縣城西南為"水軍船場"。由此可以看出,定海不僅是東方大港,也是當時的海防指揮中心。

據《建炎以來繫年要錄》記載,宋高宗紹興二年九月(1132年)"癸酉,右朝請大夫呂源為浙東、福建沿海制置使,治定海縣"。唐代後期,在用兵前後為控制地方秩序,朝廷在用兵前後始置制置使。宋置制置使司,以制置使為主官,為一路至數路地區的統兵大員,負責籌劃邊防軍務。南宋高宗紹興二年(1132年),為防禦金兵從海上偷襲,設立了沿海制置司。制置司最初只有一個官署,之後由於海防任務繁重,分設為浙東福建沿海制置司和浙西淮東沿海制置司。其中浙西淮東沿海制置司設於平江府許浦鎮。此後,兩司廢置不常,最後只有浙東福建沿海制置司延續下來。

浙東福建沿海制置司是中國最早的海軍衙門,管轄浙東、福建兩路海防。制置司的長官制置使,位在一路長官安撫使之上,負責海防,節制水軍。此圖中的"統制衙"即是浙東福建沿海制置使設在定海城中的衙署,也就是這個海軍基地的指揮中心。

接下來說一下《定海縣境圖》。定海縣大致為今天的寧波市鎮海區。較之它南部的鄞縣(今鄞州區),這裏與大海更接近,因此《定海縣境圖》更像一幅濱海縣境地圖。此圖粗略地描繪了縣城部分——城門、道路與行政機構,更多地表現了縣境的濱海與海防特色。

定海縣城外東北邊,標註有"水軍"二字,這就是水軍"大寨"的駐地。圖中定海縣城外西南邊,標註有"船廠",它就是《定海縣治圖》標註的"水軍船場"。

定海作為中國古代最早的海軍基地和指揮中心,其規模也是非常大的。《寶慶四明志》卷七《敍兵》"制置司水軍"載:"紹興二年,制置始置司,所統兵駐紮定海,防扼海道……其後分二百人,隨一訓練官於州城外江東寨駐紮。統兵官有統制,有統領,又有正將、副將、準備將,各三員,兵四千人……寨屋

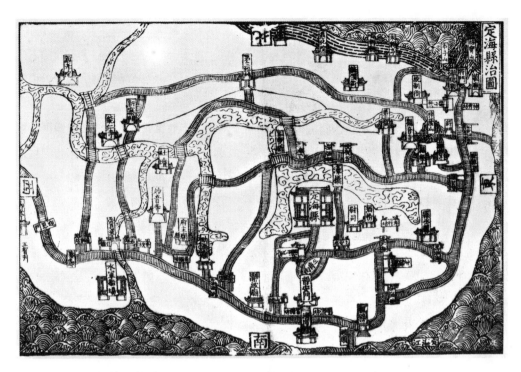

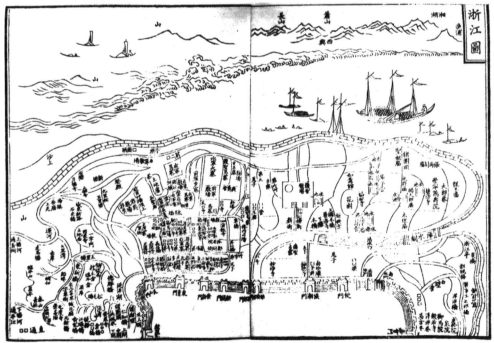

上｜圖 4.3：《定海縣治圖》特別註明了"統制衙"和"水軍船場"等海防設置。

下｜圖 4.4：《浙江圖》上單位面積之內標註海陸駐防之密集，堪稱中國古代地圖之最。

五千六百九十三間；定海五千三百九十三間，江東三百間。"沿海制置司除了少量士兵在州城外的江東寨，沿海制置司的絕大部分寨屋設在定海縣，也就是縣城外的"大寨"。

當然，偏安的南宋朝廷對臨安的軍事保障也不敢鬆懈。南宋潛説友編撰於咸淳四年（1268年）的《咸淳臨安志》中所附《浙江圖》，頗為詳盡地描繪了這個都城的城防與海防形勢。此圖上單位面積之內標註海陸駐防之密集，堪稱中國古代地圖之最。圖中標註有"前軍馬寨"、"右軍馬寨"、"正選寨"、"前軍寨"、"遊奕寨"、"廣通營"、"右軍校場"、"右軍器"、"水軍大寨"、"渡船"……要特別指出的是，圖右邊的"浙江亭"，這裏是送往迎來的水道驛站，也是京都檢閱水軍的觀禮台。南宋周密的《觀潮》是記錄"浙江亭"觀潮的名篇，同時，它也是記錄"浙江亭"校閱水軍的經典。《觀潮》在説完"海湧銀為郭，江橫玉繫腰"後，接著又説：

"每歲京尹出浙江亭教閱水軍，艨艟數百，分列兩岸；既而盡奔騰分合五陣之勢，並有乘騎弄旗標槍舞刀於水面者，如履平地。倏爾黃煙四起，人物略不相睹，水爆轟震，聲如崩山。煙消波靜，則一舸無跡，僅有敵船為火所焚，隨波而逝。"

不過，宋德祐二年、元至元十三年（1276年），元軍攻至臨安時，並沒有"敵船為火所焚，隨波而逝"，反而是南宋宰相陳宜中向元軍交出了傳國璽和投降書，文天祥等人帶領南宋流亡王朝，向南隨波而去。

三

唐島對決，
海戰進入火器時代

南宋建炎三年（1129 年）十月，金兵統帥宗弼（兀朮）率大軍南侵，破建康後，直逼宋都臨安（今杭州）。宋高宗趙構南逃至明州（今寧波）。次年正月，金軍又攻明州，趙構則乘船逃向溫州，金軍窮追不捨。南宋水軍將領張公裕率部在台州附近海面奮力阻擊，高宗遂得以脫險。二月，由於南宋軍民的合力抗擊，金軍首尾難以相顧，被迫北撤。

當金軍向鎮江撤退時，宋將韓世忠急率水軍八千人，於三月十五日馳奔鎮江，先於金軍抵達焦山、金山之間。宋、金兩朝水軍在黃天蕩歷經一場為期四十八天的水戰。宋水軍以八千人打得十萬金軍幾乎陷於絕境。但最終由於沒有陸軍及其他水軍有效配合，韓世忠部孤軍奮戰，最終先勝後敗。但此戰也為南宋打出一個三十年的和平發展時期。

黃天蕩水戰後，金軍遭到重創，長期不敢輕易南下，但是其內部主戰派一直躍躍欲試。紹興十九年（1149 年）九月，金朝發生內亂，完顏亮篡奪了金朝帝位，其南下滅宋之心又起。

金朝先是通過淮浙等地投降的宋人倪詢、梁簡等人，教授建造船艦，且為嚮導；又命令工部尚書蘇保衡造船艦於潞河（今天津北運河，又稱白河），同時派出間諜搜集情報。

宋高宗封李寶為浙西路馬步軍副總管，水師駐紮平江（今蘇州）準備抵抗。李寶曾先後跟隨岳飛和韓世忠與金兵作戰。《宋史·李寶傳》載，李寶"嘗陷金，拔身從海道來歸"。因此，宋高宗謂宰臣說："李寶頃因召對，詢以北事，歷歷如數。且以一介脫身還朝，陛對無一毫沮懼，是必能事者。"李寶當時手裏能用的戰船"堅全可涉風濤者，百二十艘"，兵"僅三千，皆閩、浙弓弩手，非正兵也"。儘管因為戰事已急，李寶仍然表示"臣願亟發"。

紹興三十一年（1161 年）九月，完顏亮發兵六十萬，分四路進攻南宋，其中三路走陸路：一路出陝西鳳翔，攻取大散關；一路自蔡州（今汝南）進軍，威脅荊襄；一路出壽春（今安徽壽縣），企圖渡淮河，過長江，進擊臨安。第四路為海路，由蘇保衡、完顏鄭家奴率水軍，自山東半島膠州灣浮海南下，由海路進至杭州灣。金軍海陸夾擊，企圖一舉滅亡南宋。

在金朝起兵南下的前一個月，李寶就先派兒子李公佐帶偵察小隊北上，"潛伺敵動靜虛實"。九月，李寶率領艦隊從平江（今蘇州）出發，出長江口沿東海北上阻截金軍艦隊。海上航行連續三日風濤大作，艦隊一度"舟散不可收"。

天氣惡劣，不利於航海，李寶對左右說："天以是試李寶邪？寶心如鐵石，不變矣。"李寶酹酒起誓，隨後出現了神奇的一幕："風即止。明日，散舟復集"。

集結休整後，李寶帶領船隊繼續北上，途中還派水師登陸解海州（今連雲港西南）之圍。當李寶艦隊抵達石臼島（今山東日照港附近）時，從前來投誠的金軍漢人水兵口中得知，金水軍已經出海，泊於與石臼島相距不遠的唐島（今青島黃島靈山衛與薛家島之間的一座小島）。

金水軍共有戰船六百艘，官兵十萬人。在兵力上，金水軍無疑佔絕對優勢，但金軍也有致命的弱點，即不習水戰，懼怕風浪，而且其水手多由被徵來的漢人擔任，女真人官兵則多在艙內休息。根據這一情況，李寶決定隱蔽接敵，出其不意，突然襲擊，火攻破敵。

十月二十七日，風向突變，此前的北風轉為南風，宋水軍乘機起航，向北疾馳，向金水軍發起猛攻，一時間"鼓聲振疊，海波騰躍"。面對宋軍突如其來的攻勢，金水軍倉促起錨，亂成一團。

據《宋史·李寶傳》載，"寶亟命火箭環射，箭所中，煙焰旋起，延燒數百艘。火所不及者，猶欲前拒。寶叱壯士躍登其舟，短兵擊刺，殪之舟中。"這是中國歷史上第一次將火藥發射型武器應用到海戰之中的記載。

李寶水軍以火箭攻射金船，由於金軍船帆皆由油質布纈製成，被擊中的船帆火勢順風而起。又經過接舷跳幫作戰，宋水軍大獲全勝，金方僅被俘的金水兵即達三千人，完顏鄭家奴等金水軍將領六人被殺，金水軍統帥的符印、重要文書等均被宋軍繳獲，大量的兵器、糧食等也成為宋軍的戰利品，不能帶走的器物則被宋軍悉數焚毀，"火四晝夜不滅"。

捷報傳至臨安，"上（宋高宗）喜曰：'朕獨用李寶果立功，為天下倡矣'，詔獎諭，書'忠勇李寶'四字，表其旗幟"。不久李寶又被擢升為沿海制置使，統領各地水軍，成為南宋的"海軍司令"。

金主完顏亮聽聞唐島之敗，決定孤注一擲，命令全軍三天內全部渡江南侵，否則全部處死。這個決定使金軍內部矛盾激化。十一月二十七日，完顏亮被部下殺死，金軍撤兵北還。

南宋轉危為安，此後出現了宋金南北長期對峙的局面。

唐島海戰是中國古代海戰史上一場劃時代的戰役，它第一次將火藥發射型武器應用到海戰之中。中國古代海戰由此從冷兵器時代進入到火器時代。

關於火藥在戰爭中的應用，宋人路振在《九國志》中記載，唐哀宗天祐元年（904 年），鄭璠率軍攻打豫章（今江西南昌），曾“發機飛火”，燒毀該城的龍沙門。有學者考證，這是中國歷史上第一次將火藥應用於軍事的記載。

至北宋時，因為戰爭和邊防抵禦的需要，宋朝建立了一個以東京汴梁為中心，遍佈全國多州的龐大兵器製造系統。宋仁宗天聖元年（1023 年），汴梁設有專門製造兵器的作坊共二十一處，其中就有火藥作坊。宋神宗時設置了軍器監，

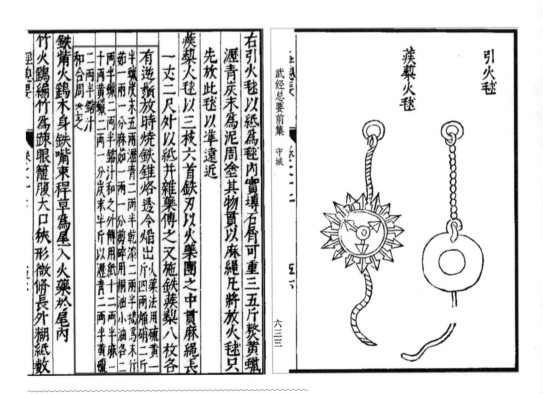

圖 4.5：《武經總要》中關於火毬、火蒺藜等火器的製作方法的描述。

負責統管全國的軍器製造，監下分十大作坊，火藥生產和火藥武器生產各為一個作坊。同時，宋朝廷對火器的研製實行獎勵的政策。

關於李寶船隊所使用的"火箭"，《宋史·兵志》記載，開寶三年（970年）兵部令史馮繼升進火箭法，這種方法是在箭桿前端縛火藥筒，點燃後利用火藥燃燒向後噴出的氣體的反作用力把箭簇射出，這是世界上最早的噴射火器。趙匡胤看到後很高興，"賜衣物、束帛"。咸平三年（1000年），士兵出身的宋真宗神衛水軍隊長唐福，向宋朝廷獻出了他製作的火箭、火球、火蒺藜等火器。

南宋時還出現了管狀火器——"突火槍"，對於這種武器，《宋史》記載："以巨竹為筒，內安子窠，如燒放，焰絕然後子窠發出，如炮聲，遠聞百五十餘步。"這裏說的"子窠"，相當於今天槍支裏使用的子彈，因此"突火槍"可以說是管型火器的鼻祖。

此後，蒙古軍隊橫掃亞歐大陸時，將中原的火藥武器傳到歐洲。在歐洲經過演化，幾百年後，火藥又被西方國家用來炸開了中原王朝的海防大門。

四

海上史詩，
薩滿女罕的東海遠征

　　中國也有海上遠征史詩，雖然沒有荷馬史詩那麼壯闊，但是至少填補了中國海上史詩的空白，也為研究中國古代的海上遠征或海戰提供了一個獨特的視角——它是一部薩滿史詩，原本沒有名字，學者們根據史詩的內容將其定名為《烏布西奔媽媽》。

　　《烏布西奔媽媽》最近的幾乎也是最後的滿語講述者，是 1906 年出生的黑龍江滿族老人賀連坤；它的漢文整理者，是吉林學者富育光先生。《烏布西奔媽媽》是一部口頭文學，它所描述的年代大約在金代，作品成形於明代，廣泛流傳於清代，漸漸消失於現代。

　　這部史詩記錄了女真的海上探險與戰爭。女真，別稱女貞與女直。《金史·世紀》記載："金之先，出靺鞨氏。靺鞨本號勿吉。勿吉，古肅慎地也。元魏時，勿吉有七部曰粟末部，曰伯咄部，曰安車骨部，曰拂涅部，曰號室部，曰黑水部，曰白山部。隋稱靺鞨，而七部並同。唐初，有黑水靺鞨、粟末靺鞨，其五部無聞。"遼朝時期稱"女真"、"女直"（為避遼興宗耶律宗真諱），其直系後裔為滿族。

　　女真人的信仰為多神教，主張萬物有靈。在諸種神靈中，尤尊崇天神，凡遇大事必祭天，其表達形式為薩滿教。"薩滿"一詞來自滿——通古斯語，原意為"先知者"，用以稱巫師。薩滿被認為有控制天氣、預言、解夢、占星以及旅行到天堂或者地獄的能力。史詩主角烏布西奔媽媽，就是東海女真窩集部烏布遜部的女薩滿和罕王。

　　烏布西奔媽媽部族的陸上地盤，在烏蘇里江流域和錫霍特山區。錫霍特山又稱老爺嶺、內興安嶺。它位於俄羅斯的符拉迪沃斯托克（我國稱海參崴）東北，北至黑龍江口。《後漢書·東夷列傳》載："又有北沃沮……其耆老言，嘗於海中得一布衣，其形如中人衣，而兩袖長三丈。又於岸際見一人乘破船，頂中復有面，與語不通，不食而死。又説，海中有女國，無男人。"這是東海女真與海外

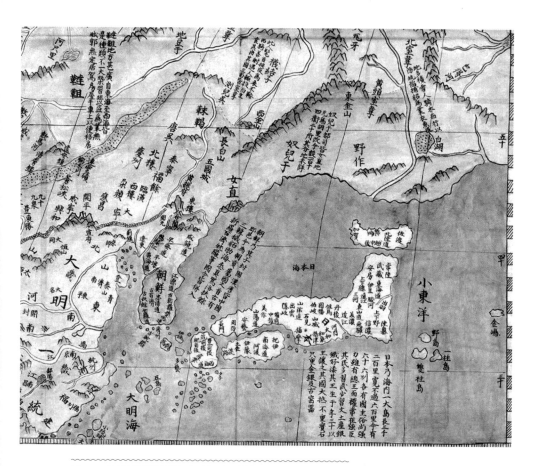

圖 4.6：明《坤輿萬國全圖》（局部）中，對錫霍特山與日本海有較為
清晰地描繪，還有關於元代女直的註記，圖中東金山即是錫霍特山。

往來的最初綫索。

　　烏布西奔媽媽部族的海上地盤，現在稱日本海，史稱東海或北海、少海。據《新唐書‧東夷傳》載，貞觀十四年（640年）流鬼國國王遣其子可也餘志為使者來長安，唐太宗給使者騎都尉官號。後世考證，流鬼國大約在今俄羅斯堪察加半島一帶，這是當時與唐通使的亞洲最北方的一國。至少在唐代，北海諸小國就與唐朝有了"官方"往來。

　　關於這一地區，金元時期的地圖基本沒有描繪。唯有意大利耶穌會的傳教士利瑪竇與明太僕寺卿李之藻繪製的《坤輿萬國全圖》，對錫霍特山與日本海有較為清晰的描繪，還有關於元代"奴兒幹"和"女直"的註記。《坤輿萬國全圖》中的"東金山"即是錫霍特山。

　　《烏布西奔媽媽》描述的至少是五百多年前的日本海及北太平洋的海上活動。這方面除了口頭文學，真正的文獻記載極少。這部口耳相傳的史詩説，烏布西奔媽媽率領族人東征西殺，統一七百噶珊（部落），又五次派遣船隊向東航行，尋找太陽之宮，最後她病逝於海上的尋夢航行……研究《烏布西奔媽媽》中部落戰爭的大連民族學院的郭淑雲教授認為，這部史詩中的部落戰爭，可分為兩部分。

　　前一部分，以爭奪生存資源的戰爭為主。海上民族的生存資源來自海上，幾次戰爭爭奪的都是出海口。對於漁獵民族來説，捕魚的海域是他們賴以生存的衣食之源，因此成為部落之間相互爭奪的目標。爭奪出海口，成為幾次部落戰爭的焦點。史詩中多次提及東海出海口"鵝頭脖子"，是東海的咽喉要衝。但黃獐子部落，扼據"鵝頭脖子"，掌控著"漁產充盈"的資源。其他部落要想從此入海，只有兩個可能，一是與黃獐子部交好，二是通過戰爭爭取到出海口。為了取得出海口，烏布遜部與黃獐子部之間就曾發生多次戰爭。

　　在古德罕王時期，古德自恃烏布遜部兵強人眾，蔑視黃獐子部人單力薄，曾輕敵冒進，夜襲黃獐子部，夢想一舉奪下"鵝頭脖子"，將"烏木林的鋼矛，就插在鵝頭脖子上"，結果，反被黃獐子部訓練有素的"狗軍"（北方一些部落用訓練的動物軍團作戰）戰敗，黃獐子部首領法吉罕下令"所俘烏布遜林人作我黃獐子部奴丁，所有馬匹、軍刃全收我所有。"

　　烏布西奔執掌烏布遜部後，雖然也成功地利用動物軍團，以鷹戰降服過對手，但多數情況下，她採取的是以德降敵、以智克敵、以神征服的辦法征服對手。這與其他英雄史詩推崇勇武和暴力有著很大的區別。比如，《女海魔們戰舞歌》詩中記述了烏布西奔率烏布遜部眾渡海遠征女窟三島的歷程。這是一個具有奇特風俗的女兒國，族人均由罕王浴湖而生，生女為僕，降男棄野。女兒國常秘襲烏布遜部落，古德罕王時因無力遠討，只好年年進貢。烏布西奔執掌部落大權後，執意率師遠征，並迅速攻佔三島。但女窟罕王身邊有三個能歌善舞的侍女，有以九舞迷敵之功。烏布西奔以仁愛之心，不取武力征伐之策，而是以情惠魔，以舞治舞。

烏布西奔率眾徒與女魔比舞相爭，並最終以無與倫比的舞姿、舞技降服了魔島女王及其族眾。此事件使烏布西奔聲威大振，英名遠播。附近其他無名島嶼，均在烏布遜部恩威兼施的感召下紛紛歸順。烏布遜部控制的海域得以擴大，安查幹哨卡重歸烏布遜掌管，直通東南海域的要道從此打開了。

後一部分，以烏布西奔媽媽探險為主。烏布西奔媽媽探海的重要動因，是尋找太陽升起的地方。它反映了東海先民虔誠的太陽崇拜觀念。史詩唱出了烏布西奔大薩滿探求太陽初升地的迫切心情。烏布西奔派部族五次渡海遠征，開拓了漂流日本海的便捷之路，遠征船隊甚至遠至堪察加、阿留申諸島，沿途征服了諸多島國。

不論是唐代、金代，還是明清時期，北方人出海的船都很原始，沒有東南沿海那樣的大帆船。島布遜人只有一種原始的船即"熊皮筏子"、"盆船"，最好的就是有史詩中説的槽船。今天的人們甚至不會相信這種船還能遠航。研究這部史詩，就會發現烏布西奔媽媽率一眾東海窩集人，不僅能夠在海上航行，而且可以航行得很遠，其中的奧秘就是北方部族早就發現了可以利用的洋流活動。

古代東海部落的先民們通過一代代的航海實踐，不僅對日本海及其周圍海域的洋流比較熟悉，而且，對北太平洋上的大洋環流有了一定的認識。顯然薩滿史詩也看重這種知識的傳承，説唱中反覆提到烏布遜人對洋流知識的學習與傳承。最初，烏布遜人是從"野人"那裏得到此類航海經驗的："東海的水啊，按野人的描述，像個瓢潑的盆湖，海的漩渦總是圓形旋轉，只要找準季節、風向，圓舟可在海的漩渦中，永按同一方向旋轉前進。縱使萬里，仍可能緩緩回到原初起航地。"

史詩中的"野人"，究竟屬太平洋上的哪個民族？是不是太平洋中最善於航行的南島語族，目前尚不得而知。

再如史詩《找啊，找太陽神的歌》一章中所唱，烏布西奔媽媽的心愛男侍琪爾揚考等人離開烏布林時是"乘坐熊皮筏子，巧藉寒流漩渦逆海北去"，但在安班島遇海盜，葬身遠海。而烏布西奔媽媽在率船隊營救琪爾揚考一行之前，曾"動鼓召請海峽大神梅赫姑音"，東征途中又曾遭遇火山、巨浪，見到過西海濱的連環島群以及東舷的茫茫深海。北京市社會科學院滿學所的戴光宇認為，烏布西奔的第一次東征，很可能是穿越宗谷海峽，從東海窩集人熟悉的鄂霍次克海進入千島群島海域，而後結識了窩爾渾島土人後，知曉了出津輕海峽沿北海道東海岸向北進入千島群島的航綫。

除了利用洋流，北方部落的先民們，也可能有另外的導航工具。在烏布西奔媽媽為尋找太陽之宮組織的第五次遠航中，也能見到烏布遜部眾使用導航工具的影子：

"……槽船近抵北海，浮冰片片，冰源勁風徹骨寒。女罕侍女相陪，高踞槽樓數日不眨眼，與達塔龍、嘎憨細磋海情、航向、星象龕。女罕興高采烈臨高眺望東海，太陽升起，冰上白熊披紅衫。"

這是一次順利的航行，至少使用了"星象龕"，也就是說用上了天文導航。烏布西奔媽媽的船隊就這樣向北航行了三十天，女罕在一場大病中突然仙逝。這場追尋太陽之宮的旅程就這樣結束，烏布西奔媽媽被安葬於大海之中……

雖然，烏布西奔媽媽的傳奇，不是正史，但史詩將烏布西奔領導的烏布遜部塑造成一支正義之師，並以一系列戰例，驗證得道多助、失道寡助的真理。它在民間傳奇的意義上，刻記了東海女真統一七百噶珊所構建的民族大業。它是部落的和平意識與戰爭觀的詩意表達，也是海戰史的組成部分，其思想價值不容小覷。

五

崖門海戰，
一個王朝在海上沉沒

　　蒙古國聯合南宋，於南宋端平元年、金天興三年（1234年）滅了曾經消滅了北宋的金朝，於咸淳七年（1271年）建立元朝，次年分水陸兩路南下攻打南宋朝廷。

　　德祐二年（1276年）元軍攻至南宋都城臨安（今杭州），宋百官降元，小皇帝趙㬎被俘。但楊淑妃帶著兩個兒子與陸秀夫、張世傑等一支部隊成功逃出，眾臣在福州擁立八歲的趙昰即位。景炎二年（1277年），在海上一路漂泊的南宋行朝，逃到了雷州半島，但在破浪前行之中，小皇帝趙昰落海，被嚇出病來。景炎三年（1278年）十歲的趙昰病死碙洲（今湛江碙洲島），兩天後七歲的趙昺即位。這個所謂的"行朝"帶著趙昰的遺體，6月逃至珠江口西岸新會縣城南四十公里外的崖門（亦稱厓山）。

　　珠江口水系複雜，有"三江匯合，八口分流"之說。珠江出海口之門共有八個，即"八口分流"的八大"口門"：東岸的"東四門"為虎門、蕉門、洪奇門和橫門——北江和東江水注入伶仃洋；西岸的"西四門"為磨刀門、雞啼門、虎跳門和崖門——西江水直接注入南海。

　　落荒而逃的南宋"行朝"，為何會選崖門作為"行在"之地呢？崖門離廣州很近（此時南宋小王朝尚佔有廣州、瓊州等地），左丞相陸秀夫和太傅（太子的老師）張世傑，就以此為據點，暫時在這裏住了下來，立行朝草市，準備繼續抗元。這是一個沒有選擇的選擇。

　　現在，廣東新會的宋元崖門海戰文化風景區，唯一能與當年行宮有點關係的景點是慈元廟。據說，在20世紀80年代，在籌建景區時，曾發現了明朝在這裏修建的紀念南宋楊太后的慈元廟原址殘垣，而當年建廟時的地點就是行宮慈元殿的原址，所以，人們在這裏復建明代的慈元廟和寢宮。

　　景炎三年（1278年）十一月，廣州失陷；十二月，從江西、福建一路敗退的文天祥，十二月在廣東海豐五坡嶺被俘。次年正月，張弘範率元軍攻至崖門。

行朝所在，轉眼成了元、宋兩軍殊死一搏的海上戰場。

這場海戰尚未開始時，以海上實力而論，宋軍已處劣勢。據《元史·列傳第四十八》載，投降元朝的宋將劉整向元世祖建議："我精兵突騎，所當者破，唯水戰不如宋耳。奪彼所長，造戰艦，習水軍，則事濟矣。"元世祖採納了他的建議，打造了一支強大的水軍。早在圍困襄樊的數年中，元軍已經建立了一支有船萬艘、士卒數萬人的強大水軍。焦山之戰後，宋朝的江海水上優勢已經喪失。

現存最早的崖山地圖刊於明弘治年間《厓山集》中，原刻本有插圖五幅，其中的一幅割為三頁的《厓山圖》，此圖由左至右描繪了崖海、崖山與崖門口；圖左"厓海奇石山"上寫有"宋丞相陸秀夫負帝沉此石下"；圖中崖山島上的建築群應是南宋崖山行營，其中心殿宇是慈元殿，右邊的墓穴應是埋葬宋端宗趙昰的永福陵；圖右為崖門口。此集原刻已佚，明抄本存於《涵芬樓秘笈》第四集。

廣東台山市斗山鎮浮石村的趙宋皇室後代，康熙二十四年（1685年）曾編撰《初修浮石趙氏族譜》。在光緒二十九年（1903年）重修版的族譜中，卷首印有宋朝歷代皇帝像、崖山總圖、慈元殿圖等史料。其中的《崖山總圖》像一幅畫，只描繪了山勢，沒能繪出水形。廣東新會研究地方史誌的專家也繪製了"崖山海戰示意圖"，我們據此也可以大體了解當年元宋兩軍對陣的海戰格局。

當時有人建議，宋軍應守海灣出口，保護西南方向雷州的撤退路線。但張世傑想學霸王背水一戰，下令燒毀"行朝草市"，即宮殿、房屋、據點，將千艘軍船以"連環"方式一字排在海灣內。此時，宋軍十萬人，多為文官、宮女、太監和其他非戰鬥人員，但宋軍船多，軍民船加起來有千餘艘。

當時由總帥張弘範率領的元軍從北邊一路追殺而來，另一支是從廣州趕來的副帥李恆的部隊。這兩股力量合起來有兩萬兵力，船隻五百多艘。

對壘兩軍集千餘船於一役，可謂中國古代少見的大海戰。

元軍先是以小船火攻宋船，宋船皆塗海泥，並以長木抵禦元軍的火攻小船。元軍水師火攻不成，便以水師封鎖海灣，先斷了宋軍海上南逃的路，然後以陸軍在北邊斷絕宋軍從北面登島運送補給之路。雙方對戰二十三天。

祥興二年（1279年）二月初六日，是雙方最後決戰的一天。這天黎明，張弘範將元軍水師分為四路包圍宋軍，李恆一路負責北面及西北面，張弘正等幾位將領分兩路守南面和西南面，張弘範親自率領一路，在西南相隔一里許處策應。元軍重兵放在南邊，一來是藉助迅猛的漲潮對宋陣實施重點擊破，二來防備宋軍從海口再逃亡。

幾個月前，在海豐被俘的文天祥，此時被元軍押到崖山陣前觀戰。前些天，拒勸南宋"行朝"降元時，剛剛寫出《過零丁洋》的文天祥，目睹了這場大決戰，又揮淚寫下《二月六日海上大戰，國事不濟。孤臣天祥坐北舟中，向南慟哭，為之詩曰》（節選）：

> 樓船千艘下天角，兩雄相遭爭奮搏。
> 古來何代無戰爭，未有鋒蝟交滄溟。
> 遊兵日來復日往，相持一月為鷸蚌。
> 南人志欲扶崑崙，北人氣欲黃河吞。
> 一朝天昏風雨惡，炮火雷飛箭星落。
> 誰雌誰雄頃刻分，流屍漂血洋水渾。

這一天，宋元兩軍從早晨一直打到晚上。上午早潮退，水流向南，元軍李恆從北面順著退潮之水向南邊殺來。宋營北面由張世傑親自率領淮兵防守。李恆命令以艦尾對著宋軍航行，艦尾高，有利於士兵憑高戰鬥，上面部署七八名射手，居高放箭。戰至中午，宋營西北陣角被元軍擊潰。中午海潮漲，負責南路進攻的元軍將領張弘範，藉漲潮之水勢，從南面一路衝殺過來。宋軍統帥張世傑急忙從北面抽調兵力救援南面。張弘範與李恆的南北輪番夾攻，令宋軍腹背受敵，防不勝防，宋營艦陣漸漸出現破口，幾路元軍乘勢殺入，兩軍陷入一片混戰之中。戰至下午，元軍已破解了宋營艦陣，張弘範率領元軍直衝宋艦陣中心。張世傑見宋軍一艘艘艦船上的軍旗相繼倒下，知道大勢已去，趕緊帶領一支船隊尋路突圍。

傍晚，風雨交加。被困宋陣中的丞相陸秀夫，知道自己沒能力突圍出去了，提劍命令夫人章氏和子女投海，隨即將金璽掛在八歲的少帝腰間，在奇石近旁負少帝投海殉國。南宋第九位皇帝，也是最後一帝，就這樣死了。一時大臣紛紛跟隨殉難，如翰林學士劉鼎孫、禮部尚書徐宗仁、兵部侍郎茅湘、吏部侍郎趙樵、樞密使高桂等均跟著投海——崖山陷落。

突圍出來的張世傑，找不到陸秀夫，也找不到少帝，只好率領十六隻大船，護著楊太后衝出崖門口，欲再立"行朝"。不久後，楊太后聽到了少帝已死的消息，無心東山再起，投海自盡。一路外逃的張世傑，在大風大雨中溺死於平章山

圖 4.7：現存最早的崖山地圖刊於明弘治年間《厓山集》中，圖中描繪了崖山與崖門口，以及崖山島上的慈元殿和埋葬宋端宗趙昰的永福陵，此集今存於《涵芬樓秘笈》第四集。（新會博物館有圖）

下（今陽江海陵島附近海面）。

南宋偏安於海，最終沉沒於海。

歷史上的許多改朝換代都是以一場戰爭為界綫的，宋元崖山海戰即如此。但宋元更替，與別的改朝換代不一樣——崖山一役為中國文化留下了兩個沉重的文化傷痛，也可稱為兩份沉重的文化遺產。

一份是"留取丹心照汗青"。崖山海戰四年後，至死不降的文天祥，在大都（今北京）柴市口就義。宋交給大元和留給後世的只有《過零丁洋》（這裏選用的是《宋詩一百首》版本）這曲輓歌：

> 辛苦遭逢起一經，干戈寥落四周星。
> 山河破碎風飄絮，身世浮沉雨打萍。
> 惶恐灘頭説惶恐，零丁洋裏嘆零丁。
> 人生自古誰無死，留取丹心照汗青。

文天祥以一首詩照亮了他可殺而不可辱的節義人生，以個人的人格絕唱為後世留下了關於生與死的文化定義。伶仃洋也由此成為海戰遺產和歷史文化地標。

一份是"崖山之後，再無中華"。這句中國文人熟知的話，並非出自元朝，而是萌生於清滅明之後的明朝遺臣錢謙益的《後秋興之十三》（選一），詩云：

> 海角崖山一綫斜，從今也不屬中華。
> 更無魚腹捐軀地，況有龍涎泛海槎。
> 望斷關河非漢幟，吹殘日月是胡笳。
> 嫦娥老大無歸處，獨倚銀輪哭桂花。

另有一種說法認為，此概念出自 20 世紀初日本學者內藤湖南。內藤湖南認為中國歷史，以南宋為轉折點，此後古典意義的、傳統文化意義的中國終結了。梁啟超的看法，更為明確："凡是經過重重內亂的國家是不可能產生純潔國民性的，內亂會在老百姓心目中培養起六種傾向：僥幸、殘忍、彼此傾軋、虛偽狡詐、冷漠涼薄、苟且。"這是戰爭帶來的持久的歷史傷痛，也是研究戰爭的重要節點。

六

兩宋時代，
戰船與航海中的發明創造

後周殿前都點檢趙匡胤在"陳橋兵變"中被擁立為皇帝，國號"宋"，年號建隆，是年為建隆元年（960年），從這年至靖康二年（1127年）徽、欽二帝被金朝俘虜，共歷一百六十八年，史稱北宋。從建炎元年（1127年）宋高宗趙構即位，至祥興二年（1279年）宋朝為元朝所滅，又歷一百五十二年，史稱南宋。兩宋歷三百二十年，是中國古代極少超過三百年（兩漢共四百二十六年）的長壽王朝，也是文化與科技最為繁榮的王朝。

北宋的軍事理論，達到了前所未有的高度，誕生了中國第一部大型官修軍事著作《武經總要》。它由宋朝天章閣待制曾公亮、工部侍郎參知政事丁度等，奉仁宗趙禎之命歷時五年編撰完成，於慶曆四年（1044年）首次刊行。《武經總要》分前後兩集，共四十卷，其中"水戰""戰船"部分，無疑是中國最早和最系統的戰船專著，第一次留下了系統的唐宋戰船圖。

《武經總要》系統介紹了由古至宋代常用的戰船船型，包括唐代就已成形的遊艇、艨艟、樓船、走舸、鬥艦、海鶻等六大類戰船。恰好就是唐杜佑《通典‧水平及水戰具附》所說的這六大類戰船，文字幾乎相同，所配插圖是目前所能見到的最早兵船圖樣記錄，故亦可視其為唐船。

特別值得關注的兩種海戰船，一是海鶻船，一是鐵壁鏵嘴船。

海鶻船，這種戰船在唐代就已出現，至宋代又有所發展，是一種適用於外海作戰的尖底海船，其形狀與上述內陸戰船不同，"頭低尾高，前大後小，如鶻之狀，舷下左右置浮版，形如鶻翅翼，以助其船，雖風濤漲天，免有傾側，覆背上，左右張生牛皮為城，牙旗、金鼓如常法"，分四百料和一千料兩種。

鐵壁鏵嘴船，是海鶻船的升級版。嘉泰三年（1203年），池州秦世輔對海鶻船加以改進，製成"鐵壁鏵嘴平面海鶻戰船"。這種戰船長十丈，船身裝有鐵護板，甲板兩舷有女牆，船首水綫下裝有犀利的鐵製"鏵嘴"，兩側各有兩盤輪車和三支槳。這種車船裝置，也是一種動力改良，通過使用混合動力，速度較快，可憑衝力撞擊敵船，可算是最早的"鐵甲艦"。

此外，宋水軍還裝備有水哨馬、得勝、十棹、大飛、旗捷、防沙平底等戰船。

除《武經總要》外，《宋史》中也留下許多關於水軍建設的記錄，還首次留下一些造船大師的名字。如《宋史·洪邁傳》載："馮湛創多槳船，底平檣浮，雖尺水可運。"乾道四年（1168 年）水軍統制官馮湛，創製多槳船一艘，船長 8.3 丈、寬 2 丈，用槳 42 支，可載甲士兩百人。"江河湖海，無往不可"。再如，《宋史·兵志》載，咸平三年（1000 年）造船務匠項綰等獻"海戰船式"，即海上作戰艦船的圖樣。

宋廷南遷成為所謂的"南宋"後，由於天時地利關係和戰爭需要，水軍得到大力發展。據《宋史·兵志》載，南宋在沿河、沿淮、沿江置帥府，設以重兵。同時，"置水軍七十七將，造舟江、淮諸路"。宋高宗還依宰相李綱的建議，設凌波樓船軍，其配置為：在沿河、沿淮、沿江設二軍；主要郡各置一軍；次要郡置中軍。

岳飛在鎮壓楊幺起義後，接管了池州等地的江防，獲得戰船千餘艘，成為沿江地區規模最大的水軍。劉光世的水軍亦有五千多人。張浚建立的水軍擁有戰船近四百艘。紹興四年（1134 年）七月，南宋朝廷令江東安撫司招水兵一千五百人，同時在江、浙、荊、湖等地各募水兵五百人，凡七千人，組建了橫江水軍。在江防外，南宋還在沿海地區設"沿海制置使司"，負責海防事務，擁有舟船數千艘，士卒逾萬人。

宋代對航海的劃時代的貢獻是指南針的發明並在航海時使用。

宋代的指南針發明後，很快就應用於航海。北宋朱彧於宣和元年（1119年）撰成《萍洲可談》，記載了指南針應用於航海導航"舟師識地理，夜則觀星，晝則觀日，陰晦觀指南針"，這是世界上關於指南針在航海中應用的最早記載。北宋徐兢在《宣和奉使高麗圖經》中，對出使高麗過程中使用指南針的情況有詳盡的描述："是夜，洋中不可往，維觀星斗前邁。若晦冥則用指南針浮針，以揆南北。"指南針的發明及在航海中的應用，是中國對世界文明的重要貢獻之一。

宋代還留下了目前能見到的最早繪出海上航綫的航海圖——《輿地圖》。其圖原為南宋石刻地圖，後來石碑亡佚，僅存拓本，拓本現為日本京都栗棘庵收藏。

圖4.9所示南宋咸淳年間（1265年—1274年）拓印的《輿地圖》尺幅巨大，縱207厘米，橫196厘米。原圖未記地圖作者、製作年代，後人根據圖上的政區繪製內容，推定它大約繪於南宋度宗咸淳元年至二年（1265年—1266年）的明州，繪圖人不詳。

《輿地圖》是一幅包括宋代疆域及其周邊國家和地區的大型地圖和航海圖。它的東部及南部涉及到海外諸國，西南有天竺、閣婆、三佛齊，以及南海上的一些島嶼，東邊繪出了高麗北部，海上繪出了日本、琉球等。從海圖的角度講，此圖最突出的特點是以陰刻綫首次繪出了多條海上航綫。此圖上的"大江口"即長江口，近海處有幾條向北通往山東半島的航綫，並以方框標註"過沙路"和"海道舟舡路"；在慶元府和舟山方向，向東北邊繪出了多條延伸到日本的航綫，並

圖4.8：《武經總要》是中國最早的造船著作，第一次留下了系統的戰船圖。

圖 4.9：《輿地圖》是中國一幅繪有航綫的航海圖。原石刻亡佚，原拓本推定為宋度宗（1265 年—1274 年）初年所製，現藏日本京都東福寺栗棘菴，此為墨綫本。

以方框標註 "大洋路" ⋯⋯ 唐代沒有留下任何一幅航海圖，宋代早期涉及海洋的地圖中，也沒有關於海上交通的描繪，更沒有航綫的標示；所以，此圖在這一點上顯得尤其珍貴。《輿地圖》不僅是一幅航海圖，同時，也是一幅海防圖，它繪出了中國古代最早的海軍衙門，即標註於定海縣城西側的南宋海軍沿海制置司的 "大寨"。

第五章

元代

一

元日海戰，
元朝第一次跨海征日

　　成吉思汗在馬背上打天下，曾多次發動擴張戰爭，征服廣達中亞、東歐的黑海海濱等大片地區，創建了世界歷史上疆域最大的蒙古國。

　　忽必烈是成吉思汗的孫子，是蒙古國的末代可汗，也是元朝的開國皇帝。忽必烈繼承了祖輩馬背上打天下的傳統，同時，也是中國歷史上少有的海上擴張皇帝，曾東征日本，南討爪哇，西擊占城、安南，甚至遣使亦黑迷失"六下西洋"招撫海外列國……

　　忽必烈最初的海上擴張目標是日本，此時其南邊的南宋還沒有完全打下來，東邊的高麗剛被征服。至元三年（1266 年），尚未建立元朝的蒙古大汗忽必烈，就急匆匆地命高麗使者攜《大蒙古國書》（忽必烈把女兒嫁給了高麗國王王昛，高麗國王也曾致書日本，要求他們向大蒙古國稱臣）赴日本，要求日本效法高麗來朝"通好"，也就是"納貢"，否則將"用兵"。這封被日本人稱為《蒙古國牒狀》的國書，留下了東大寺僧人抄本，現作為國寶收藏於日本奈良東大寺。

　　該國書云：

　　　　上天眷命大蒙古國皇帝奉書日本國王：朕唯自古小國之君，境土相接，尚務講信修睦。況我祖宗，受天明命，奄有區夏，遐方異域，畏威懷德者，不可悉數。朕即位之初，以高麗無辜之民久瘁鋒鏑，即令罷兵，還其疆域，反其旄倪。高麗君臣感戴來朝，義雖君臣，而歡若父子。計王之君臣，亦已知之。高麗，朕之東藩也。日本密邇高麗，開國以來，亦時通中國。至於朕躬，而無一乘之使，以通和好。尚恐王國，知之未審，故特遣使持書，佈告朕志。冀自今以往，通問結好，以相親睦。且聖人以四海為家，不相通好，豈一家之理哉？以至用兵，夫孰所好？王其圖之。不宣。至元三年八月。

　　日本雖小，但它沒因蒙古國打敗宋朝而高看大蒙古國。這個與宋朝通好的小國，甚至懷疑大蒙古國能否代表中國。日本天皇收到這份"通好"國書後，拿不定主意，也做不了主，將它交給鐮倉幕府處理。此時鐮倉幕府是年僅十八歲的北條時宗掌權，他看過致"小國之君"的國書後，裁決：蒙古國書無禮，取消回書，不予理睬。

忽必烈被拒絕後，很不高興，但也弄不清日本是什麼情況，於是，又接二連三地派出使者持國書去日本"招諭"。但鐮倉幕府還是不理不睬。忽必烈這才發怒，要教訓一下這個"蕞爾小國"。

關於元日海戰，在中國古文獻中沒有給出名稱，在日本文獻中稱之為"蒙古襲來"。日本依其年號將彼此之關的前後兩次海戰，分別稱為"文永之役"和"弘安之役"。由於這兩場戰役，都以元軍敗退而告終，故日本十分重視對這段歷史的展示，在福岡博多區東公園內還建有一個"元寇史料館"。

"元寇"一詞，在元軍打擊日本後的幾百年內，並未在日本文獻中出現。當時的史料，只有"異國合戰"或"蒙古合戰"等說詞。隨著近代日本逐步推行大陸擴張政策，"元寇"一詞才登上歷史舞台。日俄戰爭後，"元寇紀念館"（1986 年改稱"元寇史料館"）正式落成，它是由日蓮上人銅像護持教會興辦並管理，館外豎立著一尊高二十三米的日蓮上人銅像，其左手握著 1260 年完成的《立正安國論》，此論曾預言將有外敵入侵。

"元寇史料館"陳列著元軍的頭盔五頂、馬鐙五雙、戰服兩件，還有蒙古弓、銅鑼等，展品不算多，但即使在中國，元軍武器原件也十分少見。對於此戰，雖然中國、朝鮮、日本皆有對這一戰事的文字記錄，但是描繪戰事的繪畫卻

上 | 圖 5.1：福岡博多區的"元寇史料館"陳列著元軍攻打日本時的頭盔五頂、馬鐙五雙、戰服兩件，還有幾件蒙古弓和扎槍。

下 | 圖 5.2：福岡博多區的"元寇史料館"陳列著元軍的銅鑼。

只有一幅，即《蒙古襲來繪詞》，它被史家看作關於元日海戰之出品時間最早、也最可信的歷史文獻。"元寇史料館"展示了它的複製件。

《蒙古襲來繪詞》的主創，是親歷這兩場戰役的下級武士竹崎季長。雖然，畫中描繪的主要是九州肥後國御家人竹崎季長的個人戰績，但畫面蘊含包括多種軍事信息，歷來為史家所推重。

作為肥後國兵衛尉的竹崎季長，曾兩度參戰。在"文永之役"，因有單騎攻入敵陣的表現，由一個無收入的下級武士受賞一塊土地，成為一個小領主；七年後，在"弘安之役"中，季長再顯武威，在鷹島海面追擊元軍時，搶先攻上元兵之船，砍對手首級，再立軍功。為答謝神明的庇佑，向祖先彙報戰功，他請畫家把自己在文永、弘安兩次戰役中的戰績做成長卷，供奉於家鄉神社。這兩部長卷就是後世所說的繪畫《蒙古襲來繪詞》。

《蒙古襲來繪詞》共有兩卷，前卷是"文永之役"，圖縱高約 40 厘米，橫長約 20 米，約成於 1275 年至 1281 年；後卷是"弘安之役"，圖縱高約 40 厘米，橫長約 20 米，繪製於 1293 年。此繪詞原有一套兩份各二卷，分藏甲佐神社和竹崎季長家，後因兩份皆殘破，修補時唯有將兩份四卷互補其缺，拼貼成完整的一套兩卷，此後該畫卷輾轉流傳，1890 年由大矢野家將其上獻日本皇室，它現藏東京千代田區宮內廳三之丸尚藏館。

至元十一年（1274 年）正月，忽必烈在新落成的大都（1271 年忽必烈建國號大元，改中都為大都，並在此建都）宮殿接受朝賀。農曆十月，忽必烈命元軍東進，跨海征討日本。忽必烈令蒙古人忻都為都元帥、高麗人洪茶丘為左副帥、漢人劉復亨為右副帥，率元軍兩萬人、高麗軍五千六百人，水手六千七百人，共計三萬兩千三百人，九百艘戰船。從朝鮮半島東南端的合浦出發，浩浩蕩蕩遠征日本。

這年農曆十月五日，元軍先攻打朝鮮海峽上的對馬島，對馬守護允助國率八十騎抵抗，結果，允助國一行全軍覆沒。十四日傍晚，元軍四百餘人登陸壹岐島，次日破壹岐城。大軍隨後進攻肥前國沿海的五列島。二十日，元軍兵分兩路在築前博多灣（今福岡附近）登陸，劍指九州府所在地——太宰府。

九州的鎮西奉行少弐（日本武將分為帥、大弐、少弐、守、介等）藤原經資，招集由藤原氏、大友氏、戶次氏、菊池氏等北九州豪族所組成的聯軍，加之薩摩守護島津久經率領的薩摩軍，此外還有從附近的神社、佛寺臨時武裝起來的少量神官、僧兵，共組織了十萬兵力迎戰元朝大軍。藤原經資令他的弟弟藤原景資擔任前綫指揮官，率軍駐守沿海。

《蒙古襲來繪詞·文永之役》表現的就是這場博多灣登陸阻擊戰的情形。此卷包含六組畫面和分列其間的長短不一的"詞"，展示了僅有四個侍從的下級武士竹崎季長的五人小組的戰績：

第一組畫面表現的是元軍在博多以西的赤阪集結，日方少弐藤原景資命令各部武裝穩守所屬據點，待元軍攻到陣前時，再出兵迎擊，但竹崎季長攜其四個侍從率先出戰。畫面由右向左展開，季長主從五騎，自繪有紅色廊柱的筥崎八番宮西進，畫中時年二十九歲的季長臉龐白晰，頭配星兜，身披蔥綠色鎧甲，背負箭囊，栗毛坐騎昂首徐步，穿松林而過。

第二組表現的是季長途經少弐景資陣前，既不下馬歸隊，反堅持以五騎主動出擊，謂若非如此無從立軍功。景資亦允其所請。

第三組表現的是季長一行與剛殺敵回來的猛將菊池武房相遇的一幕，看見戰勝的武房，季長勇氣倍增。

第四組表現的是"季長主從五騎與元軍在鳥飼濱交鋒"。圖畫最左端繪的是在太極圖般的旌旗下，身穿長袍、頸披護項的元兵迎戰日軍。季長在三名元兵銳矢長槍齊擊之下，險些兒掉下馬來，一顆冒火石彈，在頭頂上爆炸，幸得白石通泰援軍及時趕到，季長方保性命。此役季長有衝鋒在先之功，白石通泰有解圍之功，他們互為證人，據實上報，請功。

第五組表現的是戰後半年，論功行賞之事杳無音訊，對此季長不服氣，決親往鎌倉，向幕府申訴。但家貧的他唯有賣馬鞍換盤纏，1275 年 6 月自竹崎出發，8 月抵鎌倉（今神奈川縣），獲御恩奉行安達泰盛接見。

第六組表現的是在鎌倉，季長獲恩賞奉行安達泰盛接見，獲賜海東鄉之地和黑栗毛駿馬一匹，然後衣錦還鄉。

關於元日文永之役，最不可思義的是，元軍大敗日本豪族武裝後，並沒有乘勝追擊，直搗太宰府。元軍副帥劉復亨受箭傷，大軍退至海灘，後又退到船上。當晚起了大風，元軍戰船翻了不少。雖然如此，元軍還是以大勝的姿態撤往朝鮮。第二天，守在大宰府準備決戰的日軍，沒有等來元軍。元軍的第一次跨海征日，就這樣不明不白地結束了。

作為歷史圖像，《蒙古襲來繪詞》特別寶貴之處是，畫中可以看到這場戰爭使用的武器：元軍是多種武器並用，其中用了可炸開的冒火石彈。此彈險些打死

季長。日本稱其為 "鐵炮"。它可能是 "回回炮"，也叫 "石火矢"，即阿拉伯的拋石機所射的彈丸。此機所拋之石彈，裝有火藥，能爆炸，但畫中沒有關於拋石機的描繪。它也可能是手銃所射的彈丸，即用竹筒裝填火藥發射鐵、鉛或石製的球形彈丸，可畫面也無有關手銃的描繪。所以，人們至今無法確定發射石彈的是什麼武器。

此役，兩軍對戰用得最廣泛的，還是刀與箭。元軍的強力弓箭，可以射兩百米，而日本武士的弓箭只能射一百米。日本文獻中，還記錄了蒙古箭上塗了毒藥，加大了殺傷力。日本佔優勢的兵器是鋒利的刀，但元軍打仗不按日本人的規矩來，即兩軍將領先在陣前對決，而後士兵再衝殺。元軍善馬戰，不列陣，開戰就是快馬衝殺。日本武士很快被元軍的特殊戰術打垮，元軍隊搶灘登陸成功。

此外，畫中的許多細節，也值得注意：對陣軍旗，元軍統一用的是太極圖般的旌旗；此時日本軍隊，並不用太陽旗，九州豪族們各展自己的旗紋，如少弐氏 "四目結"、菊池氏 "二枚並鷹羽"、島津氏 "鶴丸十文字"。這是鐮倉時代一直到德川時代的日本武士家紋，也是日本的軍旗特色。各色並陳的日本家族戰旗，反映了當時的日本沒有統一的國家軍隊，打仗靠的是各地豪族武裝，而元軍是多部族部隊組成的正規軍。

更有意思的是，這麼大的戰事，一直到仗都打完了，九州方面上報對馬、壹岐兩島被元軍佔領的戰報，才送到京都；也就是說，這一仗完全是九州地方武裝在對抗元軍，日本最高層對於這場戰事並沒有做任何具體部署和指揮。

二

元日海戰，
元朝第二次跨海征日

忽必烈第一次派遣大軍征討日本的目的，在於威嚇日本，使其迅速通好，尚無滅日的決心。忻都等元軍統帥利用忽必烈的這種想法，巧妙地掩飾了遭颱風而撤退的事實，以"入其國敗之"的戰績，上報世祖。

忽必烈認為日本受到了應有的懲罰，必將立刻與元通好。因此，大賞征日有功將士，同時在至元十二年（1275年）二月派出禮部侍郎杜世忠、兵部郎中何文著等，攜帶國書再次出使日本，以求通好。

這一次，日本鎌倉幕府執政北條時宗，不但不同意"通好"，反將忽必烈派來的杜世忠等使者斬首，僅放四個高麗人回元朝報信。忽必烈得知大元使團人員被殺，決意報仇。此時，忽必烈剛好完成了一統中國的大業，南宋末代小皇帝趙昺被大臣陸秀夫抱著在崖山蹈海而死，南宋於1279年滅亡。元軍正可以全力投入第二次跨海征倭。

至元十七年（1280年），為了這次作戰，忽必烈下令在朝鮮半島設立征東行省（一說日本行省），專務征討日本之事，以宿將阿剌罕為行省右丞相，南宋降將范文虎為右丞。

此役，大元發兵十四萬，分兩路東征日本。

東路軍由蒙古人忻都、高麗軍民總管洪茶丘統領，其中以蒙古兵為主的蒙漢作戰部隊三萬人，高麗將軍金方慶統領高麗軍一萬人，戰船九百艘。東路軍從高麗合浦港出發，越過對馬海峽，進攻日本；

西路軍由南宋降將范文虎率領的十萬新附軍，即江南軍（這十萬人是江南地區歸降的宋軍，按照戰前規劃，這些人準備戰後留在日本屯田），乘坐戰船三千五百艘，從浙江慶元府（今寧波）出發，東渡日本。

東西兩路大軍約定，至元十八年（1281年）六月十五日，在對馬海峽中央的日本壹岐島會師。

至元十八年（1281年）五月三日，東路軍從高麗合浦港啟航，五月二十一

日開始進攻對馬島。守島日軍雖頑強抵抗，終因多寡懸殊，全部戰死。五月二十六日，東路軍又攻克壹岐島。六月六日，東路軍統帥忻都為爭奪頭功，不等與西路軍的江南軍會師，就單方率軍分兩路攻打博多灣。

　　文永之役後，鐮倉幕府為了防元軍再犯，沿博多灣海岸西從今津東至香椎，修造了約二十公里的海防石壩——這是日本最早的海防工程。古戰場上至今保留著幾段"元寇防壘"，這些殘垣雖然是歷史遺物，但它遠不及《蒙古襲來繪詞·弘安之役》畫卷表現得生動和壯觀。此卷大約分成五組畫面，展示的仍是竹崎季長的戰功。

　　"弘安之役"畫的第一組表現季長探望六月在博多灣志賀島（今福岡海面一小島，此島因 1784 年出土漢光武帝授日本的"漢委奴國王"金印而聞名）戰役中負傷的河野通有的情形。第二組就是"博多灣海防石壩圖"。此石壩是第一次元日海戰後，鐮倉幕府執政北條時宗，花了五年時間構築的。畫家將石壩橫貫多個畫面，氣勢非凡。坐在石壩上的是菊池武房麾下的武士，石壩下的是身披赤絲鎧甲、挾長弓、懸太刀的季長。此役，季長的坐騎已換成"文永之役"後獲賞的

圖 5.4：《蒙古襲來繪詞·弘安之役》中出海迎敵部分，右側為季長乘小船搶登元軍戰船，斬殺元軍二人的場景。

黑栗毛駿馬。

　　元朝東路軍艦隊開進了博多灣時，見到的就是一堵望不到邊的大石牆。蒙古將軍忻都也不敢貿然搶灘登陸，只得專攻志賀島（今福岡海面一小島，此島因1784 年出土漢光武帝授給日本的"漢委奴國王"金印而聞名）。因日本在此防守嚴密，攻打再次失利，忻都只能"聯戰船為營"，駐泊等待西路軍——江南軍的到來。

　　七月初，范文虎、李庭率十萬江南軍，到達志賀島海域，與東路軍忻都、洪茶丘所部會師，共集結十四萬兵力、大小兵船四千四百艘。

　　日元兩軍在志賀島對峙了一週，元軍還是無法由此登陸。元軍艦隊只好沿著九州的海岸綫遊弋，尋找新的突破口。最後，元軍向北松浦郡的鷹島（古屬肥前，今屬長崎的五島列島）駛去，轉眼一個月白白浪費。

　　閏七月初一日夜，颱風和暴雨突然降臨。元軍沒有應對颱風、尋港走避的經驗。反而是將戰艦密密麻麻排在一起，這是船家大忌。結果，在巨浪之中，兵船互相撞擊，轉眼間艦毀人亡。於是，元軍緊急撤退，船少人多，丟下了散落在

海島上的兩三萬士卒。這樣，十四萬浩浩蕩蕩的征日大軍，落得個倉皇歸國的結局。《元史·兵志》對此記載：“八月，甲子朔，颶風大作，戰艦皆破壞覆沒。”

《蒙古襲來繪詞·弘安之役》第三組表現的就是，閏七月初五日季長乘船追擊元軍殘部，畫面上六七艘滿載武士的兵船，正趕赴鷹島（古屬肥前，今屬長崎的五列島）海面作戰。第四組接著表現的是“季長登船斬殺元兵”。畫面上一排元軍戰船，正被六七艘滿載日本武士的兵船追擊，圖右側是季長乘小船搶登元軍戰船，斬殺元軍二人。畫面顯示此時的海戰，還是跳幫、登船、斬殺等冷兵器戰鬥形態。第五組描繪季長在自己所屬的肥後國守護城次郎安達盛宗面前表功，圖中央穿紅甲的是季長，他前面的地上，擺著兩顆用來表現戰功的元軍人頭，負責記錄軍功的引付奉行人在一旁做筆錄。

“弘安之役”的日軍總指揮與“文永之役”一樣，仍由大宰府鎮西奉行少弐藤原經資擔任，副將為大友賴泰。守軍除了兼任豐前、筑前、肥前守護的藤原經資御家人武士（私人武裝）外，還有筑後守護北條宗政、肥後守護安達盛宗、豐後的大友賴泰和薩摩、大隅、日向的島津久經的部隊，總計有四萬餘人。另外，還有約六萬武士部隊作為援軍待命。

從閏七月初一日起，持續四天的海上風暴令停泊在海上的元軍戰船大部分沉沒，范文虎也落水被救起，幸存的部分元軍只好撤退回國。元軍先期佔領的幾處海島上，無船可歸的士卒共有三萬多人，當時推舉一名叫張百戶的基層軍官為頭領。張百戶指揮元軍伐木作舟，並奮力抵抗日軍的進攻。最終，日本武士駕駛小船，挨島搜捕，島上元軍無一幸免。日軍將蒙古人、色目人、高麗人全部屠殺，只留下江南軍和部分工匠作為奴隸。對此，《元史》的說法是"士卒十喪六七"。高麗《東國通鑒》則說："元軍不返者，無慮十萬有幾；我軍不返者，亦七千餘人。"綜合來看，十四萬征日大軍損失了絕大多數是毫無疑問的。

"弘安之役"以元軍慘敗告終。

日本人後來在福岡博多灣的志賀島上建了多處"斬首塚"、"蒙古塚"。1928 年日本蓮宗僧高鍋日統倡議對"蒙古塚"進行大規模改修，並立了一座由首相田中義一題寫碑名的"蒙古軍供養塔"，海軍元帥東鄉平八郎在碑兩邊題字：

"願以此功德，普及於一切，我等與眾生，皆共成佛道。"

元日海戰結束後，當時的交戰雙方都沒有對戰爭做過多的研究與總結。隨著時代的變化與現實的需要，兩國開始回望這段歷史。先是日本人出於現實的需要，將兩次"吹"毀元朝艦隊的颶風鼓吹為"神風"，而中國的歷史總結則側重於戰船研究。

從歷史記錄看，元日兩次海戰確實出現過兩場颶風，日本人也認為自己憑實力是打不過元軍的，所以特別願意站在日本是"神國"的立場上，將這兩場勝利歸結於"神風"相助。這種"神風"的說法，在後來的日本侵略擴張行為中，被一步步放大和神化，各個歷史時期對此接力誇大與傳播，最終把這股"神風"從海上吹到了天上，促成了"二戰"時日本空軍的"神風突擊隊"，成為一種戰爭謬種而為世界所周知。

中國方面對元日海戰的總結興起於 20 世紀，焦點多集中於戰船問題。特別是二十世紀中後期，日本水下考古人員，在鷹島找到二十餘件船碇，有木碇和石碇。後來又在博多灣找到九件"蒙古軍碇石"。但日本方面一直沒有在水下找到完整的元軍戰船，找到的戰艦殘骸上的碎片沒有一塊超過三米的，大多數都在十厘米到一米之間。

1984 年，在山東蓬萊古登州港的清淤工程中，施工人員先後發現了三艘古代木製沉船，後確定其為元代戰船遺存。戰船經修復後，現在蓬萊古船博物館展出。其中一艘戰船殘長 28.6 米、殘寬 5.6 米，是迄今發現的最長的中國古代沉

船。整船尖頭闊舺，船型瘦長，復原長三十五米，寬六米，船底採用圓弧形態。甲板以上的桅、帆和舵已經不存，但仍然可以看到第二、第七艙內的桅座和第十四艙內的舵座。從沉沒戰船上發現的物品有鐵劍、鐵炮、鐵銃、鐵炮彈、灰彈瓶等武器以及龍泉青瓷碗、高足杯、草蓆、滑輪等器物。

　　結合《蒙古襲來繪詞》來看，元軍使用的戰船多是平底河船，並不適於航海。迄今為止，還沒有在鷹島附近海域發現Ｖ字型遠洋船的龍骨。這種平底河船在遭遇海上颶風與大浪時，其毀滅的命運難以避免。從海下打撈出的沉船的鉚釘來看，這批戰前趕造的戰船質量不高。據中文史料記載，至元十八年（1281年）元軍的大多數戰船，多是由高麗工匠建造的，高麗造船技術較為落後，同時又是不心甘情願地加入到這場戰爭中，所以高麗人製造出的戰船品質不高，在颶風中不堪一擊。

　　兩次跨海東征失敗後，忽必烈一度準備第三次征日。至元十九年（1282年）二月，忽必烈派人在江南監造艦船三千艘，並多次下令招募水兵："凡熟悉海戰者，可以自募水工，募得百人者授百戶職，千人者授千戶職。"

　　此後，忽必烈曾幾次下令發兵征日，但都因故未能成行。至元三十一年（1294年）正月，忽必烈去世，東征日本的計劃告終。

　　不可否認，兩次元日海戰，日軍都是偶然得勝。看上去是元軍敗了，實際上，其結果為後來的中日海戰埋下了悲劇性的伏筆。

三

海攻占城，
恢復朝貢關係

占城，位於中南半島東南部，中國古籍稱其為象林邑，簡稱林邑。從公元 8 世紀中葉至唐末，改稱環王國，五代又稱占城。據當地發現的國碑銘，其自號"占婆"。

占城故地原是漢代所置日南郡的象林縣。東漢永和二年（137 年），象林縣功曹之子區達（也作區達或區連，又稱釋利摩羅），殺縣令，自號為王，始建占城國。其後歷代君主，力圖向北擴張。

據安南才子黎崱（1285 年降元）所著《安南志略》載："占城國立國於海濱，中國商舟泛海往來外藩者，皆聚於此，以積新（通'薪'）水，為南方第一碼頭。"

元朝早期時，占城王曾屢次遣使來朝。元世祖忽必烈至元十五年（1278 年），福建行省參政唆都派使節到達占城，因使節回報占城國王有歸順之意，元世祖忽必烈遂封其為占城郡王。至元十六年（1279 年）十二月，忽必烈派兵部侍郎驕華德（史書寫為"教化的"）、唆都等出使占城國，要求占城國王入朝。次年，占城國王派使者至元朝進貢，奉表歸降，其中貢物包括大象。

至元十八年（1281 年）十月，元朝設立占城行省，以唆都為右丞、劉深為左丞。當時元朝調集海船百艘、士卒水手萬人，準備第二年正月出征海外，要求占城郡王供給軍糧。但占城王子補的不甘心受制於元朝。

當時元朝派萬戶何子志、千戶皇甫傑出使暹國（泰國），宣慰使尤永賢、亞蘭等出使馬八兒國（位於今印度科羅曼德爾海岸），使者舟船均經占城，都被補的拘留。由此，占城與元朝公開對抗。

至元十九年（1282 年）六月，忽必烈調集淮、浙和福建、湖廣駐軍五千人，各式戰船二千六百餘艘，由占城行省右丞唆都率領，浮海討伐占城。當年十一月，唆都率軍從廣州出發，指揮戰船到達占城港（今越南平定省歸仁），並在岸上建立前進基地。占城王率重兵與元軍對陣。

《元史》載，該港口北連大海，旁邊有五個小港，西邊有木城，元軍依海岸駐紮。占城兵駐守木城，四面約二十餘里，城上有樓，設有百餘座炮台。在木城西有占城國王行宮，國王孛由補刺者吾親率重兵駐守，以應援木城。

唆都先後七次派遣使者詔諭，占城國王孛由補刺者吾拒絕投降，並回信說："已修木城，備甲兵，刻期請戰。"

至元二十年（1283 年）正月十五日夜半，元軍分三路從北、東、南三面發船攻擊木城。但攻城途中突遇風浪，元軍損失大量戰船，至天亮才登陸。

十六天早晨，兩軍交戰。占城兵打開木城南門，出兵萬餘人，其中還有乘象者數十人。戰鬥進行到午時，元軍攻入木城。占城國王燒毀行宮，率餘部逃入山中。

十七日，元軍進攻占城國都門戶大州。十九日，占城國王遣使求降。二十日，元兵至大州東南，許其投降，並答應免予治罪。

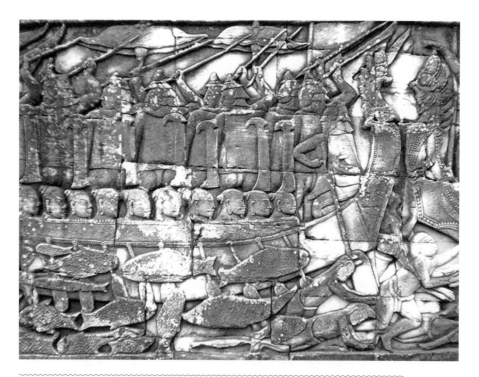

圖 5.7：占城地處海上要衝，當地人習於海戰，也多海盜，在 12 世紀末的柬埔寨吳哥窟浮雕中，就有占城水手海上作戰的形象。

隨後，元軍要求占城國王親自來營中投降。占城國王派國舅寶脱禿花為使節應付唆都，並説：“國主欲來，病未能進，先使持其檜來，以見誠意。長子補的期三日請見。”

占城國王並非真心投降，在派人與元軍周旋的同時，在大州西北鴉候山立寨，集結兩萬餘人，並派使者意圖向交趾、真臘等國借兵。二月十六日，元軍進攻鴉候山，占城軍利用地形切斷元軍歸路。唆都率軍苦戰，才得以突圍。隨後，唆都在舒眉蓮港建立木城，固守待援，並以此為根據地，繼續攻擊占城郡縣。

此後，元軍雖在大朗湖打敗占城水軍，但也因作戰時間太長，產生大量的消耗。至元二十一年（1284 年）二月，忽必烈增兵一萬五千人，戰船兩百艘，仍未能扭轉戰局。

三月初六日，唆都奉命北上協助脱歡大將進攻安南，率軍撤出占城。二十七日，占城國王見安南不支，遣使求降。當年，元朝曾策劃再度派兵討伐占城，欲“假道交趾伐占城，不果行”。

至元二十一年（1284 年）七月和十一月，占城兩次遣使入元朝貢。忽必烈於至元二十六年（1289 年），放棄征討占城。此後兩國關係恢復正常的海上交往。

四

三打安南，
元軍遠征近無功

安南，原為漢代交趾郡故地。唐朝在此置安南都護府（治所在今河內）。北宋時安南首領被宋朝廷先後封為交趾郡王、交趾王。南宋孝宗始正式"詔賜國名安南，封南平王李天祚為安南國王"，"安南國"國名名由此始。

南宋寶慶元年（1225年），安南李氏王朝李昭聖女王，將皇位禪讓給丈夫陳日煚，安南由此進入陳氏王朝。南宋寶祐元年（1253年），忽必烈率蒙古大軍滅大理國。忽必烈撤軍後，留下大將"兀良合台攻諸夷之未附者"。

南宋寶祐五年、元憲宗七年（1257年），兀良合台發兵到安南京北，遣使詔諭安南王。陳日煚拒絕降服，並將使者扣留。

兀良合台是蒙古開國元老速不台之子，久經沙場。為討伐安南，兀良合台派徹徹都領兵分道進軍，抵安南京北洮江（今越南河內紅河一帶）上，又派遣其子阿朮率兵作為援軍。蒙古軍直抵紅河岸邊，安南也"盛陳兵衛"。

元憲宗七年（1257年）十二月，兩軍交戰。蒙古軍當時正是盛銳之師，雙方甫一交手，"交人震駭"，安南水陸軍大敗。蒙古軍繳獲對方大量戰船，乘勝直入安南國都，陳日煚從水路逃入海島。蒙古軍在此駐留九日，因不習慣天氣炎熱，班師回朝。

這是元朝尚為蒙古國時，第一次討伐安南，勝利而返。

經此打擊，南宋寶祐六年、元憲宗八年（1258年）二月，陳日煚傳位給長子陳光昺。有了前車之鑒，陳光昺主動遣使向蒙古遣使謝罪，願為臣屬。

蒙古中統元年（1260年）十二月，忽必烈即汗位後，馬上派出使臣往諭安南，封陳光昺為安南國王，並准許其"三年一貢"。同時，派蒙古人充當"達魯花赤"去監察安南。蒙古至元四年（1267年），忽必烈又下詔諭以六事：一、君長親朝；二、子弟入貢；三、編民數；四、出軍役；五、輸納稅賦；六、置達魯花赤。

忽必烈欲藉此進一步控制安南，陳光昺則對此"苛刻"的"六事"一直拖延。當時蒙古大軍正忙於攻打南宋，尚無暇顧及安南。

至元十四年（1277年），陳光昺去世，其子陳日烜繼位。忽必烈多次招陳日烜入朝觀見，均遭拒絕。

元至元十八年（1281年）十月，元朝設立安南宣慰司，以卜顏鐵木兒為參知政事、行宣慰使都元帥。當月，忽必烈還下了一道嚴厲的詔諭："光昺既歿，其子日烜不請命而自立，遣使往召，又以疾為辭，止令其叔遺愛入覲，故立遺愛代為安南國王。"

至元二十一年（1284年），元朝正在攻打占城，要安南出兵出糧助戰，還要"借道"安南。

安南王陳日烜隨後上了一道陳情表，稱："小國地勢瀕海，五穀所產不多……然閣下之命，所不敢違，擬於欽州界上永安州地所，俟候輸納。"

元至元二十二年（1285年），元軍由鎮南王脫歡率領進入安南。安南王令其堂兄興道王陳國峻提兵在邊界迎擊元軍。元軍大敗安南軍，殺其大將。陳國峻不敵，慌忙逃遁，元軍追至萬劫（今河內海陽省），攻破諸隘，直逼富良江（越南紅河的別稱），並縛筏為橋，大敗安南水陸軍。元軍乘勝，直抵其都城升龍（今河內），安南王再次棄都而逃。

面對元軍的攻勢，陳日烜的弟弟陳益稷"率其本宗與其妻子、官吏來降"。

此時，唆都率領從占城戰場北返的元軍，與脫歡部匯合，元軍力量又增。

但因時至夏季，天氣炎熱，雨季潮濕，"蒙古軍馬不能施其技"。至元二十二年（1285年）五月，元軍放棄升龍，渡江北岸，開始撤軍，渡江北還。回撤途中，元軍遭遇安南軍一路追堵截殺，或被殺、或溺死，損失慘重。脫歡本人也是九死一生，撤回廣西境內。

這是元朝再次討伐安南，幾乎無功而返。

至元二十三年（1286年），忽必烈下詔罷征日本，集中力量準備進攻安南，並扶持投降元朝的陳日烜的弟弟陳益稷為安南國王。

至元二十四年（1287年）正月，元朝發江淮、江西、湖廣三省蒙漢軍七萬人，船五百艘；雲南兵六千人；海南黎兵一萬五千人，分道進擊。大軍主帥鎮南王脫歡，同時命海道運糧萬戶張文虎等運糧十七萬石。

元軍分三路攻入安南。脫歡率一路兵馬由東道女兒關進入。程鵬飛等人領兵由西道從永平進攻，連奪老鼠關、陷河關、茨竹關，打了十七戰，全勝。元軍水軍從海道出發，經玉山、雙門，在安邦口遭遇安南水軍戰船四百餘艘。經激戰，元朝水軍大勝，殺安南水軍四千餘人，殲滅安南軍百餘人，獲戰船一百艘。

十二月，脫歡率元軍進逼茅羅港，攻克浮山寨。隨後，令烏馬兒率水軍，阿八赤率陸軍，水陸並進，直趨安南都城。

元軍逼近，安南王陳日烜再次棄都而逃，到敢喃堡固守。

至元二十五年（1288 年）正月，元軍攻克敢喃堡，陳日烜父子乘船遁入海中，"鎮南王以諸軍追之，不及，引兵還交趾城。"二月，脫歡率軍回萬劫，命阿八赤為前鋒，攻城拔寨，拿下多個據點，斬敵軍首級萬餘，獲船二百多艘，得米十一萬三千餘石。

其間，烏馬兒水軍在接應張文虎運糧船隊途中，遇安南水軍戰船千餘艘，大破之。但是，烏馬兒一行並未接應到張文虎等人的運糧船，只得掉頭返回萬劫。

原來，張文虎運糧船隊，在屯山時就遭遇安南船三十艘，雙方互有損失。在綠水洋（今越南廣寧）海面，又遭遇大批安南水軍，張文虎考慮難以克敵制勝，只得沉米於海，返回瓊州。另外兩路運糧船隊，一路從惠州出發後遇大風，漂往瓊州。另一路，也遭遇海風，被吹至占城，最後也退至瓊州。

後援補給無望，再加上又到了濕熱雨季。三月，脫歡下令大軍分道撤回。烏馬兒等率水軍沿白藤江入海撤退，脫歡則沿陸路撤回。

一直等待時機的安南軍隊，對此早有準備，亦如三百餘年前那場宋、黎白藤江之戰一樣，興道王陳國峻在白藤江入海口埋設了數百根木樁。因當時漲潮，元軍沒有發現。

陳國峻在白藤江兩岸埋下伏兵，並派一隊戰船佯攻烏馬兒的水軍，引誘其進入埋伏圈。烏馬兒水軍到達設伏區時，許多戰船撞木樁而沉沒。這時，在江岸埋伏的安南軍將點燃的木頭擲向元軍船上，同時駕小舟襲擊元軍。元水軍大敗，全軍覆沒，烏馬兒等人被俘。

《元史》中沒有關於此次白藤江戰役的記載。民國時期學者柯劭忞雖在他編著的《新元史》中，記載了元朝水軍在撤退時遭到伏擊，全軍覆沒，但也沒有提到當時戰場的具體位置。白藤江作為戰場，為越南《大越史記全書》所記載。

這是元朝又一次討伐安南，亦近乎無功而返。

至元二十七年（1290 年），安南王陳日烜去世。至元三十年（1293 年）七月，忽必烈命大將劉國傑準備第四次征安南。至次年正月，忽必烈病逝，元成宗鐵穆耳即位，後者下詔罷征安南。

五

亦黑迷失，
六下西洋招撫列國

　　爪哇，位於今天的印度尼西亞，爪哇島是該國的第四大島嶼。十三世紀下半葉，爪哇杜馬班王朝國王哈只葛達那加剌稱雄於南洋。

　　至元十五年（1278 年），元世祖忽必烈下詔設立福建行省，該行省的主要任務之一就是招撫海外各國。

　　至元十六年（1279 年）和至元十七年（1280 年），忽必烈兩次派使節赴爪哇，要求通好，爪哇亦回派使節表示通好。但忽必烈要求爪哇國王親自來大都朝覲，遭對方拒絕。後來，元朝又兩次遣使爪哇，仍未達到目的。至元二十九年（1292 年）二月，元朝派右丞孟琪為使節出使爪哇，但孟琪在爪哇受黥面之辱。忽必烈為此大怒，發兵南征爪哇。

　　至元二十九年（1292 年）二月，忽必烈任命大將史弼、泉府太卿亦黑迷失、福建行省右丞高興為福建行省平章政事，命令他們率兵渡海南征爪哇。元朝發兵兩萬，戰船千艘，並為此準備了一年的軍糧。忽必烈在詔諭中指出："亦黑迷失唯熟海道，海中事當付之，其兵事則委之史弼可也。"忽必烈還對三人說："汝等至爪哇，當遣使來報。汝等留彼，其餘小國即當自服，可遣招徠之。彼若納款，皆汝等之力也。"十二月，元朝大軍在泉州完成集結後，自後渚港啟航出發。

　　元朝詩人方回記錄了這次遠征："壬辰臘月明日望，三平章往命招誘。泉州出門七州洋（今海南文昌七洲列島附近海域），飛檣舞帆朔風吼。五旬有餘至其境，驚禽駭獸破膽走……"元朝水軍經七洲洋、萬里石塘、安南、占城……於第二年正月抵達勾欄山（今加里曼丹島西南端）。在此進行休整時，史弼派出宣撫使率兵五百人、船十艘，先行到達爪哇。

　　至元三十年（1293 年）二月，元朝大軍在爪哇杜并足（今印度尼西亞東爪哇北岸之廚閩）登陸。然後，兵分兩路，史弼率水軍自杜并足出發，經由戎牙路港（今印尼爪哇島泗水一帶）航行至八節澗（今印度尼西亞爪哇島泗水以南），亦黑迷失、高興則率軍從陸路前往八節澗會師。

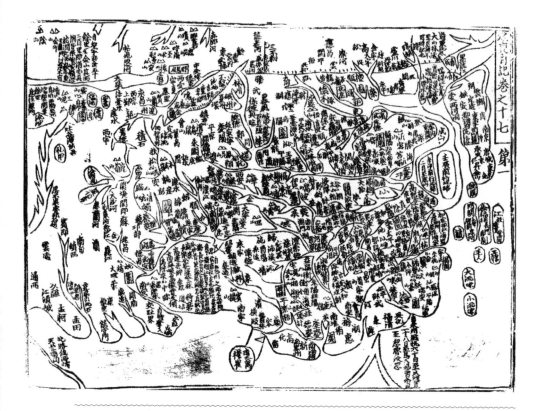

圖 5.8：元代清浚所繪《廣輪疆理圖》是元代最精確的全國總圖，此為明弘治年間常熟徐氏所刻《廣輪疆理圖》，為此圖存世最早版本。圖左下方繪有交趾與占城。

　　當時爪哇正處於內亂之中，曾被杜馬班王朝征服的諫義里王室後裔哈只葛當起兵，殺死了爪哇國王葛達那加剌。葛達那加剌的女婿土罕必闍耶攻打哈只葛當失敗，聽聞元兵至，便表示願意歸降。元軍接受了他的這一請求。

　　至元三十年（1293 年）三月十五日，元軍分三路對哈只葛當發起全面進攻，高興和亦黑迷失各領陸路一軍前進，史弼率水軍，溯流而上。

　　十九日，元軍攻至葛郎國首都答哈城下，哈只葛當親率十萬人迎戰。元軍三戰三捷，殲滅其主力，迫使哈只葛當出城投降。

　　但土罕必闍耶只是假元軍之手復仇。四月二日，土罕必闍耶以更換正式降表和準備朝貢禮品為由，請求離開元軍大營，史弼派兩百名元軍護送。中途，土罕必闍耶背信棄義，殺死護送元兵，並集結軍隊，調頭突襲元軍大營。元軍結束苦戰不久，又遭突襲，一時措手不及，只能且戰且退。元軍徒步三百里，於四月二十四日抵達海邊，登舟航行六十多晝夜，返回泉州。

根據內蒙古社科院歷史所編《蒙古族通史》記載，遠征爪哇造成元軍官兵死亡達三千多人。《元史‧爪哇傳》載："其出師海外諸藩者，唯爪哇之役為大。"

元朝征討爪哇以失敗告終，但元朝的水軍的作戰能力依然具有強大的威懾效果。兩年後，元成宗鐵穆耳元貞元年（1295年），爪哇主動遣使入貢元朝，成為元朝藩屬國。

這裏有必要再說一下南征主將亦黑迷失。

征爪哇失利返國後，亦黑迷失與史弼、高興三人被杖責，並沒收三分之一的家產。不久之後，忽必烈把沒收的家產還給亦黑迷失，並授其集賢院使兼會同管事。雖然，亦黑迷失再未受到重用，但《元史》中專門為他立了傳，這與他征爪哇以及之前的六次下西洋有關。

亦黑迷失是維吾爾族人，生年不詳，曾任元世祖忽必烈的侍衛。至元八年（1271年）忽必烈改蒙古國為大元。次年，為昭告南海諸國中國如今已是元朝天下，並希望各國來朝貢，忽必烈派亦黑迷失作為元朝使者出洋訪問。

忽必烈為何派一個貼身侍衛作為出洋使者？這與元朝廷的特殊格局有關。元朝廷雖然有文武百官，但皇帝身邊仍留有一群"斡脫"（蒙古語，意為"合夥者"。即持有皇帝聖旨做買賣之人），他們多為皇帝貼身侍衛，同時也是商人，常常被派往海外經商，替皇家王族打理生意。亦黑迷失即是"斡脫"中的一員，為元朝廷打理海外事務，二十年間曾六下西洋。

至元九年（1272年），亦黑迷失第一次下西洋，是奉忽必烈之命出使海外"八羅字國"，即印度西南部面對阿拉伯海的馬拉巴爾。這支船隊回國時還帶來了八羅字國使臣，向大元朝廷獻上了很多珍寶。忽必烈見到遠在西洋的國家都臣服於元朝，非常高興，特頒賜金虎符特別嘉獎亦黑迷失。

至元十二年（1275年），亦黑迷失第二次下西洋，還是出使八羅字國。亦黑迷失第二次來到八羅勃國，再度和平交往，得到了八羅字國國王的信任。該國派出"國師"，攜帶名藥乘坐亦黑迷失的返航船回訪中國。忽必烈對該國師等賞賜甚厚。

至元十八年（1281年），亦黑迷失第三次下西洋，是奉命招撫占城。他此行元朝的目的是讓占城臣服，使此地成為元朝控制東南亞的基地。但是占城人拒絕臣服，至元二十一年（1284年），亦黑迷失奉命與平章阿里海牙、右丞唆都攻打占城。元軍的戰鬥打得並不順利，只佔領了沿海地區，卻無法深入占城軍隊控制的窪地地區。兩軍對陣了數年，也沒打出個結果。

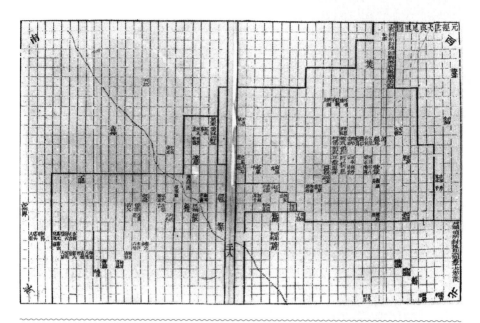

圖 5.9：至順元年（1330 年）繪製的《元經世大典地理圖》，反映了元朝與中亞、西亞的關係，此圖最西標註出了土耳其、敘利亞，最後是"迷思耳"即今之埃及。採用了阿拉伯製圖技術，以經緯格繪製。

　　至元二十一年（1284 年），亦黑迷失第四次下西洋，不為貿易與招撫，只為到僧加剌國（今斯里蘭卡一帶）禮佛。

　　至元二十四年（1287 年），亦黑迷失第五次下西洋，是奉命出使馬八兒國（今南印度一帶），取佛鉢、舍利，航海遇逆風，行一年才到達，得良醫善藥。忽必烈念他勞苦，賜其玉帶，授其資德大夫、江淮行尚書省左丞、行泉府太卿等官爵。泉府太卿為從二品，亦黑迷失從此由一個"斡脱"，變為參與管理的"斡脱"的官員。

　　至元二十九年（1292 年），亦黑迷失第六次下西洋，這一次的任務是前邊講過的"招撫與征討"。忽必烈死後，亦黑迷失告老還鄉。亦黑迷失在蒙元時代，用他數次成功的跨洋遠航，宣告了中國大航海時代的來臨。他的六下西洋，比鄭和早了一個多世紀。

　　元朝水軍的跨海作戰，在規模和次數上均屬前所未有，作戰海域由日本海、渤海、黃海，南抵南海，直到印度尼西亞海岸，充分展示了元朝水軍的兵力和渡海作戰能力。從某種意義上講，這也是古代中國水軍歷史上少見的"藍水經略"案例。

第六章

明代

藍水揚威，
鄭和船隊的“三戰三捷”

明朝經略海洋之動作，比以往王朝都大，它面朝大海做了兩件大事：一是鄭和率船隊七下西洋，聲教廣被，耀兵異域；二是禁海抗倭，建立近海海防。前者為“藍水揚威”，後者為“黃水海防”。

關於鄭和下西洋的目的，《明史·鄭和傳》的說法是“成祖疑惠帝亡海外，欲蹤跡之，且欲耀兵異域，示中國富強”，即目的在於“追逃”與“耀兵”。其“追逃”很快被證明是無意義的事，永樂十四年（1416年），朱棣在為天妃宮撰寫的碑文中言明下西洋是“恆遣使敷宣教化於海外諸番國，導以禮義，變其夷習”。

李約瑟在《中國科學技術史》一書中，從軍事角度如是評價鄭和下西洋：“明代海軍在歷史上可能比任何亞洲國家都出色，甚至同時代的任何歐洲國家，以致所有的歐洲國家聯合起來，可以說都無法與明代海軍匹敵。”

關於鄭和船隊，據《明史·鄭和傳》載，鄭和船隊之寶船六十二艘“修四十四丈、廣十八丈”，“將士卒二萬七千八百餘人。”明永樂十八年（1420年）僧人勝慧刊刻的《太上說天妃經救苦靈應經》卷首有一幅插圖，展示了鄭和船隊的樣貌。這幅圖像中，船隊分為五列，每列五艘，為六桅二千料海船。這是唯一存世的關於鄭和船隊的歷史圖像。

據馬歡所著《瀛涯勝覽》記載，永樂十一年（1413年）下西洋船隊人員編制為“官校、旗軍、勇士、通事、民梢、買辦、書手通計兩萬七千六百七十人”，其中，“官八百六十八員，軍兩萬六千八百名”，也就是說武職人員佔了絕大多數。兩萬七千人左右，大致相當於明初水軍五衛（每衛五千六百人），這是鄭和船隊幾次出洋的基本人員配置。

鄭和下西洋船隊，雖然是文明和平之師，但保障明朝廷的海外權威和朝貢安全的道路並不平坦。在下西洋的航路上，鄭和至少指揮了三次海外戰鬥。當然，以明朝的海上武裝實力，結果自然是“三戰三捷”。

宣德六年（1431年）春，鄭和在準備第七次下西洋時，似乎已經料到這是

圖 6.1：明永樂十八年（1420 年）僧人勝慧刊刻的《太上說天妃經救苦靈應經》卷首插圖，
展示了鄭和船隊的歷史樣貌，這是唯一存世的鄭和船隊歷史圖像。

最後一次遠航，故特意刻下兩統石碑，記下過往下西洋的業績。兩統石碑，一個
立在了太倉劉家港，書有《婁東劉家港天妃宮石刻通番事跡記》碑（以下簡稱《通
番事跡記碑》），一個立在了福建長樂，書有《天妃之神靈應記》（篆額作“天妃
靈應之記”）碑。這兩統碑石所刻碑文成為後世研究鄭和七次下西洋的最可靠的
第一手資料。這兩統石碑不僅明確記錄了鄭和每次下西洋的確切年代，還記錄了
鄭和下西洋途中發生的三次海外戰鬥。

　　鄭和下西洋的第一次海外戰鬥，發生在第一次下西洋的永樂三年（1405 年）。

　　據《通番事跡記碑》載：“永樂三年，統領舟師往古里等國，時海寇陳祖義
等聚眾於三佛齊國抄掠番商，生擒厥魁，至五年回還。”

　　永樂三年（1405 年）六月，鄭和船隊首下西洋，最後抵達印度古里（今印
度卡利卡特）。鄭和船隊途經蘇門答臘島上的三佛齊王國。當時三佛齊國中大
亂，旅居於此的華人擁戴梁道明為頭目。鄭和船隊出發之前，明成祖朱棣曾派梁
道明的同鄉、監察御史譚勝受和千戶楊信帶敕書前往招安；梁道明隨使者入朝，
後回到了老家廣東南海。梁道明離開後，同為廣東人的施進卿成為舊港（今印尼
巨港）華人首領。

　　早在明洪武年間，有廣東潮州人陳祖義，因犯事而舉家逃到舊港。據跟隨鄭
和三次下西洋的馬歡在《瀛涯勝覽》一書的記載，陳祖義在舊港“充為頭目，甚

是豪橫，凡有經過客人船隻，輒便劫奪財物"。《明史》中記載，在永樂四年，陳祖義還曾派遣他的兒子陳士良，到北京朝貢，然"雖朝貢，而為盜海上，貢使往來者苦之"。

因此，永樂五年（1407 年），鄭和船隊自西洋回國經過舊港時，準備對陳祖義採取措施，以靖航道。《明實錄》記載，鄭和先"遣人招諭"陳祖義，"祖義詐降，而潛謀要劫官軍。和等覺之，整兵提備。祖義率眾來劫，和出兵與戰，祖義大敗。殺賊黨五千餘人，燒賊船十艘，獲其七艘，及偽銅印兩顆，生擒祖義等三人。既至京師，悉命斬之。"隨鄭和第一次下西洋的費信在《星槎勝覽》中也有記載，陳祖義等"來犯我舟師，被我正使深機密策，若張網獲獸而殄滅之"。

舊港另一頭目施進卿，因報告陳祖義陰謀之功，"歸舊港為大頭目，以主其地"。當時，施進卿正派遣女婿丘彥誠進京朝貢。朱棣隨即下令設立"舊港宣慰司"，以施進卿為使，賜誥印及冠帶。這是明朝在南海最南端設立的地方行政機構。

鄭和下西洋的第二次海外戰鬥，發生在第三次下西洋的永樂七年（1409 年）。

據《通番事跡記碑》載："永樂七年，統領舟師，往前各國，道經錫蘭山國，其國王亞烈苦奈兒負固不恭，謀害舟師，賴神明顯應知覺，遂生擒其王，至九年歸獻，尋蒙恩宥，俾復歸國。"

鄭和第一次下西洋時，就訪問過錫蘭山國（今斯里蘭卡）。這裏地處印度半島南端不遠處，位於印度洋北側中心位置，扼海上的交通要道。憑藉其特殊的交通地位，錫蘭山國王亞烈苦奈兒"不揖睦鄰國，屢要劫其來往使臣，諸藩皆苦之"。

永樂七年（1409 年），鄭和第三次下西洋，再次經過錫蘭山國，這一次錫蘭山國王"負固不恭，謀害舟師"。錫蘭山國王亞烈苦奈兒，見鄭和船隊裝載了大量金銀財寶，便起了邪念。他把鄭和請到宮中設宴招待，一面強行向鄭和索取金幣，一面又發兵搶奪鄭和的船隊。

鄭和臨危不懼，他了解到宮城中的士兵都被派去攻打船隊了，城中兵防空虛，於是火速調來兵將三千人，出其不意地攻打宮城，攻戰六日，活捉國王亞烈苦奈兒。

永樂九年（1411 年），鄭和帶著錫蘭山國戰俘回到京城。《明實錄》載："群臣請誅之，上憫其愚無知，命姑釋之，給與衣食。命禮部議擇其屬之賢者立為王，以承國祀。"

鄭和下西洋的第三次海外戰鬥，發生在他第四次下西洋的永樂十二年

（1414 年）。

據《通番事跡記碑》載："永樂十二年，統領舟師往忽魯謨斯等國，其蘇門答剌國偽王蘇幹剌寇侵本國，其王遣使赴闕，陳訴請救，就率官兵剿捕，神功默助，遂生擒偽王，至十三年歸獻。是年滿剌加國王親率妻子朝貢。"

蘇門答剌，在今天的印尼蘇門答臘島棉蘭的西北部，鄰馬六甲海峽北口，是扼印度洋和太平洋的海上交通要衝，戰略地位十分重要。永樂五年（1407 年），蘇門答剌國政局開始動盪，在以後十年內曾數易其主。據鄭和船隊通事（翻譯）馬歡在《瀛涯勝覽》中記載，先是蘇門答剌國王宰奴里阿比丁被鄰國那孤兒花面王所殺。王后為報夫仇，許諾誰能殺死花面王，就嫁誰為妻，共主國事。有一漁翁應招，領兵殺死花面王，成了蘇門答剌的國王，稱為老王。永樂七年（1409年），老王曾向明朝進貢。永樂十年（1412 年），原國王宰奴里阿比丁之子鎖丹罕難阿必鎮弒殺繼父（漁翁）而奪位。漁翁王嫡子蘇幹剌逃至山中，立寨為王，不時率兵攻打鎖丹罕難阿必鎮。永樂十一年（1413 年），鎖丹罕難阿必鎮遣使赴闕（明朝廷）陳訴請救，朱棣命鄭和等統率官兵剿捕。

永樂十三年（1415 年），鄭和率軍在蘇門答剌登陸，向蘇幹剌軍進攻，將蘇幹剌及其妻子俘獲。同年，蘇幹剌被押回明都處決，鎖丹罕難阿必鎮"遣使入謝"。

鄭和船隊海外戰鬥的"三戰三捷"，保證了明朝海上朝貢航綫的安寧，以及明朝對相關地區的控制，堪稱 15 世紀的海上"維和部隊"。鄭和本人對此事很是看重，不僅在《通番事跡記》碑文中加以記載，而且早在第五次下西洋歸來所刻的"靜海寺鄭和殘碑"中也對此詳加描述。明廷對此也很重視，在《明史·鄭和傳》《明實錄》《瀛涯勝覽》等官方文獻及私人著作對此也都有記載。這說明明朝廷和鄭和對海上權威非常在意，對於海戰的勝利也十分得意。

鄭和船隊七下西洋是古代中國人最具想象力的聲教廣被和探索海洋的方式。《明史·鄭和傳》中有一段話，可以看作是古代中國對藍色海洋的認識：

> 和經事三朝，先後七奉使，所歷凡三十餘國。所取無名寶物，不可勝計，而中國耗廢亦不資。自宣德以還，遠方時有至者，要不如永樂時，而和亦老且死。自和後，凡將命海表者，莫不盛稱和以誇外番，故俗傳三保太監下西洋，為明初盛事云。

二

黃水海防，
明水軍渤海抗倭

由"藍水揚威"到"黃水海防"，明朝"海權"思想，較前代雖然是一百八十度的大轉變，但實是當時的"現實所迫"。

中國沿海原本是不設防的，沿海全面設防，始於明代，緣於"倭患"。

用"倭"來指稱日本或朝鮮等中國東方的古代部族，大約始於戰國，正式寫入國家文獻是在漢朝。唐朝咸亨元年（670年），日本派遣使者祝賀唐朝平定高麗。日本使者說，學習中國文字後，不喜歡"倭"這個國名，就將其改為"日本"，因為他們國家靠近日出的地方。不過，改稱日本後，很長一段時間，"倭"這個舊稱仍在日本使用，連聖武天皇（701年—756年）的詔書裏，也仍以"大倭國"自稱。

"倭"字產生貶義，是在與"寇"字聯稱之後。正史裏出現"倭寇"一詞，是從《明史》開始的。最初"倭寇"中的"寇"字，作動詞使用，表示"侵犯"。如，"倭，寇福州"、"倭，寇浙江"、"倭，寇海上"。如此往復，"倭寇"終於作為名詞而被使用，成為"日本侵略者"的意思。"倭"也由此成為蔑稱。

"倭寇"是一種複雜的歷史現象。宋代開始，海洋成為朝廷的經濟增長點。雖然，《宋史·日本國傳》中有"倭船火兒（領航員）滕太明毆鄭作死"的記載，但宋代的中日海上走私，並沒有形成武裝販運的規模。大規模的武裝走私，興起於朝代更替的特殊時期。宋朝滅亡時，一批宋朝將領，先後下海為盜。這種朝代更替時武人"落海為盜"的現象，一直持續到元明之交和明清交替之時。

由於日本與元朝結仇，彼此沒有海上官方貿易，鋌而走險的日本海商，慢慢淪為海盜倭寇。在明代，"倭寇"多為流亡海上的元朝水軍舊部，如張士誠、方國珍等殘餘軍隊，後來發展為明朝海商和海盜與日本海商和浪人混合而成的民間草寇武裝。朱元璋出於政權安全考慮，宣稱"朕以海道可通外邦，故嘗禁其往來。"

明太祖頒"禁海"令之多，超過歷史上任何一位皇帝，幾乎兩三年就要重申一遍。《明史·朱紈傳》將其嚴厲海禁概括為"寸板不許入海"。海禁之後，流亡海上的元朝水軍、窮途末路的明朝海商、失去武士身份的日本浪人、流竄在外的日本國罪犯團夥……這些複雜的成分混在一起，構成了明代的"倭患"主體，也催生了明代特有的針對"倭寇"的海防。

明太祖採納劉伯溫建議，立軍衛法，在全國各軍事要地設"衛"，衛下設"所"。衛、所往往都建有軍城，控扼要害，駐守者皆為正規軍。據《籌海圖編》統計，洪武年間，在北起東北南部遼東都司，南到廣東南部海南半島，沿海設有五十四個衛、九十九個千戶所、三百五十三個巡檢司（設於各關隘要害處），下轄三千餘艘戰船，海防兵力達三十萬人。這些衛所對"倭寇"的侵擾起到了有效的防衛作用。

明初的海防，主要以近岸陸防為主，"望海堝大捷"就是其中的代表戰役。望海堝指今大連金州東北的金頂山附近。據《明史·地理志二》載，"金州衛，本金州，洪武五年（1372年）六月置於舊金州。八年四月置衛。"據此，金州衛屬遼東都司。

永樂十七年（1419年）六月十四日傍晚，金州衛駐軍瞭望哨報告，發現東南方向王家島上有火光。遼東總兵劉江預料倭寇將要來犯，立即調兵遣將，嚴陣以待。當時，金州衛駐有步兵一千七百五十六人，屯田兵二千零二十人，煎鹽兵、炒鐵兵近百人，有戰鬥力的兵員並不多。

第二天，倭寇二千餘人分乘戰船三十一艘，直奔望海堝而來。劉江令指揮使徐剛等率領步兵埋伏於山下，令指揮使錢真等率領馬隊繞到倭寇背後，截其歸路，令百戶姜隆率領壯士，繞道到海口，潛燒倭寇所乘船隻。劉江同三路首領約定："旗舉伏起，炮鳴奮擊，不用命者，以軍法從事。"此戰大敗倭寇，為明朝抗倭首次大捷。以後百餘年，倭寇不敢復犯遼東。

明嘉靖年間，東南沿海倭患達到高峰。

嘉靖三十一年（1552年）秋，倭寇在江南賊首陳東引領下，突襲劉家港。次年，海盜王直又引倭船11艘，掠寶山，闖瀏河，登岸剿劫；此後，蕭顯又引倭寇二千餘人大舉登陸，沿婁江襲太倉、崑山，轉而掠嘉定、青浦、松江，進犯上海。接著，徐海又領倭寇數百人，直入青浦白鶴港，進犯太倉；還有一股倭寇七百餘人，在何八帶領下，直奔太倉，兩股倭寇協同作戰，合圍太倉城……

因此，明朝廷在從南到北的沿海地區設置了沿海衛所，其中，廣東大約有9

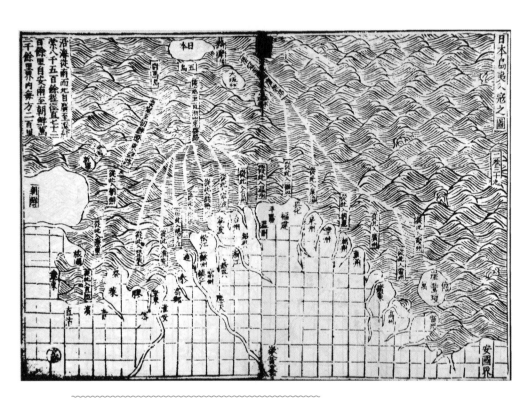

圖 6.2：嘉靖四十一年（1562 年）出版的《籌海圖編》所載《日本島夷入寇之圖》，繪出了三大入寇總路和十六個入寇地點，可謂中國古代第一幅明確繪出海上攻防綫路與地點的海防圖。

衛，下轄 46 所；福建 11 衛，下轄 58 所；浙江 11 衛，轄 57 所；南直隸（今江
蘇、安徽以及上海）9 衛，轄 52 所；山東 10 衛，轄 43 所；北直隸（今北京、
天津、河北大部和河南、山東的小部分地區）6 衛，轄 33 所；遼東地區 9 衛，
轄 39 所。

此外，明朝廷還在沿海地區設置了水寨，比如在福建設有五座水寨：烽火門
水寨，設於福寧州；小埕水寨，設於福州府連江縣；南日水寨，設於興化府莆田
縣；浯嶼水寨，設於泉州府同安縣；銅山水寨，設於漳州府漳浦縣。五處水寨組
成沿海巡邏系統，其中烽火門水寨與浙江的門下寨相接，銅山水寨與廣東相接。
全國四十八個水寨，互相連接，構成一個近海巡邏、警戒和防禦的系統工程。

據《明會要·兵志》記載，水軍每十船為一幫，或百或五十聯為一艐。幫和
艐，就是明代水軍的基礎組成單位，每個水寨至少配備一艐。此外，沿海的百戶
所和巡檢司各配有戰船兩條，每千戶所十條，每衛五十條。此外，募兵制也同時
存在，如當時的戚家軍、余家軍等都是由招募的兵丁組成，其中包括水軍部隊，
由此極大提升了軍隊戰鬥力。

嘉靖四十一年（1562 年），鄭若曾在浙江巡按監察御史胡宗憲的支持下，編
成了以海防為目標的《籌海圖編》，書中彙聚了明初以來各方繪製的地圖、艦船
圖及武器圖等共一百七十二幅，其中就有這幅頗具海戰意味的《籌海圖編·日
本島夷入寇之圖》。此圖以日本九州的"薩摩州"為出發點，列出了一組呈放射
狀進攻中國大陸與朝鮮的路綫，並分別加框標明：向南是"倭寇至朝鮮遼東總
路"，向正西是"倭寇至直浙山東總路"，向西南是"倭寇至閩廣總路"。這是中
國第一部以圖為主的海防大全，對後世影響深遠。

三

屯門海戰，
中西交往史上第一場海上衝突

　　大明王朝終結下西洋之國家工程時，西方國家卻興起了大航海時代的探險風潮。歐洲人把探索世界的觸角拓展到大西洋、印度洋，很快進入了太平洋。西方探險家和航海人在日本的長崎、中國東南沿海和菲律賓馬尼拉之間，人為形成了一個國際貿易走廊，亞洲因此而被動地進入了一些史家所說的"海洋亞洲"時期，中國也因此而被動地進入了"海洋中國"的時代。

　　明代"海禁"基本上是一以貫之的，但第十位皇帝朱厚照，也就是正德皇帝，他即位後對"海禁"有所放鬆。正德九年（1514 年），廣東右布政使吳廷舉立番舶進貢交易之法，規定外國商船來華時間可不受限制，到達廣東就可以上稅、賣貨（明初對"朝貢"的國家，有明確的時間間隔及停泊地等規定）。

　　這一年，葡萄牙人首次登陸中國，這個"登陸中國第一人"叫奧維士（Jorge Alvares）。關於他的登陸地點，澳門人認為是澳門，由此後來在澳門街頭為他立了雕像。但也有人認為，他是在屯門登陸，在那裏賣掉船上帶來的東西，然後帶著黃金、珠寶以及東方物產回到葡萄牙，成為轟動一時的探險家。

　　"屯門"之名始於唐代，唐朝廷曾在珠江口東側南頭半島上設海防屯門鎮，此名有"屯兵之門"的意思。宋、元改屯門鎮為屯門寨，元再改為巡檢司。明初設南頭寨，屯門稱"屯門海澳（澳即可以停船的海灣）"。關於明代"屯門"的具體位置也無定說，一說在南頭寨，一說在杯渡山。

　　葡萄牙人托梅皮雷斯（Tome Pires）在他寫的《東方簡志》中，也有對屯門的描述："靠近南頭陸地處，有些為各國規定的澳口，如屯門（Tumon）島等……"在葡萄牙人弗朗西斯科·羅德里格斯 1512 年所繪圖上，"Tumon"被標註在香港大嶼山附近。

　　康熙七年（1668 年），康熙帝在杯渡山下置"屯門墩台"，乾隆朝改其為"屯門汛"。在嘉慶版《新安縣志重印本·海防圖》上，可見"杯渡山"邊已註有"屯門汛"。所以，香港屯門應是葡萄牙人所稱之"屯門"。從屯門實地考察地形來看，一條屯門河直通大海，內有避風港，外有深水澳，屯門的確是一個泊大船的好碼頭。

廣東右布政使吳廷舉所立番舶進貢交易之法，受到了盤踞在滿剌加（今馬六甲）的葡萄牙人的熱烈響應，其商船接踵而來。正德十二年（1517 年），在一支由四艘帆船組成的護航艦隊護送下，葡萄牙派往中國的首位使臣托梅・皮雷斯抵達廣州。但隨後葡萄牙人鳴禮炮的行為被誤認為是開炮滋事。經過一番煞費周折的解釋，中國官員方才疑雲漸消。《明實錄》收錄了御史何鰲的奏言，"奏稱"："佛郎機最號兇詐，兵器比諸夷獨精。前年駕大舶突進廣東省下，銃炮之聲，震動城廓。"奏摺中所說的"前年"，便是正德十二年（1517 年）。關於這件事，親歷其事、時任廣東僉事署海道事的顧應祥回顧說："予帶管海道，驀有番船三隻至省城下，放銃三個，城中盡驚。"

這裏所說的"佛郎機"是古代阿拉伯人以及其他東方民族對歐洲人的稱謂，原為"法蘭克斯"（Franks），漢譯為"佛郎機"，此處是指葡萄牙人，後也用來指葡萄牙大炮。

正德十三年（1518 年），葡萄牙人駕一大船及三小艇至屯門，旁若無人地興建房屋，似乎成了這裏的主人。葡萄牙人派出翻譯火者亞三，通過洋貨賄賂官員的手段，在南京見到了正在南巡的正德皇帝。喜好玩樂的正德皇帝很喜歡火者亞三，把他留在了身邊。之後葡萄牙商人也在屯門順利地住了下來，成為合法商人。

但葡萄牙人的好景不長，正德十六年（1521 年）三月，朱厚照駕崩於豹房，時年三十一歲。朱厚照無後，他十五歲的堂弟朱厚熜繼位，是為嘉靖皇帝。皇太后出來清理先朝亂政，御史丘道隆於前一年上奏稱"滿剌加乃敕封之國，而佛郎機敢併之，且啖我以利，邀求封貢，決不可許"，這就有了下文——火者亞三被殺，葡萄牙使臣被逐出北京城；廣東海道副使汪鋐率軍驅逐住在屯門的葡萄牙人。

於是，有了中西交往史上的第一場海戰——屯門之戰爆發。

此時，屯門已被葡萄牙人佔據了幾年，由幾艘配有火炮的葡萄牙戰船護衛。這種戰船屬槳帆船類型的"加萊船"，中國人稱"蜈蚣船"。此類戰船，長三十二米，寬九米左右，每船可乘兩百多人，裝備艦炮三十四門，其中有不少後裝炮，即所謂的"佛郎機銃"，也有十磅左右的大型銅炮。面對西方強敵，汪鋐

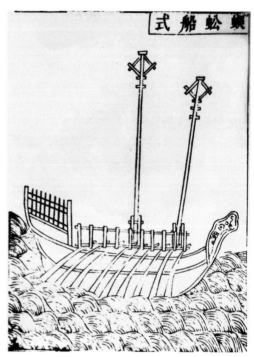

左｜圖6.3：《籌海圖編》的兵船篇，描繪了當時的兵船
"東莞縣大頭船"。畫中的兵船上，基本上是冷兵器配制。
右｜圖6.4：《籌海圖編》的兵船篇，描繪了仿葡萄戰船的
"蜈蚣船"。

不得不採取"先禮後兵"之策，先是對葡萄牙人宣詔，令其儘快離去。但葡萄牙
人仗著持有先進武裝，並不理會汪鋐的昭告。五十六歲的汪鋐只好對屯門的葡萄
牙人發動了軍事驅逐。

　　明代中期，廣東海防分為三道水路——東、中、西三路，屯門寨屬中路海
防。嘉靖時期的屯門，屬廣東東莞縣管轄。據史料記載，這裏共裝備有大型戰船
八艘、中小型烏艚船十二艘，加起來一共二十艘。嘉靖時期出版的《籌海圖編·
兵船》中描繪了當時的兵船"東莞縣大頭船式"兵船。畫中的兵船上，基本上是
冷兵器配備。當然，此時的明軍戰船也配有火門槍、碗口銅炮、鐵炮以及火球火
箭等燃燒類火器，但它們無法與西式火器相比。據葡萄牙方面的記載，汪鋐率
五十艘戰船圍攻屯門，這個船數可能有所誇張。在第一次交鋒中，汪鋐的船隊很

快被佔據屯門的持洋槍洋炮的葡萄牙人擊敗。

據明萬曆年間編修的《廣東通志》記載："檄海道副使汪鋐率兵往逐。其舶大，輒鼓眾逆戰，數發銃擊敗我軍。尋有獻計者，請乘其驕，募善水人潛鑿舟底，遂沉溺，有奮出者悉擒斬之，餘皆遁去。"也就是說，首戰告負後，汪鋐改換戰術，於正德十六年（1521 年）秋，在屯門與葡萄牙人展開了第二回合的海戰。汪鋐派人潛入水下，將敵船鑿漏。葡萄牙人紛紛跳海逃命，一部分人乘船逃走。明軍大獲全勝，繳獲佛郎機銃若干。

據清末陳伯陶所纂的《東莞縣志》載，在屯門第二回合的海戰中，汪鋐用了火攻之法："藩舶大而難動，欲舉必賴風帆。時南風急甚，鋐命刷賊敵舟，多載枯柴燥荻，灌以脂膏，因風縱火。火及敵舟，通被焚溺。眾鼓噪而登，遂大勝之，無孑遺。是役也，於正德辛巳出師，嘉靖壬午凱還。"

汪鋐到底是用了"鑿船"法，還是用了"火攻"法，史無定論。但是，明朝水師打敗了葡萄牙入侵者，這是中外史家都認可的確鑿事實。

葡萄牙人在屯門戰敗後，退回滿剌加休養生息，尋找下一個進入東亞的突破口。明嘉靖二年（1523 年）葡萄牙人比特洛·荷孟（Pedro Homen，明朝稱其為別都盧）的船隊到達滿剌加，雖然，他已知道明朝與葡萄牙關係惡化，但仍"恃其巨銃利兵"，乘"劫掠滿剌加諸國……破巴西國"之勇，一意孤行，"遂寇新會縣西草灣"。

在新會西草灣，葡萄牙船隊的貿易請求再次遭到明朝官府的拒絕和武力驅趕。

《明實錄》記載："佛郎機國人別都盧寇廣東，守臣擒之。初，別都盧恃其巨銃利兵，劫掠滿剌加諸國，橫行海外。……備倭指揮柯榮、百戶王應恩率師截海禦之。轉戰至稍州，向化人潘丁苟先登，眾兵齊進，生擒別都盧、疏世利等四十二人，斬首三十五級，俘被掠男女十人，獲其二舟。餘賊末兒丁甫思多滅兒等，復率三舟接戰，火焚先所獲舟，百戶王應恩死之。餘賊亦遁。巡撫都御史張嶺、巡按御史涂敬以聞，都察院復奏，上命就彼誅戮梟示。"

屯門與西草灣兩場海戰，是中國早期抗擊並打敗西方殖民者的戰役，也是使中國人初次認識到西方"船堅炮利"的戰役。同時，中國開始仿製葡萄牙戰船和葡萄牙火炮，並將其投入到海戰之中。可以說，屯門與西草灣兩場海戰，開啟了中國"師夷制夷"的序幕。

史載，屯門海戰後，汪鋐從嘉靖八年（1529年）到嘉靖十一年（1532年），三次上疏朝廷，明確提出學習和仿造"佛郎機銃"和"蜈蚣船"的建議。如奏稿《奏陳愚見以弭邊患事》載：

　　　　臣竊唯佛郎機兇狠無狀，唯恃此銃，銃之猛烈，自古兵器未有出其右者，用之禦敵，用之守城，最為便利。……臣又竊照南畿根本重地，防守不可不嚴，操江雖有船隻，或未盡善，合盡照依蜈蚣船式樣創造數十艘，易今之船，使檣用銃一如其法，訓練軍士，久而慣熟，則防守益固。

　　實際上，兵部早就已議過"師夷制夷"之事。《明實錄》記載，嘉靖三年（1524年），"兵部議，佛郎機銃非蜈蚣船不能架，宜並行廣東取匠，於南京造之"。但真正在戰爭中，仿製並應用夷人戰船與火炮，汪鋐是先行者。應當説，明朝兵部以及汪鋐等人的"師夷制夷"之舉，比晚清魏源提出的"師夷人之長以制夷"早了三百年。

四

填平雙嶼港，
朱紈剿滅走私貿易中轉站

明嘉靖二年（1523 年）葡萄牙船隊被明朝軍隊趕出珠江三角洲，並沒有龜縮到滿剌加不再出擊，而是稍事休整，又返回了中國海域。

這一年，兩名日本貢使宗設和瑞佐抵達寧波。兩人為爭奪對明朝貿易的壟斷權，竟然大打出手，其間明軍都指揮使、千戶張鏜竟然被殺死。明朝廷下令，裁撤福建、浙江的市舶司，停止與日本的海上貿易。

在這一背景下，大約在嘉靖五年（1526 年），葡萄牙艦隊沿著明朝海岸綫北上，進入了舟山群島。最初，葡萄牙商人是與福建海商金子老、李光頭進行走私貿易，後來又與海商王直（《明史》記為"汪直"，安徽歙縣人）接洽，並逐步結成海上貿易聯盟。1542 年前後，葡萄牙船隊在舟山群島定海建立起一個葡萄牙與明、日本、朝鮮四國走私貿易的中轉站——雙嶼港（葡萄牙人稱 Syongicam）。

西方關於雙嶼港的記載，通常被引用的是，1614 年出版的葡萄牙人、耶穌會士費爾南·門德斯·平托（Fernao Mendes Pinto）所寫的《遠行記》，平托在這部遊記中，描述了葡萄牙人在雙嶼島上建立"市政廳"、天主教堂和醫院，住島人數多時達一千二百人。中國、日本和東南亞的海商集團都到雙嶼港進行貿易，形成了一個東方海上貿易的明星港口。

當時的雙嶼港，走私貿易完全替代了以前官方的"勘合貿易"。《明史·列傳第九十三》記載："奸民闌出入，勾倭人及佛郎機諸國入互市。閩人李光頭、歙人許棟踞寧波之雙嶼為之主，司其質契。勢家護持之，漳、泉為多，或與通婚姻。假濟渡為名，造雙桅大船，運載違禁物，將吏不敢詰也。"

這一情況，令嘉靖朝廷萬分不安。嘉靖皇帝決定用武力剿滅之，嘉靖二十六年（1547 年）七月，嘉靖皇帝調右副都御史朱紈為浙江巡撫督浙、閩海防軍務。當時閩浙的海防情況相當糟糕，"戰船、哨船十存一二，漳、泉巡檢司弓兵舊額二千五百餘，僅存千人。倭剽掠輒得志，益無所忌，來者接踵"。朱紈到任後，立即整頓防務進行備戰，恢復浙中衛所四十一個，購買戰船，將戰船增至

圖 6.5：《籌海圖編·浙江十一》地圖上方，明確標註了"雙嶼港"和"陸奧山"，"陸奧山"就是今天的"六橫島"。

四百三十九艘，並"革渡船，嚴保甲，搜捕奸民"。

因雙嶼港懸居"四面大洋中"，"勢甚孤危"，明軍"難以立營戍守"。嘉靖二十七年（1548 年）四月八日，浙江巡撫朱紈派都指揮盧鏜率戰船三百八十艘、水軍六千餘人進剿雙嶼港。在擒獲海商頭目李光頭、姚大名，海盜首領許棟、倭寇頭目稽天等人之後，以木石填平了雙嶼港，將設施用火燒毀。數百葡萄牙人被殺，僥幸活命的乘船逃走。朱紈在浙閩一帶的軍事行動，很快肅清了福建沿海的倭寇力量。葡萄牙人在此無立足之地，於是南撤廣東，並在澳門落腳。

但名噪中外的舟山貿易港口雙嶼港，就此從歷史舞台上淡出。寧波大學龔纓晏教授認為，歷史上的雙嶼港，應在今天的六橫島。朱紈的《甓餘雜集》稱其為"陸洪山"，鄭若曾的《籌海圖編·卷一》稱其"陸奧山"。查看《籌海圖編·浙江十一》，該圖上方明確標註了"雙嶼港"和"陸奧山"。筆者在舟山考察明代雙嶼港具體位置時，當地人大都指認，它是在今天的六橫島上。六橫島現在也依此做文化旅遊開發。

嘉靖二十九年（1550 年），有人以"擅殺"為名，彈劾朱紈。朝廷"落紈職，命兵科都給事中杜汝禎按問"。朱紈自知清海平倭時，得罪了很多人，慷慨流涕說："吾貧且病，又負氣，不任對簿。縱天子不欲死我，閩浙人必殺我。吾死，自決之，不須人也。"然後，服藥自盡。

《明史》載，朱紈死後，閩浙海防再度廢弛，"未幾，海寇大作，毒東南者十餘年"，最終誘發了嘉靖朝的倭患高潮。

五

抗倭兩"圖卷"，
最寫實的海戰"紀錄片"

嘉靖一朝，招撫與剿滅並用，倭患才漸漸平定。為紀念抗倭勝利，有人繪製了長卷《抗倭圖卷》，此卷是迄今為止人們能見到的中國人繪製的最早的海戰圖畫，在海戰圖史上，佔有重要地位。

明代傳世的海上"抗倭圖卷"有兩幅：一幅名為《抗倭圖卷》，絹本設色，縱 32 厘米，橫 522 厘米，現藏於中國國家博物館；另一幅名為《倭寇圖卷》，絹本設色，縱 32 厘米，橫 523 厘米，現藏於日本東京大學。兩幅長卷都沒留下作者名，但日本專家藉助紅外綫攝影技術，發現兩幅圖卷在倭船戰旗上，都用日本年號記錄了戰爭的時間：《抗倭圖卷》為"日本弘治三年"，《倭寇圖卷》為"日本弘治四年"。這兩個時間的記載，特別珍貴，豐富了它們的文獻性。

專家推斷，《抗倭圖卷》繪製年代應是戰旗上所註的時間"日本弘治三年"即 1557 年之後所作；《倭寇圖卷》繪製年代應是倭船戰旗上所註的時間"日本弘治四年"，即 1558 年，但畫上題籤為"明仇十洲台灣奏凱圖"，明嘉靖年間中國並無在台灣的大戰事，所以，此題籤應是附會於仇英，畫作應是明末或清初作者臨摹的作品。

兩幅長卷皆為"紀功圖卷"。畫面紀功與記事的內容基本相同，從頭到尾都繪有大面積水面，水面以大小不同的波紋，表現了由海入江的不同情境。畫中描繪的戰事，皆從倭船登陸開始，而後是探察地形、掠奪、放火、百姓避難、明軍出戰、海陸交戰、明軍大勝和勝利凱旋的全過程。兩幅長卷描繪的應是同一場抗倭大戰，遺憾的是，畫上都沒有註明，它表現的是哪一場戰役。

兩幅長卷描繪的交戰雙方表現得非常明確，進攻一方是三艘倭船，分別是載有七人或十人的平底小型漁船，船尾一人掌舵，兩個人搖櫓。從人物造型上看，入侵者為留"月代"髮式的"真倭"，但他們並非正規部隊，而是裝備簡單的日本浪人，上身穿著單衣，下身僅著兜襠布，赤腳，腰挎倭刀，一副日本浪人的裝扮。抗擊倭寇的是軍容整齊的明朝正規軍。抗倭船的戰旗上，書寫著"護國救

民"、"肅清海倭夷"。陸上行進的明軍,舉朱雀旗、爻陣旗、長方戰旗等。明軍以刀盾手和長槍兵為先導,後邊是肩扛斬馬劍、蠍子尾的大部隊。

值得細讀的是水上交戰場面:《抗倭圖卷》與《倭寇圖卷》上,都是兩條倭船與兩條明船在交戰。倭寇一方,有刀有箭,完全是草寇型的冷兵器作戰。《抗倭圖卷》上的明軍身著戰甲,船頭架有管狀火器,已然是掌握"現代武裝"的軍隊。所以,勝負已定,倭寇被打落水中。接下來的畫面,是高舉"浙直文武官僚"旗幟的明朝部隊,接收前綫抓來的倭寇,有三名倭俘被帶走,明軍戰船上還載有手腳被縛的四名倭俘,以及明軍所斬獲的八九顆倭寇首級。

研究此畫的日本學者須田牧子認為,"《抗倭圖卷》和《倭寇圖卷》與其說是反映某一特定戰役,毋寧說是對'嘉靖大倭寇'中明軍騰勝的象徵性描繪,而弘治三年、四年就成為一種標誌性的年份記入圖卷之中"。這兩年,在剿倭方面,"王直的敗走平戶與捕獲斬首,成為界定'嘉靖大倭寇'始終的標誌性事件來講述"。明嘉靖三十六 (1557 年),即日本弘治三年,王直被明廷以"招撫"之名,從日本引到大陸,次年,被投入按察司大獄,隔年被斬。如果把此前戚家軍接連不斷的剿倭大捷,和接下來的王直被誘捕與被殺聯繫在一起,可以說,明朝抗倭取得了決定性勝利。此畫正是在這個背景下創作的,它並不一定是表現了哪一場具體的抗倭海戰。

不過,從戰爭意義上講,這算不上真正意義上的海戰,更不是國家與國家如明朝與日本兩國的戰爭。它只是明朝正規軍在剿匪,那些倭寇不僅不受日本政府的保護,而且日本國還多次公開表明自己支持明朝剿滅這些海盜。

應該指出的是,這兩幅畫的影響完全不同。日本東京大學收藏的《倭寇圖卷》,一直是日本中學課本的必選之圖,曾被反覆介紹。凡在日本受過教育的人都知道《倭寇圖卷》這幅畫。而很有可能是日本所藏《倭寇圖卷》之母本的《抗倭圖卷》,自 1965 年入藏中國國家博物館後,始終是"養在深宮人未識"。直到近幾年,國博才與日本方面進行聯合研究,並有專著出版。

六

戚繼光，
"全能型"海防將領

嘉靖抗倭，一批名將青史留名。若從此中選出一位代表人物，自然是非戚繼光莫屬，與之齊名的是以他的姓命名的"戚家軍"。而在被譽為"16—17世紀東亞最強軍隊"的戚家軍中，就有一支頗具實力的水軍。

戚繼光，山東登州（今蓬萊）人，戚家世襲登州衛指揮僉事。嘉靖二十三年（1544年），父親去世，十七歲的戚繼光承襲了登州衛指揮僉事的官職，擔負起防禦倭寇的任務。在這個時期，戚繼光在一綫感受到了倭患嚴重，奮筆寫下"封侯非我意，但願海波平"的詩句。嘉靖二十七年到三十一年（1548年—1552年），戚繼光率衛所士卒遠戍薊門（今北京東北）。其間，他參加山東鄉試，中武舉。嘉靖三十二年（1553年）戚繼光升署都指揮僉事，管理登州、文登、即墨三營，下轄二十五個衛所，擔負山東沿海的禦倭任務。此後，從山東到閩浙再到廣東，一直到隆慶元年（1567年）十二月北調鎮守薊門為止，戚繼光在沿海前綫抗擊倭寇十餘年，其水軍的建設和戰法，影響後世。

戚繼光在實戰中，組建、訓練和指揮了一支了不起的水軍。明代戰船的種類繁多，僅《籌海圖編》列舉的就多達十五種。戚繼光根據作戰任務、作戰海區和戰船性能，對下轄的水軍進行了統一規劃，揚長避短。

大福船。這種船體積大，吃水深（一丈二尺），穩性好，適應東南沿海水深的地理環境。"夫福船高大如城，非人力可驅，全仗風勢；倭舟自來矮小，如我之小蒼船，故福船乘風下壓，如車碾螳螂，鬥船力而不鬥人力，是以每每取勝。"

海滄船。這種船比福船稍小，吃水七八尺。但"二項船皆只可犁沉賊舟，而不能撈取首級，故又有蒼船之設。"

蒼船。這種船由浙江太平縣地方的一種漁船改造而成。"但若賊舟甚小，一入裏海，其我大福、海滄不能入，必用蒼船以追之。此船吃水六七尺，與賊舟等耳。其撈取首級，水潮中，可以搖馳而快便。三色之中，又此為利近者。"

艟艊。這種船由蒼船改進發展而來，"比蒼船稍大，比海滄更小，而無立壁，最為得其中制。遇倭舟或小或矮，皆可施功"。

開浪船。這種船"以其頭尖故名。吃水三四尺，四槳一櫓，其形如飛，內可容三五十人，不拘風潮順逆者也。"可用於通信、偵察。

網船。這種船形如織梭，只容二人。除了偵察通信，還可用之於裏港窄河，"動以百數，每隻內用鳥銃二三人，蜂集蟻附，沿淺沿途而打之，甚妙。如賊追逼，就可棄走，一舟不過一金之費耳"。

從戚繼光對戰船性能的分析可以看出，戚家軍在建造和使用戰船時，充分注意到了戰船的平衡配套，能夠發揮各種船型的優點，採取了混合編組的辦法，即以福船兩艘、海滄一艘、艟艊兩艘，以及供聯絡和偵察之用的開浪船和網船若干艘，組成一哨，設哨官一名。左右兩哨編為一營，設領兵官一名。一共設五營，由一名指揮統領。

水軍是戚家軍的重要部分，它或單獨執行巡海任務，或配合陸軍作戰。

《籌海圖編》只論及陸軍如何把倭寇趕到海上，對於水軍如何配合陸軍作戰殲擊敵人，並沒有提到切實可行的解決辦法。針對倭寇的流動性作案的特點，戚繼光採取是"水陸協同"的作戰方式，力圖達到"大創盡殲""杜其再至"的作戰目的。這是海防戰法上的一大進步。

嘉靖四十年（1561 年）的台州之戰、嘉靖四十一年（1562 年）的橫嶼之戰、嘉靖四十四年（1565 年）的南澳之戰，都是戚家軍水陸軍配合作戰的成功戰例。

在福建寧德東部橫嶼古戰場遺址考察，至今可見四面環水的橫嶼，東、南、北三面距陸地約十里，唯西面靠近陸地。此島漲潮時一片汪洋，退潮時淤泥成灘，易守難攻。現在這裏修了一座小橋可以開車上島，淺灘變化不大。當地漁民大多會講戚繼光當年在此圍殲倭寇的故事。

當年，倭寇在浙江受到重創後移師福建，他們沿海築巢，藏身於多個島嶼，企圖在那裏久據。戚繼光率軍自溫州抵達福寧州（今福建霞浦），決定先搗毀橫嶼倭巢，然後乘勝收復福清的牛田、莆田的林墩。

嘉靖四十一年（1562 年）八月初八日，八時左右，戚繼光利用小潮退潮之機，展開攻島作戰。他命令陳大成、吳惟忠、陳子鑾、童子明各部乘退潮之機，向預定登陸地點前進。部隊列鴛鴦陣，每人負草一捆，隨進隨以草填泥，鋪路登岸（當地漁民說，戚家軍是用泥塗舟，在灘塗滑行前進）。隨後，由陳子鑾、童子明兩部從正面衝敵陣，吳惟忠部從右翼攻敵巢，陳大成部從左翼沿山腳繞敵側進行圍攻，大敗之，斬倭首三百四十級，救出被擄男女八百餘人，繳獲大批兵器。在殘倭逃亡於海上時，戚繼光以水兵都司張漢率水軍一隊，泊於橫嶼外洋，從海上夾攻逃敵，倭寇淹死六百餘人。

此役，戚家軍部署周密，水陸配合，殲滅盤踞在橫嶼的倭寇一千餘人。戚繼光水軍不僅艦船編隊大中小結合，形成整體戰鬥力，且艦船上的武器配備也注意長短結合、冷兵器和火器結合，形成有力的武器殺傷系統。戚家軍水軍的武器裝備，火器佔 50% 以上，遠遠超出陸軍。遠程火器遠有發熕、佛郎機、鳥銃，近程火器有火箭、噴筒，靠近則有火磚等，它們構成多層次火力殺傷系統。在《紀效新書》中有《戰船器用說》一篇，全文只有二百餘字，卻能概括戚繼光關於武器在戰爭中使用效果的基本思想：

夫水戰於舟，火攻為第一籌，固然也。其火器之屬，種目最多，然可以應急用者甚少。何則？兩船相近，立見勝負。其諸器或有宜於用，而制度繁巧，一時倉忙，不能如式擲放，致屢發而無用；或精巧宜用，而勢不能遍及一舟；或重贅而不能發及賊船。最不宜者，是見行火器，安藥綫在口，如若候點入口，則發在我手，若方燃即擲，則擲下又為賊所救，且以返擲。又有所謂灰瓶者，內用石灰，蓋舟上唯利滑，使人不能立腳，一說用雞鴨卵擲下，或擲滑泥者，尤可；今乃用灰瓶，是又澀賊之足，而使之立牢也。不可！不可！今屢試屢摘，合以眾情，共愛而數用無異者，止有二種，一遠一近。至矣！足矣！愈淫巧繁多，愈無實用。記之！記之！

戚繼光作為一代名將，為後世所敬仰。崇禎八年（1635 年），大概是邊患四起，令朝廷不安，崇禎皇帝再次想起戚繼光，於是敕建表功祠。大約是在晚明，民間留下了一幅無款的戚繼光畫像軸，傳為明畫師所繪。此畫為傳世最早的戚繼光畫像，紙本設色，縱 154 厘米，橫 81.5 厘米。該畫像原為蓬萊戚氏舊藏，1952 年由戚氏後裔戚雲竹捐獻於山東古代文物管理委員會，後藏山東博物館，現藏中國國家博物館。

這幅戚繼光全身坐像，滿貫全幅，著紅色官服，飾金蟒、五色祥雲，戴烏紗，著白底皂靴。畫法屬工筆重彩，著意寫真，對紀念和研究這位抗倭名將有重

要參考價值。許多中學教材都選用了這幅戚繼光的畫像。

　　需要説明的是，畫像中的紅袍官服是"大紅蟒衣"，不能稱"龍袍"。明朝官服上的"補子"，文官補飛禽，武將補走獸。還有一類特殊的"補子"，分別有蟒（四個爪的龍）、飛魚（有魚鰭和魚尾巴的龍）、鬥牛（頭上有兩隻彎角的龍）等。能穿上此類官服的人物，都是封侯拜相、位極人臣的高官。戚繼光剿倭有功，升任福建總兵（正二品），穿"大紅蟒衣"不算過格。

　　明朝抗倭取得最終勝利，令人唏嘘的是，抗倭名將的人生結局卻是"淒淒慘慘淒淒"：

　　抗倭最高指揮官、浙江巡按御史胡宗憲，因宮廷黨爭入獄，自殺身亡；

　　戚繼光抗倭勝利後，北禦韃靼，後遭彈劾，被罷免官職，回鄉後病死；

　　俞大猷戰功赫赫，卻常被彈劾，也被免除官職，不久病死……

七

朝鮮之役，
粉碎日本"借道入明"妄想

萬曆二十年（1592 年）春，豐臣秀吉發動了侵朝戰爭。

這場戰爭先後打了兩次，由於是日本、朝鮮、明三國交戰。各國依各自年號對此戰役各有不同的命名：在朝鮮，它被稱為"壬辰倭亂"和"丁酉再亂"，或"壬辰衛國戰爭"；在日本，它被稱為"文祿之役"和"慶長之役"，或"文祿慶長之役"；在明朝，它沒有獨立稱謂，而是與另外兩場國內戰爭，混稱為"萬曆三大征"，即寧夏之役、播州之役、朝鮮之役。

沒有文獻能證明，豐臣秀吉為何要攻打朝鮮。如果非要找一個理由，那就是豐臣秀吉的擴張之心，從 1590 年就開始膨脹。他一連三年分別寫信給琉球、菲律賓和高山（即台灣），令其臣服日本並朝貢。1591 年，朝鮮聽說豐臣秀吉統一日本後，即派使團到日本遞交表示"鄰好"的國書。豐臣秀吉給朝鮮的國書則是"借道"朝鮮，"直入大明國，易吾朝之風俗於四百餘州"。朝鮮堅決反對，認為"大明父君也，今若貴國便路，則是知友邦，不知有君父也"，並把這一信息傳遞給明朝廷。朝鮮的拒絕並沒能阻止豐臣秀吉的擴張腳步，他命九州肥前國（位於今日本佐賀縣）的加藤清正立刻構築名護屋城（位於今日本佐賀縣唐津市），以此城為攻打朝鮮的指揮部和後勤基地。

1592 年春，豐臣秀吉在沒經朝鮮同意的情況下，發出突襲朝鮮"借道入明"的命令。此時的朝鮮"人不知兵，二百餘年"當朝國王是李氏朝鮮的第十四代君主李昖，即後世所謂的宣祖。日本則剛好相反，經過戰國兵亂洗禮，各地軍隊皆精於攻伐。

四月十三日，日軍第一軍團小西行長部由對馬出發，乘數百艘運輸船，在釜山海灘搶灘登陸。日軍用鐵炮射擊，火力極其兇猛，釜山守軍難以招架。僅僅兩個小時，日軍就攻陷了釜山城，斬殺朝鮮守軍八千五百餘人，俘虜兩百餘人。

僅僅兩個月有餘，朝鮮三都（漢城、開城、平壤）八道失守，朝鮮兩個王子被俘，朝鮮國王李昖逃到義州，急向明朝求救。面對日軍兵臨鴨綠江的危局，多

圖 6.9：在沒經朝鮮同意的情況下，1592 年春，豐臣秀吉發出突襲朝鮮 "借道入明" 命令，日軍在朝鮮南端釜山搶灘登陸。《釜山鎮殉節圖》描述是開戰第一天的戰爭場面，原作成於 1709 年。

年不理朝政的萬曆皇帝朱翊鈞不得不做出決斷：出兵朝鮮。

1593 年初，明朝以李如松為東征提督，統四萬兵馬，渡過鴨綠江。明軍以先進的虎蹲炮、大將軍炮、佛郎機炮攻城，不到一個月即收復了日軍佔領的平壤、開城二都，隨後開始攻打有五萬日軍駐守的漢城。

此時，對陣雙方都已疲憊不堪，三月，雙方開始和談。

明朝經略朝鮮戰事的宋應昌，派出一位懂日語的中國商人沈惟敬負責議和事宜。沈惟敬至漢城與日軍代表小西行長和談。不想再打下去的雙方之談判代表，很快達成四點協議：明朝派使節去名護屋會見豐臣秀吉；明軍撤出朝鮮；日軍從漢城撤軍；交還朝鮮兩位王子及其被俘官吏。

四月十八日，日軍全部撤離漢城。至此，除了半島東南部的全羅道和慶尚道的部分沿海地區為日軍所佔領，其餘地區全部收復。

五月，豐臣秀吉在九州大本營名護屋城接見明朝使團，提出《大明日本和平條件》七條：一、迎明朝公主為日本天皇皇后；二、發展勘合貿易；三、明日兩國武官永誓盟好；四、京城及四道歸還朝鮮，另外四道割讓於日本；五、朝鮮送一王子和兩大臣至日作為人質；六、交還所俘虜的朝鮮國兩王子及其他朝鮮官吏；七、朝鮮大臣永誓不叛日本。

這是明朝和朝鮮都不能接受的條件，但沈惟敬卻一口答應了這七條，並對同行人詐稱豐臣秀吉已同意，向明朝稱臣，請求封貢，並撤出侵朝日軍。而小西行長則對豐臣秀吉彙報說，明朝使者已經同意了豐臣秀吉的七條建議，日使與明使一同去北京請明朝皇帝最後批准。

兩個妄圖僥幸休戰的偽使，就這樣 “促成” 了 “議和協議”。

於是，日本派小西如安與明朝使團一道去北京。小西如安赴明朝前已與小西行長達成了攻守同盟，到北京之後，一口答應明朝兵部尚書石星提出的三項條款：一、日軍受封後迅速撤離朝鮮和對馬；二、只冊封而不准求貢；三、與朝鮮修好不得侵犯。明朝這邊，神宗立即冊封豐臣秀吉為日本國王，還按小西如安提供的名單冊封了日本國大臣。

於是，就有了萬曆二十四年（1596 年）九月的明朝與朝鮮議和使在大阪城的 “冊封” 之行。日本大擺宴席招待明朝使團，來使宣讀明朝國書（現存於大阪博物館）。豐臣秀吉這才知道所謂 “議和”，實為 “冊封”，與日本要求割讓朝鮮四道予日本相去甚遠，怒罵明使：“吾掌握日本，欲王則王，何待髯虜之封！”

彼此議和徹底破裂，日本再次入侵朝鮮。

明朝談判代表怕回國不好交代，假造了豐臣秀吉的"謝恩表"，但被明廷識破，兵部尚書石星被投入大獄，沈惟敬被斬，明朝再度發兵朝鮮。

這第二場朝鮮戰爭，主體是陸戰，在陸戰中朝鮮軍隊乏善可陳，反倒是在不佔主流的海上戰役中，朝鮮海軍為國家爭回了面子，明軍也展示了風采。其中，朝鮮的李舜臣與明朝的陳璘、鄧子龍等戰將，成為最終將日軍趕走的大功臣。

先說李舜臣。在現在韓國國會門外，有一尊海軍將領的銅像與李氏朝鮮"聖君世宗"（他發明朝鮮文字）的銅像相對而立，那就是古代朝鮮"武神"李舜臣，在朝鮮半島歷史上至今沒有第二個人有此殊榮。

李舜臣出生於沒落士大夫家庭，其父對四個兒子寄予厚望，按中華始祖之名，給他們起名為：羲臣、堯臣、舜臣、禹臣。李舜臣二十二歲開始學武，三十二歲時武科及第，此後，先是在北方咸鏡道防禦女真，而後到南部全羅道任助防將，日軍"借道"朝鮮前夕，幾位陸將被緊急任命為朝鮮半島最南端的海軍將領，李舜臣任全羅道左水使，元均任為慶尚道右水使。

日軍入侵時，朝鮮已兩百餘年太平無事，陸軍尚不強大，海軍更是難以成軍。所以，在明軍沒有介入之前，李舜臣的水軍多以遊擊隊面目出現在朝鮮半島南端大大小小的海峽之中，大大小小打了玉浦泊之戰、赤珍浦之戰、泗川洋之戰、唐浦之戰、閒山島之戰等。這些小規模的海上戰鬥，雖破壞了日軍海上運輸綫，但沒能改變日軍大兵壓境的戰局。日軍大部隊陸續北上，大軍直逼鴨綠江。

日軍第二次進攻朝鮮時，一向與李舜臣交惡的元均不斷進讒言，導致已晉升為全羅、慶尚、忠清三道水軍統制使的李舜臣將軍被免職，元均轉而替代李舜臣，成為三道水軍統帥。這一次，元均要對抗的已是有備而來的日本水軍。

萬曆二十五年（1597年）七月十四日，元均從閒山島的大本營出發，次日夜在巨濟島跟漆川島之間的漆川梁停留。日本水軍統帥九鬼嘉隆，鑒於戰時朝鮮水軍朝撞擊日軍戰船的教訓，已對安宅船及大關船做了改造，臨時包上鐵殼。元均本以為與他們交鋒的是路過的日本運輸船隊，沒有料到藤堂高虎率領日本水軍從海上突然包圍了朝鮮水師，元均、李億祺、崔湖皆戰死，朝鮮水軍幾乎全軍覆沒。

萬曆二十五年（1597年）八月，朝鮮朝廷只好請已被貶為布衣的李舜臣出山救難。李舜臣接手只剩十二條戰船的水軍，在全羅道右水營重整旗鼓。十月，欲一舉消滅李舜臣率領的破敗水軍的日軍，從半島東邊駛向鳴梁海峽。

　　鳴梁海峽是位於朝鮮半島南部的珍島與全羅南道海南郡之間的狹窄海峽。海峽長約兩公里，最窄處只有二百九十四米寬。海峽內海水湍急，每隔數小時海水流向會發生逆轉。海水漲落聲音很大，故名"鳴梁"。

　　此時，李舜臣已沒有可以同日軍對決的船隊，他決定巧用地利，以少對多，克敵於海峽之內。十月，日本水軍統帥藤堂高虎率領三百餘艘戰船來到鳴梁海峽口，其先鋒來島通總率百餘艘戰船，趁漲潮時排成一字橫陣進入海峽。李舜臣先派出幾艘戰船將倭船引入鳴梁海峽深處。不久，潮水退落，李舜臣親率十二艘戰船藉落潮之力，向倭船戰陣撞去，擊毀多艘日軍戰船，並擊斃日軍先鋒來島通總。本來是找李舜臣報兄弟之仇的來島通總，卻成為日本在朝鮮戰爭中唯一陣亡的大名。日軍失去先鋒，軍心渙散，只得順潮向後撤退。

　　不過，日軍在鳴梁海戰的局部受挫，並沒影響日軍整體上的海上進攻。日軍很快就奪取了制海權，完成了掩護其陸軍前進的戰略目標。戰火很快燒到了朝鮮中部的京畿道。豐臣秀吉帶著從朝鮮戰場上割來的十五桶朝鮮人的"醃鼻"埋入京都大佛寺"鼻塚"，以誌紀念。

　　萬曆二十五年（1597 年）歲末，明軍第二次介入朝鮮戰場，日軍這才轉攻為守。

八

露梁海戰，
明水軍最後的海上圍剿

1598 年是明萬曆二十六年、日本慶長三年，歷史轉機出現在這一年的八月十八日（陽曆 9 月 18 日）。這一天，六十二歲的豐臣秀吉病死在京都伏見城。雖然，日本對海外部隊封鎖了這個消息，但在朝鮮打仗的日軍將領已經感到了時局不妙。朝鮮政軍兩界也在九月得到日本關白病死的消息。這年九月，日軍開始悄悄地執行豐臣秀吉"從朝鮮撤軍"的遺命。

此前，明朝廷鑒於缺乏海上支援，於萬曆二十六年（1598 年）二月，任命陳璘為"禦倭總兵官"，命其自廣東招募水兵五千人，並於當年四月乘沙船、蒼船前往朝鮮戰場，與朝軍會合，並擔任海上聯軍總指揮。

關於陳璘的傳記材料，有明人喻政《陳太保傳》《太保陳龍崖公傳》《明史 · 陳璘傳》三種，其中以《陳太保傳》記述最詳。

當時的日軍，除了駐蔚山的第一軍主力先期撤退外，在朝鮮的還有約 4.6 萬人。陳璘在得知日軍要撤退的消息後，立即做了制敵部署，準備阻擊日軍。經過一番部署，中朝聯軍基本控制了朝鮮西南部海域，切斷了大部分日軍的退路。

十一月十一日早晨，日本第二軍在西路開始集結，準備撤退。日軍先遣隊剛出光陽灣，就被駐守貓島的中朝水師攔擊。

日軍第二軍的總司令官，是日本的戰國名將小西行長。第二軍幾次突圍都失敗了，只得向駐泗川、南海之日軍求援。駐泗川、新城的島津義弘的第五軍接到求援信後，於十八日率軍營救小西行長。途中與從南海開來的宗義智船隊會合，日軍總兵力達一萬餘人，戰船五百餘艘。但是，這支大軍要進入營救小西行長的光陽灣，必須經過露梁海峽。

露梁海峽位於朝鮮慶尚南道的蓮台山和南海島之間，是一條東西向的海峽。該峽兩岸依山，水道狹窄，峽的西面星島棋佈，形勢險要，適合伏擊。

陳璘獲悉日本援軍西進的情報後，立即調整部署，準備優先殲滅來援之敵，戰場定在露梁以西海域。陳璘派副將鄧子龍率兵一千人，乘巨艦三艘為前鋒，待日船隊經過露梁海峽後，迂迴到其後方，切斷日軍退路。同時陳璘親自率明朝水師主力為左軍，李舜臣率朝鮮水師為右軍，左右兩軍伺機夾擊日軍。

十九日丑時，島津義弘船隊大部分通過露梁海峽，進入預設戰場海域。

按照事前計劃，鄧子龍率三艘巨艦衝入敵陣並封鎖日船隊退路，陳璘、李舜臣率左右兩軍，也出擊夾擊日軍主力。

朝鮮軍務總管柳成龍事後將此海戰記錄在《懲毖錄》中："月掛西山，山影倒海，半邊微明，我船無數，從陰影中來，將近賊船，前鋒放火炮，吶喊直駛向賊，諸船皆應之。賊知我來，一時鳥銃齊發，聲震海中，飛丸落入水中者如雨。"

朝鮮李朝實錄中的《李忠武公行述》對此也有生動的描述："兩軍突發，左右掩擊，炮鼓齊鳴，矢石交下，柴火亂投，殺喊之聲，山海同撼。許多倭船，大半延燃，賊兵殊死血戰，勢不能支，乃進入觀音浦，日已明矣。"

文獻上寥寥數語，頃刻間檣櫓灰飛煙滅。但戰場的勝利顯然是血與火博弈的結果。戰鬥中，年過七旬的鄧子龍率壯士兩百人，登上日本戰船，奮勇殺敵，力戰而死。《明史》中為這位老將留下一篇傳記，其中寫道："倭將渡海遁，璘遣子龍偕朝鮮統制使李舜臣督水軍千人，駕三巨艦為前鋒，邀之釜山南海。子龍素慷慨，年逾七十，意氣彌厲。欲得首功，急攜壯士二百人躍上朝鮮舟，直前奮擊，賊死傷無算。他舟誤擲火器入子龍舟。舟中火，賊乘之，子龍戰死。舜臣赴救，亦死。"

中朝聯軍的水師夾擊日艦，以大炮等火器，轟擊日艦。日軍跳水登岸，又遭陸上明軍截殺，死傷大半。島津義弘不支，僅率數百隻戰船潰逃。

次日，陳璘率水軍西進，"時綎方攻行長，驅入順天大城。璘以舟師夾擊，復焚其舟百餘。"

露梁海戰以中、朝獲勝告終。是役，中朝聯軍共擊沉、焚毀日軍艦船四百五十餘艘，並生擒倭帥平正成、平正秀，但小西行長和島津義弘等主力戰將和所率部隊，還是逃回了日本。

《明史·陳璘傳》云："……論功，璘為首，（劉）綎次之，（麻）貴又次之。"此處的劉綎、麻貴，是與陳璘同級的陸軍統帥，可見"論功，璘為首"云云，就不僅說陳璘在海戰中的功勳，而是說他在整個這次朝鮮戰爭中的功勳。同時，該評價也突顯了最後的大海戰在整個戰局中的重要地位。

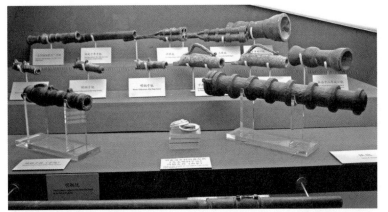

上｜圖 6.11：中國人民革命軍事博物館展出的明代各式火器。鐵炮、銅子銃、碗口銃、三眼銃、四眼銃。

下｜圖 6.12：明朝隨軍畫師所繪《征倭紀功圖卷》中，陳璘在露梁海戰中以舟師焚燒日軍戰船的場景。

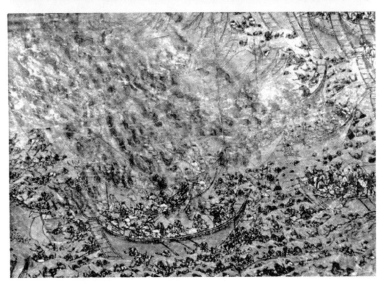

此次海戰中，明朝水軍的裝備優勢是戰鬥獲勝的關鍵。當時朝鮮水軍各類船隻近三百餘艘，明朝水軍戰船五百餘艘，有大福船、沙船、蒼船等。明軍戰船上的武器除了弓、弩、刀、槍、矛等冷兵器外，還配備了在日本浮世繪《露梁海戰》中，還特別描繪的頗有殺傷力的明軍戰船上的連弩。

連弩用於在接舷戰中打擊來襲的敵方人員。《征倭紀功圖卷》中的弩身明顯較單兵弩為大，為槓桿式連弩。此種連弩雖然也可以一次發射兩支箭，但它本身的設計重點在於連續發射。具體到某件弩是一次發射一支箭還是兩支箭，更多取決於設計者的愛好，例如明代的《武備志》中記錄的連弩，一次便只能射一支箭。此外，這種弩一次射兩支箭便已經是極限了，要同時射出更多的箭，便做不到了。按照相關記載，當時明朝的軍艦上裝備有十挺連弩，在當時看，這種火力密集度是非常驚人的。

明朝水軍除了先進的冷兵器外，還裝備有四十門佛郎機，這是一種鐵製後裝滑膛炮，引燃子炮火門進行射擊，可以在二十秒內完成前三炮，有效射程在五百米左右。海面作戰時，明水軍先是前裝大發熕和佛郎機開火，靠近後用碗口銃、鳥銃和火箭射擊，攻擊力極強。

關於明、朝兩軍同日本的這場戰爭結束後，有幾件事還要特別交代一下：

一是，李舜臣死後被朝廷追贈領議政，諡號忠武。1604 年又被追封為孝忠仗義迪毅協力宣武功臣，同列者還有曾經陷害李舜臣的元均，後者被追封為德豐府院君。幾百年後，日本海軍東鄉平八郎大將仍將李舜臣稱為他的老師。現在在首爾光華門廣場地下二層，設有“忠武公李舜臣將軍生平故事展示館”。

二是，陳璘凱旋後，升為都督同知，世代蔭封指揮使。後來，明神宗恩准陳璘在其故鄉即今廣東翁源縣周陂鎮光明村建“龍田城”。陳氏後人修建陳璘宗祠，神龕中央奉陳璘端坐戎裝像，額掛明萬曆四十五年（1617 年）賜“太子少保”匾。陳璘在韓國亦留有後裔。

三是，朝鮮一度想乘勝攻打對馬島，後因本國急於恢復國力而沒有跨海征倭。對馬島島主宗義智，戰後第二年就遣送回國，積極促成日朝議和。藉國內出兵朝鮮作戰之機，德川家康順利一統日本後，也不想與朝鮮再戰。此後在江戶幕府建立的第二年，德川家康正式接見朝鮮來使，在朝鮮人民還仇恨日本時，朝日兩國快速而正式地修好講和。在此後兩百年間“朝日友好”，朝鮮“通信使”十二次訪問日本。

四是，此戰不僅在於痛擊了日本侵略者，粉碎了日本吞併朝鮮並進而侵略中華的狼子野心，還在戰後的三百年裏遏制了日本的對外擴張，直到甲午海戰爆發。

五是，當年明水軍統帥陳璘的隨軍畫師留下的繪畫作品《征倭紀功圖卷》，反映了三國露梁海戰之激烈。上半卷現在瑞典斯德哥爾摩東方博物館，下半卷現在韓國首爾歷史博物館。

九

料羅灣海戰，
鄭芝龍大敗荷蘭海軍

1602 年荷蘭效仿葡萄牙和英格蘭，也成立了東印度公司。這一年，為在中國沿海尋找一個落腳點，荷蘭人企圖登陸澳門，但被葡萄牙人趕走。

1604 年夏天，荷蘭東印度公司的韋麻郎（Wybrand van Warwijck）率船隊赴廣東進行貿易，船隊在廣東遇颱風後，為避風而北上進入台灣海峽，在澎湖停泊。

早在宋代，澎湖就有汛兵駐紮。《宋史‧藝文志》中載："澎湖嶼為泉州、興化門戶，昔人於此防琉球，而今於此防倭，有汛兵守焉。"明朝時，澎湖分春、冬二汛。韋麻郎船隊到澎湖時，恰是春汛之後，冬汛之前，明軍此時已撤回大陸，荷蘭人至此如入無人之境，遂佔領了澎湖馬公島。在這裏，荷蘭人一方面役使當地人"伐木築舍，為久居計"，一方面派人到福建請求互市。

萬曆三十二年（1604 年）十月，福建海澄稅監高寀派人來澎湖，聲稱可以打通明朝各關節，向韋麻郎索得巨額賄賂。但明朝廷並無意與荷蘭進行貿易，故於接獲消息後，福建巡撫徐學聚立即派都司沈有容帶領兵船五十艘，約兩千人，於同年十一月十八日，抵達澎湖主島馬公島，於"娘媽宮"（今澎湖天后宮）會晤韋麻郎，要求其撤出澎湖。韋氏因互市無望，兵力亦相差懸殊，於同年十二月十五日放棄澎湖，東遷大員（台南）。

未動用一槍一炮即趕走了洋人韋麻郎，明朝廷特在澎湖立"沈有容諭退紅毛番韋麻郎等"石碑，表彰退敵有功的沈有容。1919 年人們在維修馬公島天后宮時，在祭壇下發掘出此碑；作為澎台第一古碑，它現仍被完好地保存在澎湖馬公島天后宮。

明天啟二年（1622 年），荷蘭人第二次侵佔澎湖，並再次築城，準備駐留此地。天啟四年（1624 年），明朝廷委派泉州走私頭領李旦與荷蘭人談判，動員荷蘭人拆除澎湖蛇頭山城堡，外遷至台灣本島上做生意。李旦此行所帶的通事（翻譯）就是後來出了大名的鄭芝龍。

圖 6.13："沈有容諭退紅毛番韋麻郎等"石碑，作為台灣現存年代最早的石碑，仍被完好地保存在澎湖馬公天后宮。

奇怪的是，荷蘭人撤出澎湖、佔領台灣的第二年，曾經雄霸日本與明朝台灣之間的兩大海商兼海盜李旦和顏思齊都暴病而亡。鄭芝龍則藉此機會，收編了他們的海上其他武裝力量，很快成為海上一霸。鄭芝龍除了劫掠往來商船外，還公然攻打沿海城鎮。福建巡撫和都督通過中國商人轉達信息，要求荷蘭人協助驅除鄭芝龍，並答應事成之後，准許中國商人自由到大員和巴達維亞（今雅加達）貿易。荷蘭東印度公司接受了這個條件。

崇禎元年（1628 年），荷蘭人開始武力驅除鄭芝龍。荷蘭人顯然低估了鄭芝龍在海上的力量與海戰經驗。在廈門附近海灣，荷蘭人的圍剿被鄭芝龍擊敗。明朝廷看到這個結局，又向鄭芝龍拋出優厚的招撫條件，詔授海防遊擊，任"五虎遊擊將軍"，准其坐鎮閩海，管理東南海防。

鄭芝龍非常聰明，他一邊接受明朝廷的招撫，一邊與荷蘭人進行貿易聯繫。但荷蘭想要的更大的海上貿易空間，鄭芝龍也無法做到，雙方很快又翻臉了。

崇禎六年（1633 年）7 月初，荷蘭人突襲廈門，試圖以武力撬開貿易大門。鄭芝龍領導的明朝水師對此沒有防備，損失慘重。7 月 26 日，鄭芝龍致函荷蘭東印度公司駐大員司令普特曼斯（Aans Putmans），譴責荷蘭突襲令他損失大量戰船和士兵。此時，荷蘭人也決定放棄鄭芝龍，轉而尋求與另外兩名海盜首領劉香和李國助合作。

荷蘭東印度公司派出九艘荷蘭蓋倫戰船前往福建沿岸，準備進攻明朝。

10 月 22 日，荷蘭艦隊和他們的海盜盟友劉香、李國助的戰船匯集圍頭灣。圍頭灣是泉州三灣之一，與金門島隔海相望。劉、李兩人建議，直接攻擊停泊在廈門的明朝水師。但荷蘭人選擇了金門東南岸的料羅灣。清代周學曾等纂修的《晉江縣志》稱料羅灣"正瞰大海，南北洋舟船往來必泊之地"。如果戰事不利，這裏更方便荷蘭艦隊迅速逃離戰場。

17 世紀荷蘭人繪製的地圖名為《著名海盜一官（鄭芝龍）與國姓爺（鄭成功）在中國沿岸島嶼的據點》反映的是荷蘭人佔領台灣初期，福建沿海鄭氏海商及海盜集團的據點分佈情況。圖右側的大島標註為 "Quemoey"（金門）、中央的大島為 "Aimoey"（廈門），兩個大島之間的兩個小島，標註為 "Toatta"（大擔）與 "Lissou"（烈嶼）。金門島的南部海灣標註 "Lauloi"（料羅灣），這裏描的紅色建築，即鄭氏海商及海盜集團的據點和貿易港口。

最終，荷蘭主帥普特曼斯調整其作戰計劃，以荷蘭人為主攻，劉、李軍輔助荷蘭戰艦攻堅。雖然，三個月前，荷蘭人曾成功偷襲廈門，但那次勝利是因為鄭芝龍的主力部隊正在福寧與海盜作戰。所以，儘管荷蘭人與鄭芝龍的部隊沒有進一步明確的對戰，但荷蘭人對於鄭軍戰船的火力還是有所忌憚的，因為他們知悉鄭芝龍的戰船擁有精良的火炮。

關於這場戰鬥，中、荷雙方的史料都有詳細記載。荷蘭方面是其佔領台灣時期的《熱蘭遮城日志》，明朝方面史料主要來自於時任福建巡撫鄒維璉的奏摺《奉剿紅夷報捷疏》。

明朝一方，主帥福建巡撫鄒維璉制定的作戰方案更為大膽，以官銜雖低但手握重兵的鄭芝龍為主，其他副總兵級的官員協助配合。鄒維璉在事後的報捷奏疏中寫道：

> 以五虎遊擊鄭芝龍，手握重兵，部多驍將，應為前鋒，而以南路副總高應岳為左翼，泉南遊擊張永產為右翼，彭湖遊擊王尚忠為遊兵，臣標下贊畫原任副總兵劉應寵，原任參將鄧樞為中軍，分守漳南道，臣施邦曜分巡興泉道，臣曾櫻為監軍，漳州海防同知吳震元、泉州海防同知陳夢珠，紀功散賞。

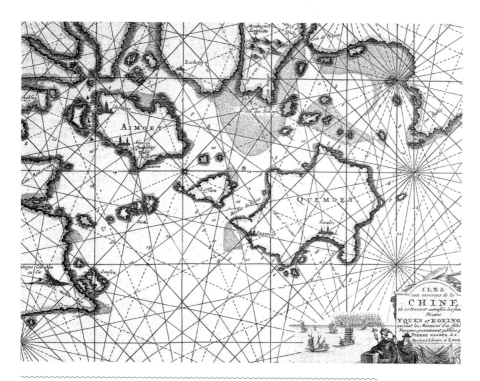

圖 6.14：荷蘭人 17 世紀繪製的《著名海盜一官與國姓爺在中國沿岸島嶼的據點》地圖。

同時，鄒維璉還提到："臣璉撰一海戰焚夷之方略，手授諸將，"可見，火攻是明、鄭水軍的作戰方案。

在戰鬥前的 8 月 3 日，荷蘭人偵知明、鄭已經在海澄部署了十九艘大型戰船和五十艘火船，在廈門東北方的劉五店、後方的石潯也各準備了五十艘火船，在安海也部署了七艘廣東戎克船（荷蘭人稱中國帆船）和九艘馬尼拉戎克船，作為火船之用。荷蘭人還從一名海盜處獲悉，鄭芝龍在福州河和泉州河準備了大量火船，並兩兩編組連在一起。於是，荷蘭人做出針對性的部署，希望利用炮火優勢，擊沉駛近的火船。

荷蘭人在 8 月 15 日的戰前會議上決定：當遇上火船攻擊時，可以轉移更多人員到小船或小艇，在敵船之間遊走，進行近身戰鬥。在 10 月 16 日上午的戰前會議上，普特曼斯指示，為了在作戰中分辨出鄭芝龍的戰船，要求中國海盜盟友的戰船，在大帆頂端懸掛帶有荷蘭東印度公司標誌的藍色旌旗。

10 月 20 日，荷蘭人及其海盜盟友的戰艦向北駛向料羅灣，而鄭芝龍軍和明朝水師則停泊在北邊的圍頭灣。秋天東北風正勁，明、鄭水師處於上風位置，有利於施展火攻戰術。

10 月 22 日，明、鄭水軍從西南方向駛近料羅灣。明、鄭水軍當時擁有一百四十多艘戰船，其中五十艘屬大型戰船，其他則是中型或小型的武裝帆船。為迴避與荷蘭戰艦進行炮戰，他們兵分兩路，當第一路駛近岸邊後，出其不意地派出幾艘快船，向荷蘭戰艦高速駛近，並用鐵鈎鈎住荷蘭戰艦的尾端，點火焚船。火乘風勢，迅速蔓延至荷蘭戰艦，明、鄭水軍的士兵立刻登上荷蘭戰艦，與荷蘭人進行白刃戰。當第一路進行攻擊後，另一路則繼續靠近荷蘭戰艦，形成兩面夾擊的陣勢。

鄒維璉對此留下一段精彩的記載：

> 天才黎明，果見夷船夾版九隻，自恃負嵎，賊哨五十餘隻，往來駕使。卑職傳令本部官兵前衝，務要攻擒夾版，而駕駛賊哨，聽各路零星哨船追捕。時本都院差官葛聰正在卑職船上宣諭軍令，而各路諸將或為應援，或為夾擊。加衛參將陳鵬首衝入陣，與夷攻擊，仍麾備總林察、陳麟、楊耿、蘇成，專意滅偽王。因有搗擊大夾版而生死不避者，把總鄭然也；次衝接應，而夾版之勢隨即披靡者，哨官蔡騏也；三衝與之牽扯，並蔡騏一船俱為焚燒者，哨官林習山也。嗣而窮追極東外洋，偽夷王二杯大夾版一隻，被千總陳豹烏尾首衝，火器齊發，幾乎獲矣，不意反風吹火，倏而自焚。卑職令旗再麾，天鵝聲連催，把總林宏、鄭成銃彈交鋒，矢石如雨。

荷蘭人在《熱蘭遮城日志》中，也讚嘆了明、鄭水師英武："像那些丟棄自己生命的人那樣瘋狂、激烈、荒誕、暴怒，他們對大炮、步槍與火焰都毫不畏懼。"

荷蘭一艘戰艦被鄭軍火船鈎上後，迅即起火，很快沉沒。另一艘戰船被四艘鄭軍戰船包圍，鄭軍士兵登上敵艦甲板，與荷蘭人進行白刃戰，最後將這艘戰船俘獲。其他幾艘荷蘭戰艦逃離戰場。

此戰明、鄭水軍取得海戰的勝利，鄒維璉的報捷奏疏稱，"生擒紅夷共八十四名，首級五顆，哨船一隻，賊婦二口，小廝一名"，還生擒"海賊一十九名"。顯然，這裏的海賊指來自劉香和李國助的海盜團夥的成員。此外，繳獲大

圖 6.15：荷蘭東印度公司 1648 年的插畫《熱蘭遮城和港口》中的蓋倫船。

銃、鳥銃等戰利品若干。明軍一方，也死傷慘重，"把總鄭然首衝，身為彈死。各船之目兵陣亡者八十六名，重傷者計一百三十二名。"

鄒維璉總結這次海戰說："是役也，各路會師前衝者，真如摧枯拉朽，隨後者無不乘勝長驅，將士渾身是膽，各效一臂。夾版焚者，火焰衝天，夷眾溺者，屍浮滿目。"鄒維璉在奏摺中認為此海戰"揚中國之威，而落狡夷之魄"。但不可否認的是，這場海戰也暴露出明朝水軍的一些問題。

單從火力上看，當時明朝水師裝備確實比荷蘭人的要差。

明朝的武裝帆船在體積上與荷蘭人的戰船相差不大，然而，在火炮的數量上，明朝戰船卻大幅落後。明朝中期最大武裝帆船，大約架設十門重型火炮，當中有六門為佛郎機大炮，而當時荷蘭戰艦多載有三十門重型火炮，包括青銅大炮、複合金屬炮及鐵製火炮。

料羅灣海戰是中國古代規模較大的海戰之一，也是明朝滅亡前與西方進行的最後一場海戰，十一年後，北京城破，崇禎皇帝自縊於煤山，明王朝宣告終結。

十

收復台灣，
明朝最後的海上輝煌

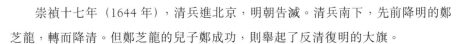

崇禎十七年（1644 年），清兵進北京，明朝告滅。清兵南下，先前降明的鄭芝龍，轉而降清。但鄭芝龍的兒子鄭成功，則舉起了反清復明的大旗。

天啟四年（1624 年），鄭成功在"倭寇"老巢日本九州平戶藩（今長崎平戶市）出生，回到福建時清已代明，他剛好二十歲。南明隆武皇帝賞識鄭成功的才華，賜其"國姓"，並為其改名"成功"。

順治十六年（1659 年），鄭成功軍攻打南京失敗，退回福建。隨著清兵南進腳步加緊，鄭家軍的地盤越來越小，僅剩廈門與金門。眼見大陸上已無生存空間，鄭成功決定帶部隊前往台灣，收復寶島。

順治十八年（1661 年）四月三十日，經過兩年精心準備的鄭成功，親率兩萬五千名將士，戰船數百艘，從金門出發，經澎湖，突進台灣西南部的台江內海，攻打大員（今台南）。

在 1669 年荷蘭出版的《爪哇、台灣、前印度及錫蘭旅行記》中，收錄有一幅《鄭成功圍攻熱蘭遮》的圖畫。作者阿爾布列‧赫波特（Albrecht Herport）是在荷蘭東印度公司工作的瑞士人，他親身經歷了荷蘭人被鄭成功趕出台灣這一重大歷史事件。

因此這幅圖既是一幅精美的插畫，也是一幅紀實性海戰圖。

在這幅海戰圖的陸地部分，可見鄭成功軍隊登陸鹿耳門（這裏現立有鄭成功登陸紀念碑），隊員身著鐵甲，手持長刀，戰旗獵獵，正向前行進。據史料記載，鄭成功圍攻熱蘭遮城的軍隊，每四人即有一面戰旗，以壯聲威；士兵手持的長刀，即荷蘭人所説的"肥皂刀"，身著抵禦荷蘭火槍的鐵甲，他們是著名的"鐵甲兵"……圖上所繪細節與史料高度吻合。

這幅海戰圖所繪海面上有多艘戰船，其中三桅風帆是荷蘭人的戰艦。據史料記載，最初，荷蘭艦隊被圍在海灣中，當時守在海灣裏的是海克特（Hector）號、斯格拉弗蘭（'S Gravelande）號、向鶯（De Vink）號和瑪麗亞（Maria）號

圖 6.16：1669 年荷蘭出版的《爪哇、台灣、前印度及和錫蘭旅行記》
書中插畫《鄭成功圍攻熱蘭遮》。

四艘荷蘭戰艦。鄭成功的戰船很小但非常多，有近百艘小船加入了這場海戰。
每條小戰船上都配有兩門火炮，近十條小船組成一個小隊，分頭圍攻荷蘭人的
大船。

　　開戰不久，荷蘭擁有三十六門炮的三桅武裝商船海克特號，在交戰之時突然
爆炸。另三艘荷蘭武裝商船，見勢不好，帶傷逃到外海。在圖右上方，可以看到
兩艘荷蘭戰艦已逃至外海，其中一艘應是逃往巴達維亞（今雅加達）報信的快艇
瑪麗亞號。

　　鄭成功很快取得台江內海的控制權，軍隊順利登陸，當天就攻下普羅民遮城
堡（即今台南赤嵌樓，原城堡已被壓在後建的文昌閣與海神廟下，有部分遺跡已
發掘出土，供人參觀）。

圖 6.17：鄭成功畫像（17 世紀）現藏台灣博物館。

鄭成功坐鎮羊殿，以此為指揮所，羊殿前面的一排營房為登陸部隊紮營處，鄭成功一邊與荷蘭人談判，一邊積極準備攻打半島上的烏特勒支城堡和緊挨著它的熱蘭遮城堡。

此時，退守熱蘭遮城堡的荷蘭人想去巴達維亞求救，但要等冬天的東北季風到來船才能南下；南洋救兵真的來營救，也要等夏天的西南季風才能北上。也就是說，他們至少要苦等一年，才可能獲救。

荷蘭人的地面部隊就這樣被圍困在熱蘭遮城堡裏。

圖中央的熱蘭遮城的半島部分，上邊、左邊和右邊都繪有一團團的炮火。這些炮火表示的是鄭成功後來漫長的圍攻。圖左側，為明朝人居住的大員市鎮（後來這裏成為安平老街，即繁榮至今的台灣第一條商業街），後被鄭成功的軍隊佔領。在大員市鎮與熱蘭遮城城堡之間的開闊地帶，是鄭成功的部隊。他們在這裏架設了二十八門西洋大炮，不斷轟擊熱蘭遮主城堡，但攻擊遇到了荷蘭人的頑強抵抗。所以，可以看到在圖中央的半島頂端，還有三個被炮擊的木造棱形城塔，它反映的是鄭成功指揮的另一方面的進攻。圖中央湯匙山上以石頭構築的烏特勒支城堡，已經冒煙。它顯示：經過從城裏叛逃出來的日耳曼中士羅狄斯的指點，鄭成功軍隊決定以烏特勒支城堡為突破口，所以這一據點遭到鄭軍的狂轟。

康熙元年（1662 年）十二月八日早晨，收復台灣的最後一戰在烏特勒支城堡打響。鄭成功的幾十門大炮，進行了持續一天的轟擊，大約二千多發炮彈將城堡徹底擊垮。當晚，荷蘭人放棄了烏特勒支城堡，躲入熱蘭遮主城堡中。

鄭成功軍隨即佔據了攻擊熱蘭遮主城堡的制高點，用三十門大炮從南、北、東三個方向團團圍住熱蘭遮城堡。鄭成功不想讓熱蘭遮城堡徹底毀掉，於是坐鎮烏特勒支堡，向荷蘭人喊話，令他們棄城投降。

荷蘭長官揆一（Frederick Coyett）眼見無法守住城池，只好同意和談，最終在康熙元年（1662 年）十二月十三日宣佈投降，荷蘭在台灣三十八年的統治自此結束。鄭成功收復台灣是古代中國與西方列強在海上戰爭中，少有的全勝記錄，也是唯一收復故土的記錄。

丟失了台灣的荷蘭指揮官揆一，曾被判終身監禁，囚於當時荷蘭人管轄的印尼的一個小島上，十多年後，被特赦回國。

鄭成功收復台灣後，置承天府於赤嵌城，開啟台灣"明鄭時期"。1661 年，以浙、閩、粵"三省王爵"為條件降清的鄭芝龍，在北京被清廷處死。所以，收復台灣後的鄭成功，並不十分快樂，又經歷了兒子鄭經與奶娘的亂倫醜聞，加上南明永曆帝在昆明被吳三桂處死的悲傷，他在收復台灣的第二年即病死在赤嵌城。鄭氏政權移交長子鄭經。

鄭經繼位後，堅持不削髮、不入貢的抗清政策。康熙二十年（1681 年）鄭經病故，其十一歲的次子鄭克塽繼承延平王位。兩年後，清水師提督施琅督師攻克澎湖，鄭克塽見大勢已去，修表交印降清。

明朝水軍的輝煌也由此落幕。

十一

水軍火器，
原創與引進並舉

　　明代造船業和航海事業都達到了頂峰，鄭和下西洋船隊規模之大、航行範圍之廣、航海技術之先進，在當時世界上為一流水平。特別值得一說的是，明朝水軍的火器，也有了長足發展。

　　中國古代水軍的兵器在較長一段時間內均為冷兵器，紹興三十一年（1161年）南宋水軍在唐島（今膠州灣內）之戰中，以火藥箭攻擊金軍，標誌著火器被正式投入了海戰。不過，受制於火器本身的進化速度，火器在戰船上的應用，一直到明代才有了突破。

　　中國人民革命軍事博物館藏有一具洪武五年（1372年）鑄銅火炮“大碗口筒”，口徑 3 寸 4 分 7，長 1 尺 1 寸，重 63 斤。筒上有十四字銘文“水軍左衛，進字四十二號，大碗口筒”，證明它是明代早期水軍專用火器。

　　明代管形火器發展迅速，開始普遍裝備戰船。《明會典》記載，凡海運隨船軍器，洪武年間規定每船：黑漆二意弓二十張、擺錫鐵甲二十副、弦四十條、黑漆鈚子箭兩千支、箭兩百支、碗口銃四門、手銃筒十六個、蒺藜炮十個、火槍十條、銃馬一千個、火攻箭二十支、神機箭二十支、火叉二十把。可見，明初水軍就已重視火器在戰船上的使用。到了嘉靖時期，因為戰爭需要，明水軍火器裝備的數量和質量都有上升。比如戚繼光水師，一艘大福船上裝備的火炮就多達十門。

　　明代水軍原創火器主要有：

　　大碗口筒（銃），屬小型火炮，炮管短，發射速度慢，射程近，命中率很低，威力較小。

　　虎蹲炮，明代中期將軍炮之一（明代將一些較大的炮封為將軍），創製於嘉靖年間，最顯著的特徵是炮前有一對鐵爪支架，形如猛虎蓄勢欲發之態。該炮炮身長兩尺，重三十六斤，射前用大鐵釘將炮身固定好。每發裝五錢重的小鉛子或小石子一百枚，上面再用一個重三十兩的大石子或大鉛子壓住。虎蹲炮曾在萬曆

圖 6.18：中國人民革命軍事博物館收藏的洪武五年（1372 年）鑄銅"大碗口筒"，筒上有十四字銘文"水軍左衛，進字四十二號，大碗口筒"，證明它是明代早期水軍專用火器。

年間的露梁海戰中使用過。

銅發熕，嘉靖年間創製的大型火炮，重五百斤，發射彈丸重四斤。明代海防文獻《籌海圖編》中有載："賊若方舟為陣，亦可用其小者。但放時，火力向前，船震動而倒縮，無不裂而沉者。"書中還介紹，該炮"須另以木筏載而用之可也"。

水雷，明代研發了數種水雷型武器，比如水底雷、水底龍王炮、混江龍和水底鳴雷等。嘉靖二十八年（1549 年）唐順之編著的《武編》記載："水底雷以大將軍（指大型火炮）為之，用大木作箱，油灰粘縫，內宿火，上用繩絆，下用三鐵錨墜之，埋伏於各港口，遇賊船相近，則動其機，銃發於水底，使賊莫測，舟楫破而賊無所逃矣。"

萬曆十八年（1590 年）施永圖所著《武備心略》一書，記載了"水底龍王炮"的使用方式："量賊船泊處，入水淺深，將重石墜之，黑夜順流放下，香到火發，炮從水底擊起，船底粉碎，水入賊沉，可坐而擒也。"水底龍王炮是世界上最早出現的漂雷。

混江龍和水底鳴雷都屬於上述兩種水雷的形制或操作方式的改進型，混江龍需要岸上人工控制引爆，水底鳴雷則是部署於敵船經過水域，絆索橫浮水面，敵船掛到絆索引爆水雷。

明代水軍引進的西洋火器主要有：

佛郎機，明正德年間（16 世紀初）由西方傳入的一種新式火炮。這種火炮在明代的研發，與一個叫何儒的官員有關。據成書於萬曆二年（1574年）的《殊域周諮錄》記載：東莞縣白沙巡檢何儒，前因抽分曾到佛郎機船，見有中國人楊三、戴明等年久住在彼國，備知造船、鑄銃及製火藥之法。（汪鋐）令何儒密遣人到彼，以賣酒米為由，潛與楊三等通話，諭令向化，重加賞賚，彼遂樂從，約定其夜，何儒密駕小船，接引到岸，研審是實，遂令如式製造。

正德十六年（1521年）秋天，汪鋐使用在楊三、戴明等指導下仿製的葡式炮船，在屯門海戰中大敗葡萄牙人，奪得大小火銃二十多管。在《武備志》中，佛郎機一共分為五種型號，其中一號和二號兩種重型佛郎機可用於水戰。

嘉靖元年（1522年），葡萄牙殖民者別都盧（Pedro Homen）率船隊入侵新會西草灣，汪鋐又用仿造的葡式炮船大敗入侵者，這一仗活捉別都盧等四十二人，繳獲大小火炮二十多門和戰船兩艘。

汪鋐因此被稱為中國歷史上第一位倡導並實踐“師夷制夷”的軍事家，打響了驅逐歐洲殖民者的第一槍。後來，他官至太子太保、吏部尚書兼兵部尚書，是明代唯一同掌吏、兵二部的人。

鳥銃，也稱為火繩槍，嘉靖元年（1522年）明軍在與葡萄牙人的西草灣之戰中，就見識了這種火器的厲害，之後開始大量裝備。比如，嘉靖三十七年（1558年），明軍一口氣就列裝了一萬桿鳥銃。明軍的鳥銃一開始是多用於水戰，後來才逐漸裝備明軍的陸軍。

鳥嘴銃，嘉靖二十七年（1548年），根據沿海抗倭寇戰爭中繳獲倭寇的鳥槍創製，是當時戰鬥中重要的手持火器。《武備志》載：“後手不棄把，點火則不動搖，故十發有八九中，即飛鳥之在林，皆可射落，因是得名。”

魯密鳥銃，是傑出的火器研製家趙士楨所改進的一種火繩槍，其原型是土耳其魯密國（奧斯曼帝國）所進貢的火繩槍。萬曆二十六年（1598年），趙士楨向魯密國使者朵思麻請教魯密國火槍的構造及製造方法，對該槍改進後製成“魯密銃”。

趙士楨在他的著作《神器譜》中介紹：“約重七八斤，或六斤，約長六七尺，龍頭軌、機俱在床內。捏之則落，火燃復起，床尾有鋼刀，若敵人逼近，即可作斬馬刀用。放時，前捉托手，後掖床尾，發機只捏，不撥砣然身手不動，火門去著目對準處稍遠，初發煙起，不致熏目驚心。此其所以勝於倭鳥銃也。用藥四錢，鉛彈三錢。”《武備志》中說：“鳥銃，唯魯密銃最遠最毒。”

十二

海防理論，
三大理論家和兩大類著作

明代，隨著倭寇和西方殖民主義者從海上入侵日甚，中國歷史上第一次建成具有全國規模的海防體系，與其相適應的一批專題論述海防的兵書，也應運而生。僅從有版本流傳的著作看就有近八十部，它們的產生標誌著古代中國海軍和海防理論體系進入了成熟期。

明代海防理論，大體可分為三大理論家、兩大類著作。三大理論家，即鄭若曾、戚繼光、俞大猷；兩大類著作，即是海防專著和武備綜合著作。

明代海防理論家排在第一位的是鄭若曾。

鄭若曾三十三歲時考中秀才，後被推薦入國子監就讀，成為貢生。仕途失利後，他歸居鄉里，潛心鑽研地理與軍事。嘉靖三十一年（1552 年），倭寇劫掠明朝東南沿海地區，鄭若曾以《珍倭方略》密陳浙江巡按監察御史胡宗憲，被胡宗憲及戚繼光聘為幕僚，輔佐平倭事宜。

鄭若曾先是在嘉靖四十年（1561 年）完成海防著作《日本圖纂》。此書中載有日本國圖二幅、入寇圖一幅，記山川、道路、驛戶、海汛，及入侵中國的道路。圖後為“日本國論”，敘其沿革，以及與中國關係史、倭船、倭刀、寇術等。此書大部分內容後被納入《籌海圖編》。

在胡宗憲的支持下，鄭若曾於嘉靖四十一年（1562 年）編撰了劃時代的海防專著《籌海圖編》。此書共十三卷，包含：沿海山沙圖、中日來往事略、倭變情況、海防戰術、兵船和兵器圖說等內容。凡沿海地理形勢，明代海防部署，海防方略，海戰器具，中日歷來的交往，倭寇劫掠沿海的歷史，倭寇入侵的時間和路徑、武器裝備、戰略戰術以及平倭之功績等，此書均有敘述。

其中最值得稱道的是書中的地圖與插圖，計有地圖一百一十五幅（包括《輿地全圖》一幅、《沿海山沙圖》七十二幅、《日本國圖》一幅、《日本島夷入寇之圖》一幅及中國沿海郡縣圖四十幅）；從中國至日本航路的“山嶼島礁圖”三十三幅，以及關於兵船、兵器的插圖五十九幅。其中《沿海山沙圖》是明代海

圖 6.19：鄭若曾在胡宗憲的支持下，於嘉靖四十一年（1562 年）出版了劃時代的海防專著《籌海圖編》。

防圖的代表作，計廣東十一幅、福建九幅、浙江二十一幅、南直隸（今江蘇、上海）八幅、山東十八幅、遼寧五幅。除了一幅獨立的瓊州（今海南島）圖，其餘七十一幅自廣東欽州（今屬廣西）西邊中越邊界開始，沿岸向東、向北，直至鴨綠江口為止；海岸連續，可以拼接成長卷。海岸一般配置在圖幅中央，上部為水域，下部為陸地。海岸綫的特徵及沿海島礁的分佈標示得十分詳細，沿岸陸地標示山形及河流，居住地既按行政意義區分府、州、縣等，又詳細標示衛、所、巡檢司、寨、堡、烽堠等軍事建制。

《籌海圖編》刊行後，影響深遠，萬曆三十三年（1605 年）董可威就據此繪製了《乾坤一統海防全圖》。因圖右上方有吏部考功司郎中徐必達的題識，後世也因此稱其為 "徐必達題識《乾坤一統海防全圖》"。

可以説，《籌海圖編》是中國 "黃水戰略" 的最成體系的展現：制定了海中戰法以船攻為上，其次則靠火器的作戰方案，進而訂立了五十條海防策略，從而確保了明中後期東南沿海的長期穩定。可以説，該書自問世直至清末，還沒有一部海防軍事著作能超越它。

隆慶二年（1568年），鄭若曾又編撰了《江南經略》。它是《籌海圖編》的姊妹篇。《籌海圖編》是海防專著，《江南經略》是江防專著。它是專為抗擊倭寇由海上侵入長江而作，是退後一步的海防。全書共八卷，卷一論江南兵務總要和內外形勢；卷二至卷六記蘇州、常州、松江、鎮江四府所屬山川險易、城池兵馬；卷七論戰守事宜；卷八則雜論戰具、戰備等。全書以圖列論，如太湖全圖、倭寇海洋來路之圖、海防圖、江防圖等，其中一些繪圖屬首製。

明代海防理論家，排在第二位的是軍事家、理論家戚繼光。

戚繼光率領軍隊在浙、閩、粵沿海等地抗擊來犯倭寇，經歷十餘年，大小八十餘戰，是傑出的抗倭英雄。同時，他也在實戰中總結經驗，形成了一套完整的海防與抗倭理論。此中的代表即是他的《紀效新書》。

《紀效新書》是戚繼光調任於浙江抗倭的第六年，即嘉靖三十九年（1560年），在抗倭戰爭中寫成的，重點是談練兵和治軍經驗，是一部講求實用的海防專著。此書緊密結合東南沿海的地形、我情與倭情，論述了練兵的必要性和重要性，提出了一套較為完整的練兵理論和計劃，非常具體地講述了兵員的選拔和編伍、水陸訓練、作戰和陣圖、各種律令和賞罰規定、諸種兵器及火藥的製造和使用、烽堠報警和旗語信號等建軍作戰的各個方面，並有大量形象逼真的兵器、旗幟、陣法、習藝姿勢等插圖。戚繼光不僅提出"水戰火器為第一"，還發明陸戰的"鴛鴦陣"，以牌為前導，筅與長槍、長槍與短兵互防互救、雙雙成對的陣法。

戚繼光完成《紀效新書》之後，又寫出了它的姊妹篇《練兵實紀》。此書內容廣泛，涉及兵員選拔、部伍編制、旗幟金鼓、武器裝備、將帥修養、軍禮軍法、車步騎兵等建軍、訓練和作戰的多個方面。它既注意吸收南方練兵的經驗，又結合北方練兵的實際，其練兵思想在《紀效新書》的基礎上又有了新的發展。

明代海防理論家，排在第三位的是軍事家和理論家俞大猷。

嘉靖倭亂，兩廣總督張瀚上疏朝廷，檄調廣西總兵官、征蠻將軍、署都督同知俞大猷入粵，會合閩省官兵，圍剿曾一本海盜團夥。在戰爭期間，俞大猷頻繁地和各方人士通訊，撰寫各類書信、揭帖、手本和專論近一百八十篇、十萬言。消滅了曾一本海盜團夥後，他將這些文字輯成《洗海近事》上下兩卷以存世。

《洗海近事》以編紀年月為提綱，是中國刊行最早的海戰史著作。它的寫作背景，論述的重大海戰問題，具有重大學術價值；是研究明代海盜史、倭患史、海戰史、造艦史的珍貴原始資料，尤以海戰史的研究價值最大。

需要説明的是，《洗海近事》當年雖未能正式刊行，但他曾委託幕僚、泉州人李杜代為編纂其文章成集，並於嘉靖四十四年（1565年）以《正氣堂集》之名刊刻。此後俞大猷屢有續作，李杜又為之編纂"續集"、"餘集"刊行。《正氣堂集》的詩文體裁較多，也有策論、書信、揭帖、諭示、奏疏、專著等。其中，關於海防的論述頗有見地，如《安國全軍之道》《兵法發微》《防倭議》《興化滅倭議》《鎮閩議稿》等篇。

總結起來看，俞大猷抗倭的海防戰略，全面而實用，構成了禦海洋、禦海岸、禦內河、禦城鎮的多層次且具備縱深的防禦戰略，即大洋雖哨而內港必防；內港雖防而陸兵必練，水陸俱備、內外互援的海防戰略。他指出："倭賊之來必由海，海舟防之於海，其首務也。"他認為，"防倭以兵船為急"，"攻倭兵技，當以福船破之"。因為福船高大底尖，性能優越，是優秀的海船，為倭寇所畏懼。同時，他也言明海戰的樸素真理："海上之戰無他術，大船勝小船，大銃勝小銃，多船勝寡船，多銃勝寡銃而已。"再如，海戰軍械更要精良，兵糧更需充裕，官軍有了精良武器和充裕糧食，便能馳騁遠海，剿滅海盜。這是俞大猷對於海權的初步認識，難能可貴。

除了上面講到的海防理論家的這些海防專論，還有一些軍事理論家及其著作不能不提，比如，茅元儀和他的《武備志》。

茅元儀出生於浙江湖州的書香門第。祖父茅坤是著名的文學家。父親茅國縉官至工部郎中，同樣能文重武。在家庭的熏陶下，茅元儀自幼勤奮好學，博覽群書，尤其喜讀兵、農之作，成年後又熟諳軍事，胸懷韜略，對長城沿綫"九邊"之關隘、險塞，都能口陳手畫，了如指掌。

萬曆四十四年（1616年），東北建州女真崛起，其首領努爾哈赤建立後金政權，自稱大金國汗，兩年後，後金興師攻明，明朝北部邊境烽煙四起。茅元儀於焦急憂憤之時，發奮著書立説，刻苦鑽研歷代兵法理論，將多年搜集的戰具、器械資料，治國平天下的方略，輯成《武備志》，於天啟元年（1621年）刻印。

《武備志》全書共二百四十卷，由《兵訣評》《戰略考》《陣練制》《軍資乘》《佔度載》五部分組成，約兩百餘萬字，圖七百三十八幅，是中國古代部頭最大的一部綜合性兵書。

《武備志》是一部類似軍事百科全書的重要兵書。其中，也有關於航海、海防、江防、海軍及戰船等方面的論述和描繪。如唯一存世的《鄭和航海圖》即出自此書。《武備志‧軍資乘‧沙船》："沙船能調戧，使鬥風，然唯便於北洋，而不便於南洋，北洋淺南洋深也。沙船底平，不能破深水之大浪也。北洋有滾塗浪，福船、蒼山船底尖，最畏此浪，沙船卻不畏此。"雖然，此本有多個篇章論及海防，但總體而論，茅元儀的軍事策略，還是邊防重於海防。

明代還有一些涉及海防的武備書，也很有價值。

比如《登壇必究》，在宋、明時代三部大型兵書中，上承《武經總要》，下啟《武備志》。《武經總要》記載北宋以前的史料，《登壇必究》則成稿於明朝萬曆年間，補充了宋、元及明中葉的大量新資

圖 6.20：茅元儀的《武備志》。

料。《登壇必究》由明代武學理論家王鳴鶴輯。全書共四十卷，分七十二類，內容包括天文、地理、謀略、選將、訓練、賞罰、敵情、海陸邊防、大江守備、攻守城池、陣法佈列、艦船器械、人馬醫護、河海，以及文臣武將關於兵事的奏疏等。該書圖文並茂，輯錄了自周秦到明朝中葉有關軍事的許多重要資料，並加以整理和解說。

《經國雄略》由明末鄭大郁編撰。全書共四十八卷，分為：天經考、畿甸考、省藩考、河防考、海防考、江防考、賦徭考、賦稅考、屯政考、邊塞考、四夷考、奇門考、武備考。

《經國雄略》最有特點的，是關於"釣魚嶼"的記載。在"四夷考"附有《琉球東界合圖》《琉球南界合圖》《琉球北界圖》三幅海圖，其中的《琉球南界合圖》明確地畫著"釣魚嶼"的位置。"四夷考"的"琉球"條下有雙行小字："琉球，番國名，在東南海中。即今進貢入福建者便是也。"

《地圖綜要》是晚明軍事地理的代表作。此書由明末吳學儼、李釜源、朱紹

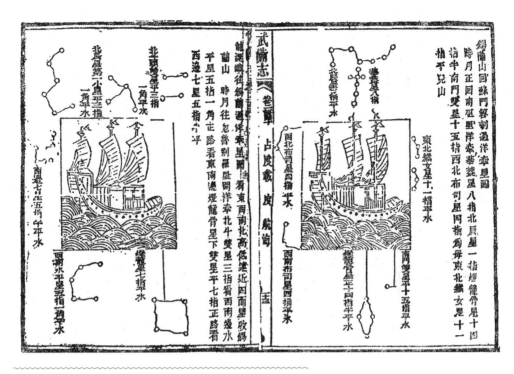

圖 6.21：唯一存世的《鄭和航海圖》，就刊載於茅元儀的《武備志》中。

本等編撰。這是一部中國軍事地理大綱，全書吸取了羅洪先《廣輿圖》和桂萼《皇明輿圖》的體系和繪圖方法，包括總卷、內卷、外卷三部分。其中外卷論述江防、海防與九邊之陸防，對長江沿岸重地、漕河、黃河分里，日本島夷倭寇要害以及海運分里等分章論述；末附"四夷"，述海外諸番數十國。有江防、黃河、漕河、海防、海運、九邊及四夷等圖和說。該書刊刻於明崇禎帝死之翌年。

明代火器發展非常迅速，被大量應用於水軍之中，由此誕生了一批關於火器的著作。其中，孫元化所著《西法神機》與德國耶穌會傳教士湯若望撰寫的《火攻挈要》，並稱明末兩部重要的火器著作。明代的西洋炮，除了在攻城特別是在抗擊女真諸部方面發揮了巨大作用外，它對海防要塞的防護也起到了重要作用。

第七章

清代，治理東南與華南沿海

康熙朝統一台灣，
南明小王朝滅亡

　　鄭成功收復台灣後，在台灣建立歷史上第一個漢族政權，奉南明為正朔，用
"永曆"年號，建都東都明京（後改為東寧，今台南）。歷經鄭成功、鄭經及鄭
克塽三世，史稱台灣明鄭時期。

　　明鄭小王朝元年，恰好是清康熙元年（1662 年）。這一年，三十八歲的鄭成
功在台灣病逝，八歲的康熙皇帝在北京遙撰輓聯："四鎮多貳心，兩島屯師，敢
向東南爭半壁；諸王無寸土，一隅抗志，方知海外有孤忠"。清帝如此輸誠，鄭
成功兒子鄭經繼任後，仍然堅持舉兵反清。

　　清朝從順治到康熙，曾派人與鄭氏三代進行了至少十次和談。

　　康熙元年（1662 年），由於和談失敗，清朝任命施琅為福建水師提督，征討
台灣。

　　施琅，字尊侯，號琢公，福建泉州府晉江縣（今晉江龍湖鎮衙口村）人，早
年是鄭芝龍的部將。順治三年（1646 年）施琅隨鄭芝龍降清，不久，又投靠鄭
成功。後施琅因與鄭成功產生矛盾，施琅父母、兄弟皆遭殺害。施琅擺脫鄭軍追
捕，再次降清。

　　康熙三年、四年（1664 年、1665 年），施琅兩次率軍試圖征台，均遭遇颱
風無功而返。康熙六年（1667 年），十四歲的康熙皇帝親理政事。清朝與鄭氏集
團再次接洽，鄭經宣稱"東寧（台灣）遠在海外，非屬版圖之中"，要求清廷仿
照朝鮮成例，提出"請如琉球、朝鮮例，不登岸，不剔髮易衣冠"，被清朝拒絕。

　　康熙十二年（1673 年），雲南平西王吳三桂舉兵叛清，福建靖南王耿精忠、
廣東平南王尚可喜接連響應，是為"三藩之亂"。鄭經乘機西渡，佔領了福建、
廣東七府之地，兵力一度發展到十萬多人。

　　在戰爭間隙，清代六大親王之一的康親王傑淑等前方將帥派人與鄭經集團
進行了幾次和談，給予鄭氏的條件最為優厚，甚至明言鄭氏台灣可以"照朝鮮
例"，但因鄭經集團有更多要求，雙方未能達成一致。不過，此間談判皆係清軍

前方將帥為及早結束戰爭，私自發起的，未經清廷同意，而且"照朝鮮例"的讓步，與康熙的"朝鮮係從來所有之外國，鄭經乃中國之人"的原則相悖逆。

康熙二十年（1681 年）底，清朝平定"三藩"之亂，也肅清了福建、廣東境內的鄭經部隊，二十七歲的康熙皇帝將目光鎖定在了台灣島。恰在這一年，三十九歲的鄭經病逝，鄭氏集團出現內訌，鄭經年僅十二歲的次子鄭克塽繼位，大權實際上為馮錫範、劉國軒掌握，鄭氏集團內部開始動搖。同年，施琅在李光地等大臣的力薦下，復任福建水師提督之職，並加太子少保銜，南下福建指揮武力攻台。

鄭氏一族統治台灣期間，鄭軍軍事組織體系大約可分為五軍戎政、總督軍務、管軍提督、將軍、親軍衛鎮、陸師鎮、水師鎮及監軍數部分，據《欽命太保建平侯鄭造報官員兵民船隻總冊》載，守台灣的官兵共有三萬七千五百人。以武平侯劉國軒為總督守澎湖，在澎湖修築營壘炮台，在娘媽宮、西嶼頭、牛心灣等要衝地點加築炮城十四座，沿海築造高牆深溝二十餘里，安設銃炮，準備與清軍決戰。

康熙二十二年（1683 年）六月十四日，施琅率領水兵兩萬餘人，大小戰船兩百三十餘艘，從福建銅山（今東山島）出發，乘西南季風向東穿越台灣海峽，奪取地處澎湖主島以南、鄭軍防守薄弱的八罩島（今望安島），獲得船隊錨泊地和進攻出發地，佔據上風上流的有利位置，準備向澎湖鄭軍發動進攻。

六月十八日，施琅先派戰船攻取澎湖港外的虎井、桶盤二島，掃清外圍。

六月二十二日，施琅親率五十六隻大型戰船組成的主攻部隊，正面進攻鄭軍主陣地澎湖娘媽宮；總兵陳蟒等率領由五十隻戰船組成的東綫攻擊部隊，從澎湖港口東側突入雞籠嶼、四角山，牽制東面鄭軍；總兵董義等統率另五十隻戰船組成的西綫攻擊部隊，從港口西側進入牛心灣，進行佯攻登陸，牽制西面的鄭軍。另有八十隻戰船作為預備隊，隨主攻部隊跟進。

鄭軍方面，劉國軒令曾遂率軍迎戰，"炮火矢石交攻，有如雨點，煙焰蔽天，咫尺莫辨"。雙方自晨至午，經過九小時激戰，清軍取得全面勝利，共斃傷鄭軍官兵 1.2 萬人，俘獲五千餘人，擊毀、繳獲鄭軍戰船一百四十餘艘。鄭軍主將劉國軒乘小船，從北面的吼門逃往台灣。此役清軍陣亡三百二十九人，負傷一千八百餘人。

施琅拿下澎湖，殲滅了鄭軍的精銳，打開了通向台灣島的門戶。

失去澎湖後，在台灣本島的鄭氏集團內部出現兩種意見：一種主張棄台逃跑或遷呂宋島再戰，一種主張歸附清朝。鄭克塽見大勢已去，遣使乞降。康熙皇帝

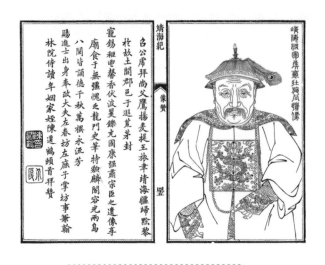

圖 7.1：《靖海紀》中的施琅畫像。

抓住這一有利時機，立即給鄭克塽下了一道諭旨："爾等果能悔罪投誠，率所屬偽官軍民人等悉行登岸，將前罪盡行赦免，仍加恩安插，務令得所。"

台灣鄭氏集團完全接受了清廷的和談條件，向清廷繳械投降。康熙二十二年八月十三日（1683 年 10 月 3 日），施琅率軍在台灣登陸，鄭克塽、劉國軒、馮錫範等鄭氏集團首領剃髮迎降。

清朝統一台灣後，朝廷就如何管理台灣，展開了一場"棄留"之爭。有人主張遷其人、棄其地。施琅對此堅決反對，給康熙皇帝上了著名的《恭陳台灣棄留疏》，疏中直言：

> 台灣地方，北連吳會，南接粵嶠，延袤數千里，山川峻峭，港道迂迴，乃江、浙、閩、粵四省之左護……臣奉征討，親歷其地，備見野沃土膏……一切日用之需，無所不有……此地原為紅毛住處，無時不在涎貪，亦必乘隙以圖……斷乎不可棄……

此疏打動了康熙皇帝，康熙皇帝認為"台灣棄取關係甚大"，"棄而不守，尤為不可"。康熙二十三年（1684 年），清朝在台灣設置一府三縣，設總兵官一員，兵八千；在澎湖設副將一員，兵兩千，均隸屬於福建省。

至此，"台灣"始被用來稱呼包台灣、澎湖列島及其周邊附屬島嶼之地。

因平台有功，施琅被封為靖海侯。鄭氏集團的幾位首領也獲敕封。其中鄭克塽封公爵，隸漢軍正紅旗。康熙四十六年（1707 年），年僅三十七歲的鄭克塽卒於北京，爵遂除。

明鄭是短命的小王朝，歷鄭成功、鄭經及鄭克塽三世，僅存在二十餘年；明鄭三王也是短命的，鄭成功三十八歲卒，鄭經三十九歲卒，鄭克塽三十七歲卒。

二

乾隆皇帝平定台灣，
"反清復明" 起義失敗

鄭氏集團最終被清朝擊垮，但反清復明勢力在台灣仍然存在。

康熙六十年（1721 年），台灣爆發 "朱一貴起義"，因其姓氏為 "朱"，因此以 "大元帥朱"、"大明重興"、"反清復明" 為號召，起義最終不到四個月失敗。

雍正十年（1732 年），台灣爆發了 "吳福生起義"，同樣打出 "反清復明" 的口號，但這次起義規模較小。

乾隆五十一年（1786 年）十一月，因台灣府知府孫景燧捉拿天地會的會黨，台灣北部爆發 "林爽文起義"，台灣南部莊大田立即響應，"莊大田起義" 爆發。

天地會是清代的一個民間秘密結社組織，傳說與鄭氏集團關係緊密，因此天地會的宗旨之一就是 "反清復明"。林爽文在起義時，就以 "反清復明" 為口號。這次起義，僅僅兩天時間就攻下彰化，殺死台灣知府孫景燧，並在彰化建立大盟主府，林爽文自稱盟主大元帥，建號 "天運"（後改 "順天"）。同時，莊大田在台灣南部響應，率義軍攻陷了鳳山縣城，進而將台南的南譚、中州、大目降、埤頭、蔦松、崙仔頂等地攻佔。

此後，台北、台南起義軍開始聯合進攻府城（今台南市）。

乾隆五十二年（1787 年）正月，閩浙總督調遣水師提督黃仕簡率軍兩千三百人在台灣鹿耳門登陸，進入台灣府城。同時，福建綠營水師海壇鎮總兵郝壯猷，率水師官兵一千七百人抵台。兩天後，福建陸路提督任承恩率兵兩千人在台灣鹿仔港上岸。不久，福建總兵普吉保統領水師副將林天洛等人，率兵一千七百名到達台灣。次日，福建綠營水師閩安協副將徐鼎士統領水師官兵一千八百名至台灣八里岔。至此，台灣雲集了從大陸渡海而來的水陸清軍近萬人，其中有綠營水師五千八百人。

台灣鹿耳門、鹿仔港是清軍增援台灣的主要登陸地，起義軍未能將這兩處港口佔領，是導致後來失敗的主要原因。

清軍在台灣的軍事行動實際由黃仕簡指揮，但他並未按照乾隆皇帝的旨意直搗義軍大本營，而是龜縮府城，只派出水師總兵郝壯猷等率部出兵收復鳳山，但郝軍進展緩慢，遇到小股義軍的襲擊便停止不前。

乾隆皇帝對黃、任兩人的做法極其不滿，連發諭旨催促二人火速進兵，合力攻擊林爽文，但是沒有任何結果。直到福建綠營福寧鎮遊擊延山率兵一千人至府城，黃仕簡才以五百人留守府城，其餘五百人援助郝壯猷，另派水師遊擊鄭篙領兵五百人，由海道經打鼓山登岸，繞道鳳山南路，與郝壯猷夾攻鳳山。

清軍相繼收復諸羅、鳳山、彰化之後，黃仕簡仍然躲在府城不出戰。此時，黃仕簡在南部府城駐紮，任承恩在彰化，總兵普吉保駐兵於鹿仔港。

三月初三日，郝壯猷部在鳳山城外中了義軍莊大田部的誘兵之計，清軍死傷一千四百餘人，僅郝壯猷率殘兵逃回府城。鳳山縣城再次為義軍所佔。清軍所佔部分據點，也被義軍分割包圍，切斷了鹿仔港和府城的聯繫。

消息傳到北京，乾隆皇帝震怒，先後下令將郝壯猷就地正法，將任承恩、黃仕簡革職，命剛剛從閩浙總督遷官湖廣總督的常青督辦台灣軍務兼水師提督一職，令江南提督藍元枚為福建陸路提督，令二人即刻赴台。

就在清朝不斷增兵台灣之際，同年三月，林爽文、莊大田部義軍南北合兵，進攻常青駐紮的府城。此戰，清軍死傷慘重。不久，義軍又攻打柴頭港，福建水師遊擊丘維揚戰死，但義軍沒有攻克柴頭港。

府城解圍後，克復府城附近的斗六門成為清軍的當務之急。斗六門為通往台灣南北的咽喉，常青先令總兵柴大紀領諸羅及鹿仔港守軍一起進攻，又派水師參將潘輅率領金門水師前往支援。進軍途中，受到義軍的阻擊，清軍旋改道乘船由笨港（又名北港，今台灣北港溪下游的北港鎮一帶）趕赴諸羅。

五月十五日，常青和福州將軍恆瑞率部圍剿南部義軍莊大田部，剛走到離府城六十餘里的南潭，便遇到莊大田部義軍。一番激戰，常青率領的清軍傷亡近百人，守備林士春、千總謝元、把總劉茂貴等將陣亡。常青馬上退回府城，此後一直龜縮在此。

與此同時，已改任福建陸路提督的藍元枚率領福建、浙江兩省水陸官兵在彰化縣北門與義軍交戰，結果損兵折將，百餘人陣亡，也退回鹿仔港龜縮不出。

這次進攻，再次失敗。

義軍攻打府城失敗後，轉而便圍困府城門戶諸羅居。常青接連派溫州鎮水師總兵魏大斌，以及福建綠營水師遊擊丘能成等人，率陸路兩千人、水師一千人，前往支援諸羅，接連失敗；於是，又派福建綠營水師副將蔡攀龍率領廣東、福建水師一千六百人救援諸羅，再次失敗；再派蔡攀龍部與水師將領楊起麟部等會合，領兵二千一百人救援諸羅，又被義軍伏擊，僅蔡攀龍等率領少數殘兵逃回。

台灣用兵，日久無功，只好再次換將。

十一月初二日，乾隆皇帝派協辦大學士、吏部尚書、陝甘總督福康安及參贊海蘭察等人，統領廣西、四川士兵五千餘人，乘船一百多艘，在台灣鹿仔港登陸。

此前，清朝調遣了福建、廣東、浙江三省軍隊近三萬人到台灣。其中，徵調的水師有廣東綠營水師兩千人，福建綠營水師一千人，杭州乍浦八旗駐防水師五百人，浙江綠營水師三千人，共六千五百人。此後的三個月內，又調來廣西、貴州、湖南、四川等省兵約 1.3 萬人。

福康安登陸後第四天，親率主力五千餘人進攻諸羅，海蘭察等人兵分五路圍攻義軍。

海蘭察率軍衝上崙仔頂，義軍抵擋不住被迫後退，諸羅之圍遂解。福康安令總兵普爾普帶領原來駐紮在鹽水港、鹿仔草的福建水師，打通台灣府城至諸羅的道路；令福建水師提督柴大紀、陸路提督蔡攀龍帶人馬守衛諸羅縣。隨後，普爾普率福建水師兵丁兩千人，接連攻克了茅港尾、灣里溪、鐵綫橋等地，台灣府城至諸羅縣的道路終於被打通。

義軍最終敗退於林爽文的根據地大里杙。

乾隆五十二年十一月二十四日（1788 年 1 月 1 日），福康安、海蘭察率清軍主力進攻大里杙。經過激戰，林爽文彈盡糧絕，於乾隆五十三年正月初四（1788年 2 月 10 日）被俘，後被押往京師處決。

不久，福康安統領清軍主力下台灣南部，圍攻莊大田部義軍。二月初五，莊大田在台灣南端的琅嶠附近被清軍俘虜。

福康安率兵登陸後僅用了三個月，就鎮壓了台灣林爽文、莊大田起義。

如今在台灣嘉義存有福康安紀功碑。該碑是清乾隆五十三年（1788 年）立，上有為表彰福康安在林爽文起義事件中率軍解諸羅縣城之圍的功績而御筆寫成的碑文，現存於嘉義公園內。

平定林爽文起義後，乾隆皇帝特命宮廷畫師繪製了《平定台灣戰圖冊》。該圖冊含圖十二幅，前十幅以描繪平定台灣戰役場面為主題，表現了當時清軍的多

斗六門攻克
今朝又捷音
延聞固海上
別信速連山
陰百戰雄皆
諸臣嘉子
臈東菊空趨
企實叔子兒
擒

福康安奏
朝攻克斗
六門詩以
誌事
丁未嘉平
御筆

正毅捷
信晤速
胡兵橋住
奇玉自逸
庶耳鯤身
跳一之為甚
城鄉嶠渡山
防海遠柴
克殺再賊阮
成擒堂敏鵰
永靖流墻揚
圓武益深航
業
吳恩昭
福康安奏
報生擒莊大
田信至待以
誌喜
戊申仲
春下澣
御筆

種裝備和戰術特點，描繪了戰場上火器與冷兵器交叉使用，鳥槍、火炮齊射的場面，頗為新奇，登陸戰、山地戰、攻城戰和海上轉運征戰兵員的場景，頗有立體感，反映了戰事的激烈程度和清軍的整體作戰水準，最後一幅描繪的是正在承德避暑山莊的乾隆皇帝賜宴凱旋將軍福康安、參贊海蘭察等功臣的畫面。

自稱"十全老人"的乾隆皇帝，八十大壽時曾親撰《御製十全記》，歷數其豐功偉績："平準噶爾為二，定回部為一，掃金川為二，靖台灣為一，降緬甸、安南各一，即今二次受廓爾喀降，合為十。"其中的"靖台灣為一"，指的就是跨海平定台灣的戰功。

作為一段後話，自從施琅利用祈禱海神媽祖來護佑官軍後，媽祖就一再被清朝用來作為平定台灣的精神武器。正是基於這樣的信仰，福康安在台灣先後倡建了"彰化鹿港天后宮""台南府城海安宮"，還留下一些題匾、碑記等。這些做法，一定程度上推動了媽祖這一中華傳統海洋符號的傳播。

上｜圖 7.2：乾隆特命宮廷畫師繪製的《平定台灣戰圖冊》中的《斗六門戰役圖》。
下｜圖 7.3：乾隆特命宮廷畫師繪製的《平定台灣戰圖冊》中的《莊大田被捕圖》。

三

招撫華南海盜，
百齡靖海功成

中國海盜主要活躍在明清兩朝。按照美國學者安樂博的說法，中國海盜的"黃金時代"有三次高潮：一是明代中期的倭寇，二是明清之際的海寇（以鄭成功父子為代表），三是清中期的洋盜。

清嘉慶時期，東南沿海的閩浙海盜和以廣州地區為代表的華南海盜，不僅規模巨大而且影響深遠，在天地會等影響下，海盜演變為一種"秘密社會"群體。

這一群體的產生有特殊的地理和社會背景。浙江、福建、廣東沿海，大小島嶼星羅棋佈、港汊分歧，這些地方都有可能成為海盜的巢穴。而嘉慶年間白蓮教起義以及流民的產生，導致很多人上山為匪或下海為盜。另外，越南"西山起義"對當時中國海盜壯大起了推波助瀾的作用。

乾隆三十六年（1771年），越南西山邑的阮文侶、阮文岳、阮文惠三兄弟發動了一場起義運動，史稱"西山起義"或"西山叛亂"。這場叛亂在越南持續了數十年。西山軍重要的水師力量中就有中國海盜，如其早期頭目陳添保就是廣西廉州府的海盜。

陳添保，原為漁民，乾隆四十八年（1783年）在越南河內海面被西山軍抓住，出於軍事需要，西山政權委任他為"總兵"，後又封其"總兵保德侯"，授予他招募其他海盜的"執照"。此後，陸續有廣東地區海盜加入陳添保旗下，梁文庚、樊文才、莫官扶、鄭七等海盜均被委任為"總兵"、"千總"等類似"官銜"。

起初，這夥海盜並未得到清朝重視，乾隆五十八年（1793年），乾隆皇帝還得意地說："廣東現無緊要事件，其海洋盜匪，節經福康安搜拿整頓，漸已斂跡。"但僅僅在十年之後，華南地區的海盜就成洶湧之勢。

乾隆五十九年（1794年），陳添保甚至被西山政權委任為"統善艚道各支大都督"，節制在越南的所有海盜。由於越南政權的豢養，這些海盜肆無忌憚，逐漸航行到到中國海域活動。甚至招募中國東南沿海海盜入夥，"崇其官爵，資以兵糧，使劫掠充餉。夷艇數百，直犯粵、閩、江、浙，……於是土盜誘夷艇以深入，夷艇倚土盜為聲援，幾蔓延不可制。”

　　嘉慶元年（1796 年），皇帝發出上諭，凡在中國捕獲的越南海盜立即正法。此後廣東水師雖然多次出海剿匪，但由於兵勇畏懼海盜，並未產生有效戰果。在無法用武力剿滅海盜時，清朝啟用招撫政策，對歸來的海盜封以把總、千總等官銜。等到了嘉慶五年（1800 年），大約有一千七百多名海盜接受招撫，因為“歸順”太多，清朝竟難以安置。

　　嘉慶六年（1801 年），清朝承認招撫之策失敗，“盜風仍未斂跡”。當年，海盜鄭七和莫官扶海盜船隊襲擊了廣東吳川縣的一個軍事要塞，並殺死守軍把總。

　　嘉慶七年（1802 年）春，鄭七又率領三十餘艘帆船並聯合其他海盜圍攻廣東海豐縣汕美港，在擊敗當地鄉勇後，俘獲了十八艘鹽船和五艘漁船。

　　不過，這年年底，陳添保率領家屬向清朝投降。原本為陳添保招募的鄭七，成為西山政權的重要軍事依靠。西山政權封他為“大司馬”，這是西山政權和總督平級的最高軍銜。此時，西山政權已接近尾聲。鄭七在防守河內最後一道防綫的戰鬥中被殺。控制越南局勢三十年的西山起義最終失敗。

　　此後，依附西山政權的廣東和福建海盜，退至國內各自省份的沿海地區活動。

　　鄭七被殺後，他的堂弟鄭一逐漸掌握了這支海盜力量的領導權，他的夫人是一名妓女，後來成為大名鼎鼎的“鄭一嫂”。西山政權敗亡後，回到廣東海域的各路海盜一度互相攻伐。最終，在鄭一的運作下，它們結成一個海盜大聯盟。

　　嘉慶十年（1805 年），廣東海域最有實力的七位海盜首領簽訂了“合約”，對海盜各部的海上交易、船隻管理、矛盾解決乃至“保護費”收取等都作了規定，這份“合約”是中國海盜史上極具史料價值的一份文獻。

　　“合約”上的七位簽名者為：鄭文顯（即鄭一）、麥有金（即烏石二）、吳智情、李相清（即金占養）、鄭流唐（即鄭老童）、郭學憲（即郭婆帶）、梁寶（即總兵寶）。文末留下的日期為“天運乙丑年六月”，“乙丑年”指嘉慶十年，關於“天運”，在台灣天地會首領林爽文的起義中曾被使用，這也暗示了這次海盜結盟的某種“政治”背景。

　　鄭一的高祖鄭建居住在海澄，據說他曾在鄭成功的隊伍中當過兵。鄭氏集團在大陸失敗後，鄭建來到廣州。康熙十年（1671 年），鄭建去世，他的後人遷居新安縣，並加入海盜團體。到了雍正朝末年，鄭建的兩個曾孫鄭連福和鄭連昌已經成為當地海盜首領。鄭連福是鄭七的父親，鄭連昌是鄭一的父親。作為海盜"世家"，再加上祖上與鄭氏集團的某些聯繫，甚至連他們的姓氏"鄭"，在當時都可能使人們產生他們和天地會有某種關係的聯想。

海盜聯盟成立後不久，鄭流唐投降清朝。剩下的六夥海盜通常被稱為紅旗幫（鄭一）、黑旗幫（郭學憲）、白旗幫（梁寶）、青旗幫（李相清）、藍旗幫（麥有金）、黃旗幫（吳智清）。

對於這些人，當時的西方人稱之為"艦隊司令"或者"旗主"，清朝則稱之為"盜首""大幫盜首"或"總盜首"。其中，鄭一的紅旗幫有著華南海盜最大的船隊。他們還在潿洲島（控制雷州半島）和香港大嶼山（控制珠江口）建立了兩個據點。

嘉慶十年（1805 年），新任兩廣總督那彥成抵達廣東。那彥成時年四十二歲，此前曾在陝西鎮壓過白蓮教起義，深得嘉慶皇帝倚重。

那彥成發現，廣東水師的防務極為薄弱，人船俱缺，當時水師裏的八十三艘師船，僅有五十七艘能出海，廣東水師的最高將領為總兵，而廣東的海盜首領幾乎都接受過西山政權的冊封，他們在越南得到了武器、船隻裝備和作戰方法上的訓練，有多年的實戰經驗。同時，海盜有自己的組織管理方式，每一幫下面分成很多股，每一股可能有十幾艘到三十幾艘的船隻。股下面是夥，每一夥有幾條船到十幾條船。對於分配贓物、對待婦女、聯絡岸上，幫派裏都有很詳細的規定——他們並非一群烏合之眾。

嘉慶十年（1805 年）夏季，海盜不斷襲擊廣東的順德、新會、番禺、歸善、東莞等縣，澳門與廣州之間的海道完全為海盜所掌控。一艘搭載兩名美國人的快船，在離澳門八英里的海域被海盜劫持。

嘉慶十年（1805 年）秋天，經過整頓後，那彥成組建了有八十艘船的水師船隊，由總兵林國良等人帶隊進攻海盜的廣州灣總部。海盜不敵廣東水師的火器攻擊，紛紛潰逃。林國良在追擊中，又引燃多艘海盜船。此役，那彥成部擊斃海匪六百人，擊毀匪船十八艘（其中十艘是待修的空船），俘虜海匪二百三十二人、海船八艘。但這點戰果，相對該地區的整體數量，顯得微不足道。

那彥成只好再用招撫之法，嘉慶皇帝對此大為不滿，他以直隸總督吳熊光南

上 | 圖7.4："女海盜鄭一嫂"在19世紀西方報刊上的插畫。

下 | 圖7.5：《靖海全圖》中的"大嶼困賊"一段，表現了清廷水師船用飛火槍圍剿海盜的場面，被包圍的海盜船接連起火，海盜紛紛跳海逃生。

下代替那彥成。可是，吳熊光到任後也無有效剿匪手段。

嘉慶十二年（1807 年）秋，鄭一在越南去世。他的這支華南海盜聯盟中最大的船隊落到了鄭一嫂手裏，人稱"龍嫂"。傳說中，鄭一嫂後來嫁給了鄭一的養子張保。張保綽號"張保仔"，此人後來成為紅旗幫首領。關於這位傳奇人物的記載，最早出現在兩本地方筆記中：一是道光十年（1830 年）刊印的東莞袁永綸寫的《靖海氛記》，此書多以黑旗幫首領郭婆帶為重心，涉及張保仔的記錄不全；二是溫承志的《平海紀略》，此書刊印於作者死後數年，可能是他人代筆完成。此外，道光二十年（1840 年）編撰的《新會縣志》，也有關於張保仔的記載，如嘉慶十四年（1809 年）"五月初九日，海賊鄭一嫂、張保將犯境，署縣沈寶善親往江門堵禦。"張保仔就這樣成了"歷史人物"。

嘉慶十三年（1808 年），虎門鎮總兵林國良帶領水師船巡航，與海盜烏石二交戰，林國良戰死。清朝再派吳熊光清剿廣東海盜，但他的水師在香港附近海面被海盜打敗。清朝將吳熊光撤職，以百齡代之為兩廣總督。百齡到任後，大力整頓防務，包括建造水師船，同時下令實行"海禁"，切斷海盜的補給綫。

嘉慶十四年（1809 年），百齡派水師摧毀了白旗幫。此後，百齡一方面開始號召廣東沿江、沿海各地發展團練，一方面開始與同樣受到海盜騷擾的葡萄牙澳門駐軍聯絡，雙方約定共同出動海軍打擊海盜。

嘉慶十五年（1810 年）初，郭婆帶率領黑旗幫，及黃旗幫的重要頭目投降。百齡親自到歸善縣接見投降的兩幫海盜首領，兩幫共交出匪眾五千五百七十八人、一百一十三艘帆船、五百門火炮，還有八百名婦女兒童。不久，各幫海盜陸續來降，總人數達九千多人。這年春天，鄭一嫂與張保仔率領紅旗幫一萬七千多人、二百二十多條船、一千三百多門火炮正式投降。聲振一時的華南海盜，逐漸平息。

反映百齡平定廣東海盜事跡的繪畫作品，有兩幅得以傳世：一是《平海還朝圖》，二是《靖海全圖》。這兩幅清代重要史卷圖皆出現在 21 世紀第一個十年的拍賣市場上。前一幅被北京的私人買家拍得，後一幅被香港海事博物館拍得。兩幅長卷都成為近代史研究者的最新研究對象。

從海戰圖的角度講，清宮畫師袁瑛畫的約三米長的手卷《平海還朝圖》，雖然反映的是欽差大臣百齡平定廣東海盜的事跡，但畫面僅展現了百齡平定廣東海盜後班師回朝盛況——百官在河岸兩面迎接他坐的大船，並沒有海上戰鬥內容，其價值遠不及十八米長的《靖海全圖》。

四

靖滅閩浙海盜，
東南沿海恢復平靜

閩浙海盜與華南海盜一樣，也受到越南西山叛亂的影響。魏源在《嘉慶東南靖海記》中記載：

> 及嘉慶初年而有艇盜之擾。艇盜者，始於安南。阮光平父子竊國後，師老財匱，乃招瀕海亡命，資以兵船，誘以官爵，令劫內洋商舶以濟兵餉。夏至秋歸，蹤跡飄忽，大為患粵地。繼而內地土盜鳳尾幫、水澳幫亦附之，遂深入閩、浙。土盜倚夷艇為聲勢，而夷艇恃土盜為鄉導，三省洋面各數千里，我北則彼南，我南則彼北；我當艇則土盜肆其劫，我當土盜則艇為之援。且夷艇高大多炮，即遇亦未必能勝；土盜狡，又有內應，每暫遁而旋聚。是時川、陝教匪方熾，朝廷方注意西征，未遑遠籌島嶼，以故賊氛益惡。

此外，發生於乾隆五十一年（1786 年）的台灣的林爽文起義，也是閩浙之地出現大規模海盜的一個重要原因。此時，清朝從閩浙地區，特別是福建水師抽調大量官兵、戰船渡台，導致閩浙沿海防務空虛，海盜乘勢而起。

當時活躍在閩浙洋面的有水澳幫、蔡牽幫、林發枝幫、張表幫、鳳尾幫、箬黃幫等重要海盜幫派。

嘉慶五年（1800 年）夏天，一支擁有二十八艘船的越南夷盜船隊進入浙江海域，為首的是越南西山政權的"善艚隊大統兵進祿侯"倫貴利。倫貴利，原姓王，廣東澄海人，於乾隆五十九年（1794 年）應募參加越南西山軍船隊，跟隨保德侯陳添保。嘉慶初年，為補給軍需，西山政權委派陳添保等人，以"巡海"為名，劫掠中國東南沿海。

當越南夷盜船在台州三盤洋拋錨下碇之後，浙江土盜和福建洋盜很快也在附近集結，水澳、鳳尾、蔡牽三幫各六七十條船相繼加入。一時間，集結在台州附近的海盜船達兩百多條，人數近萬，而浙江三鎮水師僅有三四千人。浙江巡撫阮元一面緊急調派大小船隻七十餘條與海盜對峙；一面奏請調動閩粵水師北上會剿。

六月二十一日，海盜聯軍進據台州松門山下，準備次日搶灘登陸。當天夜裏，海面颳起一場颶風，巨浪滔天，"賊船撞破，覆溺殆盡，僅餘一二艇漂出外海。其泅岸及附敗舟者，皆為水陸官兵所俘，獲安南偽侯倫貴利等四總兵，磔之。"這場颶風使越南夷盜遭到滅頂之災，水澳幫和鳳尾幫也損失慘重。清朝將這場大風稱之為"神風"。

嘉慶五年的"神風"之後，閩浙洋面各幫海盜相繼敗滅。此後十年間，蔡牽幫收拾各幫殘餘，成為閩浙海域實力最強也最著名的海盜團夥。

蔡牽，福建同安人，自幼父母雙亡。乾隆末年因躲避官司下海為盜。蔡牽"善捭闔，能用其眾"，手下稱他為"大老闆"或"大出海"。其妻呂氏，人稱蔡牽媽，足智多謀，領有一支女海盜武裝。

蔡牽規定，凡出洋商船須納通行稅，謂之"出洋稅"，交稅者可得"免劫

圖7.6：雍正三年（1725年）繪製的《萬里海防圖說》（廣東沿海部分）。

票”，不納稅的商船則予以扣留，勒取贖銀。

蔡牽等海盜的活動，也遭遇閩浙水師的圍剿，特別是以李長庚為代表的浙江水師力量曾屢挫海盜。嘉慶八年（1803年）正月，在蔡牽率部駛至浙江普陀山海面時，李長庚指揮水師戰船尾隨跟蹤，並對其發起突然攻擊。蔡牽的近一百艘戰船大部分被擊沉或被衝散，撤退至福建海面時僅剩戰船二十四艘。

在閩浙洋面遭遇困境後，蔡牽意圖仿效鄭成功，在嘉慶九年、十年、十一年多次進攻台灣。魏源在《嘉慶東南靖海記》中記載，嘉慶十年（1805年）冬，蔡牽“聚百餘艘復犯台灣，沉舟鹿耳門，以塞官兵，又結土匪萬餘攻府城，自號‘鎮海王’”。

嘉慶十年十一月十三日（1806年1月2日），蔡牽率百餘艘大小船隻佔領台灣北部最大的港口滬尾港，隨即開始登陸作戰，蔡牽“分撥小船三四十隻，賊夥二千餘人，乘潮撲岸，署北淡水營都司陳廷梅、千總陳必升等督兵堵禦，眾寡不敵，被炮轟擊陣亡，同知胡應彪馳往援應亦受刀傷，其餘弁兵多有陣亡。”

隨後，蔡牽率船隊竄至鹿港，此時台灣鎮總兵愛新泰率領文武在鹿港嚴密防

堵。蔡牽在鹿港嘗試登陸作戰，遭到岸上清軍炮火打擊，轉而南竄鹿耳門，並按計劃沉船堵港。李長庚率領閩浙水師抵達鹿耳門時，因沉舟堵塞，兵船不能入。

佔領鹿耳門後，蔡牽多次攻打安平城，但均被清軍擊退。在島上匪眾的配合下，蔡牽通過南北兩路襲擾，逐步達成預設戰略目的後，並集結兵力進攻台灣府城。由於台灣府城防守嚴密，蔡牽匪眾損失慘重。最終，在台灣與福建方面水師的水陸夾擊下，蔡牽於嘉慶十一年（1806年）春，退出台灣，攻台失敗。

嘉慶十二年（1807年），李長庚和福建水師提督張見升率水師在海上追擊蔡牽海盜集團，在廣東潮陽黑水洋，就要全殲蔡牽時，李長庚中炮遇難。《清史稿·李長庚傳》載，蔡牽"僅存三艇，皆百戰之寇，以死拒。長庚自以火攻船掛其艇尾，欲躍登，忽炮中喉，移時而殞。時戰艦數十倍於賊，見升庸懦，遙見總統船亂，遽退。"此戰後，蔡牽退往越南沿海。

嘉慶十三年（1808年）初，蔡牽率眾從越南返回閩浙海面。清朝再次調整閩浙海防部署，以李長庚部將丘良功、王得祿分任浙江、福建水師提督，令其合力圍剿蔡牽。

嘉慶十四年（1809年）秋，閩浙水師在浙江漁山洋海面發現蔡牽蹤跡。丘良功指揮水師官兵展開攻擊，福建水師提督王得祿也率軍加入戰鬥，蔡牽做困獸鬥。《清史稿》記錄了蔡牽的最後一幕："得祿舟進，附牽舟，諸賊黨隔不得援。牽鉛丸盡，以番銀代。得祿額腕皆傷，擲火焚牽舟尾樓，復衝斷其柁。牽知不免，舉炮自裂其舟，沉於海。"蔡牽之死，標誌著浙江海盜大幫時代的終結，此後殘存的浙江海盜相繼投誠或被剿滅。

在嘉慶十五年（1810年），百齡平定廣東海盜。至此，在浙江、福建、廣東沿海，未再出現大規模的海盜匪幫。

五

清初水師建制

清代水師的發展大體可分為三個時期：一是清初至中期的水師；二是鴉片戰爭失敗後，以洋務運動引領的近代海軍建設；三是甲午海戰敗後，清朝重建海軍，海軍走向現代化。

清初水師分為兩大支，一支是由旗人組成的八旗水師，一支是由漢人組成的綠營水師。

八旗水師主要駐防在東北、天津、杭州、福州、廣州等地，大約有十個水師營，另外北京的昆明湖還有一處水師訓練基地。八旗水師總人數約一萬人。

吉林八旗水師：駐地位於吉林城，是清朝最早的水師部隊，入關前就已建立。

黑龍江地區八旗水師：駐地主要在黑龍江城（今黑河璦琿區）、齊齊哈爾、墨爾根（今嫩江）、呼蘭四處，因抗擊沙俄入侵，水師最多時擁有各式戰船兩百三十多艘，編制官兵一千零六十人。

奉天八旗水師：駐地在金州，又稱金州水師營。

天津八旗水師：駐地在大沽口的蘆家嘴一帶，雍正三年（1725 年）設立，官兵一度達到三千人。乾隆三十二年（1767 年），清朝以“海口無事，徒費餉糈”為由，將天津八旗水師全部裁撤。

江南八旗水師：一支駐鎮江，被稱為“京口水師”。乾隆三十三年（1768 年），經過多次改組，它被納入綠營水師序列；另一支駐紮江寧（今南京），雍正五年（1727 年）設立，乾隆十六年（1751 年）裁撤。

乍浦八旗水師：駐紮乍浦，雍正六年（1728 年）設立，共有官兵一千六百餘人，共有各式戰船二十二艘。

福州八旗水師：駐紮在三江口，又稱“三江口水師營”，雍正六年（1728 年）設置，共六百餘人，戰船十四艘。清法馬江海戰中，三江口水師旗營也有參戰，損失八艘木質戰船，陣亡官兵七十多人。

廣州八旗水師：雍正七年（1729 年）設，駐紮在鳳凰崗南石頭村，共有官兵六百餘人。

長江八旗水師：康熙二十八年（1689 年），清朝在內地長江水系的武昌、荊州、常德、岳州（今岳陽）四地設立八旗水師營，統歸荊州八旗將軍管轄，因此又被稱為"荊州八旗水師"。四處水師營共有官兵約三千人，戰船三十四艘。它主要負責長江中游和洞庭湖一帶的巡警任務。

綠營水師：由漢人組成，鼎盛時有十萬多人，是清朝水師主要組成部分。在兩次鴉片戰爭以及收復、平定台灣的作戰中，主要是綠營水師參與作戰。

綠營水師分為外海、內河水師兩部，其中直隸、浙江、廣東等省同時設立內、外兩部水師；奉天、山東、福建設外海水師；湖南、湖北、安徽、江西、廣西等省設內河水師。

水師提督是綠營水師最高將領，以下設總兵、副將、參將、遊擊、都司、守備、千總、把總、外委千總等。據《光緒會典》記載，當時全國有提督二十三人，其中水師提督三人（福建、廣東、長江），水陸兼任提督三人（江南、湖南、浙江）。

直隸綠營水師：天津大沽口八旗水師被裁撤後，嘉慶二十一年（1816 年）設置天津綠營水師鎮，主官為水師總兵，此後一度改為水師營。咸豐八年（1858 年），英法聯軍侵入大沽口之後，清朝重建了水師鎮，轄六個水師營，共三千人，並添置戰船，增建海口炮台。在第二次大沽口之戰獲勝後，清朝將天津水師官兵裁減為一千八百人。第三次大沽口之戰，清軍又敗，天津水師也被擊潰。同治九年（1870 年），清朝在此設立大沽協。清末籌建北洋水師後，直隸海口水師被撤消。

直隸內河水師：設立於雍正四年（1726 年），駐紮在天津三岔口一帶，幾經設廢。

山東綠營水師：順治元年（1644 年），在登州（今蓬萊）設水師營。此後在水師營基礎上不斷擴編，負責整個山東海域的防務。

江南綠營水師：江南省設於順治二年（1645 年），省府位於江寧（今南京），前身是明朝的"南直隸"，範圍大致相當於今天的江蘇省、上海市和安徽省。江南省轄地寬廣，區內河流縱橫、湖泊眾多，因此清朝在此設有水師兵員，但其編制較為複雜。康熙元年（1662 年），蘇松提督改為江南水陸兼轄提督，此後幾經調整。

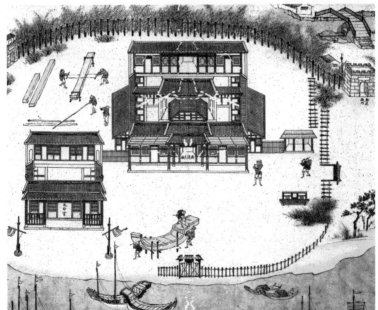

上｜圖7.7：反映嘉慶（1796年—1820年）初年，兩廣總督百齡平定海盜的《平海還朝圖》
之"訓練水師"圖，可見當時八旗水師旗幟用的還是陸軍八旗，尚無統一的水師旗。

下｜圖7.8：福建水師規模為全國最大，駐防在台灣就有九十八艘水師船，乾隆四十二年
（1777年）在台灣建成軍工廠。此圖出自清代《鼎建台郡軍工廠圖說》，現藏台北故宮博物院。

福建綠營水師：建置於順治七年（1650 年）。《清史稿》中對此有過詳細地記載：“順治七年，定福建官兵經制。……設福建水陸提督，標兵三營，營設將領八，兵凡三千。設汀州、泉州、銅山三鎮總兵官，及援剿總兵官、中路總兵官，標兵各二營，各設將領八，兵二千……設福州水師，及汀州、興化、邵武、延平、閩安、同安七協副將標兵，各設將領八，兵凡二千。”

此後，由於對台用兵需要，康熙年間，清朝將福建水師提督衙門移至廈門，它一共存在了兩百多年，是傳承時間最久的清軍水師提督。由於福建海面用兵頻繁，福建水師規模不斷擴張。至乾隆年間，福建綠營水師共有官兵 6.3 萬人、戰船三百四十艘，其中駐防台灣的有九十八艘。福建綠營水師規模為全國之最。

廣東綠營水師：光緒初年，清朝在廣東設立水師總兵。康熙初年，清朝在惠州設立廣東水師提督，四年後裁撤。嘉慶十五年（1810 年），清朝在東莞虎門重設水師提督。廣東水師規模僅次於福建水師。兩次鴉片戰爭，廣東水師均有參與，但少有戰績。

上述綠營水師主力為兩支，一是福建水師，至鴉片戰爭時其總兵力近兩萬人；另一支為廣東水師，至鴉片戰爭時其總兵力約兩萬人。

清代水師兵力，除了部署在艦船上，還要駐守在沿海、沿江的炮台和城寨等處。比如在虎門、廈門等地的要塞，陸上防守均由水師負責。

六

清初水師戰船

清初的海禁限制了水師戰船和兵器的發展。從順治到乾隆年間（1644 年—1795 年），清軍外海水師戰船共有二十八種，主要是趕繒船和艍船；內河水師船共有四十一種，主要為唬船和哨船（相當於小型護衛艇）。

趕繒船是一種大型的福船。此船型明代已有記載，它的用途很廣，可以用於作戰、捕魚和運送木材。其中大趕繒船船長三十六米有餘，寬七米左右，有二十四個船艙，可載重一千五百石。每船配水手、船工三十餘人，水兵八十人。中趕繒船長二十三米，寬六米，深二米，配水手、船工二十餘人，水兵六十人。大、中趕繒船均是雙桅、雙舵、雙鐵錨。

德國柏林國家圖書館收藏有一傳世孤本《閩省水師各標鎮協營戰哨船隻圖說》，此書大概約成於 1730 年—1800 年間，是記載清初水師戰船建造工料定額的官方文件。書內有五種類型戰船，即趕繒船、花座官船、雙篷船、八槳船、平底船的詳細圖說，並記有各類戰船的編號、名目、尺度以及它們的建造方法；圖中描繪和標註了船舶大部分木作構件，如戰船水底板、桅笠、托浪板、龍骨式樣及位置，還有櫓、舵、大篷、獅頭、斗蓋、炮眼、官廳、定風旗、媽祖旗杆圖，以及俯面分形圖、船內中倉、尾倉分形圖、船頭背面分形圖、船尾正面及背面分形圖等。這些圖示都有詳盡的文字說明，一目了然。

清朝始設福建水師時，建造了百餘艘唬船、哨船、趕繒船、雙篷船。此後數十年間，趕繒船一直是清軍的主要戰船，水師在訓練時都會動用它。乾隆十四年，旗兵曾於昆明湖設趕繒船，以前鋒軍訓習水戰駕船馭風的技術。

艍船，由閩浙沿海的運輸船改裝而成，一般長二十九米，寬七米，深二米多。大型艍船配水兵三十五人，中型三十人，小型二十人。另外，還有一種紅單船，長三十餘米，寬六米，可裝炮二十至三十門，載官兵八十人，是當時廣東水師配備的最大的海上戰船。

清代中期後，同安船成為主力戰船。同安船原是福建同安縣一帶的民間海船，船體呈梭形。由於其操駕容易，乾隆六十年（1795 年），清朝下令改趕繒船

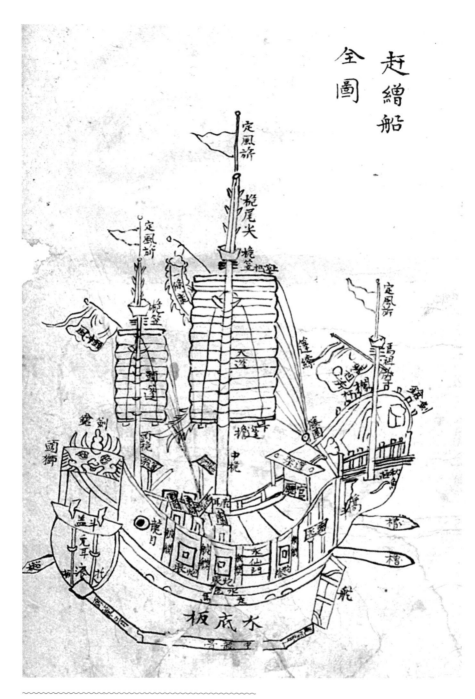

圖 7.9:《閩省水師各標鎮協營戰哨船隻圖說》中的趕繪船，
兩舷各有兩個炮眼。

圖 7.10：嘉慶二十二年（1817 年）閩浙總督汪志伊奏摺中所附《集字號大同安梭船圖》。

為同安船式。嘉慶年間，由於海盜猖獗，為了保持海上的優勢，大型同安船逐漸成為清朝外海水師，特別是東南沿海水師的主力戰船。

為了方便對水師的管理，康熙五十二年（1713 年），清朝統一規定各地水師在船舷行塗漆本營代號和序號，如"海""平""清"字型大小等。這是中國古代歷史上首次在全國範圍內的戰船上規範使用舷號，也是中國古代水師逐漸正規化的標誌之一。

在台北故宮博物院收藏的軍機處檔案中，存有兩幅彩繪同安船圖。該檔為嘉慶二十二年（1817 年）閩浙總督汪志伊的奏摺。這兩張船圖分別名為《集字號大同安梭船圖》和《壹號同安船圖》。這兩種船式，代表了鴉片戰爭前清朝水師船的最高水平。

集字號擁有主炮八門，分別為二千四百斤重紅衣炮兩門、二千斤重紅衣炮兩門、一千五百斤紅衣炮四門。此外，尚有射程較短的小型火炮八百斤重洗笨炮一門、一百四十斤重劈山炮十六門，全船共有二十五門炮。壹號同安船擁有主炮六門，其中一千斤重紅衣炮兩門、八百斤重紅衣炮兩門、五百斤重炮兩門、一百斤重劈山炮四門、八十斤重劈山炮四門，共十四門。

這是清代水師主力同安船的樣式，但與鴉片戰爭時的英國艦船相比，無論是武裝民船還是專用軍艦，以上清朝水師的船型及其武器裝備都居於下風。

清水師船不但在噸位上完全被英軍艦船壓制，而且它們普遍存在在建造時偷工減料或年久失修等問題，在航率非常低。據清代文獻《平夷錄》記載："太平日久，額設之戰船，例價既不及半，廠員監造，賠累又過其半，而虛應故事，船身則板薄釘稀，橫具亦多不全，即全矣，皆脆弱不任駕駛，一遇風濤顛簸，便疏散矣。"

另外，清水師的艦載火炮的數量遠少於同期英艦所載，在火力上差距更大。閩浙總督鄧廷楨在鴉片戰爭後曾對此做過對比："船炮之力實不相敵。"此外，鄧廷楨還指出一個細節："此向來造船部定例規如此，其病不盡在偷工減料。"

乾隆年間，戰船的大小、樣式逐漸固定，並由此形成"部定例規"。為了保持對民間船隻的優勢，清朝又對民船的大小尺寸做了限制，並限定民船出海時攜帶火器、糧食、淡水的數量。如此規定，嚴重阻滯了中國造船業的發展。曾經領先於世界的中國造船業，此後被西方遠遠超越。

清代前期，清軍對水師的訓練和巡海等曾有詳細的規定，在相鄰的水師轄區也有明確的會哨制度，但"日久承平，人不知兵"，清朝水師戰力逐漸下滑。以福建水師為例，鴉片戰爭前共有大小戰船二百四十二艘，但能夠開動的只有一百一十八艘，其餘一半多均為缺額或者修理未竣的船隻。

鴉片戰爭前，英國經過工業革命，科學技術快速發展。在第一次鴉片戰爭中，英軍艦隊中已經出現了蒸汽艦船；到第二次鴉片戰爭時，蒸汽動力艦船則成為作戰艦主力。

在兩次鴉片戰爭中，清朝水師皆不敢出海迎戰，只能通過炮台、要塞等海岸防禦設施，試圖在陸地上尋求戰機。但由於清軍的武器裝備此時已遠落後於西方，火炮科技甚至不如明代，因此難逃被西方的"堅船利炮"轟擊坍塌的命運。

第八章

清代，清英海戰

一

珠江口，
三道海防關口

大航海早已打開了東西方的海上通道，廣州再次成為了中外貿易焦點。

乾隆五十八年（1793 年），英國向清朝派出了第一個正式官方使團，但不想開放口岸的乾隆皇帝拒絕了英國駐泊經商的請求。第二年，無功而返的英國特使馬戛爾尼率獅子（Lion）號通過虎門要塞時，別有用心地記下了這裏的海防情況：只要漲潮和順風，任何一艘軍艦"可以毫無困難地從相距約一英里的兩個要塞中通過"，隨團畫家畫下了"馬戛爾尼船隊駛離虎門"的情景。

嘉慶二十一年（1816 年），英國再派阿美士德（William Pitt Amherst）率領使團，經大沽口進入北京，再次與清廷商談租借一塊地駐泊經商之事，遭到嘉慶皇帝拒絕，又沒談成。

此後，早已在澳門落腳的葡萄牙人，向英國開出可借澳門為英國貿易基地的條件：每年可運送五千箱鴉片到澳門，交"租地"銀十萬兩。英國不想高價"租地"，又不想離開珠江口，於是，自行將伶仃洋和黃埔，當作英國躉船據點。

越來越多的外國商船在珠江口活動，還有廣州十三行紅紅火火的外貿生意，令清朝十分不安。尤其是鴉片大量湧入中國市場，令珠江口海防形勢更加複雜緊張。本土海盜、海外列強，各種小規模海上衝突不斷，珠江口進入了比明末清初更加緊張的戰時狀態……

清朝在珠江口到廣州水道上設有三道海防關口：

珠江口是第一道關口，即香港與澳門一東一西守衛珠江的第一門。早在明初，澳門就被葡萄牙"借駐"，朝廷默認"以夷制夷"，將珠江口西岸海防"交給"葡萄牙人，葡萄牙也確實抵抗住了荷蘭等國染指珠江口西岸。

珠江口東岸為香港海防，唐朝即設屯門鎮，派兵駐守。明朝因倭患，於嘉靖時設南頭寨，統轄六汛，巡防香港一帶海域。康熙元年（1662 年），剛登上皇位的康熙皇帝，接續了順治皇帝的"海禁"政策，為防鄭成功在沿海搞反清復明活動，下令"遷海"，從山東至廣東沿海的所有居民內遷五十里，汛地亦被廢棄。

康熙八年（1669 年），康熙皇帝下令"展界"後，西方船隊不斷來到東南沿海，清朝重新在粵沿海增設汛營和炮台，香港炮台即這一時期構築。

從嘉慶二十四年（1819 年）出版的《新安縣志》所載《香港海防圖》上看，清朝對香港海防已有明確佈局：雞翼角（位於大嶼山水域）、屯門、九龍、佛堂門等地都設立了軍事要塞，畫面中到處飄著"汛旗"。其雞翼角炮台（現存炮台遺址）建於康熙五十六年（1717 年），選址大嶼山西南角，置大炮八門。要塞俯瞰珠江口水路要道。東九龍北端的佛堂門炮台，也建於康熙五十六年（1717年），置大炮八門。嘉慶十五年（1810 年），因此炮台孤懸海外，守軍難以接濟，將其廢棄，駐軍及大炮移至九龍寨，另建九龍炮台，置大炮八門。此圖上，繪有三桅大帆的西洋商船，表明此時珠江口已是洋船往來的重要港口。

鴉片戰爭前夜，香港海防再度加強。

道光十九年（1839 年）穿鼻洋之戰後，林則徐將九龍炮台擴建為尖沙咀和官涌兩座炮台，並調陳連升到官涌山崗建立防守營盤。官涌山崗上新建營盤對

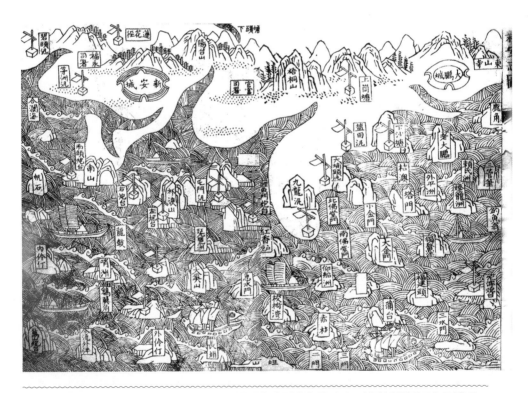

圖 8.1：從嘉慶二十四年（1819 年）出版的《新安縣志》所載《香港海防圖》上看，清朝對香港海防已有明確佈局。

停泊在這裏的義律率領的英國商船和兵船有所震懾。但道光二十一年（1841年）清英真正開戰後，因此炮台孤懸海外，不足抗敵，被清軍放棄。1841年3月，英軍佔據了這兩座炮台，炸毀官涌炮台，保留尖沙咀炮台，並將其改稱"維多利亞炮台"。兩座炮台最終消失於20世紀初。

珠江口第二道關口為穿鼻洋。此地因兩岸各有一個海角伸向航道，形成穿牛鼻子一樣的天然關口，故名穿鼻洋。此洋東岸海角為東莞的沙角，西岸海角為順德的大角，兩角相距三十里左右。此關口內達虎門水道，外連大海，恰處在香港到廣州水路的半程，地理位置十分重要。此洋東西兩端建有沙角炮台和大角炮台。

穿鼻洋東岸的沙角炮台（亦稱穿鼻炮台），始建於嘉慶五年（1800年），炮台配大小鐵炮十一門。在相連的扯旗山上有望樓和圓形炮台，在捕魚台山建有露天炮位。沙角炮台與大角炮台東西斜峙，相距三千六百多米。形成虎門海防的一道重要門戶。雖然，當時炮台上的大炮限於射程而無法封鎖洋面，但初來珠江口的英國人還是很關注這個炮台。

穿鼻洋西岸的大角炮台，始建於嘉慶十七年（1812年）。據廣東水師提督關天培《籌海初集》載："炮城一處周圍九十三丈，炮洞十六個，鐵炮十六門。"此炮台在1841年1月7日的清英海戰中遭受破壞，兩年後重修，但在第二次鴉片戰爭中又被英、法聯軍炮損。大角炮台與沙角炮台，雖然後來經歷多次戰亂，但至今保存尚好，現已建成為對外開放的海防公園。

珠江口的第三道關口是虎門。萬曆十六年（1588年），明朝在珠江口東岸石旗嶺上設虎門寨。當時的虎門寨只有城牆，沒設炮台。明朝所設沿海墩台，只用於觀察與示警，在有戰事時燃放烽火報警。清朝將沿海墩台升級為炮台要塞。

康熙五十六年（1717年），清朝廷開始在虎門建設炮台，於虎門寨南面山嶺設南山炮台，於橫檔島設永安炮台、橫檔炮台、西炮台、東炮台，組成封鎖江口的火力網。嘉慶十五年（1810年），虎門寨城升格為水師提督駐地，因南山炮台距水道太遠，又在山下築鎮遠炮台。

道光十四年（1834年），珠江口處的外國船不斷滋事，海防吃緊，清朝急調關天培任廣東水師提督，加強虎門海防。關天培到任後，從"禦敵之道，守備為本，以逸待勞，以靜制動"的原則出發，針對水道寬、火炮射程短等限制因素，增建、改建各炮台，添鑄重炮，使虎門要塞十座炮台連成一氣，並把有關奏稿、

圖 8.2：《籌海初集》中的《十台全圖》全面反映了關天培戰前的炮位佈局與堡壘細節。

書稿、告示、制度、圖式等，編成《籌海初集》四卷，供官兵學習。

《籌海初集》中的《十台全圖》，全面反映了關天培的戰前海防部署。圖為上西下東，左南右北。圖上繪出了虎門三道防綫，共計十個炮台。左側的沙角號令炮台和大角號令炮台為第一道防綫，兩台發現敵艦，即發號令通知上游炮台。此圖中心為第二道防綫，在江心橫檔島上有永安炮台、橫檔炮台；東岸有鎮遠炮台、威遠炮台、新涌炮台；西岸有鞏固炮台、蕉門炮台。敵艦若進入橫檔島兩邊水道，皆有炮擊之。此圖右側的大虎炮台為第三道防綫，敵艦若突破第二層防綫，大虎炮台可以"一台當關"，最後迎頭擊之。

令人遺憾的是，這個以守為中心的防禦體系，只為防止敵艦越過虎門，攻打廣州，沒有料到後來英艦並不急於攻打廣州，而是在虎門直接進攻炮台。清軍炮台都沒有頂蓋，缺少防護，三層炮台又無火力關聯，在英軍採取個個擊破的戰術背景下，炮台守軍沒有應對措施，很快全綫失守。

二

初戰定海，
鴉片戰爭第一戰

　　馬戛爾尼使團和阿美士德使團，在乾、嘉兩朝，兩次進京都沒談成通商之事，卻完成了"開眼看中國"的任務，也做好了"開炮進中國"的準備。

　　此時，英國不再懼怕清朝，並且找到了對付清朝的辦法。嚴重入超的英國為改變白銀大量流入清朝的被動局面，開始從孟加拉一帶大量走私鴉片，通過珠江口輸入清朝各地。鴉片源源不絕的輸入，白銀大量流出，清朝的對外貿易出現巨大逆差，到鴉片戰爭開戰前，鴉片輸入量已高達一千四百噸。

　　道光皇帝不得不派出欽差大臣林則徐赴廣東監督禁煙。

　　道光十九年（1839 年）6 月，林則徐在虎門銷煙，7 月，拆除了廣州外國商館。第二年 4 月，眼看做不成生意的英國政府通過了對清朝的戰爭議案，任命喬治·懿律（George Elliot）和他的堂弟查理·義律（Charles Elliot）為正、副全權代表，懿律為對華戰爭英軍總司令；6 月，懿律率領英國艦船四十餘艘及四千名士兵抵到達珠江口海面。

　　英國艦隊封鎖珠江口之後，並沒在珠江口立即開戰，而是調集主力艦隊北上舟山。道光二十年（1840 年），7 月 5 日，英國艦隊入侵定海，清英艦隊在海上展開對轟——鴉片戰爭第一戰由此開始。

　　康熙二十六年（1687 年），康熙皇帝以"山名為舟則動而不靜"為由，詔改"舟山"為"定海山"，取"海定波寧"之義，改舟山建置為"定海縣"，並親題"定海山"匾額。康熙三十七年（1698 年），康熙皇帝批准在定海縣城南開設"紅毛館"，接待英國商船。乾隆二十二年（1757 年），乾隆皇帝禁止英船進入寧波，"紅毛館"也隨之關閉。英使馬戛爾尼使華時，也曾表現出對舟山群島的覬覦之心。

　　舟山本島很大，定海城位於它的南部，是面向大陸的一座古城。

　　道光二十年（1840 年）7 月 3 日，英軍派馬達加斯加（Madagascar）號、阿特蘭特（Atalanta）號武裝汽船和裝炮二十八門的鱷魚（Alligator）號軍艦以及兩艘運輸船，作為先遣隊，駛入定海海域進行水道測量。次日，英國艦隊主力抵達定海，進入海口。對此，定海守軍未能及時加以防備。當時，定海水師有兵力兩千餘人，舊式戰船二十一艘，在定海城外東南設有炮台一座。

7月4日下午，英國遠征軍海軍司令伯麥（James John Gordon Bremer）派人送來最後通牒，要求定海守軍投降。定海知縣姚懷祥看到通牒後，在官弁的陪同下登上英艦詢問來意，英軍將進攻時間推遲至7月5日。

7月5日下午2時，裝炮七十四門的威厘士厘（Wellesley）號、裝炮二十八門的鱷魚號、裝炮十八門的康威（Conway）號、裝炮十八門的巡洋（Cruiser）號等艦船進入港內。英軍見清軍未退出定海城，首先向定海"舟山渡"（今天的舟山定海港務碼頭至定海海濱公園一綫）海防陣地發動炮擊。

定海總兵張朝發率戰船及水師兩千餘人出海迎戰，雙方的在港口外的海面上擺開戰陣。雙方皆用戰艦側面的大炮對轟，戰鬥僅持續了九分鐘。英艦隊中彈三發，損失很小，但清朝水師則頂不住英艦炮火攻擊，總兵張朝發戰死，清軍潰退到陸上防綫。

隨後，英軍海軍陸戰隊開始進行登陸作戰。定海知縣姚懷祥在城內率領軍民繼續抵抗登陸的英軍。7月6日早晨，這座宋代構築的石頭城，被英軍從東門攻陷。姚懷祥退至北門，眼看無力回天，轉身投梵宮池殉國。定海淪陷。

定海之戰是鴉片戰爭第一戰，也是中國近代史上第一次喪失國土的敗仗。

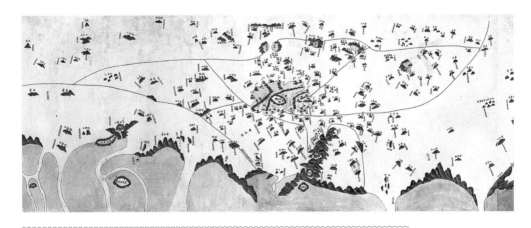

圖8.3：從葛雲飛編繪的《葛雲飛增輯兩浙海防圖》（局部）看，葛雲飛做好了全綫抗敵的準備。

道光皇帝直到定海失陷後的第十八天，才收到浙江巡撫烏爾額恭在 7 月 11 日發出的奏摺，得知定海失守。兩天後，道光皇帝發佈上諭：“現已調兵合剿，不難及時撲滅。”此時，一直被地方督撫矇騙的道光帝，對戰局尚抱有一定的幻想。

攻下定海後的英軍，留下一批人佔領定海，另一支隊伍繼續北上天津。8 月 11 日，英軍抵達天津，將《致中國宰相書》進呈清朝皇帝。道光皇帝誤以為英國人只是對銷煙不滿意，於是罷免了林則徐，但拒絕賠償鴉片損失，更拒絕割讓島嶼，並令其“反棹南還，聽候辦理”。英軍同意返航，但要求到廣東繼續與清朝談判。9 月 28 日，英國艦隊回到定海，但這裏疫病流行，近半年時間英軍病死四百四十八人。

道光二十一年（1841 年）1 月，琦善同英軍締結《穿鼻草約》，2 月 25 日英軍登船南下，離開舟山。26 日，總兵葛雲飛、王錫朋、鄭國鴻等部進入舟山。這期間還發生一個小插曲，他們因為要在奏摺中寫哪位將領率先進入舟山而發生爭吵。欽差大臣伊里布最後在奏摺中，編撰了一個“三總兵收復舟山”的故事。

葛雲飛等人上島後，深入海島，查勘地形，重建定海海防設施。從留存下來的葛雲飛編繪的《葛雲飛增輯兩浙海防圖》局部圖看，葛雲飛是做好了全線抗敵準備的。同時，葛雲飛還對定海水師進行了改造，添置鐵炮十門，並招募水勇一千二百名，新造和徵集各類船隻上百艘。

這年 9 月下旬，英軍果然捲土重來，三總兵率兵抗擊，第二次定海保衛戰打響了。

三

穿鼻洋海戰，
香港淪為英國控制地

　　道光二十年（1840 年）秋，道光皇帝將林則徐革職；同年底，新任兩廣總督兼海關監督琦善到達廣州。此時，英國在華全權代表喬治·懿律已因病辭職，他的堂弟查理·義律接任這個職務，並與琦善展開談判。

　　道光二十一年（1841 年）初，道光皇帝收到琦善第三期奏摺後，下令："逆夷要求過甚……非情理可諭，即當大申撻伐……逆夷再或投遞字帖，亦不准收受。"但早於"龍顏不悅"的前一天，義律已先不悅了。他不滿談判進程與條件，於 1 月 7 日上午，派出七艘軍艦、四艘輪船和十餘隻舢板，載英軍一千四百六十一人，突襲珠江口的第二道關口──穿鼻洋。

　　經過鴉片戰爭及之前的清英幾場海上對抗後，琦善和關天培等人加大了珠江口的海防力量。此時，虎門地區的清軍達萬人以上，其中大角、沙角一帶有清軍一千餘人；上游橫檔一綫，有八千五百人；靠近虎門城寨的太平墟，還有一千名後備軍。

　　1841 年 1 月 7 日，英軍總指揮伯拉特少校率領艦船進入虎門外的穿鼻洋水域，他將艦隊分為東西兩路。東路軍，由英國海軍的加略普（Calliope）號、拉尼（Larne）號（林則徐在虎門銷煙時，英國在珠江口有二十餘艘商船，只有這艘四百噸級的小型護衛艦拉尼號護衛，此艦十八門炮）、海席新（Hyacinth）號三艦組成，負責攻打河口東岸東莞的沙角炮台。同時，還有東印度公司的復仇女神（Nemesis）號、皇后（Queen）號蒸汽明輪船運送地面部隊。西路軍，由英國海軍哥倫拜恩（Columbine）號、都魯壹（Druid）號、摩底士底（Modeste）號、薩馬蘭（Samarang）號四艘軍艦組成，正面攻擊大角炮台。

　　東路軍先是以艦炮對沙角炮台發起正面轟擊，吸引清朝守軍，同時，用運輸船載著陸戰隊，從沙角炮台後側約四公里的穿鼻灣登陸，用竹梯爬上後山，向沙角陣地俯射進攻。三江口協副將、年逾花甲的陳連升率六百餘名官兵在沙角炮台奮力抵抗，終因兵力單薄、戰術呆板，經不起英軍正面炮擊和側後登陸包圍而陷入被動。陳連升和兒子陳舉鵬戰死在陣地上，沙角炮台陷落。

原本只是運送登陸士兵的次要角色復仇女神號（排水量六百六十噸，裝備兩門三十二磅炮和四門六磅炮），因其是第一艘繞過好望角的蒸汽明輪船，也是首次在海戰中亮相的蒸汽明輪船，所以，有關此次海戰的許多繪畫都有它的身影。最早報道復仇女神號的，是英國隨軍畫家的戰場速寫《東印度公司復仇女神號汽船在廣州河（珠江）摧毀中國戰船》。該畫刊於 1842 年 11 月 12 日出版的《倫敦新聞畫報》上，畫中的戰爭場面，後來被繪製成各種圖畫廣為流傳。

當時，復仇女神號由威廉‧霍爾中尉指揮，由於船兩邊裝有巨大的槳輪，船舷已沒有更多空間裝炮，故僅裝有六門炮。作為輔助戰船參戰的復仇女神號，憑藉動力上的優點，機動靈活地炮擊清朝戰船。英國全權代表懿律曾説："復仇女神號完成了兩艘戰艦所應完成的任務。"

據《倫敦新聞畫報》報道稱，復仇女神號在戰鬥中，先是運兵至沙角炮台後方，而後轉身駛向三江口，在五百碼的距離內，向清軍四艘最大的兵船發射密集的康格里夫火箭（Congreve rockets）。19 世紀初，這種火箭由英國炮兵上校威廉‧康格里夫發明的，箭長一米左右，箭尾有平衡導桿，裝載火藥，從一磅到三百磅不等，配有發射架，射程最遠可達一千八百米。穿鼻洋海戰是康格里夫火箭在中國戰場上首次使用。復仇女神號發射的康格里夫火箭擊中清軍戰船，引燃清水師船上的彈藥，使其發生了威力巨大的爆炸。《倫敦新聞畫報》的戰事記載，從一個側面説明畫面中央發生的巨大爆炸場面並非藝術誇張。

畫面中，那些被擊毀的清軍戰船，是當時泊於三江口的清軍戰船，大約十艘。這種被炸斷雙桅的清軍戰船，原為廣東運米船，也稱"米艇"。清初，廣東水師發現該船型吃水淺、速度快，就採用其作為戰船。這些戰船上配有火炮，但多為實心彈，破壞力不強，無法對抗英軍艦炮和蒸汽明輪船的火箭等的轟擊。

與此同時，西路軍也以艦炮對大角炮台發起正面轟擊，清軍沒有頂蓋的炮台工事，在英軍的猛烈炮擊下全面瓦解。隨後，英軍從大角炮台後山南北兩側開始包抄炮台。登陸後的英軍，按著歐洲作戰的戰法，一是擺好炮對堡壘進行轟擊，二是列方陣一邊用排槍輪番射擊，一邊向前推進。這樣的攻擊令使用鳥槍的清朝守軍幾乎無力對抗。大角炮台千總黎志安率兩百多名官兵英勇抗擊，終因寡不敵眾，被迫突圍撤退。大角炮台淪入英軍之手。

英軍攻陷穿鼻洋沙角、大角兩座炮台後，艦隊溯江而上，來到虎門的第二重

THE NEMESIS STEAMER DESTROYING CHINESE WAR JUNKS, IN CANTON RIVER.

(From a sketch in the possession of the Hon. East India Company.)

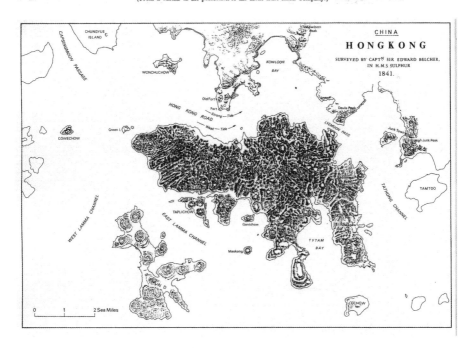

上｜圖 8.4：英國隨軍畫家的戰場速寫《東印度公司復仇女神號汽船在廣州河（珠江）
摧毀中國戰船》，刊於 1842 年 11 月 12 日出版的《倫敦新聞畫報》。

下｜圖 8.5：愛德華・卑路乍按義律的命令，於 1841 年 1 月 26 日率英艦硫磺號在香港
水坑口登陸，並插上第一面米字旗。這是他在船上畫的第一幅香港島專圖。

防綫橫檔炮台前方水域。

在英軍炮火的威逼下，琦善和義律重開談判。

道光二十一年（1841 年）1 月 20 日，義律逼迫琦善擬訂了《穿鼻草約》，主要內容是：香港本島割讓給英國；賠償英國政府六百萬銀元；開放廣州為通商口岸……但雙方未正式簽約。雖然如此，1 月 21 日，義律還是單方面公佈了《穿鼻草約》，並在 1 月 26 日私自派愛德華·卑路乍（Edward Belcher，也譯為愛德華·貝爾徹），率吃水淺、排水量僅為三百八十噸的硫磺（Sulphur）號在香港水坑口登陸，義律隨即出任香港行政官（不是總督）。這一天後來被當作香港淪陷日。

愛德華·卑路乍是英國皇家海軍海道測量軍官，此前曾在白令海峽、西非海岸、南美海岸和英國領海完成了大量測繪工作，經驗特別豐富。愛德華·卑路乍登上香港島後，不僅在香港插上了第一面米字旗，還完成了對香港島的測量工作，並在硫磺船上畫出了第一幅香港島專圖《香港和附近海域》。

不過，這份《穿鼻草約》，清、英政府都不予承認。道光皇帝因琦善擅自割讓香港，下令將其鎖拿解京問罪。道光二十一年（1841 年）1 月 27 日，清朝決定對英國開戰。

四

虎門海戰，
第三道關口被攻破

道光二十一年（1841 年）2 月 25 日晚，義律率部搶先開戰，向虎門陣地守軍發起進攻。

虎門是珠江口通往廣州的第三道關口。在虎門橫檔一綫，清朝設有威遠、靖遠、鎮遠、橫檔、永安、鞏固六座炮台。道光十九年（1839 年），關天培曾在東北角山根與江心橫檔島間，構攔江鐵鏈木排兩道，以攔截入侵之敵。

2 月 23 日，開戰之前，英蒸汽明輪船復仇女神號即率領一些乘小艇的英軍，拆毀了第一道鐵鏈木排。2 月 24 日，英國遠征軍司令伯麥向關天培發出最後通牒，要求其退出橫檔一綫。關天培未予答覆。2 月 25 日，英軍首先佔領下橫島，並在島上的制高點設立三門重炮。2 月 26 日清晨，下橫島的英軍居高臨下，開始炮擊上橫島的清軍，部分清軍守將乘小舟逃跑。上午 10 時，載炮七十四門的威厘士厘號、麥爾威厘（Melville）號、伯蘭漢（Blenheim）號和載炮四十四門的都魯壹號等軍艦，趁漲潮逆流而上，先克橫檔炮台。

此時，總兵李廷鈺與提督關天培分守威遠、靖遠兩炮台。關天培從率領水師在穿鼻洋迎戰英軍戰船後，清楚地認識到清朝水師與英國海軍，在艦炮上的巨大差距，所以，不再輕易出海迎戰英國海軍，而將所有的力量都投入到炮台防守方面。

在大角、沙角兩炮台失守後，道光皇帝以督戰無方為名，革去關天培的頂戴，令其戴罪立功。關天培用西洋重炮重新武裝各海岸炮台，並配有西洋原廠火藥和炮彈，工事相當堅固。同時，鑒於沙角之戰中炮台後側空虛導致英軍迂迴登陸的教訓，關天培在琦善的支持下，在後路修建隱蔽式炮台，又在各炮台的側後方，加派兵勇，防備英軍陸戰隊。

開戰後，英艦首先向虎門各炮台進行了一輪炮擊，由於英國戰艦所配的大炮射程皆大於虎門大炮的射程，英艦幾乎不受損失。炮擊過後，英軍派三百餘名陸戰隊員登陸，攻佔炮台。守衛炮台的清軍，一鬨而散。

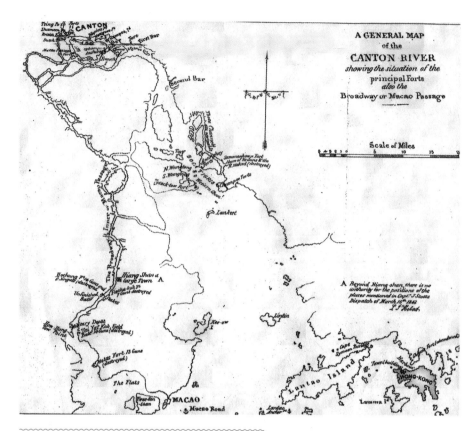

圖 8.6：英軍道光二十一年（1841 年）進攻珠江的《英軍進攻珠江全圖》，珠江上的三道關口，在圖中均有描繪。

此時，只有"戴罪立功"的關天培、李廷鈺等四百多名大小官兵守在靖遠、威遠炮台。關天培率孤軍奮戰，堅持一陣後，靖遠炮台被攻陷，關天培及幾十名官兵戰死。打下靖遠炮台後，英軍調轉炮位，全力攻打威遠炮台。總兵李廷鈺終因彈盡糧絕，率部撤退。以威遠、靖遠、鎮遠、鞏固、永安、橫檔炮台構成的珠江上第三道關口，終被英軍突破。

而佈置在炮台後山的兵勇，不僅未能主動出擊，反被英軍驅散。當天下午 5 時，戰鬥全部結束。清軍自水師提督關天培以下戰死四百餘人，另有一千餘人被俘。英軍僅輕傷五人。

英軍攻下虎門後，選擇溯江北上，攻打廣州。

五

烏涌之戰，
第一艘引進現代戰艦被摧毀

　　道光二十一年（1841年）2月26日攻克虎門後，英國艦隊於次日溯流北上，直逼廣州城外的黃埔。清軍在黃埔島建有許多炮台，首當其衝的是烏涌炮台。為阻擋英國艦隊逆流而上，清軍在烏涌炮台臨江一側修建了野戰工事，架設了四十七門大炮，還在江面用排木筏和沉船構築了一條橫貫江面的封鎖綫，包括架設一條橫江鐵鏈。在這條封鎖綫的上游，泊有四十多艘戰船，形成一道水上的火力網。其中，有一艘戰船是清朝水師引進的第一艘現代戰艦截殺號。

　　當時林則徐到達廣州後，一方面禁煙，一方面積極推進海防。為對抗英軍的"堅船利炮"，道光二十年（1840年），林則徐從廣州的美國旗昌洋行購買了一艘武裝商船，中國文獻音譯為"甘米力治"（Cambridge）號，意譯為"劍橋"號。

　　這艘船原本是英國東印度公司1799年在加爾各答建造的一艘商船，船名為波徹（Porcher）號，1802年法國私掠船將其劫獲，1804年英國人又奪回了它，用作貿易船。1810年它再次易主，新船主將它命名為劍橋號。1818年它再次被賣掉，新船主叫道格拉斯。

　　道光二十年（1840年），劍橋號從孟買販運鴉片和棉花到廣東。在新加坡停留時，道格拉斯購買了二十八門六磅炮和四門十二磅炮，以代替此船原來攜帶的六門大口徑短炮的火力裝備，使它成為一艘擁有三十多門火炮的武裝商船。隨後，船長道格拉斯説服了英國在華貿易總監查理·義律，讓義律租用劍橋號作為其在華貿易的護衛艦。後來，東印度公司派來大量戰艦進入中國海域，義律不再租用此船。無力經營此船的道格拉斯將它賣給了廣州的美國旗昌洋行。在賣船時，道格拉斯被義律要求把劍橋號的大炮全部撤下運回印度。所以，林則徐買下這艘船時，船上已沒有武器。

　　據英國方面的資料顯示，此船是一艘三桅大帆船，柚木建造，三層甲板，排水量900噸，長度為43米，橫樑10.8米，吃水深度4.3米。購得此船後，林則徐為其重新配置了三十四門大炮。但重新裝飾的這艘戰艦，其風格完全中國化

了：船頭塗上了兩隻船眼，主桅上懸掛著一面水師提督的紅旗子，其他桅杆掛各色各樣的中式旗幟——有"勇"字旗、"八卦"旗。這種"外中內洋"的戰艦風格引起了西方人的好奇，美國人亨特（William C. Hunter）的《廣州"番鬼"錄》和英國人賓漢（John Elliot Bingham）的《英軍在華作戰記》都有關於它的描述。

劍橋號是中國引進的第一艘現代軍艦，被重新改裝後，改名為截殺號。不過，截殺號並沒有出海"截殺"英軍戰船，單靠一條大船也無法對抗英國艦隊。截殺號最初被用作訓練艦，在戰事吃緊後，它被安排在烏涌炮台前的江面上，作為江面"炮台"，攔截逆流而上的英國艦隊。

道光二十一年（1841 年）2 月 27 日，英軍組織加略普號、前鋒號、阿里耶打號、硫磺號、摩底士底號及蒸汽明輪船復仇女號、馬達加斯號等七艘戰艦，溯珠江水道而上，中午到達頭道灘，隨即向烏涌炮台發動猛烈攻擊。

這艘船作為劍橋號時，沒有留下什麼歷史圖像，現存文獻中只有《在攻打廣

圖 8.7：清軍引進的第一艘現代戰艦劍橋號，在廣州保衛戰中被英軍的炮火摧毀。

州炮台戰役中劍橋號被炸毀》這幅插畫，記錄了它作為清軍截殺號的最後身影。此畫刊於英國皇家海軍軍官愛德華·卑路乍 1843 年在倫敦出版的《環球航行》一書，但沒有留下插畫作者的名字。愛德華·卑路乍於 1840 年赴中國參加鴉片戰爭，主要負責海道測量，1842 年回到英國，並受封爵士。

圖 8.7 就是這一幅戰地紀實畫，畫中被炸毀的是清軍截殺號。它與英軍進行了一陣對射，但在英軍數艘戰船的合擊下，其甲板被炸飛。畫面中央是清軍精心排佈的攔江防綫。英國海軍陸戰隊的幾艘小船俘獲截殺號之後，發現它已被嚴重毀壞，便縱火焚燒了它。

廣州城外的烏涌防綫，由遊擊沈占鰲、守備洪達科統率廣東、廣西籍士兵約七百人駐守。沈占鰲、洪達科及湖南總兵祥福所部大部分官兵，均在戰鬥中壯烈犧牲。此戰，清軍陣亡將領二十一員、兵丁四百一十五名。

英軍打下烏涌炮台，順利進入廣州內河，下一個目標即是廣州。

六

攻打廣州，
炮聲中的通商"談判"

英軍方面，一邊做攻打廣州城的準備，同時，試圖進行新一輪的通商"談判"。

道光二十一年（1841年）3月3日，英軍拿出《議約戢兵條約》，開出比《穿鼻草約》更苛刻的賠款、割地條件，並限清朝方面三天之內答應。

在接替林則徐擔任兩廣總督的琦善被罷免後，道光皇帝派了他的姪子奕山為靖逆將軍，老將楊芳為參贊大臣，一起到廣州主持軍政事務。楊芳十五歲參軍，身經百戰，此時已七十一歲，但他的到來，仍被廣州軍民視為救星，"倚為長城"。

3月6日期限到，英軍發兵，先後攻陷獵德、二沙尾炮台，隨後，英軍繞到河南島的另一側，試圖從這裏尋求通往廣州城的道路。但這裏還有一座大黃滘炮台，因船隻從虎門到龜崗島前，必須轉舵航行，俗稱"車歪炮台"（此炮台至今尚存，是廣州唯一保存得比較完整的鴉片戰爭時期的古炮台），此地距廣州城只有一公里。

3月13日，英軍不費吹灰之力攻佔了大黃滘炮台，並駐紮於此。

3月16日，義律再次發出一份停戰談判照會，並派出一艘打著白旗的小船準備通過大黃滘河段送照會到省城。在這艘小船途徑大黃滘上游的鳳凰崗炮台時，守軍發炮轟擊，英船退回。這次炮擊後來被清軍描繪成一場勝仗。

3月18日，談判無望的英國人，下令攻擊廣州城。英國軍艦由大黃滘炮台出發，一路攻克鳳凰崗炮台、永靖炮台、西炮台、海珠炮台，戰艦沿河道行至花地，並進一步攻至廣州城外西南部西關沙面，在十三行的英國商館停留片刻後撤離。

從5月初開始，清朝調集各地援軍1.7萬人相繼抵粵。在廣州，清英雙方保持有限度的談判接觸。由於沒有取得實質性結果，義律準備再次對廣州發動進攻。

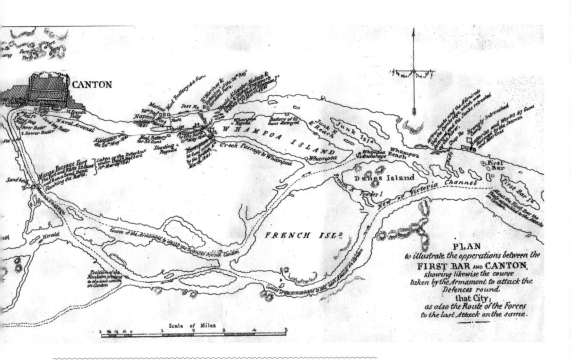

圖8.8：這幅英國海軍部繪製的《1841年3月至5月英軍沿珠江進攻廣州圖》，
左邊註記有攻打大黃滘炮台的日期：1841年3月13日。

　　5月20日，奕山在獲得相關情報後，下令在第二天發動對英軍的"夜襲"。
此時他所僱用的福建水勇一千人、廣東當地水勇三千人尚未到達。次日夜11
時，清軍從上游施放火船對英軍進行火攻。奕山試圖趁發動火船攻擊的混亂之
際，讓清軍登上英艦廝殺。可惜火攻未能奏效。第二批火船被沖上岸後，引起大
火，導致清軍潰散。

　　5月23日，在香港的英軍趕到廣州水域，分兩路集結。在廣州西南鳳凰崗
一帶，有戰艦十一艘、輪船兩艘、陸軍兩千三百人以及海軍陸戰隊一千餘人。在
廣州以東的黃埔，英軍還佈有戰艦四艘。

　　5月24日下午2時，英艦發起報復性攻擊。此次英軍沿用了四個多月前的
沙角之戰的戰術：海軍發動正面攻擊，步兵迂迴登陸側面包抄。當晚，英軍在珠
江上游的繒步登陸。次日，英軍佔領廣州城北高地越秀山的四方炮台，設司令部
於地勢最高的永康炮台，大炮可直轟廣州城內。

5 月 27 日，廣州城掛起白旗，奕山保城求和。奕山與英軍簽訂《廣州和約》，清朝向英軍交 "贖城費" 六百萬元。6 月 1 日起英軍開始撤退，並交還了虎門橫檔以上各炮台，撤回香港，廣州戰役至此結束。

不過，奕山給叔叔道光皇帝的奏摺卻稱大勝奏捷，宣稱擊沉英國兵輪一艘，焚毀三桅兵船一艘，皇帝朱批 "好極"。此事後被閩浙總督顏伯燾等人揭發，道光帝大怒，將奕山停職治罪。

實際上，廣州之戰，近兩萬清軍一路敗退，丟棄了六百多門炮；英方宣稱死亡九人，受傷六十八人。這是 1840 年 7 月清英開戰以來英國方面傷亡的最高記錄，從戰鬥規模以及所取得的戰果來看，這一傷亡似可忽略不計。

七

攻佔廈門，
石壁炮台不堪一擊

英國對清朝的海上進攻持續了一年，取得了一些軍事上的勝利，但最終目標——簽訂通商條約，一直沒辦成。英國政府決定換個指揮官，也換一種打法，以求一場實實在在的勝利，得到一些實實在在的成果。

道光二十一年（1841 年）5 月 31 日，英國外相以義律對清國的攻掠過於保守為由，改派璞鼎查（Henry Pottinger）接替義律全權辦理清國事務。8 月 21 日，璞鼎查帶著海軍總司令巴加（William Parker）、陸軍總司令郭富（Viscount Hugh Giough，也譯臥烏古）率領十艘軍艦、四艘武裝輪船、二十二艘運輸船以及陸軍二千五百人離開香港北上，進入廈門附近海域。

第一次鴉片戰爭由此進入第三階段。

廈門是英國早就看中的海上要衝與貿易集合點。早在道光二十年（1840 年）6 月，英軍就曾以遞交清宰相書副本為由，欲進入廈門，但被閩浙總督鄧廷楨拒絕。清英雙方在胡里山及其海面發炮對射，激戰三個時辰，最終英軍離開了此地。

道光二十年（1840 年）9 月，道光帝罷免鄧廷楨，任命顏伯燾為閩浙總督。這位主戰派官員於次年 2 月抵達福建後，就來到廈門進行佈防。顏伯燾除了在廈門南岸建造了堅固的石壁陣地外，還在鼓浪嶼和對岸的嶼仔尾三地增建炮兵陣地，安放有二百七十九門火炮。清英雙方在廈門開戰之前，清軍已在廈門的前沿陣地上，安設了四百門以上的火炮，部署了五千六百八十名守軍，另有僱勇九千二百七十四人保衛地方。所以，當英軍拿出致福建水師提督的最後通牒，要求清軍讓出"廈門城邑炮台"時，顏伯燾未予理會，決心一戰。

1841 年 8 月 25 日夜，英軍到達廈門海域。次日清晨，璞鼎查和海軍司令巴加、陸軍司令郭富乘輪船偵察廈門設防情況，並制定作戰計劃。

廈門之戰，於 8 月 26 日下午 1 時 45 分打響。

英國隨軍畫家格勞弗（Glover）繪製了一幅《1841 年 8 月 26 日英國艦隊進

圖 8.9：《1841 年 8 月 26 日英國艦隊進入廈門海面》水彩畫。表現了英國艦隊在廈門海面的戰鬥佈局。

圖 8.10：《英軍 1841 年 8 月 26 日攻打廈門石壁炮台》水彩畫。表現了清軍"藤牌兵"身穿虎衣，頭戴虎帽，手持藤牌、片刀正與手持火槍的英軍對抗，炮台轉眼失守。

入廈門海面》水彩畫，提供了當時戰鬥的細節。據英國賓漢所著《英軍在華作戰記》載，格勞弗當時在運送英國海軍陸戰隊的武裝輪船弗萊吉森（Phlegethon）號上，曾自告奮勇地隨陸戰隊的小艇登岸，並第一個"在攻克的炮台上掛起英國國旗"。

這幅海戰紀實畫特別可貴的地方是，畫家在圖的下方標註出了參戰的英國戰艦及其方位：左起第一艘為五等軍艦卑拉底士（Pylades）號；第二艘、第三艘為運載海軍陸戰隊的皇后號和西索斯梯斯（Sesostris）號；畫面正中央的三艘大船，中間為載炮七十四門的旗艦、三等戰列艦威厘士厘號，右邊為載炮七十四門的三等戰列艦伯蘭漢號，左邊為測量領航船、載炮十門的等外艦班廷克（Bentinck）號；最右邊的二桅軍艦為運送海軍陸戰隊的武裝輪船弗萊吉森號。

戰鬥中，火力較弱的測量領航船、戰艦班廷克號，負責圍繞錨泊的兩艘戰列艦進行警戒，防止清軍水師戰船從背後偷襲。值得注意的是戰列艦伯蘭漢號，它是英國在第一次鴉片戰爭中參戰艦中最高級別的主力戰艦，以風帆為動力，船身為木製，有三層炮位甲板，載炮七十四門，屬三等戰列艦。早期的英國戰列艦分為六等，一等為最高級，也就是說英國此次沒派最高等級的戰艦參戰。作為主力戰艦，伯蘭漢號受到高度重視。

從圖上對英軍各艦的位置、關係和攻擊形態標示來看，此時英艦威厘士厘號、伯蘭漢號這兩艘噸位較大的戰列艦，已進至沙坡尾外的深水區，並在此收帆下錨，一起利用重型舷列炮對石壁炮台進行猛烈炮擊。兩艘戰列艦在攻擊時，恰處在石壁炮台射程外，而石壁炮台卻在英艦火器射程內。英艦先是逆潮向，利用舵有效控制艦體姿態，使用右舷炮火分層間隔齊射五輪至八輪後，再利用潮動和錨換舷，使用左舷炮繼續攻擊，既保證火力持續，又可冷卻使用過熱的火炮。

廈門之戰爆發時，福建水師提督竇振彪恰巧率領大部分戰船出海巡邏未歸。閩浙總督顏伯燾坐鎮廈門島，指揮廈門南岸、鼓浪嶼、嶼仔尾炮台，"三面兜擊"英軍。英軍仍然沿用老戰術應對。在鼓浪嶼，清英炮戰一小時二十分鐘後，英軍從側翼登陸，佔領炮台。

廈門南岸的戰鬥則激烈一些，這源於南岸的防護設施之堅固——廈門南岸胡里山海邊構築的石壁炮台，英軍稱其為"長列炮台"。此炮台號稱鴉片戰爭初期清朝的三大炮台（虎門、石壁、鎮江）之一，是閩浙總督顏伯燾耗銀兩百萬兩，精心打造的海防壁壘。炮台建在廈門白石頭至沙坡尾一帶的海岸綫上，防綫長約 1.6 公里、高 3.3 米，石壁厚 2.6 米，全用花崗岩建成，每隔十六米留一炮洞，共安設大炮一百門。但石壁炮台在此種對抗中，卻有一種"先天不足"，即炮台的炮洞皆為方型孔，火炮只能朝正前方射擊，不能左右轉動，大大限制了炮口兩側的射擊範圍。

8 月 26 日下午 1 時 45 分，港內風起浪湧，英艦紛紛起錨進攻。經過一小時二十分鐘炮戰，英軍先將鼓浪嶼的三座清軍炮台打啞。石壁方面，英軍從正面及東、西兩側三個方向對其進行炮擊。雖然，英軍炮火完全覆蓋了清軍陣地，但清軍石壁炮台仍然堅挺。開戰兩個小時後，英軍在石壁炮台東側登陸。下午 4 時左右，石壁炮台失守。當晚，總兵江繼芸投海自殺。顏伯燾率領文武官員連夜逃往同安。

8 月 27 日，英軍攻下廈門城。廈門失陷後，道光皇帝接到顏伯燾的奏摺，才知道英軍也會陸戰。由此可見之前一年多地方大員在奏摺中對清廷的矇騙。

英軍攻克廈門休整二十天後，留下三艘軍艦、五百五十人駐守鼓浪嶼，其餘艦船在海軍司令巴加和陸軍司令郭富率領下，編隊北上，準備攻打定海。

八

二守定海，
三總兵同日殉難

　　道光二十一年（1841 年）9 月下旬，從定海撤軍七個月後，在廣州談判未果的英軍，決定重返舟山海域，準備再奪定海。此時主持浙江防務的是欽差大臣、兩江總督裕謙，他與顏伯燾同樣持 "主戰" 態度，也被當時的朝野寄予厚望。

　　清軍收復定海後，料定英軍還會再奪此城。在裕謙的主持下，定海同廈門一樣，建設了大規模的防衛工程建設：沿海一綫，自西向東，在曉峰嶺、竹山、東嶽山、青壘山等處建起炮台和土城。土城底寬為 12—18 米，頂寬為 5—15 米，高為 3—4 米，長約 4.8 公里，共架設火炮八十門；對土城後的定海縣城的城牆也進行了修復，在城垣周圍架炮四十一門；撥給水師船載鐵炮十門。裕謙派壽春鎮總兵王錫朋守曉峰嶺、派處州鎮總兵鄭國鴻守竹山、派定海鎮總兵葛雲飛守土城，並將鎮守定海的兵力增至五千六百人。

　　9 月 25 日，英軍在定海海域會合，共有軍艦七艘、武裝輪船四艘、運輪船十九艘。關於英軍總人數，說法不一。據中國近代史研究專家茅海建考證，清朝官員屢屢推卸戰敗之責，曾有英軍兩萬或三萬的說法，實際上，英軍從廈門出發時，只留下五百多人駐守，而其餘四五千人北上。

　　9 月 26 日，英艦進入定海水域，測量航道，偵察曉峰嶺、竹山至青壘山一帶軍情。在定海城南約一海里的大五奎山島和小五奎山島，英軍遭遇守軍炮擊。由於清軍火炮射程有限，英軍未受損傷。此後，9 月 28 日、9 月 29 日、9 月 30 日，英軍對守城清軍進行了小規模的偵察活動，並佔領了大小五奎山島。定海城守軍也進行了還擊，但未能給英軍造成有效傷害。

　　清英雙方真正的戰鬥發生在 10 月 1 日，英軍仍是從正面炮擊，兩側由陸軍登陸包抄，奪取陣地。

　　英軍先是以正面佯攻，命艦上重炮猛轟由定海鎮總兵葛雲飛守衛的南部沿海土城防綫。

　　英軍左路部隊在曉峰嶺以西登岸後，一支部隊進攻竹山門，一支部隊進攻曉

上｜圖 8.11：《定海海防圖》原載於英國海軍醫生愛德華．柯立的《愛德華．柯立航海圖畫日記 1837 年至 1856 年》，從中可以領略當年的定海防綫與炮位佈局。

下｜圖 8.12：《1841 年 10 月 1 日定海之戰》原載於英國海軍醫生愛德華．柯立的《愛德華．柯立航海圖畫日記 1837 年至 1856 年》，此畫記錄了 10 月 1 日英軍在定海登陸的作戰路綫與戰鬥場景。

峰嶺。

竹山，七分留岸陸，三分插海中，竹山門聳峙在舟山的定海城南。處州鎮總兵鄭國鴻率將士堅守竹山門。經過一番浴血奮戰，鄭國鴻不幸陣亡，竹山門落入敵手。

曉峰嶺是定海的制高點，但嶺上沒有安設大炮，壽春鎮總兵王錫朋只能率領官兵用鳥槍、火銃、大刀和長矛與英軍交戰。在英軍密集炮火攻擊下，王錫朋陣前戰死，士兵也大多犧牲，曉峰嶺首先失陷。

守在南部沿海土城的總兵葛雲飛，看到英軍左路部隊突破曉峰嶺、竹山門，於是率領部隊從東嶽宮沿土城向西抵抗英軍。在竹山門山下，葛雲飛身中數槍，不幸殉國。

英軍右路部隊攻佔大五奎山島，並建立野戰炮陣。以五奎山島上炮火和海面上英艦炮火轟擊清軍，東嶽山、東港浦等處陣地先後失守，清軍沿海防綫全綫潰敗。

10 月 1 日下午，丟失了沿海防綫的清軍退至定海城內，在英軍圍城不久，守軍即潰散，定海第二次被英軍佔領（此後，英軍在島上守了四年，最終放棄了舟山，再度南下廣東）。此役清軍損失最為慘重，葛雲飛、王錫朋、鄭國鴻三位總兵同日殉難；英軍損失微小，僅死兩人，傷二十七人。這場戰役表明，近代戰爭僅靠將帥的英勇已無法應對工業化支撐的洋槍洋炮了。

英軍打下定海後，留下三艘運輸船、四百名士兵後，又向鎮海發起攻擊。

九

鎮海之戰，
寧波門戶失守

鴉片戰爭在舟山打響後，道光皇帝已感到浙江海防吃緊，道光二十一年（1841 年）2 月急派裕謙為欽差大臣馳赴浙江，會同浙江提督余步雲專辦鎮海海防事宜。

鎮海，宋代稱為定海縣，清康熙二十六年（1687 年），別置定海縣於舟山，原定海縣被改為鎮海縣。鎮海地處杭州灣之南，位於寧波甬江的入海口，南岸有金雞山，北岸有招寶山，兩山夾江對峙，地勢險要；此外，甬江口外十餘里處，有笠山、虎蹲、蛟門等島嶼，共同構成了鎮海的天然屏障。

裕謙抵浙江後，一方面加強鎮海各要地炮台，一方面以巨石、木樁填塞甬江海口，防止英艦溯江而上，攻打寧波。此時，鎮海有守軍五千人，提督余步雲領一千餘人駐守北岸招寶山、東嶽宮，總兵謝朝恩帶一千五百人防守南岸金雞山，總兵李廷揚率數百人守東嶽宮以西的攔江埠炮台，三處互為犄角。甬江兩岸還配置了許多火攻船，凡可登陸之處均挖掘暗溝，埋上蒺藜，由兵勇守衛。裕謙在鎮海城內，擔任總指揮。

道光二十一年（1841 年）10 月 1 日，英軍打下定海；10 月 10 日清晨，英國艦隊從甬江口外黃牛礁海面集結點出發，兵分三路，進入甬江口。

英軍西南部隊，由弗萊吉森號載兵一千餘人，繞至金雞山側後突襲。中路部隊由英艦復仇女神號蒸汽明輪船載兵四百餘人，在金雞山東北部登岸，隨後向金雞山頂突進。金雞山南部的守軍正面遭到英軍登岸部隊所帶的大炮轟擊，身後又被英軍堵死，腹背受敵，總兵謝朝恩被炸死，金雞山很快失守。東北路部隊由戰列艦威厘士厘號、伯蘭漢號和巡航艦布朗底（Blonde）號、輕巡艦摩底士底號等組成的艦隊炮陣，猛轟招寶山炮台。

當時坐鎮鎮海縣城的裕謙，在開戰後，還曾登上縣城的東城牆指揮各處迎戰。直到親眼所見，裕謙才知道英軍的炮彈可以飛越山嶺打擊清軍，而清軍的火炮完全沒有還擊之力。

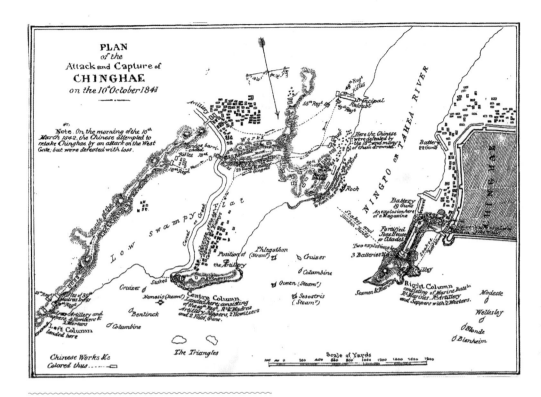

圖 8.13：英國海軍部所藏《1841 年 10 月 10 日進攻鎮海圖》。

英軍登陸部隊一路從招寶山正面登山，另一路繞至招寶山後，攀援而上。戰鬥進行到上午 11 時左右，招寶山炮台被毀，防禦工事被夷為平地。守在招寶山的提督余步雲見形勢不妙，繞山逃往寧波，後被處斬。

英軍陸戰隊佔領招寶山後，用山上大炮居高臨下轟擊鎮海縣城，掩護英軍從東門破城。清朝兵民由西門逃出，勢如山傾。

城中的總指揮、欽差大臣裕謙見大勢已去，跳入縣學內的泮池，準備殉節，後被家丁救起，行至距離鎮海縣城七十多公里的餘姚，氣絕身亡。

10 月 18 日，一直在等待捷報的道光皇帝收到鎮海失陷、裕謙殉難的 "六百里加急" 奏摺。看後，道光皇帝朱批："憤恨之至。"

英軍，則繼續溯江而上。

十

寧波、慈溪之戰，
英軍由海入江

英國艦隊攻克鎮海後休整三天，隨後由海軍司令巴加率摩底士底號等四艘軍艦，及西索斯梯斯號等四艘汽船，載兵七百餘人，溯甬江直進寧波。此時，剛從鎮海逃到寧波的提督余步雲和知府鄧廷彩等人，聽說鎮海失守，英國艦隊正溯流而上，未作任何抵抗，又向上虞逃去。英軍不費一槍一彈，又得寧波城，在此掠奪了夠吃兩年的糧食和銀圓十二萬，安安穩穩地駐紮下來。

寧波失陷令道光皇帝萬分驚慌，急封其姪奕經為揚威將軍，調八省援軍入援浙江。道光二十二年（1842 年）2 月，經過幾個月的準備，奕經終於抵達杭州。3 月 10 日，奕經下令，同時攻打英軍佔領的寧波和鎮海，決心收回失地。

奕經選擇的開戰日期是 "精心" 選定的。奕經有一位幕僚叫貝青喬，他把在浙東兩年多所見所聞的種種咄咄怪事寫成紀事組詩一百二十首，名為《咄咄吟》。此組詩記載，此前在 2 月 10 日，奕經途經杭州時，曾往當地香火旺盛的關帝廟求籤，得語 "不遇虎頭人一喚，全家誰保汝平安"。三天後，四川大金川士兵援軍到，軍士均戴虎皮帽，奕經認為 "收功當在此"，於是他選了一個 "四寅佳期"（1842 年 3 月 10 日凌晨 3 時至 5 時，即壬寅年壬寅月戊寅日甲寅時）為進攻日期，由以屬虎（寅年）的貴州安義鎮總兵段永福為主將，謂之 "五虎制敵"。

寧波之戰從 3 月 10 日凌晨 30 分開始，清軍向停泊在寧波城外的英艦哥倫拜恩號放了兩炮。英軍認為這可能是一個信號炮。

凌晨 3 時，清軍施放四艘火船攻擊英艦，被英軍小艇撥開。另有清兵手持小型火器向英艦開火，但幾乎沒有攻堅能力；與此同時，清軍陸軍開始進攻，由從川北調來的藏軍為破城先鋒，百餘名藏族士兵在城裏內應的配合下，攻入寧波西門，清軍大部隊隨後攻入城中，並直奔英軍指揮部。但英軍爬上臨街的屋頂，射擊擁擠在街心的清軍，百餘藏軍全部犧牲，奪城失敗。

鎮海之戰也是在凌晨 3 時開始，清軍同樣先施放了十艘火船，未見效果。陸

路以清軍將領朱貴的部隊為先鋒，首先攻打招寶山威遠城。戰鬥中，向山上進攻的清兵，不僅遇到了山上英軍的抵抗，還受到停泊於海口的英艦從背後的炮擊。腹背受敵的清軍，沒攻多久，就敗退下來。

從寧波與鎮海兩個戰場敗退下來的清軍，撤到慈溪城西的大寶山，由"收復失地"轉入防禦戰。英軍也從寧波追擊而來，從慈溪城穿過，進攻清軍駐地大寶山。

3 月 15 日清晨，圍攻大寶山的戰役打響，戰鬥一直持續到下午。此役英軍出動了一千二百多兵力，清軍有萬餘將士守衛。但兩軍交戰不久，清兵紛紛落荒而逃。只有朱貴將軍所率領的五百名勇士誓死抵抗，血戰大寶山。經過十多個小時的激烈戰鬥，守軍彈盡糧絕，朱將軍與兒子先後戰死，大寶山失守。

大寶山僅有幾十米高，如今在山下的小村裏，尚存一座 1846 年慈溪民眾捐款建的朱貴祠。祠前馬路灣是朱將軍陣亡處。祠後大寶山是當年的古戰場，山上尚存塹壕、殘垣。山腳下有安葬陣亡將士的"百丈墳"。

大寶山戰鬥結束後，英軍撤軍回寧波。5 月 7 日，英軍又全部撤出寧波，集結兵力，準備新一輪能迫使清朝投降談判的有效進攻——攻打南京。

十一

錢塘江口，
長江戰役的揭幕戰

雖然，英國艦隊在舟山、廈門、珠江口都取得了軍事上的勝利，但與清廷簽訂通商條約的事，一直沒有辦成。英國政府考慮到"把這些佔有地，永久保留在英國國主領域之內，卻會使龐大而固定的開支隨之而來"，並且會"在政治上同中國人發生更多全無必要的接觸"。於是，從英國、印度增派陸、海軍來華，準備以"決定性戰役"迫使清朝簽訂通商條約，儘早結束戰爭。

經過分析，英國新任在華全權代表璞鼎查決定改變策略，放棄攻打沿海港口，將"決定性戰役"目標地選在南京。因為清朝物資錢財主要由運河輸送，只要沿著長江攻佔南京，扼住大運河的主要航道，斬斷清朝經濟命脈，清朝就無法拒絕英國的要求。所以，從 1841 年 10 月打下寧波後，半年多時間裏，英軍沒有大的行動，靜待援兵，將長江戰役的時間選在次年春夏之交，即清朝南糧北運時節。

道光二十二年（1842 年）5 月 13 日，英國艦隊離開甬江口外的黃牛礁海域，開始向長江口進犯，北上途中，準備順路摧毀乍浦港。乍浦位於錢塘江口東岸，唐代置鎮，明初築城，清雍正時，設滿洲大營。這裏南臨大海，東南有綿延的小山為屏障。乍浦為浙江海防重鎮，原駐水師官兵一千八百八十人。在浙東形勢緊張後，此處守軍增加到七千人。

5 月 18 日，英軍陸軍司令郭富，率領先期停泊於海上的七艘英國戰艦和四艘武裝船及運輸船運載的陸軍兩千多人，駛入萊莽門，打響乍浦之戰。8 時左右，英艦以復仇女神號、歐椋鳥（Starling）號、皇后號、哥倫拜恩號、弗萊吉森號為掩護，向乍浦沿海各山寨陣地發起猛烈炮擊。隨後，英軍乘運輸船舢板船分三路強行登陸，由陸軍司令郭富、叔得上校、蒙哥馬利中校、馬利斯中校等分頭指揮，向乍浦城進攻。登陸部隊包括皇家愛爾蘭聯隊第 18 團、第 49 團，蘇格蘭來福槍聯隊第 26 團、第 55 團和馬德利斯本地步兵第 36 團，以及炮兵、工兵等。

西路軍，由中校馬利斯率領，有愛爾蘭聯隊第 18 團、第 49 團以及工兵等一千餘人，猛攻燈光山、葫蘆城、天妃宮。清軍奮力抵抗，駐軍協領英登布在燈光山與敵搏鬥時捐軀；海防同知韋逢甲在天妃宮海塘邊，中彈身亡。英軍攻陷前沿陣地後，衝過群山竄向乍浦。清軍退路已被敵第 26 團切斷，佐領隆福率眾突圍，退至燈光山與小觀山之間的天尊廟內。

英軍發現部分清軍退至天尊廟後，越嶺來攻。英軍採取歐洲傳統的列隊進攻陣法，前後排輪番裝彈和射擊，交替前進。這種暴露式的戰陣受到了守軍火銃與弓弩的打擊，第 18 團、第 49 團都有傷亡，中校湯林森（Tomlinson）被當場擊斃。雙方苦戰三小時，英軍用火藥炸開廟牆，攻入廟內，三百名八旗兵除了四十餘人突圍外，全部戰死。這是乍浦之戰中最為慘烈的戰事。

東路軍，由叔得上校率蘇格蘭來福槍聯隊第 26 團、第 55 團官兵近一千人，從陳山嘴、唐家灣登陸。守軍山東軍稍戰即退，陝甘軍在唐家灣山北與英軍交戰，因後援不至，全營三百六十七人全部犧牲。

中路軍，由蒙哥馬利中校率領的皇家炮兵乃馬德利斯率領的第 36 團及工兵約四百人，在觀山南坡牛角尖、檀樹泉登陸，沿山腳進攻。後協同東路英軍，攻至乍浦城下。

圖 8.15：乍浦天妃宮炮台始建於雍正七年（1729 年），歷代又有所增擴，至今尚存。

三路縱隊在東門會合後，開始圍攻乍浦城，在英艦配合下，佔領了乍浦城。

英軍入城後，將乍浦炮台、子彈庫、武器修理廠等軍事設施徹底破壞，七十多門銅炮被作為戰利品擄走。英軍撤走時，縱火焚鎮，天妃宮、關帝廟、潮陽廟、軍功廟、葫蘆城及普照禪院，古城乍浦的精華全被毀滅，百餘年未能恢復。

在乍浦保衛戰中，清軍八旗乍浦駐防水師副都統長喜以下將士近七百人陣亡，英軍陸軍中校湯林森以下死九人，傷五十人。這是鴉片戰爭中，英軍傷亡最大的戰鬥之一。

攻佔乍浦後，英軍繼續北上，直奔江蘇寶山縣的吳淞，也就是今天的上海一帶。

十二

長江口戰役，
攻佔上海意在南京

英軍在乍浦休整十天後，全部撤離，於道光二十二年（1842 年）5 月 28 日北上，移至洋山停泊，準備攻打吳淞。6 月 8 日，英軍在長江口外的雞骨礁一帶集結，13、14 兩日，英軍陸海軍司令率艦船六艘、運輸船十四艘至吳淞口外探測航道，偵察寶山縣境的吳淞口設防情況。

吳淞口位於黃浦江與長江匯合處，是長江的第一道門戶。清軍在戰前已做充分準備，整個吳淞口，由江南提督陳化成和徐州鎮總兵王志元等率二千四百名士兵駐守，在吳淞鎮至寶山縣城的六七里長的黃浦江東西兩岸皆有清軍佈防。

黃浦江的東岸，築有一座略呈圓形的炮台，安炮二十門，稱東炮台。另在吳淞與上海間的東溝兩岸添設了數十尊大炮，由蘇松鎮總兵周世榮率領五百人駐守，以防英軍進窺上海。

黃浦江的西岸，“築有土塘，高約兩丈，頂寬一丈七八尺……缺口處安設大小炮位，既能禦寇，亦可藏身，自外視之，儼如長城一道”，土塘上共安炮一百四十四門，稱西炮台。

寶山縣城是江蘇海防重點，新任兩江總督牛鑒親自坐鎮於此，駐兵二千餘人。此外在黃浦江上游還佈設水師船、民船等，防止英軍直入內河。

6 月 16 日凌晨，英軍全部出動，大舉進攻吳淞。

針對清軍設防情況，英軍以康華麗（Cornwallis）號等兩艘大型軍艦溯江而上，正面進攻西炮台；以輕巡艦摩底士底號等四艘中小型軍艦，攻擊對岸上的東炮台；然後，駛入黃浦江，逼近吳淞鎮南面的蘊藻浜，以猛烈炮火壓制吳淞鎮炮台火力，威脅清軍的側後，掩護登陸兵佔領該炮台。

當康華麗號等兩艘重型英艦進入西炮台附近作戰水域時，清軍以猛烈炮火阻擊英艦，炮戰進行了兩個半小時。雖然清軍多次炮擊英艦，但因彈丸威力有限，西炮台正面被英軍突破，江南提督陳化成等官兵全部陣亡。

此間，兩江總督牛鑒曾從寶山率兵增援吳淞，途中被英軍艦炮擊中，一見形

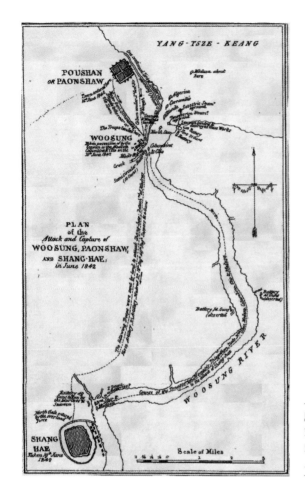

圖 8.16：英軍《1842 年 6 月進攻吳淞、寶山和上海圖》，圖上方縣城為寶山，緊鄰它的是吳淞炮台，圖下方城市為上海。

勢不妙，返身後退，率兵西逃嘉定。總兵王志元也跟著棄陣而逃。

英軍佔領西炮台後，隨即北上攻佔寶山縣城。戰鬥至中午 12 點時，吳淞東岸的東炮台也被英軍兩艘輪船上的海員和陸戰隊佔領。清軍全部逃散。吳淞口的大小火炮，一部分被毀，大部分被英軍繳獲。

此戰清軍江南提督陳化成以下八十八人陣亡，英軍兩人死，二十五人傷。

6 月 16 日晚，英艦戴竇（Dido）號護送運輸船隊載著從印度來援的英軍二千五百人到達吳淞口外。三天後，得到增援的英軍水陸並進，由吳淞口分成兩路，一路從陸上南下，一路溯黃浦江南進，直逼上海。上海守軍聽說吳淞失陷，望風而逃，英軍未遇任何抵抗，輕鬆佔領上海。英軍在上海大肆搶掠之後，於 6 月 23 日退至吳淞口外，揚言要北上京津，實則準備溯長江西進南京。

十三

鎮江戰役，
第一次鴉片戰爭最後一戰

道光二十二年（1842年）7月5日，英軍在吳淞口等援兵全部到齊後，璞鼎查、巴加和郭富率領十二艘軍艦、十艘武裝輪船、四艘運兵船和五十一艘運輸船，裝載陸軍四個旅共七千餘人，駛離黃浦江吳淞口，溯長江而上。

璞鼎查將艦船編成一個先鋒艦隊和五個縱隊，每個縱隊有八艘至十三艘運輸船，由一艘戰艦率領；每縱隊之間保持三公里至五公里距離，沿途以測量船為先導，邊測量邊前進。另外，在吳淞口留下兩艘戰艦，用以封鎖長江口，確保英軍後路安全。

開戰之前，清軍在焦山、圌山、象山、江都都天廟四處炮台，佈有封鎖長江的炮火防綫，但英國艦隊在溯江而上的過程中，只受到兩岸炮台守軍的微弱抵抗。

7月15日，英國海軍陸戰隊在艦隊炮火掩護下，登陸焦山。駐守焦山炮台的八旗蒙古兵百餘人，在雲騎尉巴扎爾帶領下，與英軍展開激戰，最後全部犧牲。

在焦山失守後，英艦駛進鎮江江面，不損一兵一卒佔領了金山。隨後，英軍封鎖瓜洲運河河口，阻斷漕運。7月20日，英軍全部軍艦在鎮江江面集結完畢。次日，巴加和郭富登上金山察看地形，決定21日攻打鎮江城。

鎮江城位於長江和運河的交匯處，故被稱為京口，是交通樞紐，也是南京的屏障。古城雄峙長江南岸，西北有金山，東北有北固山、焦山、象山。

英軍進入長江後，兩江總督牛鑒也在7月13日趕到鎮江佈防。

至鴉片戰爭時，鎮江數百名團練，主力為駐防的八旗兵一千一百八十五人，主帥為1841年初上任的京口副都統海齡。為加強防禦力量，又調山東青州旗兵四百人，這些旗兵長期駐守在山東青州，全稱青州駐防滿洲旗兵，驍勇善戰。

由於鎮江城內大炮此前多調運吳淞，城內僅留下數門。在英軍佔領吳淞口後，四川提督齊慎帶兵七百名、湖北提督劉允孝帶湖北兵一千名、浙江援兵一千

名倉促趕到。這兩千七百人，駐紮城外。但在英軍兵臨城下的危急時刻，清軍幾
支部隊沒有統一的指揮，將領間互不協同、各自為戰，沒有集中有效的調遣。負
有防守鎮江主要責任的海齡，未派大部隊控制金山與北固山等制高點，而將全部
旗兵收縮於城內，緊閉四門，不准百姓出城。

　　7 月 21 日，英軍開始攻城。

　　此時鎮江城內僅有八旗兵近一千六百人，城外有兩千七百人，火炮很少。英
軍參加攻城的兵力達六千九百零五人，佔絕對優勢。戰鬥開始後，英軍組織火力
猛轟城外清軍，城外清軍缺少掩護，也沒有任何反擊手段，很快便潰散。佔盡火
力優勢的英軍從北、西、南三個方向突入城內。

　　此戰中，英方陸軍編為第一、二、三旅和炮兵旅，分成兩路對鎮江城發起
攻擊：

　　東路，進攻鎮江東北的北固山和北門。第二旅在北固山一帶登岸，以牽制

圖 8.18：登陸英軍在鎮江西門遭遇蒙族軍人的頑強抵抗，久攻不下，
最後，用三個火藥包將甕城門炸開，才攻入城中。

和分散清軍兵力。上午 10 時許，北門被打開，大隊英軍衝入城內，向西門方向
進攻。

西路，攻打鎮江西南高地和鎮江西門。第一旅、第三旅和炮兵旅，擔任主
攻。金山江面上有摩底士底號、加略普號、布朗底號等戰艦護衛，英軍在鎮江西
北附近順利登陸。第一旅上岸後，為分割城內外清軍，先攻打西南山坡上的清軍
兵營，經過數小時激戰，清軍不支，退往新豐鎮（位於今江蘇鎮江丹徒）。第三
旅登岸後，則沿著西城根，直指西門。康華麗號守在運河與長江交匯處，英軍海
軍一部由此溯運河而上，直抵鎮江城西門。

英軍第三旅，在西門遭遇八旗兵的頑強抵抗，久攻不下，最後用三個火藥
包才將甕城門炸開。最後英軍從城北、城西、城南三個方向突入城內，但守城的
八旗兵仍未潰逃，堅持巷戰。甚至在入夜之後，鎮江城內仍然火光不息，槍聲
不斷。

鎮江之戰是鴉片戰爭中清英兩軍投入兵力最多的一次，也是清軍抵抗最激烈的一次。特別是海齡率領的近一千六百名八旗兵，有二百二十五人戰死、四十八人失蹤、二百二十六人受傷。

據《京口八旗志》記載，乾隆二十八年（1763年），鎮江旗營由江寧駐防調撥過來的八旗蒙古接管。這批八旗蒙古官兵，大多是清初編立的八旗蒙古後裔，兼有部分滿洲人。這些旗兵長期駐紮在南京、鎮江一帶，說滿語，習滿俗，完全接受了滿洲文化。

至鴉片戰爭時，這批八旗兵已經在此世襲駐紮了近兩百年，家庭、族人均在鎮江，因此在抵抗中出現了很多悲壯的場面。

《劍橋晚清史》評論：“這些滿洲士兵殺死自己的子女和妻子，以免他們遭受蹂躪，而他們自己，寧可在營房自縊，也不願意投降。”

副都統海齡一家，也在城破之後自殺殉難。

在幾乎沒有重火器的鎮江城，英軍遭遇了一次最大的損失，有三十九人斃命，一百三十人受傷，三人失蹤。

恩格斯在《英人對華的新遠征》一文中，高度讚揚了鎮江守軍英勇抵抗侵略者的英雄氣概：“駐防旗兵只有一千五百人，但卻殊死奮戰，直到最後一人……如果這些侵略者到處都遭到同樣的抵抗，他們絕對到不了南京。”

道光帝接到戰報後，也大為感嘆：“不愧朕之滿洲官兵，深堪憫惻。”

鎮江之戰，實際上是第一次鴉片戰爭的最後一戰，英軍下一個目標是南京城。

十四

圍困南京，
簽訂城下"條約"

　　道光二十二年（1842 年）8 月 2 日，攻下鎮江的英軍，留下第二旅及部分炮兵外，其主力繼續沿江而上，直逼南京。

　　早在 7 月 16 日英軍圍攻鎮江時，道光皇帝就已密諭欽差大臣耆英，只要英國息戰退兵，便同意割讓香港島，並增開通商口岸。同時，命令奕經所率援軍，暫緩由浙江赴江蘇，"以免該逆疑慮"。然而，英軍並不理睬清政府"議撫"這一套，因與兩江總督牛鑒關於鎮江"贖城費"問題無法達成一致，決心攻打南京。

　　8 月 9 日，英艦抵達南京江面，擺開了圍城的架勢，並放風稱將於 8 月 11 日開始攻城。

　　英國海軍部繪有一幅《1842 年 8 月英軍圍困南京地圖》，圖中的揚子江與秦淮河交匯的下關城外，標註了停泊在此地的兩艘英軍"名艦"：五等木殼蒸汽戰艦布朗底號和後來清英代表在其上簽"和約"的三等木殼蒸汽戰艦康華麗號。

　　從該圖看，英國人對南京城可以說是了如指掌。該圖對南京城北邊的幕府山、西面的獅子山、東邊的紫金山，以及南京城的十一座城門等，都進行了詳細標註。

　　在英軍堅船利炮的威脅下，清朝全權代表耆英，派人與英方開始"和談"。此間，道光帝先後發出了"不得不勉允所請，藉作一勞永逸之計"和"各條均准照議辦理"的諭旨。

　　8 月 14 日，耆英接受了英方提出的全部苛刻條件。

　　8 月 29 日，經過在南京靜海寺的多次談判後，耆英、伊里布、牛鑒等人，與英國代表在英軍旗艦康華麗號上簽訂了近代中國第一個不平等條約《南京條約》。其主要內容有：1、割香港島給英國。2、開放廣州、廈門、福州、寧波、上海五處為通商口岸，允許英國人在通商口岸設駐領事館。3、清朝向英國賠款2100 萬元。其中，600 萬賠償英方鴉片損失，300 萬償還英商債務，1200 萬為英軍軍費。4、英國在清朝的進出口貨物稅，由清朝與英國共同議定。5、英國商

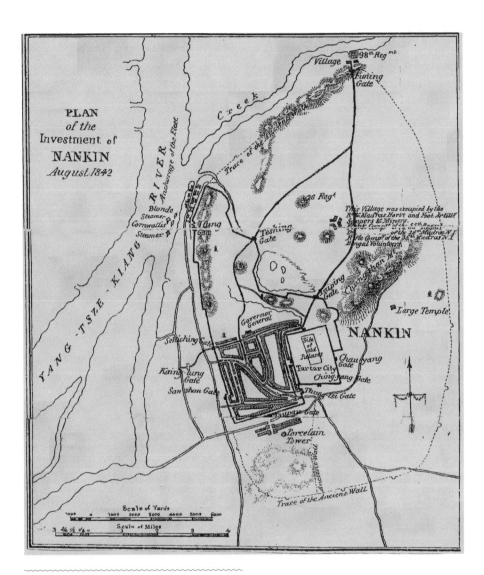

圖 8.19：英國海軍部繪製的《1842 年 8 月英軍圍困南京地圖》，圖中揚子江與秦淮河交匯的下關城外，標註了停泊在此地的布朗底號和後來簽"和約"的康華麗號。

圖 8.20：英艦康華麗號和英國艦隊在南京城牆下，歡呼締結"條約"。
英國畫家繪於 1844 年。

人可以自由地與清朝商人交易。廢除在廣州實行了百餘年的十三行制度。十三行獨攬清朝對外貿易的制度宣告終結。

　　至此，歷時兩年三個月的第一次鴉片戰爭宣告結束。璞鼎查作為有功之臣，於次年 6 月 26 日就任香港第一任總督。

　　如今南京靜海寺在原址上進行了復建，已成為愛國主義教育基地。館內唯一的文物是從天妃宮舊址遷移來的明朱棣《御製弘仁普濟天妃宮之碑》。從鄭和下西洋時的風光四海，到鴉片戰爭時被海上來敵欺侮，這個小寺院，可謂一院收藏中國四百多年水戰榮辱史。

十五

水道測量兵，
被忽視的英國海軍特殊部隊

　　鴉片戰爭讓清朝認識到了英國的"船堅炮利"，但忽視了他們還有一支特殊作戰戰隊，那就是水道測量兵。這支部隊是英國皇家海軍的組成部分，是特殊的戰鬥人員。早在1793年英國派出第一個訪華使團馬戛爾尼使團，其隨團製圖員就曾對中國海道進行了測量。1795年，英國正式成立了英國海軍水道測量局，達爾瑞姆剖（Alexander Dalrymple）成為英國海軍第一位水文地理學家，任水道測量局總測繪師。1771年，他出版了一部《中國海海圖紀事》（*Memoir of a Chart of the China Sea*）。其水文人員在全球範圍內進行的水文調查，為英國海上霸主的地位打下了水文基礎。

　　清朝的官員對水道之利害缺乏認識，林則徐在廣東禁煙時，已認識到英國海軍的海上攻擊的厲害，但卻認為"內河航道迂迴，水深不一，彼不熟習在此航行，不敢單獨輕率駛進"。他甚至明言："夷兵船笨重，吃水深至數丈，只能取勝外洋，破浪乘風，是其長技，唯不與之在洋接仗，其技即無所施。至口內則運棹不靈，一遇水淺沙礁，萬難轉動。"有鑒於此，林則徐提出了"棄大洋，守內河，以守為戰，以逸待勞，誘敵登岸，聚而殲之"的制敵方略。這一戰略曾得到道光皇帝首肯，成為鴉片戰爭中清軍的基本戰略方針。

　　鴉片戰爭之前，英國人就已盯上了進入中國的水道。1806年至1820年間，英國東印度公司曾派遣"孟買海軍"水文調查員，對屬於中國南海的西沙、東沙、中沙和南沙四大島群，及廣東海岸進行了水文測繪。1832年英國東印度公司又派水文調查員調查廈門、福州、寧波、上海以及山東威海衛水文情況。英國出版了七幅以"China"命名的中國海圖，涉及範圍南至中沙群島，北至盛京。英國海軍測繪人員亂改中國島嶼地名，易其為英文名，所成之圖，刊行多國。

　　鴉片戰爭無疑是英國皇家海軍水道測量局，在中國海域又一次成功的海上練兵。

　　鴉片戰爭第一戰——定海之戰中，清朝官員已注意到了英軍的海上測量。

據《英夷滋事節略》："道光二十年六月初五日午刻，有英吉利夷船二隻，突來定海道頭洋面，探試水勢深淺"，"其船探試水勢深淺後，即開去"。此時，英軍水道測量員已是英國海戰中的標準配置。

鴉片戰爭中，第一位來中國的水道測量員是哥林森（Richard Collinson）。定海之戰結束後，1841 年，他在《中國叢報》上登出了水道調查成果，包括六十六處島嶼、海岸、港口、水道的英文地名，經緯度位置和具體的航行指南。這次水文調查，為英軍圖謀長期佔領定海，提供了第一手資料和依據，也為第二次定海之戰奠定了基礎。

另一位英國水道測量員更為中國人所熟悉，他就是曾在香港升起第一面米字旗的英國海軍水道測量員愛德華·卑路乍。他為英方繪製了第一幅香港水文專圖，戰後他被封為爵士。

鴉片戰爭初期，雖然英國海軍的水道測量員已經到位，但這一時期，還沒有專門的水道測量船。水文測量一般暫用蒸汽明輪船來完成。這種船吃水淺，依靠蒸汽動力，轉向靈活，便於應對礁石淺灘的水文環境。比如，調查舟山群島的阿特蘭特號，排水量僅六百一十七噸，吃水不足六英尺，適合測量調查工作。再

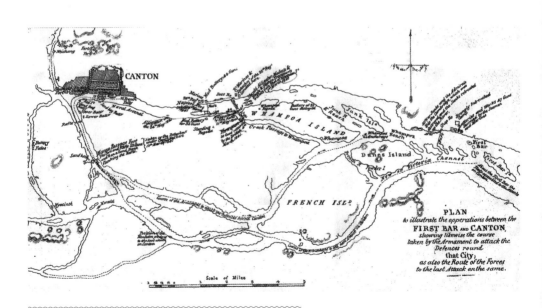

圖 8.21：《1841 年 3 月至 5 月英軍沿珠江進攻廣州圖》細緻描繪了通往廣州的複雜河道，標記了皇家海軍艦艇和先遣隊位置。

如，調查珠江水域的復仇女神號，不僅船載重少，而且移動龍骨升起時，吃水僅四英尺。還有硫磺號和司塔林號，這兩艘船載重量很小，硫磺號為三百八十噸，司塔林號僅一百零九噸。

愛德華·卑路乍曾率領硫磺號和司塔林號測量虎門、橫檔，他們在"多有暗沙"的西水道中發現一條安全的航綫。英軍利用這條航綫，繞過防守嚴密的東水道，由西水道進入而攻佔下橫檔島，直接導致珠江第三重門戶失靈。英軍沿江而上，用復仇女神號測量水道，並帶領戰艦前進。硫磺號探明水道，拔去清軍所設的木樁等障礙物。在測量船帶領下，英軍一直打到廣州城下，迫使清軍求和。

廣州之戰後，愛德華·卑路乍繪製出版了名為"廣州河"（Canton River）即珠江的五幅海圖，準確展示出虎門至廣州的水道。此後，英軍調整戰略，發起長江戰役，溯江攻打南京。哥林森、開萊特等水道測量員率領復仇女神號、司塔林號、鴿鳥（Plover）號等汽船，再次發揮了測量水道的輕騎兵作用，為英國海軍溯江開路導航。

長江戰役後，英國海軍根據測量結果，繪製出版海圖"長江"。對此英國的《航海雜誌與海軍年鑒》寫道："感謝海軍水文人員孜孜不倦的努力，使我們擁有這條大江的海圖。利用這幅圖，船隻應該很容易發現沿江而上直到南京的道路。"

可以說，英軍的"堅船利炮"之所以能派上用場，很大程度上是英軍的水文調查，削弱了清朝沿海、沿江的天險和炮台的屏障作用，使天險變為通途。

自 1840 年至 1846 年，英軍共繪製出版了九十五幅中國海圖，準確展示出舟山至香港的地理狀況。1855 年英國出版了海軍水道測量局的《中國航海志》，1874 年又出版了海軍水道測量局的《中國海指南》。隨著水文調查結果被製成海圖並編入航海指南而公之於眾，歐洲列強完成了對中國沿海地理的全面認知。

更令人扼腕嘆息的是，直到清朝滅亡的那一天，中國海道測量都沒有被納入其治國策略之中。1921 年 10 月，北洋政府正式設立海道測量局，以軍務司司長陳恩燾兼任局長，直屬海軍部。

第九章

清代，英法聯軍海上侵華

一

"亞羅號事件"，
催生清朝國旗與船旗

咸豐六年（1856 年）10 月 8 日，一艘"冒掛洋旗"的華人商船亞羅（Arrow）號被廣東水師捕快以參與海盜活動之名扣押，船上懸掛的英國國旗也被扯了下來。由於該船已在香港註冊（扣押時註冊已過期）升掛英國國旗，英國駐廣州代理領事巴夏禮（Harry Smith Parkes）在英國駐華公使、香港總督包令（John Bowring）的指使下，致函兩廣總督葉名琛，要求送還被捕者。在葉名琛派人將全部嫌犯送到英領事館後，巴夏禮又要求賠償英商損失，提供通商便利，遭到葉名琛拒絕。

10 月 23 日，英艦以"亞羅號事件"為藉口，由海軍少將西馬糜各厘（Michael Seymour）指揮戰艦與兩千名海軍陸戰隊員衝至虎門，拉開了第二次鴉片戰爭的序幕。

為什麼會有第二次鴉片戰爭？中國歷史教科書説，"第二次鴉片戰爭是第一次鴉片戰爭的延續"。這個"延續"是指什麼呢？它一部分是指"歷史遺留問題"，一部分則是"現實衝突"。

第一次鴉片戰爭後簽訂的《南京條約》中，規定五處通商口岸允許外國商人居住，但寧波、廈門、福州、上海都准許外國人居住並建領事館，唯獨廣州把外國人擋在城外。佔據香港的英國艦隊每隔一段時間，就要到廣州來談一次，或打一仗，以解決"入城"問題。

咸豐四年（1854 年），《南京條約》屆滿十二年，英、法、美等國，依十二年後貿易及海面各款稍可變更的規定，要求改約，但交涉無果。咸豐六年（1856 年），《望廈條約》屆滿十二年，美、英、法等國，再次要求改約，仍被咸豐皇帝拒絕。

英國人以"亞羅號事件"為"導火索"，藉機向中國開戰，並稱此役為"亞羅號戰爭"。中國人把它看作是第一次鴉片戰爭的延續，稱其為"第二次鴉片戰爭"。

第一次鴉片戰爭後的珠江口，雖然是通商地帶，但海面上走私嚴重，魚龍混雜，清朝海巡船只能根據商船是否懸掛所在國的"旗號"，來區分誰是走私船或海盜船。由於清朝一直沒有法定的國旗，清朝許多商船只好向外國機構申請註冊，並升掛註冊國國旗，藉此逃避清朝海巡船管控。從某種意義上來講，第二次鴉片戰爭是因"旗"而起的戰爭，所以，有必要說說大清的"旗"。

清朝可謂中國歷朝最重視"旗"的一朝。滿洲人以"旗"打天下，其"旗"是種兵民合一的社會組織制度，由太祖努爾哈赤在女真人牛錄制基礎上建立的。最初建四旗，正黃旗、正藍旗、正白旗和正紅旗，後增設四旗，稱鑲黃旗、鑲藍旗、鑲紅旗和鑲白旗，統稱為"八旗"。但以"旗"為組織的滿洲人，建立清政權後就沒考慮用什麼"旗"代表國家的問題。因為清朝前期實行海禁，清朝船隻也不出國訪問或開展貿易，似乎也不需要"旗"。一直到了咸豐年間，不僅清朝商船、水師無"旗"可掛，連清朝的國旗也沒個模樣。甚至直到今天，關於清朝國旗是何時確立，論說不一。

一種說法是咸豐八年（1858 年），因廣東商人建議朝廷，"請仿各國成例，制定一種國徽，俾便商民遵用"，於是定黃龍旗為清朝之旗。這個說法發生之時與咸豐六年（1856 年）發生的"亞羅號事件"時間接近，比較可信為"最早"。事實上，在 1844 年的《望廈條約》和 1858 年的《天津條約》，已經規定外國商船均要掛國旗。如美國商船要"認明合眾國旗號，便准入港"。

另一種說法是，同治元年（1862 年），在長江湖北一帶水域又發生一起清英水兵衝突，在交涉過程中，英國人硬說船隻沒有掛國旗，不知道那是清朝兵船，對肇事後果拒不負責。至此，清朝不得不再次思量"旗號"問題。10 月 17 日，清朝總理衙門正式照會各國駐華公使："希即行知貴國各路水師及各船隻。嗣後遇有前項黃龍旗幟，即係中國官船，應照外國之例，不准擅動，倘有移動，即照犯禁辦理。"

較之說不清的第一面"清朝國旗"，歷史上第一面"清朝海軍軍旗"的有關記載則十分清楚，但結局同樣尷尬。

1862 年 5 月 29 日，清朝第一任海關總稅務司、英人李泰國（Horatia Nelson Lay），擅自委派英國海軍官佐阿思本（Sherard Osborn）創建由歐洲人指揮的中國艦隊，同時，設計了一款由黃龍旗與英國米字旗相結合的"清朝海軍軍旗"，設計稿在 1863 年 2 月 13 日的《倫敦政報》上公佈。這是清朝第一面海軍軍旗在

圖9.1：沈葆楨1896年呈送清廷的萬年青號彩色總佈置圖。

國際上首度"公示"。但清英聯合艦隊最終因指揮權等問題被恭親王宣佈解散，清朝沒能用上這一批鋼鐵戰艦，也沒能用上第一面"清朝海軍軍旗"。

關於清朝國旗、船旗、海軍軍旗的這幾種說法，雖然確定時間不同，但都說明了一個問題，即清朝沒有現代國家意識，未意識到在國際交往中需要一面國旗，海上交往中需要一面代表國家的船旗。這才催生了艦尬的"三角黃龍旗"——它既不是正規的清朝海軍的軍旗，也不是清朝的正式國旗。它最早出現在艦船上，實際上是一面"船旗"。當然，它好過一個國家沒有代表本國的旗幟，好過清朝船掛外國旗。

同治八年（1869年），船政製造出第一艘蒸汽艦船萬年青號。根據中國第一歷史檔案館藏的清朝官方船圖顯示，"萬年青號"後桅斜桁上升掛的是三角旗，不是黃底青龍旗，而是紅底黃龍旗，應是水陸不分的"八旗水師旗"（或稱"清朝傳統的水師旗幟"）。可以說，此時水師旗號的懸掛，還沒完全走上正軌。

清朝國旗和海軍軍旗實物，在英國國家海事博物館官方網站上可以看到——該館收藏有兩面清朝國旗和海軍軍旗。

左｜圖 9.2：英國海事博物館收藏的三角黃龍旗即早期的大清水師旗。
右｜圖 9.3：英國海事博物館收藏的長方形黃龍旗應是北洋海軍軍旗。

　　一個是三角黃龍旗，介紹顯示："這面旗幟是雙面的，由黃色絲綢製成。手工繡有一條五爪青龍和一個紅色的圓形太陽。"介紹還顯示，這面旗幟是由一個叫倫納德·安德魯·博伊德·唐納森（Leonard Andrew Boyd Donaldson）的海軍軍官獲得的，在 1910 年到 1912 年他曾是英國在華軍艦蒙茅斯號（Monmouth）的指揮官。該旗幟應是大清水師旗，也代表國旗。

　　另一個是長方形的黃龍旗，介紹顯示："這面旗幟是用機器和手工縫製的，一側用一根繩子固定，以便升起。旗子上是一條五爪青龍，黃色底面上有一個圓形紅日。龍的牙齒、角和爪子都是用白棉布鑲嵌的。眼睛的瞳孔是由黑色毛氈製成的。"從這一記錄中，可以看到當時海軍軍旗的製作工藝。關於這面長方形的黃龍旗，網站未介紹來源，筆者揣測它應是北洋海軍軍旗。

　　存世的清朝水師和海軍旗，除了英國國家海事博物館展示的這兩面之外，日本"遊就館"還有一面，它是參加甲午海戰爭的北洋海軍軍旗。截至目前，中國國內還沒發現一面清朝海軍軍旗實物。

二

廣州圍城，
英法聯手逼迫清朝簽約

咸豐六年（1856 年）10 月 23 日起，英軍以 "亞羅號事件" 為藉口，派艦隊溯江而上，一路炮擊獵德、中流沙、鳳凰崗、海珠等炮台，直逼廣州城。

第一次鴉片戰爭後，珠江口的炮台防禦得到加強。當時珠江兩岸炮台有二十二座，且佔據地理位置的優勢。但清朝守軍按著朝廷意圖 "遵令走避"，放棄諸炮台，退守廣州城內。兩廣總督葉名琛也傳令："敵艦入內，不可放炮還擊"。

10 月 25 日，英國艦隊在海珠炮台安營紮寨，並用海珠炮台上的大炮和艦船上的大炮向廣州城轟擊。10 月 30 日，英方再次要求開放廣州城，並間歇性炮擊廣州。葉名琛不為所動，但也沒有認真做戰鬥或者其他準備。

從 11 月開始，英軍沿珠江航道攻佔了清兵設置的所有炮台：東定炮台、獵德炮台、橫檔炮台、威遠炮台、靖遠炮台、鎮遠諸炮台——廣州城孤立無援。此間，英國人多次照會兩廣總督葉名琛，要他十天內出面談判。葉名琛對此毫無反應。雖然英軍船堅炮利，幾次突破廣州城防，但葉名琛的消極抵抗策略也讓英軍無可奈何。

1857 年 1 月，英軍退出珠江內河，戰事陷入僵持階段。英軍一邊在珠江口等待援軍，一邊做再打廣州城的戰鬥準備。

3 月，英國議院改選，其中主張對清朝開戰的一方獲勝，於是議院任命前加拿大總督額爾金伯爵（James Bruce，8th Earl of Elgin）為全權代表，率領一支英軍增援中國戰場；同時，英國向法國提出聯合出兵的要求。此時，法國正以 "馬神甫事件"（法國天主教神甫馬賴，違規進入中國內地傳教，於咸豐六年即 1856 年 2 月在廣西西林縣被處死一案）向清廷交涉。於是，法國以此為藉口，任命葛羅（Jean Baptiste Louis Gros）為全權代表，率一支法軍協同英軍攻打清朝。英法聯合艦隊在香港完成集結。此時，美、俄兩國亦聲明支持英、法侵華。

10 月到 11 月，英法兩軍都在珠江口積極備戰，其中除了英法兩國的士兵

圖 9.4：這幅《聯軍佔領海珠炮台》出自 1858 年出版的法國《世界畫報》，此畫描繪了 1857 年英法艦隊溯珠江而上圍攻廣州城的情景，海珠炮台立有英國旗與法國旗，表明英法聯軍已佔領此地。

外，還有大量印度兵和香港的中國苦力。

12 月 14 日，英軍皮姆中尉率領十四個偵察兵，乘船在廣州城西的珠江岸登陸，試圖搜集清軍的守備情報，正要返回時，被當地軍民發現，雙方發生戰鬥。次日，英法聯軍對這一地區進行了報復性打擊，一支二百五十人的部隊在此登陸，並佔領了廣州城外河南地區，建立營地。十天後，英法聯合向葉名琛發出照會，限其四十八小時內讓出廣州城。葉名琛再次拒絕該照會。但兩天期限過後，英法聯軍並未採取軍事行動。

12 月 27 日，葉名琛上奏清廷，稱英法已是“計窮力竭”，“英夷現已求和，計日准可通商。”

但在第二天早晨 6 時，英法聯軍先是在廣州城外河南地區炮轟廣州城，隨後聯軍四千多人從獵德炮台和東固炮台之間地帶登陸，然後分三路進攻廣州城東部。中路由斯特羅本澤少將指揮英軍和一部分法國水兵，主攻東固炮台；左路由里戈·德熱努依里海軍少將指揮法軍，阻擊從東門和郊區增援的清軍；右路由西馬糜各厘海軍上將指揮英國水兵，阻擊從城北各炮台前來支援的清軍。兩千名守城清軍在東固炮台抵抗，至當日夜晚炮台失守。清軍都統來存死守四方炮台。

12 月 29 日，英法聯軍由小北門入城，佔領了觀音山（即今天的越秀山）。城外二十五艘英艦、七艘法艦的一百二十門大炮一齊轟擊廣州城，城內燃起大火。當時廣州 1.3 萬駐軍，城郊和珠江沿岸三十多座炮台，出現了打不還手和望風而逃的一幕。

12 月 30 日，不足兩天的攻城戰鬥結束，廣東巡撫柏貴、廣州將軍穆克德訥向英法聯軍投降，並在以巴夏禮為首的"聯軍委員會"的監督下，在淪陷的廣州繼續擔任原職。幾天後，兩廣總都葉名琛在副都統雙喜的衙署內被擒，後被解往英屬印度首都加爾各答，兩年後病死在異國他鄉。

對於葉名琛在戰爭期間的表現，晚清名士薛福成稱之為"六不總督"："不戰、不和、不守、不死、不降、不走，相臣度量，疆臣抱負，古之所無，今亦罕有。"

三

英法聯軍一打大沽口，
兵臨天津城

　　相對於第一次鴉片戰爭，英軍襲擾中國沿海多地；第二次鴉片戰爭的戰鬥，則主要集中在連通廣州的珠江口和連通天津的大沽口這兩個海口。

　　大沽口，因白河上游的大直沽、小直沽、西沽諸水道一併由此入海，故名。大沽口在天津東南四十五公里處。這裏是春秋戰國和宋朝時，黃河兩次改道由此入海，形成的泥灘海口，後來是海河（古稱白河）進入渤海的入海口，成為海上進入天津的門戶。

　　廣義的大沽口，包括海河口以北幾十里的北塘口，北塘口為明代開薊縣新河引入大海的薊運河的入海口，所以，大沽口通常是指南北兩條河的兩個入海口。

　　在元代以前，大沽口並不是一個重要港口和通商口岸。在元朝定都北京後，大沽口因海上漕運而成為重要的港口。明永樂皇帝遷都北京後，這裏從海上漕運的港口，升級為抵禦倭寇和赴朝抗倭的海門要塞與海口通道。明清兩朝均在此構築堡壘、駐軍設防。所以，現在從天津坐輕軌到塘沽，途中還會看到"軍糧鎮"、"洋貨市場"等古老的地名。

　　實際上，早在乾隆五十八年（1793年），英國馬戛爾尼使團就以給乾隆皇帝祝壽名義訪華，當時就是由大沽口登陸進入北京城，並藉此機會探明了大沽口的海防形勢。二十年後，英國又派使臣阿美士德訪華，其使團也是經天津進入北京的。

　　西方來使幾次經大沽口進天津到達北京的舉動，令清朝對作為京津門戶的大沽口高度警覺，遂下令在天津"設水師營汛"。嘉慶二十二年（1817年），清朝在大沽口南北兩岸各建了一座圓型炮台——這便是大沽口最早的炮台，並設水師一營。

　　鴉片戰爭爆發後，曾有八艘英艦闖入大沽口，這讓清政府感到現有兩個炮台不足以抵抗西洋艦隊的進攻。於是，清朝任命訥爾經額為直隸總督，親臨大沽口加固炮台。至1841年完成新的大沽口軍事防禦體系完成，包括南邊的大沽口炮台和北邊的北塘炮台，其有大炮台五座、土炮台十二座、土壘十三座，基本組成了大沽口炮台群。

咸豐八年（1858 年）4 月，攻下廣州的英法聯軍聯合俄、美公使北上大沽。抵達大沽口後，英法聯軍要求進京遞交國書，而咸豐皇帝則堅持在天津換約。英國副公使李泰國聲稱：必須應允公使駐京，方可在天津議事。兩方僵持之際，英法聯軍選擇了武力解決。

此時，大沽口外的英軍艦艇十五艘、法軍艦艇十一艘、美艦三艘、俄艦一艘。

自 3 月開始，清軍按照咸豐皇帝"不動聲色，嚴密防範"的諭令，進行防範佈置。其中在大沽口南岸炮台駐有清軍一千餘人，另有一千五百名清軍佈置在後路；駐守大沽口炮台的約有一千人，在北塘炮台有清軍約一千人。另有馬隊分佈在南北岸炮台附近，以提供機動支援。

從清軍的佈防來看，仍以十七年前鴉片戰爭時在大沽口修建的炮台為防禦核心，並沒有出奇之處。但時任直隸總督譚廷襄卻對此頗為自信："現在海口兩岸，槍炮羅列，兵勇八九千人，分別佈置，聲威較壯。"信以為真的咸豐皇帝，如他的父親道光皇帝那樣，對大臣的奏摺有一種樂觀的信任。他一再告訴譚廷襄："務使釁端勿自我開。"並企圖以"軍容深盛"的兵威，嚇退英法聯軍。

十七年間，清朝君臣對世界、科技的認知並沒有多少進步，相反英法聯軍的艦炮則有了很大的變化。根據第一次鴉片戰爭的經驗，英法聯軍置備了多艘適合在大沽口航行作戰的蒸汽艦艇。

5 月 20 日上午 8 時，英法聯軍向譚廷襄遞交"最後通牒"，限清軍在兩小時內交出大沽口炮台。譚廷襄不予理睬，並決心與英法決戰。10 時剛過，英法聯軍即先行開炮，第一次大沽口戰役打響。

英國蒸汽炮艇獵人（Nimrod）號和法國蒸汽炮艇雪崩（Avalanche）號、龍騎兵（Dragonne）號首先發炮轟擊大沽口南岸炮台，英蒸汽炮艇鸕鷀（Cormorant）號和法國蒸汽炮艇霰彈（Mitraille）號、火箭（Fusee）號則轟擊北岸炮台。大沽口南北岸守軍，也開炮還擊。戰鬥中，清軍一度十分英勇，在其中的一處炮位上，有二十九名炮手前仆後繼，陣亡在炮台上。

在英法聯軍炮戰的同時，英軍蒸汽炮艇弗姆（Firm）號、堅固（Staunch）號、負鼠（Opossum）號、鴇（Bustard）號、斯萊尼（slaney）號運載英法

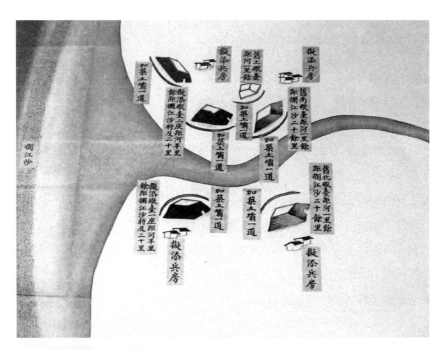

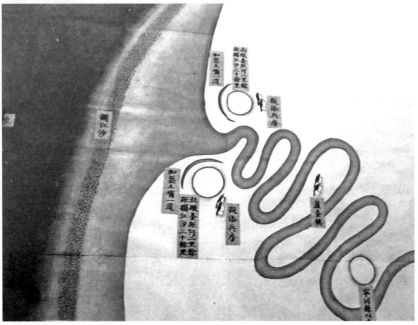

上｜圖9.5：直隸總督訥爾經額道光二十一年（1841年）奏摺中所附《大沽口加築炮台圖》。

下｜圖9.6：直隸總督訥爾經額道光二十一年（1841年）奏摺中所附《北塘海口加建炮台圖》。

聯軍陸戰隊開始登陸作戰。三百七十一名英軍、三百五十名法軍登陸南岸，二百八十九名英軍、一百六十八名法軍登陸北岸。

清軍水師沿用老舊戰術，從白河上游順流漂下五十艘"火船"，船上裝滿易燃物，試圖火攻敵艦，但都被一一撥開。中午 11 時 15 分，北岸炮台被英法聯軍攻陷，四十五分鐘後，南岸炮台也被攻陷。

戰前原本十分自信的直隸總督譚廷襄，看到英法聯軍的強大戰鬥力後，坐上轎子臨陣脫逃，天津總兵也隨之逃走。英法聯軍海陸配合，以傷亡不滿百人的輕微損失，輕取大沽口炮台。清軍陣亡二百九十一人、傷一百九十人。

戰後，譚廷襄上了一封奏摺，對第一次大沽口之戰有所總結，其中最主要的是敵我火炮的差距："伏念兵勇潰散，實因夷炮迅捷，受傷太多，不能立足所致。"同時，清軍的"萬斤大炮"打到英法聯軍的船上，只能打出個小孔，樣式陳舊落後的火炮無法擊沉敵艦。

隨後，英法聯軍艦隊溯白河（即海河）而上，將艦隊停泊在天津城外三岔河口一帶。此時，清朝守軍已退至天津城南的海光寺外。駐紮在天津城外的英法聯軍於 5 月 26 日通知清朝速派人到天津議事，否則先取天津，再打北京。

咸豐皇帝得知大沽口失守，深恐天津重蹈廣州覆轍——如果英法兩國"以大沽為香港，而以天津為廣州，將來何能驅之使去"。於是，急派大學士桂良、吏部尚書花沙納馳奔天津求和。

6 月 5 日在天津城南的海光寺，清朝代表與英法代表進行談判。此後，俄、美、英、法四列強與清廷，從 6 月中旬至月底，分別簽署了《天津條約》。

四

英法聯軍二打大沽口，清軍大獲全勝

英法兩國按上一年所簽《天津條約》之換約規定，於咸豐九年（1859 年）6月又來到大沽口，欲進京換約。"進京換約"事關國體，清王朝沒有答應。

清朝一方面希望英法等國能放棄《天津條約》中"公使駐京"等條款，一方面也有廢約再戰的想法。所以，大沽口之戰結束後，就派蒙古科爾沁郡王僧格林沁為欽差大臣，組織大沽和京津防務。此時僧格林沁挾撲滅太平天國北伐軍的戰功，為清朝上下所倚重，他的蒙古馬隊此時成為咸豐帝的希望所在。在咸豐皇帝的"面授機宜"後，僧格林沁來到大沽口，對炮台進行全面整修。

首先重建大沽口南北兩岸炮台。共建炮台六座，其中三座在南岸，兩座在北岸，分別以"威"、"震"、"海"、"門"、"高"五字命名，寓意炮台威風凜凜地鎮守在海門高處，後來，又在北岸"高"字炮台北邊建了一個"石縫炮台"。

新炮台均比原炮台更為高大，以一千米射程劃定了大沽口火力範圍，登陸者即便滲透到相鄰兩座炮台之間，也處在輕武器射程之內。同時，為防止英法兩軍的登陸包抄戰術，還在炮台前後建造了營牆，挖了壕溝。

由於大沽口的火炮在上一次戰鬥中全部被毀，僧格林沁重新鑄造和調撥了一批火炮，還購買了一批西洋火炮。大沽口炮台的火力因此得到有力加強。

為加強人力，僧格林沁調集了他最為倚重的蒙古馬隊，加上其他各地方的兵員，戰前大沽守軍超過七千名。此外，為抵禦機動性能較突出的英法聯軍艦艇，僧格林沁在海河河道裏設置了鐵鏈、鐵戧、木筏等防材。

完成佈置後，僧格林沁還組織了多次實彈演習。完成大沽口的佈防後，僧格林沁向咸豐皇帝彙報："大沽海口佈置均已周密。"

以換約之名，英法聯合艦隊如期來到大沽口外。

此次英法聯軍仍然是以蒸汽動力艦船為主，共出動蒸汽艦船二十二艘。英國蒸汽巡洋艦一艘、蒸汽炮艇十六艘、蒸汽護衛艦一艘、蒸汽運輸艦兩艘；法國蒸汽巡洋艦一艘、蒸汽炮艇一艘。聯合艦隊司令由英國海軍少將賀伯（Hope）擔

圖 9.7：英法聯合艦隊 1859 年進入海河攻打大沽口防禦炮台圖。

任。美國雖然是"中立國"，仍派托依旺號等幾艘軍艦參加了英法聯軍的大沽口行動，主要負責"救援"。

6 月 17 日，英法聯軍到達大沽口後，即派人向清朝守軍投遞信件，要求三日內開放一個入口，以便公使溯河去天津。但清朝要求公使往北邊的北塘登陸，並由清軍保護到北京換約。英法聯軍不理清朝要求，直闖禁止外國船隻進入的大沽口，拉開了二打大沽口的序幕。

6 月 18 日下午，英國八艘軍艦乘風潮之勢直入白河，在夜裏拉倒攔江鐵餞四架，拆毀清軍佈設的河上障礙。

25 日早晨，英法聯軍的炮艇開始進入大沽口內。艦隊以鴇鳥號為旗艦，率領各裝備六門炮的烏木（Coromandel）號、獵人號、鸕鶿號；裝備三門炮的負鼠號、茶隼（Kestrel）號、傑紐斯（Janus）號、庇護（Lee）號、巴特勒（Bauterer）號、傲慢（Haughty）號、歐椋鳥號等十一艘小型艦艇，進入戰鬥位置。由於清軍在前一晚已將河內防材恢復，英法聯軍進入大沽口的第一項工作是清理河內鐵欄、鐵餞。在這些炮艇的後方還有一些較大的戰船作為後援，有五百名陸戰隊及水兵準備登陸。

僧格林沁與直隸提督史榮椿親自坐鎮大沽南炮台，要求炮台和圍牆上不准一個兵士露頭，所有火炮用簾子遮掩，炮台上偃旗息鼓。到 6 月 25 日下午 2 時，英法聯軍才清除第一道河障。此時潮開始落，河道變窄。聯軍炮艇只能下錨保持位置。

接近下午 3 時，英法聯合艦隊司令、英國海軍少將賀伯指揮艦隊開始衝撞內河鐵鏈，這是大沽口上的最後一道河障。就在此時，僧格林沁下令開炮，掩護炮台大炮都捲了起來，頃刻之間全部大炮一齊開火。僧格林沁在南北六座炮台上，安裝大小火炮六十門，包括兩門五千斤、兩門一萬二千斤、九門一萬斤的銅炮，以及從西方進口的二十三門鐵炮。此時，清朝守軍與英法聯軍的火炮在同一量級，均為青銅或黃銅所製，都是前裝滑膛炮，使用黑火藥。

大沽口甚為開闊，南北兩岸的炮台火力設置又能相互重疊。英法聯軍所處的位置剛好對著清軍炮口，佔據地形優勢的清軍發射猛烈炮火又在突然之間，這些因素使英法聯軍一時頗受打擊。在第一輪射擊中，清軍炮火就擊中了英法聯軍艦隊司令賀伯的指揮艦鴴鳥號，他本人也受傷。賀伯將指揮旗艦改為鸕鶿號上，鸕鶿號再次被重創。

聽聞炮響，駐紮在附近的蒙古馬隊立即趕來增援。戰至下午 5 時 40 分，茶隼號、庇護號接連被擊沉，其餘軍艦也被擊傷。一旁"中立"觀戰的美國艦隊司令達底拿海軍準將急忙率托依旺號救援英法聯合艦隊。

至下午 7 時，雙方炮戰一度停止，英法聯軍將重傷的鸕鶿號、鴴鳥號搶灘擱淺，以防沉沒。下午 7 時 20 分，身負重傷的英軍海軍司令賀伯下達在南岸炮台登陸的命令。英法海軍陸戰隊近七百人，在英軍勒蒙上校指揮下，分乘帆船、舢板二十餘隻，向海口南岸強行登陸。此時大海退潮，從白河河道到炮台雖然只有五百米左右距離，卻是爛泥灘塗。僧格林沁調集火器營的抬槍隊和鳥槍隊，射殺登陸後陷於泥濘中的英法海軍陸戰隊士兵，戰前挖掘的壕溝，也阻礙了英法海軍陸戰隊的攻勢。幸存的英法海軍陸戰隊隊員，不得不返回艦上。至 6 月 26 日凌晨，英法聯軍艦隊全部逃出大沽口，英法第二次攻打大沽口，以失敗告終。

此戰，清軍有四千四百五十四人參戰，直隸提督史榮椿以下陣亡三十二人。英法聯軍參戰炮艇十一艘，被擊沉或摧毀四艘（其中的茶隼號情況特殊，原本被擊沉，但 28 日該艇又浮起漂到下游，英軍修理後繼續使用）。英軍參戰一千餘人，炮艇分隊被擊斃二十五人，受傷九十三人；登陸部隊被擊斃六十四人，受傷二百五十二人。法軍參戰六十人，被擊斃四人，受傷十人。

這是自第一次鴉片戰爭以來，清軍取得的最大一次勝利。

英法聯軍失敗後，在大沽口外兵艦上觀戰的美國公使華若翰，派人給清朝送來照會，並於 8 月按清政府的要求在北塘完成換約。英法聯軍卻不甘心就這樣退出中國，並準備發起對大沽口的第三次進攻。

五

英法三打大沽口，
天津淪陷，北京失守

咸豐十年（1860 年），一年前在大沽口慘敗的英法聯合艦隊，又返回大沽口。

大沽口仍然由僧格林沁鎮守，他在津沽重點防守區內佈置了近三萬人防守，其中一萬餘人駐守大沽。這是兩次鴉片戰爭期間，動員人數最多的一次。

英軍派出各類艦艇七十九艘，陸軍兩萬零四百九十九名；法軍派出各類艦艇六十五艘，陸軍七千六百二十人，這支英法聯軍由聯軍總司令格蘭特（James Hope Grant）、陸軍中將蒙托邦（Montauban）率領，第三次向天津大沽口逼近。聯軍出動如此大的兵力，即使從整個西方殖民史來看也屬罕見。

從天津整個防綫來看，不僅有大沽一個口子，其北面三十里處還有北塘口。

雖然，咸豐帝在諭旨中多次要求僧格林沁對北塘"密為防範"。但第二次大沽口保衛戰的勝利，讓僧格林沁等清軍將領產生輕敵思想，認為英法聯軍"不善陸戰"，而且遠途而來無法大量攜帶騎兵馬匹。

僧格林沁認為，北塘附近是一片鹽灘地，行軍困難，而且無法安設重炮，即使聯軍真的在北塘登陸，他還可以派出看家馬隊，對登陸聯軍進行包抄絞殺。因此，僧格林沁將北塘的守兵移至北塘西北的營城，在大沽口北岸新河安駐重兵，以期屆時可以南北夾擊。

咸豐十年（1860 年）初，英軍增援部隊開始陸續抵達中國海岸。4 月 14 日，英法聯軍商定軍事計劃；4 月 21 日，英軍佔領舟山；5 月 27 日，英軍佔領大連。6 月 4 日，法軍佔領煙台。在這期間，英法聯軍未遭遇任何清軍的任何抵抗。6 月下旬，英法聯軍完成大沽口之戰的軍事準備。6 月 26 日，英法兩國政府告知歐美多國：對清朝正式宣戰。

正如戰前清朝所擔心的那樣，這一次英法聯軍汲取了強攻大沽口的教訓，定下了繞開炮台林立的大沽口，轉襲北塘口，從大沽炮台身後攻擊大沽的作戰方案。

8 月 1 日，英法聯軍以一部分艦艇在大沽口佯攻，吸引守軍注意，同時，派出一萬八千餘人，備有近三千匹馬、火炮數十門，趁北塘清軍守備空虛，開始攻打北塘炮台。第三次大沽口戰役由此打響。

8月3日早晨，英法聯軍派出先頭部隊約兩千人，從北塘向大沽口北岸進行搜索偵察。按照預定的方案，清軍駐守新河、塘沽一帶的馬隊出動迎敵。雙方交戰至中午，英軍撤退，此戰雙方僅有輕微的人員受傷。聯軍摸清了清軍的佈防情況。僧格林沁則因聯軍"敗退"，信心大增。

8月12日清晨，英法聯軍八千人從北塘兵分兩路向新河、軍糧城進攻。駐紮在新河的守軍共兩千人，無法形成有效抵抗，新河很快失守，清軍敗退至塘沽。塘沽在大沽以北，是大沽北岸炮台後方的重要屏障。

8月14日清晨，英法聯軍以六千人的兵力、三十六門火炮攻擊塘沽。清軍以火炮還擊，海河上的兩艘清軍水師船也以炮火支援。塘沽原有駐軍兩千人，加上新退守的蒙古馬隊，曾一度出擊作戰，但未能奏效。清軍由塘沽敗退至大沽炮台，大沽由此陷入腹背受敵的境地。

塘沽陷落當天，僧格林沁上了一封奏摺："現在南北兩岸，唯有竭力支持，能否扼守，實無把握。"

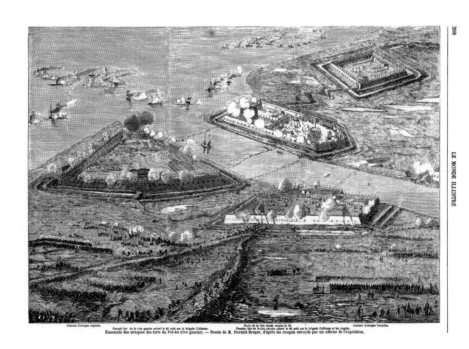

圖 9.8：《1860 年 8 月 21 日聯軍圍攻大沽口左岸炮台圖》，原刊於 1860 年的法國《世界畫報》。

圖 9.9:《大沽口海戰水粉畫》,一組三幅,中國佚名畫家 1860 年繪製,現由美國凱爾頓基金
會收藏。上圖為海河口的"威"、"震"、"海"、"門"、"高"五座炮台,受到英法戰艦炮轟,
美、俄戰艦前來觀戰;中圖為英法聯軍登陸;下圖為清廷與英法兩國簽訂《北京條約》。

中國古代海戰史

8月18日，英法聯軍一部攜帶火炮，渡過海河，登陸南岸。至此，清軍在大沽口南北兩岸佈防的背部全部向英法聯軍敞開。

8月21日凌晨，英法聯軍集中全部火力向大沽北岸炮台猛烈轟擊。上午8時許，在炮火支援下，英法聯軍兩千五百人、四十七門火炮分為左右兩翼，向建在北岸石壁之上的"石縫炮台"猛攻。這幅《1860年8月21日聯軍圍攻大沽口左岸炮台圖》原刊於1860年的法國《世界畫報》(Le Monde illustre)。它描繪了英法聯軍當天的作戰情況。此圖左下方為英軍進攻隊形，右下方為法軍進攻隊形。此圖說明稱："英國部隊和由科利諾上尉率領的法國部隊，8月21日，佔領左岸要塞。此圖由迪朗‧布拉熱根據一名法國遠征軍軍官寄回的素描稿而製作的銅版畫。"高達三至五丈的"石縫炮台"火藥庫，因被聯軍炮火擊中而引發爆炸。圖中可見英法步兵架梯攀登炮台高牆，守軍以抬槍、鳥槍回擊。

戰至中午，提督樂善及官兵寡不敵眾，皆壯烈犧牲，"石縫炮台"落入聯軍手中。下午2時，英法聯軍攻陷了北岸主炮台，並俘虜了兩千名清軍。僧格林沁認為南岸炮台萬難堅守，遂遵照咸豐皇帝"天下根本不在海口，實在京師"的指示，命南岸炮台守軍和蒙古馬隊盡撤天津。隨後，英軍中文秘書巴夏禮到南岸炮台勸降，直隸總督恆福只得同意，把三座炮台拱手交給了英法聯軍。法國《世界畫報》也同時刊出了《1860年8月22日聯軍佔領大沽口右岸炮台圖》，描繪了南岸炮台被聯軍佔領的場景。幾天後，英法聯軍佔領天津。

9月18日，英法聯軍攻陷張家灣和通州。其間在八里橋，僧格林沁終於迎來他所嚮往的野戰，結果依然慘敗。隨後，清軍退入北京城。

10月13日，英法聯軍攻入北京，清帝退避熱河行宮。10月18日，英法聯軍燒毀圓明園。10月24日，清廷與英法兩國簽訂《北京條約》，包括給英法賠款，增開天津為商埠，割廣東新安縣（今香港界限街以南）的九龍半島給英國……英法聯軍三打大沽口，終以清朝的徹底失敗而告終。

道光和咸豐父子二人，遭遇兩次鴉片戰爭。1850年，道光帝在圓明園去世；1861年，咸豐帝在熱河行宮病逝。後來，八國聯軍侵華，大沽口再次被攻陷，清朝被迫將大沽口炮台拆毀，北塘南北炮台也被炸毀。僧格林沁修建的"威"、"震"、"海"、"門"、"高"，以及"石縫炮台"，如今僅有"威"字南炮台和"海"字老炮台的兩個土台遺址了，其他炮台連土台都蕩然無存。

那個威風過、慘烈過的清朝海防格局，只能存留在古代海防地圖中了。

六

領教“炮利”，
仿製西洋火炮

明朝時，佛郎機炮進入中國，中國先見識了西方的“炮利”；鴉片戰爭時，中國又認識了西方的“船堅”。西風東漸，中國人感受最深的就是“船堅炮利”。有學者甚至統計出，時人在奏章或私家著述中，談到英軍“船堅炮利”的計達六十餘人次。當時的中國最想學習和引進的，就是西方的火炮與艦船技術。

從定海之戰到穿鼻洋之戰，英軍強大的火力壓迫令清軍無還手之力。雖然，康熙年間，清廷曾請西方傳教士南懷仁幫助清廷監製了許多西式火炮，但到了鴉片戰爭時，這些火炮早已過時，亦幾乎不能使用。

道光二十年（1840年），閩浙總督鄧廷楨上奏：“查各國來粵夷船，所載護貨炮位，因不許帶入口，間有變賣之事。臣此次折回廣州，即商之督臣林則徐，設法購得十四門，每門自一千六百斤至八九百斤不等，裝藥演放，頗為靈利，亦能致遠。若帶赴閩省，以輔舊存炮位之不逮，似亦有益。現已諮會廣東水師提臣關天培，揀派幹弁，由海道運赴廈門，交興泉道衙門存儲。”從此奏片看，林則徐無疑是引進西式火炮的先行者之一。

在廣東禁煙期間，林則徐先後設法購置了兩百餘門西洋各國火炮，大者有九千餘斤，增排虎門兩岸。除了裝備直接購買的洋炮，虎門炮台還裝備了許多仿洋炮造型的大炮。這批大炮並沒能夠成功拒敵，在英軍強大的攻勢下虎門炮台依然淪陷。為此，林則徐深感心痛：“最可痛者，虎門一破，多少好炮盡為逆夷所有矣。”

林則徐被解職後依然關心鑄炮之事。道光二十二年（1842年），林則徐給友人姚春木和王冬壽的信中一再強調“謀炮”的重要性。他寫道：“徐嘗謂剿匪八字要言，器良、技熟、膽壯、心齊是已。第一要大炮得用，今此一物置之不講，真令岳、韓束手，奈何，奈何！”

道光二十一年（1841年），浙江、江蘇等地官員組織人力仿製了一批西式銅炮。這些銅炮的鑄造技術比以往有了較大改進。據魏源《海國圖志·籌海》載，

"至去冬以來，浙江鑄炮，益工益巧，光滑靈動，不下西洋。"據此可以看出，這批仿照西方鑄造的火炮，水準比以往有了很大提高。

後來，英軍在攻佔定海後發現，清軍有鑄造得相當好的銅炮，並將繳獲的三十六門銅炮搬上運輸船帶走。英軍同時發現，清軍還有仿造英艦炮架製作的較為先進的炮車。這些炮車裝有旋轉架，但裝備數量有限，多數炮架品質低劣。

穿鼻洋海戰，清軍多艘戰船被英軍復仇女神號蒸汽船發射的康格里夫火箭（Congreve rockets）擊中，此後，英軍幾乎每次重要戰鬥都使用康格里夫火箭，用其攻擊敵方炮台和戰船。清軍對這種火箭一直耿耿於懷。更為屈辱的是，清軍最初獲得這種火箭，竟然是道光二十一年（1841年）琦善與義律談判時獲贈的兩支。

道光皇帝曾要求清軍火器營仿造康格里夫火箭，但仿製出來的這種火箭，一是製作太過粗糙，二是兵勇也無使用這種火箭的經驗，所以，在與英軍的交戰中，它們並沒有發揮太大的作用。不過，咸豐四年（1854年）清軍塔齊布部與太平軍曾天養部交戰時，清軍點放的火箭，倒是擊退了太平軍。但清軍正式批量生產近代火箭，還要到李鴻章開設江南機器製造局和金陵機器製造局的時候。

圖9.10：道光皇帝曾要求清軍火器營仿造康格里夫火箭（Congreve rockets），多有失敗。

鴉片戰爭時期，對西洋火炮的引進與仿製多有失敗，其中除了製作粗糙外，還有一個重要原因就是火藥質量不過關。

火藥技術，中國人曾領先於世界，但它起源於道士煉丹的偶然發現，其發展一直沒有上升到科學理論的層面。清軍製造的火藥，仍是按照明末的配方，無法提純硝和硫，藥料的雜質成分高，火藥顆粒粗糙，往往不能充分燃燒，造成爆炸效力低。英軍對清軍的火藥完全不屑一顧。英軍攻下定海後，將清軍的火藥丟在海裏，棄之不用。林則徐主持編譯的《華事夷言》中，也形容清軍火藥"煙方出口，子即墜地矣"。

道光二十二年（1842 年），戶部江南司郎中湯鵬曾上奏清朝，主張"火器火藥宜一律講求精緻也。"他在奏摺中寫道："職聞英夷火器，除利炮外，火箭火槍最為兇毒。又聞英夷煉造硝黃，皆用銀藤燒灰配合而成，故其藥力大而當者披靡……職思英夷盤踞澳門多歷年所，聞其製造火器，皆有秘書流傳。應請敕下兩廣總督、廣東巡撫，密委妥員前往澳門，訪得其秘書，為製造火器張本。"

英軍火藥製作技術在 19 世紀時已達到世界先進水平。英國化學家歇夫列里經過多次實驗後，於 1825 年列出了黑火藥的最佳化學反應方程式。其火藥生產採用了多種物理和化學方法，運用先進工業設備，提煉高純度的硝和硫，並使用機械式造粒缸，將火藥製成大小均勻的火藥粒，用蒸汽加熱器將其烘乾，使之保持良好待發的乾燥狀態……正是這些科學的製作工藝，保證了英軍火藥的優良品質。

道光二十三年（1843 年），耆英在廣州購買到外國人的洋槍，派千總張攀龍呈送進宮，意請道光皇帝諭旨造辦處設法仿造。道光帝賞玩後，朱批道："朕親加對合，大小均各有用，內一母大小二槍筒，大靶接小靶者，可稱絕頂奇妙之品。又六眼小槍，靈捷之至，但惜其無大者耳。卿云仿造二字，朕知其必成望洋之嘆也。"在道光皇帝看來，如此精巧細緻的西洋火器，很難被清軍仿造出來。

七

奈何"船堅"，
引進西洋戰船

　　林則徐作為中國"開眼看世界"的第一人，在廣東主持禁煙過程中所發生的思想轉變，在當時中國傳統士大夫階層中具有很大的代表性。

　　林則徐剛到廣東時，對英國"船堅炮利"的了解相當有限。他在近距離觀察西方人的船艦後，認為"夷船所恃，專在外海空曠之處，其船尚可調轉自如，若使竟進口內，直是魚游釜底，立可就擒"。他甚至一度認為，在海上打不過西方人，如果將其引到岸上，外國人的身體跟中國人長得不一樣，外國人的身體硬邦邦的，摔倒了起不來，陸戰肯定能反敗為勝。林則徐被革職後，在廣州期間，曾多次和清朝派來的將領交流，面對英國人的戰艦，林則徐不斷給出用火攻船的禦敵方案，幻想以赤壁之戰的方式抵抗英軍。

　　鴉片戰爭開始後，林則徐對"船堅炮利"有了新的認識："以船炮而言，本為防海必需之物，雖一時難以猝辦，而為長久計，亦不得不先事籌維。"後來在流放途中，他對這一觀點也一再強調："有船有炮，水軍主之，往來海中追奔逐北，彼所能往者，我亦能往……剿夷而不謀船炮水軍，是自取敗也。"

　　道光二十年（1840 年），為了對抗英軍的高大艦船，林則徐從美國旗昌洋行手中購買了劍橋號（又譯甘米力治號，Cambridge）。這是中國從國外引進的第一艘現代化武裝艦船艦，有著十分重要的開創性意義。該艦一開始是被用來作為水師演習攻擊英艦的訓練艦，但隨著戰局緊迫，劍橋號又被改裝成了戰艦，林則徐安排為其重新配置了火炮。劍橋號排水量約為九百噸（一說一千零六十噸），是廣東水師最大的戰船。清軍對劍橋號抱以極大的期望，出征前敲鑼打鼓、燃放鞭炮送行。林則徐還曾檢閱該艦。但這艘軍艦在英軍攻打廣州的戰鬥中，開戰不久，這艘軍艦即被英軍炮火摧毀。

　　這一年，林則徐還佈置仿造歐洲船式建造了兩到三艘雙桅船，並著手購買三艘丹麥船，後因經費無著作罷。此外，林則徐搜集了外國多種戰船的資料，其中《知沙碧船圖》所繪戰船"計三桅，有頭鼻，與英夷船同，炮二層，三十四位，長十二丈";《花旗船圖》所繪戰船"三桅,與英夷船同,炮二層,二十八位"。英軍投到鴉片戰爭中的火輪船,也引起林則徐的關注,他曾派遣精幹部下彭鳳池前往澳門,探詢有關英軍火輪船的構造和性能等情況,並嘗試仿製火輪船。

這一年,時任嘉興縣丞的龔振麟"奉檄赴甬東,見逆帆林立,中有船以筒儲火,以輪擊水,測沙綫,探形勢,為各船嚮導,出沒波濤,維意所適。人僉驚其異,而神其資力於火也。振麟心有所會,欲仿其制,而以人易火,遂鳩工製成小式,而試於湖,亦迅捷焉。中丞劉公聞製船事,令依前式造巨艦,越月而成,駛海甚便。"

不過,由於技術條件的限制,以上所述這種新式明輪戰船未能實現蒸汽驅動,依舊只能靠人力在水中航行。

此間,有識之士也曾嘗試研究西洋火輪船。道光二十一年(1841年),丁拱辰寫就《演炮圖說輯要》呈獻當局,其中的《西洋火輪車、火輪船圖說》是中國

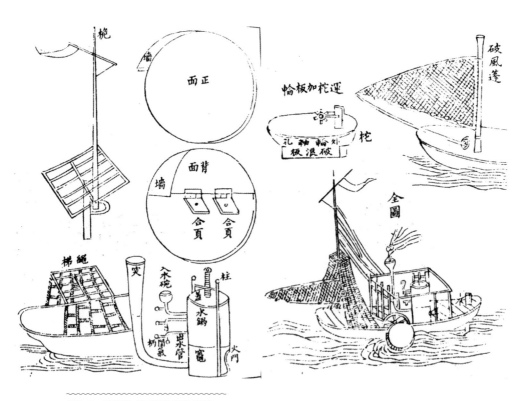

圖 9.11:鄭復光《火輪船圖說》插圖。

第一部關於蒸汽機、火輪車和火輪船的著作，其所附的"西洋火輪車圖"和"火輪船圖"是中國最早的火輪車和火輪船圖式。另一人鄭復光的《火輪船圖說》，還被收入魏源的《海國圖志》中。

魏源深受林則徐的影響，在其所輯《海國圖志》一書中，不僅提出了要引進西方海軍科學技術、建造戰艦、製造炮械的主張，還提出要建立一支擁有一百艘戰艦、三萬餘名官兵的近代中國海軍建設方案。他認為實現這一海軍建設方案，清朝海軍即"可以駛樓船於海外，戰洋夷於海中"。

第一次鴉片戰爭中，清朝士紳對輪船的仿造最終止於形式上的模仿，並沒有掌握蒸汽輪船最核心的蒸汽機技術。蒸汽輪船進入清軍水師服役，要等到1856年購買火輪船方始。而清朝建造第一艘蒸汽輪船，要等到1865年黃鵠號建成下水。

在林則徐的引領下，廣東一度成為清王朝最具"西風"徐來的地區，但這只是林則徐等少數人的努力，未能推動清朝水師乃至整個清王朝的整體變革。林則徐在廣州時的幕僚梁廷枏的觀點非常具有代表性，其在鴉片戰爭後所著《夷氛聞記》一書末尾寫道：

> 今天下非無講求勝夷之法也，不曰以夷攻夷，即曰師夷長技。……天朝全盛之日，既資其力，又師其能，延其人而受其學，失體孰甚。彼之火炮，始自明初，大率因中國地雷飛炮之舊而推廣之。夾板舟，亦鄭和所圖而予之者。即其算學所稱東來之借根法，亦得諸中國。但能實事求是，先為不可勝，夷將如我何。不然而反求勝夷之道於夷也，古今無是理也。

誠如是，當林則徐向道光帝提出"從此製炮必求極利，造船必求其堅"，"製炮造船，則制已可欲如。"的建議後，道光帝讀罷林則徐的奏摺，寫下朱批："一片胡言。"

附錄

第一次鴉片戰爭英國侵華戰艦名錄

鴉片戰爭時期，英國海軍已經擁有由戰列艦（Ship of the Line）、巡航艦（Frigate）、輕巡航艦（Escort）、武裝汽船（Armed steamer）、運兵船（Troop Carrier）、運輸船（Transport）組成的分工明確、戰術靈活的龐大海軍裝備體系，它們分成不同的艦隊駐紮在世界各地。

鴉片戰爭初期，英國派往中國的艦隊等級並不高，最大的戰列艦僅為三等戰列艦，大小戰艦共六十餘艘，屬英國海軍部的五十艘，屬英國東印度公司的十六艘。第一次鴉片戰爭時，這些艦船並沒有同時在中國戰場，最終也沒有一艘英艦毀於對清戰鬥中。由於清廷的文獻中，沒有留下一份侵華英艦的名單，後世研究者採用的多是英國海軍留下的資料，故說法不一。此下名錄根據多個來源排定。這裏特將英艦的中英文艦名並列排出，多個譯名的也儘量列出。

三等戰列艦：

Melville（麥爾威厘號），74 門炮，排水量 1746 噸。

Wellesley（威厘士厘號），74 門炮，排水量 1746 噸。

Blenheim（伯蘭漢號，也譯布倫克號），74 門炮，排水量 1746 噸。

Cornwallis（康華麗號），72 門炮，排水量 1751 噸，《南京條約》簽約艦。

四等戰列艦：

Vindictive（復仇號），50 門炮。

Endymion（恩德彌安號，也譯安度明號），50 門炮（也有記載為 44 門炮）。

五等戰列艦：

Blonde（布朗底號，也譯金髮人號），44 門炮

Cambrian（康碧亞人號，也譯坎布雷號），40 門炮（也有記載為 36 門炮）。

Druid（都魯壹號，也譯督伊德教祭司號），44 門炮。

Thalia（塞利亞號），46 門炮（也有記載為 44 門炮）。

六等戰列艦：

　　Alligtor（鱷魚號），28 門炮。

　　Calliope（加略普號，也譯史詩女神號），28 門炮。

　　Conway（康威號），2 門 8 炮。

　　Dido（狄多號，也譯戴寶號），18 門炮（也有記載為 20 門炮）。

　　Samsrang（薩馬蘭號，也譯三寶壟號），28 門炮。

　　Volage（飛馳號，也譯窩拉疑號），28 門炮。

　　Herald（前鋒號），26 門炮。

　　Nimrod（善獵者號，也譯寧羅得號），20 門炮。

　　North Star（北極星號），26 門炮。

二桅快船輕巡艦：

　　Algerine（阿爾及利亞人號，也譯阿爾吉林號），10 門炮。

　　Bentinch（班廷克號）10 門炮。

　　Childers（查德士號，也譯基爾德斯號），18 門炮（也有記載 16 門炮）。

　　Columbine（科隆比納號，也譯哥倫拜恩號），18 門炮（也有記載為 16 門炮）。

　　Cruiser（巡洋號），18 門炮（也記載為 16 門炮）。

　　Clio（歷史女神號，也譯克里歐號），18 門炮（也有記載為 16 門炮）。

　　Driver（臨工號），6 門炮。

　　Hazard（冒險者號），18 門炮（也有記載 16 門炮）。

　　Harlequin（諧角號，也譯哈利昆號），16 門炮（也有記載為 18 門炮）。

　　Hyacintn（海席新號，海安仙芙號），20 門炮。

　　Larne（拉尼號，也譯勒里號或拉恩號），18 門炮。

　　Louisa（路易莎號），16 門炮。

　　Modeste（摩底士底號），20 門炮。

　　Minden（敏頓號），18 門炮。

　　Modeste（謙虛號，也譯摩底士底號），20 門炮。

　　Pelican（鵜鶘號，也譯培里康號），18 門炮。

　　Pylades（卑拉底斯號，也譯皮蘭德號），20 門炮。

　　Royalist（保皇者號，也譯保皇黨人號），8 門炮（也有記載為 10 門炮）。

　　Senrpent（毒蛇號，也譯巨蛇號），16 門炮。

　　Wanderer（漫遊者號，也譯流浪者號），16 門炮。

　　Wolverene（狼獾號，也譯黑獾號），16 門炮。

運輸船：

    Apollo（太陽神號）。

    Belleisle（拜耳島號，也譯貝雷色號）。

    Rattlcsnake（響尾蛇號）。

    Sapphire（藍寶石號）。

    Jupiter（木星號，也譯丘比特號）。

測量船：

    Young Hede（青春女神號），4 門炮。

    Sulphur（硫磺號），12 門炮，（也有記載為 8 門炮）。

    Starling（歐椋鳥號，也譯司塔林號），4 門炮（也有記載為 3 門炮）。

東印度公司參戰艦船主要有：

    Auckland（奧克蘭號），木殼明輪巡航艦，6 門炮。

    Ackbar（棒條號），木殼明輪炮艦，6 門炮。

    Atalanta（阿打蘭打號，也譯阿特蘭特號）木殼明輪炮艦，5 門炮。

    Aurora（曙光號），資料不詳。

    Enterprise（進取號，也譯事業號）戰船。

    Hooghly（胡格力號），木殼明輪炮艦。

    Madagascar（馬達加斯加號），木殼明輪炮艦。

    Medusa（美杜莎號），鐵殼明輪炮艦。

    Memnon（勉郎號，也譯梅姆隆號），木殼明輪炮艦，6 門炮。

    Nemesis（復仇女神號），鐵殼明輪巡艦，6 門炮。

    Phlegethon（弗萊吉森號，也譯地獄火河號），鐵殼明輪炮艦，4 門炮。

    Pluto（冥王號，也譯伯魯多號），木殼明輪炮艦，1 門炮。

    Proserpine（蒲尚皮娜），鐵殼明輪炮艦，2 門炮。

    Queen（皇后號），木殼明輪炮艦，2 門炮。

    Sesortris（西索斯梯斯號，也譯塞索號），木殼明輪炮艦，4 門炮。

    Tenasserim（德蘭尚依號），木殼明輪炮艦，4 門炮。

第二次鴉片戰爭英國皇家海軍又向中國增派軍艦名錄

1856 年 10 月 23 日，英國駐華海軍以"亞羅號事件"為藉口，悍然向廣州發動進攻，打響第二次鴉片戰爭。1857 年春天，英國皇家海軍又向中國增派軍艦，這些軍艦許多已是蒸汽動力艦。

蒸汽巡洋艦

Chesapeake（切撒皮克號），51 門炮。

蒸汽護衛艦

Highflier（高飛號），21 門炮，

明輪蒸汽護衛艦

Sampson（桑普森號），6 門炮。

Furious（狂怒號，又譯憤怒號），6 門炮。

蒸汽炮艇

Nimrod（獵人號，又譯納姆羅號），6 門炮。參加第一次和第二次大沽口之戰。

Cormorant（鸕鶿號），8 門炮（也有記載為 6 門炮）。參加第一次和第二次大沽口之戰旗艦，第二次戰鬥中一度作為旗艦，被重創。

Surprise（驚喜號，又譯瑟普萊斯號），8 門炮。

Hornet（大黃蜂號），17 門炮。

Encounter（英康特號），17 門炮。

Cruiser（巡洋號），17 門炮。

Magicienne（魔術師號），16 門炮。

蒸汽淺水炮艇

Slaney（斯萊尼號），5 門炮。參加第一次大沽口之戰。

Leven（萊文號），5 門炮。參加第一次大沽口之戰。

Bustard（鴇號），3 門炮。參加第一次大沽口之戰。

Opossum（負鼠號），3 門炮（也有記載為 4 門炮）。參加第一次和第二次大沽口之戰。

Staunch（堅固號），3 門炮。參加第一次大沽口之戰。

Firm（弗姆號），3 門炮。參加第一次大沽口之戰。

Lee（庇護號），3 門炮。參加第二次大沽口之戰，被擊沉。

Bauterer（巴特勒號），3 門炮。參加第二次大沽口之戰。

Forester（佛里斯特號），3 門炮。參加第二次大沽口之戰。

Plover（鴴鳥號），4 門炮（也有記載為 3 門炮）。第二次大沽口之戰旗艦，被擊沉。

Starling（歐掠鳥號，也司塔林號），3 門炮。參加第二次大沽口之戰。

Janus（傑紐斯號），3 門炮。參加第二次大沽口之戰。

Kestrel（茶隼號），3 門炮。參加第二次大沽口之戰，被擊沉，後浮起漂到下游。

Haughty（傲慢號，又譯高貴號），3 門炮。參加第二次大沽口之戰。

明輪蒸汽炮艇

Coromandel（烏木號，又譯科羅曼德爾號），6 門炮。

Barracouta（梭子魚號），6 門炮。

Fury（富利號），8 門炮。

蒸汽運兵船

Assistance（協助號），6 門炮。

快速帆艦

Calcutta（加爾各答號），84 門炮。

Nankin（南京號），50 門炮。

Pique（煽動號），40 門炮。

第二次鴉片戰爭攻打大沽口法國艦隊名錄

第二次鴉片戰爭期間，法國海軍也派出軍艦，其中也包括小型淺水蒸汽炮艇。

蒸汽巡洋艦

Duchayla（迪歇拉號），50 門炮。

蒸汽炮艦：

Primoguet（普利姆蓋號），炮 8 門。

Phlegethon（弗勒格頓號），炮 8 門。

Durance（監禁號），炮 12 門。

Meuvthe（梅耳瑟號），炮 12 門。

蒸汽淺水炮艦：

    Avalanche（雪崩號），6 門炮。參加第一次大沽口之戰。

    Mitraille（霰彈號），6 門炮。參加第一次大沽口之戰。

    Fusee（火箭號），6 門炮。參加第一次大沽口之戰。

    Dragonne（龍騎兵號），6 門炮。參加第一次大沽口之戰。

    Nozagavy（諾爾扎加拉號）。

輪船（租用）：

    Renny（雷尼號）。

快速帆艦：

    Nemesis（復仇者號），炮 50 門。

    Audacieuse（果敢號），炮 50 門。

第二次鴉片戰爭大沽口戰役美國艦船名錄

    美國在此役中是所謂的“中立國”，但美國遠東艦隊還是派出了四艘淺水蒸汽炮艦，由司令達底那（Josiah Tatnall）指揮托依旺號（Toey-Wan）來到大沽，指揮救護英艦的行動，並有五百名陸戰隊及水兵準備登陸。

    Toey-Wan（托依旺號）。

    San Jacinto（聖哈辛托號）。

    Portsmouth（樸次茅斯號）。

    Levant（黎凡特號）。

第十章

清代，清法海戰

馬江海防，
福建海防第一道防綫

2011 年，台北故宮博物院舉辦了一個名為"筆畫千里——院藏古輿圖特展"。研究古代福建海防的專家發現展品中有一幅清代《浙江福建沿海海防圖》（此為原收藏機構著錄名，大陸學者稱為"浙閩沿海圖"），並確認這是此前人們從未見過的浙閩海防彩繪長卷。這幅彩繪地圖由此進入大陸海圖研究者的視野。

《浙江福建沿海海防圖》為紙本彩繪，長卷裝裱，縱 38 厘米，橫 1060 厘米，是一幅表現浙江和福建沿海航運與營汛情形的海防圖，乾隆朝（1755 年—1775 年）中期繪製。此圖以青綠山水畫技法繪製，色彩鮮艷，山形水勢較為真實，但此圖方位並非上北下南，而是海上陸下、坐北朝南，以面朝大海的江北視角繪製。其描繪範圍南起福建與廣東交界處，北至浙江海寧，從南至北依次描繪了福建、浙江兩省沿海海岸、島礁等地形與要塞、營汛等海防情況，突出表現了兩省海岸航道與海島上的軍事據點。

這裏選擇的是《浙江福建沿海海防圖》長卷的福州沿海部分，顯示了福州閩江入海口的清代海防形勢，見圖 10.1。

福州是清代福建海防的第一軍事門戶。福州南部閩江口江段，按當地傳統稱"馬江"，特指福州東南烏龍江與南台江匯合後，流至入海口的這一江段，南岸的長樂琴江與北岸的馬尾閩安，它是閩江入海口的俗稱。傳說江邊有巨石形似馬，其尾對著三江口，所以這裏還有另一個名字"馬尾"。因此，馬江海戰也稱馬尾海戰。這裏是福州的南大門，有中國當時重要的港口、有最大的造船廠、最早的海軍學校，駐有福建船政水師——戰略地位非常重要。

繪圖下方繪的塔，就是建於宋代的"羅星塔"。早在明初，它已是國際公認的港口燈塔標誌，被繪在中外航海圖中，被外國水手稱為"中國塔"。在圖的上方，可看到兩個重要的海防陣地，一個是"長樂港"的"前營"旁邊的"洋嶼滿洲營"（三江口水師營）；一個是"金剛腿"旁邊的"水寨"。

據說，雍正皇帝曾提出八旗兵應知水務的主張，遂從福建省城選派五百名旗兵進駐洋嶼，組成水師營。值得注意的是，圖中的"洋嶼滿洲營"只繪有營房，沒繪出圍牆。據《福州駐防志》記載，水師營在此立營時並沒有建城牆，直到乾隆八年（1743 年）才在此建立圍牆。專家據此推測，這幅海防圖的繪製時間，應在雍正六年到乾隆八年（1728 年—1743 年）之間。

繪在自然地標"金剛腿"旁邊的"水寨"，即圓山水寨。史載雍正六年（1728年）之後，清朝常年在此駐軍，寨中駐軍也多為滿洲旗兵擔任（今天這裏還有一個著名的"滿洲屯"）。在圓山水寨的山頂上，後建有炮台，炮口朝向閩江口，且固定朝外，不能旋轉。

在北岸繪有"閩安"城、"羅心（星）塔"，這裏是閩安兵營水師所在，協轄督標左、右兩水師營，岸防區域從馬尾羅星山城寨至閩安。據 1745 年福州將軍新柱給乾隆皇帝奏摺記載："閩縣洋嶼地方三面環江，與閩安營，互相犄角，密通海口，實省會緊要門戶也……閩安亦設副將一員，兼攝兩營官兵防守，而洋嶼旗營又在閩安內十里，聯絡聲援，翠護省會有備無患。"此奏摺說明，琴江、洋嶼（圖中"金剛腿"旁邊"水寨"一側）與閩安曾共建軍事要塞，"互相犄角"，形成福建海防第一道防綫，構成當時福州第一軍事門戶。

在馬江入海口（今連江縣），繪有汛旗和兵船，標註有"官頭"和"金牌"。這裏是進入閩江的門戶。圖上描繪了駐防部隊，但沒有標註炮台。因為"康乾盛世"，沒有太大的海防危機，海防也沒有太大投入。雖然，清順治十四年（1657年），長門電光山與金牌山同時建設了炮台，在長門相繼設有提督和統領衙門、校場、兵營，但構建比較完整的炮台防禦體系，多是 19 世紀的事。

這幅古代福建海防圖，描述了清初閩江下游，閩安與琴江共同防衛福州的史實。

近代福州，在閩江沿綫除了陸上炮台和守軍之外，還有一支特殊的武裝力量——船政水師。第二次鴉片戰爭失敗後，恭親王奕訢主持新政，開展洋務運動。在同治朝，福建海防已得到重視。同治三年（1864 年）清廷剿滅太平天國，同治五年（1866 年）清廷命沈葆楨總理船政事務，並請來法國專家日意格（P. M. Giquel）任船政監督。

船政以建造蒸汽動力軍艦和培育海軍、艦船工程人才為目標，是近代中國試圖走向工業近代化、海防近代化，應對世界發展大變局時，為了海防近代化的需要而最先設立的專門機構，創造了諸多的中國第一，在中國近代史上佔有十分重要的地位。

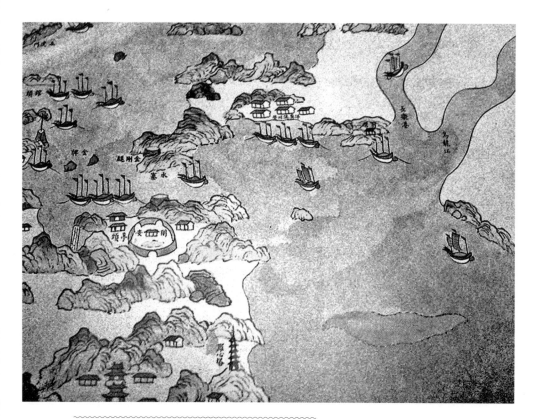

圖 10.1：清代《浙江福建沿海海防圖》長卷的福建沿海部分。

　　同治十三年（1874 年），日本以琉球船民漂流到台灣，被當地居民所殺為由，派出日進號、孟春號、三國號、高砂號多艘戰船作為主力艦，同時，又僱傭了一艘英國商船約克郡號和一艘美國郵輪紐約號用以搭載物資，從長崎出發，入侵台灣。沈葆楨奉命率領福建水師赴台，並以揚武、飛雲、安瀾、靖遠、振威、伏波六艦常駐澎湖，福星一號駐台北，萬年一號駐廈門，濟安一號駐福州，形成相當的聲勢，使日軍不能不有所顧忌。但最終，歷史上的這個"牡丹社事件"，令清朝失去了對琉球的控制。

　　經歷了"牡丹社事件"，清朝洋務派的"海防"之論，才首次壓倒"塞防"之論，建立新式海軍也因此被清朝提上日程。光緒五年（1879 年），清朝正式詔令船政先行練成一軍，以此取代舊式福建水師（負責內河巡護的舊式綠營水師），俗稱輪船水師或船政水師，組成中國最早的近代化艦隊。

船政水師由船政大臣管轄，由船政經費供給，裝備是與歐洲海軍相似的蒸汽動力艦船，制度和規章方面也很大程度地模仿英國海軍。後來的北洋水師，也很大程度地借鑒了船政水師的制度和模式。

然而，自第二次鴉片戰爭起，西洋列強的海上艦船裝備又有了質的飛躍。工業革命的成果不光是火車冒煙那麼簡單，同時冒煙的還有鐵甲蒸汽艦：1859年法國建造出世界第一艘全蒸汽動力、排水量五千六百三十噸的鐵甲戰列艦光榮號，1861年英國建造出全蒸汽動力的排水量九千一百三十七噸的鐵甲戰列艦勇士號——世界進入了全蒸汽動力鋼鐵戰艦時代。

至光緒十年（1884年）清法戰爭爆發前，船政水師名義上擁有艦船二十餘艘，但其中一部分軍艦調到了奉天、直隸、山東、江蘇、浙江、廣東沿海六省，能用於福建防務的艦船十分有限，而且都是老舊軍艦。

二

馬江海戰，
首支"國產"海軍一戰而亡

　　咸豐六年（1856 年），法國以"西林教案"為由，與英國聯手進攻清朝之時，法國的遠東艦隊，以越南處死法國傳教士為由，攻擊中國傳統的藩屬國越南，先是炮轟土倫港，後於咸豐八年（1858 年）佔領越南西貢。同治元年（1862 年），法國和越南阮朝簽訂第一次《西貢條約》，將西貢一帶的地區割讓給法國。但在越南北部一直有清朝軍隊駐防，隨著光緒八年（1882 年）法軍佔領河內，並不斷北進後，清軍與法軍在越北地區時有衝突。

　　光緒十年（1884 年）6 月 23 日，法軍依 5 月剛剛在天津簽訂的《清法會議簡明條約》，衝進諒山清軍管轄的北黎地區"接防"，清法兩軍再度交火。法國以此為藉口，於 7 月 12 日向光緒朝廷發出最後通牒：七天內滿足"從越南撤軍"、"賠款"等要求，否則法國將佔領福州港口作為"擔保品"。清法戰爭就這樣因為殖民者的無理要求而由越南陸地擴展到福州海面。

　　7 月 16 日，法國海軍東京支隊司令孤拔（Courbet）乘坐木殼巡洋艦窩爾達（Volta）號，藉口依《五口通商條約》的規定自行進入福建馬尾港，說是"遊歷"著名的羅星塔。清朝欽差會辦、福建海疆事物大臣張佩綸意識到軍情嚴峻，急電軍機處，希望清廷如果不準備向法軍讓步，應在決裂前一兩天通知福建："庶閩軍得先下手，否則彼內外夾攻，中其奸計也。"

　　早在 4 月份，軍機處就給福建方面下達了"彼若不動，我亦不發"的命令。這一次，朝廷沒有給張佩綸明確答覆，實際上是堅持了"不主動"的原則。張佩綸、閩浙總督何璟、福建船政大臣何如璋以及福建巡撫張兆棟等，在對方沒有宣戰之前，不能封江堵死航路，更不敢冒然開炮，只能任由法艦在馬尾港裏排兵佈陣。

　　7 月 19 日，法國的最後通牒時間期滿，但因為中法兩國已進入外交談判程序，法方遂表示談判期間將不去考慮最後通牒一事。孤拔也由於一直未接到進攻命令，在 21 日一早，將兩艘軍艦調離馬尾，改停到馬江入海口的門戶長門、金牌江峽。如此，一來可以規避被馬尾清軍偷襲，二來可以封鎖江口。張佩綸以為法軍是被"嚇退"。其實，法軍仍在往馬江調集軍艦。

當時，馬江上僅有船政水師的木殼巡洋艦揚武號、蚊子船福勝號和建勝號三艘作戰軍艦，它們貼近在馬江上停泊的法艦停泊，準備一旦發現法艦有異動，"即與擊撞並碎，為死戰孤注計。"同時，張佩綸將船政水師在外的軍艦召回馬尾，以保持數量上與法艦相抗衡，炮艦福星、藝新、振威、伏波、濟安、飛雲，及木殼運輸艦琛航、永保等船陸續返回。

8月1日，法國總理茹費理會見清朝駐法公使李鳳苞，要求清政府賠款，如不能答應法方條件，法國將採取必要手段，"則毀閩船廠，佔一地，何止值此？"獲知此消息後，張佩綸在8月4日再上請戰摺，在奏摺裏詳細分析了清軍先發制人所佔的優勢。但清廷回覆："加意謹慎，嚴密防守。"再次否決了張佩綸的請戰計劃。

8月5日，法軍艦隊副司令利士比（Lespes）率三艘軍艦進犯基隆，並用大炮擊毀了二沙灣炮台，清法海戰已經在台海拉開序幕。法軍炮擊基隆後，再次向清政府提出支付巨額賠款的最後通牒，遭到清朝斷然拒絕。

8月22日下午5時，孤拔收到法國政府發出的進攻電令。次日上午10時，孤拔向閩浙總督何璟送去戰書，但直到中午在福州官衙的何璟才收到通知。由於電報綫路故障，這一通知沒能傳遞到人在馬尾的張佩綸處。

當時聚集在馬江的法國艦艇共十一艘。孤拔在此地駐紮近一個月，對於馬江水文情況和船政水師佈防情況已相當了解，並由此制定出周密的作戰計劃。法軍繪製的《法艦馬江列陣圖》的左圖是開戰前兩軍戰鬥位置，可以清楚地看到開戰前兩軍戰艦的位置：黑色小船代表船政水師船，白色小船代表法軍戰船。法軍一部分戰船停泊在船政廠前至羅星塔江段，以旗艦三等木殼巡洋艦窩爾達號為首，炮艦益士弼（I'Aspic）號、蝮蛇（Vipere）號、野貓（Lynx）號依縱隊排列，杆雷艇45號和46號護衛這個艦隊的兩側。其主要攻擊目標是近在眼前的船政水師旗艦木殼巡洋艦揚武號，以及伏波、藝新、福星、福勝、建勝等炮船。法軍另一部分戰船杜居士路因（Daguay-Trouin）號、維拉（Villars）號、德斯丹（D'Estaing）號三艘一等巡洋艦，停泊在對岸河域，準備攻擊泊於羅星塔下游海關附近的船政水師的炮艦振威號、飛雲號、濟安號。法軍還有一部分戰船，即二等巡洋艦雷諾堡（Chateaurenault）和武裝運輸艦梭尼（Sane）號，停泊在馬江入海口，守住

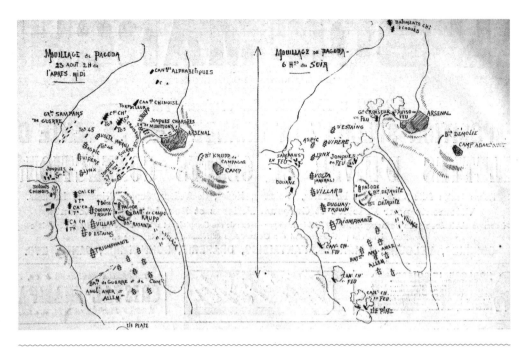

圖 10.2：這是 1884 年法國《世界畫報》刊載的《法艦馬江列陣圖》，圖左是開戰前江面，黑色 "CH" 船為船政水師船，白色船為法國戰艦；圖右是開戰後的江面，僅剩下白色的法國戰船，黑色 "CH" 船政水師船基本從圖面上消失了。

退路，防範船政水師並封鎖航道。

8 月 23 日下午 1 時 30 分，馬江退潮。法軍各艦起錨，做戰鬥準備。

發現法艦行動後，沒有收到戰書的張佩綸，派精通法文的船政工程師魏瀚，乘坐火輪舢板，準備前往對岸的閩海關打聽情況。窩爾達號上的孤拔看到清軍小艇出動，誤認為是一艘杆雷艇，遂下令旗艦升起一號信號旗，命令法軍的兩艘杆雷艇開始出擊。就在此時，位於窩爾達號後方的炮艦野貓號上的哈乞開斯五管機關炮意外響起。法軍杆雷艇因此失去了奇襲機會。孤拔當即下令，提前開始炮擊，馬江之戰爆發。

選擇在下午開戰，法軍是經過周密計劃的。因為上午漲潮時受海水上湧的影響，船頭會擺向下游方向；午後退潮時受下退海水的扯動，船頭會轉向上游方向，此時法軍船頭對著的是船政水師主力，而船政水師與法軍正處於船尾對陣的艦尬局面。

這是清朝建立的近代海軍船政水師第一次參加海戰。

船政水師營務處兼管帶張成，指揮的是船政水師旗艦揚武號，是全軍觀瞻所

中國古代海戰史

在。在戰鬥打響後，揚武艦首先用艦尾的兩門口徑一百毫米維斯窩斯火炮還擊窩爾達號，同時奮力調整艦位。

這時法軍的一種新式武器杆雷艇發揮了重要作用。這種小型艦艇採用全封閉設計，艇的前部伸出一根長杆，杆頭裝備一個填裝十三公斤棉火藥的杆雷，它是杆雷艇的唯一武器。海戰時，小艇撞向敵艦，並引爆杆雷。人們一般將杆雷艇視為魚雷艇的前身，但魚雷有動力驅動裝置，杆雷本身沒有動力。法國參戰的兩艘杆雷艇為二十七米型的蒸汽杆雷艇。船政水師開戰前，曾徵集蒸汽舢板和小火輪，緊急改裝出十二艘杆雷艇，組成杆雷艇隊，準備開戰時"乘風撞擊"法軍軍艦。在戰鬥打響後，率先發揮作用的卻是法軍的杆雷艇。

下午 1 時 56 分，法軍 46 號杆雷艇，迅速擊中揚武艦，引爆杆雷，木質的揚武艦左舷被炸開，海戰開展僅一分鐘，船政水師旗艦即戰沉。從法國畫家查爾斯·庫瓦塞格（Charles Kuwasseg）作於 1885 年的繪畫《福州戰役》中，可以看到 46 號杆雷艇將揚武號船舷炸開的情況。在揚武號旁邊的福星號，也被法軍 45 號杆雷艇擊中。

其實，戰前當中立國軍艦開始移出馬江時，福星號管帶陳英就已有所警覺，提前下令起錨。揚武號遭遇襲擊時，福星號準備前去增援，但不及駛近，揚武號就已沉沒。陳英指揮福星號向窩爾達號撞去，福勝號、建勝號兩船跟從上前。福星號最終在距離窩爾達號很近的地方被法軍杆雷艇炸毀。

同時，船政水師中僅次於揚武號的大型戰艦伏波號，也遭遇重創，駛向上游林浦，炮艇藝新號也跟隨退出戰場，駛至林浦。之後，兩艦擱淺，先後自沉。此時，江面上還剩炮艦福勝號和建勝號。這兩艘艦僅在艦首裝備有一尊不能轉動的前膛阿姆斯特朗十六噸大炮，只能遠距離射擊。法艦以重炮還擊，福勝號和建勝號接連被擊沉。隨後，船政水師的永保號、琛航號兩艘運輸艦，也相繼被法艦擊沉。羅星塔上游的兩軍對抗，就這樣結束了。

羅星塔下游方向，船政水師三艘炮艦振威號、飛雲號和濟安號與法軍的三艘一等巡洋艦杜居士路因號、維拉號、德斯丹號對峙。開戰後，飛雲號和濟安號還沒來得及砍斷錨鏈，就被法艦擊中，飛雲號沉沒，濟安號在管帶林國祥的指揮下退往下游，在青州港附近燒毀。此時，法國艦隊再添救援艦，裝甲巡洋艦凱旋（Triomphante）號抵達馬江戰場，加入到對振威號的攻擊陣列。振威號在"船身歪斜，勢將及溺"時，用最後的力量向法艦德斯丹號衝去，途中最終被德斯丹號

擊沉。沉沒前，振威艦的前主炮向法艦射出了最後一炮。

　　8 月 23 日下午 2 時 15 分，在不到二十分鐘的時間裏，船政水師十一艘戰艦：揚武、濟安、飛雲、福星、福勝、建勝、振威、永保、琛航九艦被擊毀，另有伏波、藝新兩艦自沉，有姓名可考的陣亡者達五百餘人。在法軍繪製的《法艦馬江列陣圖》的右圖，可以看到開戰後的江面，僅剩下白色的法國戰船，黑色的"CH"清朝水師船，基本從畫面上消失──中國第一支近代化"國產"海軍船政水師全軍覆沒。

　　法軍僅損失了兩艘自殺式的杆雷艇，軍艦輕有損傷，共陣亡六人，受傷二十七人。

　　福建船政的創辦人之一法國人日意格，在船政工作了二十年，為清朝造了兵、商輪船十五艘，其中就有參加馬江海戰的一千五百六十噸級的揚武號。不幸的是，擊沉這艘戰艦的恰是日意格的老同學──遠東艦隊司令孤拔。據說，看到自己參與創辦的福建船政和水師戰艦，被孤拔率領的法國艦隊全面擊毀，日意格十分傷心，於光緒十二年（1886 年）病逝。

三

撤出馬江，
法軍摧毀兩岸夾江炮台

　　光緒十年（1884 年）8 月 24 日，也就是摧毀船政水師的第二天，已經沒有海面對手的法國艦隊，乘著上午漲潮時，溯江而上，用艦炮開始向船政廠區射擊。8 月 25 日，法國海軍陸戰隊在羅星塔登陸，搬走了三門價格不菲的克虜伯行營炮作為戰利品。

　　在消滅了船政水師艦隊和岸上重要設施後，法艦駛向下游，準備退出馬江。從羅星山戰場到閩江海口，至少有三十公里的江上航程，兩岸至少排列著十處炮台：馬限山下坡炮台、羅星山炮台、閩江北岸炮台、亭頭的鎖門炮台、南岸的象嶼炮台、連江瑯頭北岸的長門炮台（山巔的電光山炮台、山下江岸炮台，以及附近的禮台炮台、射馬炮台、划鰍炮台組成的炮火群）、南岸琅岐島的金牌炮台（含崖石炮台、煙墩炮台）……這些分列兩岸的炮台對航道構成夾擊之勢，任何艦船想從這裏經過，無疑是過鬼門關。

　　但是，這十餘處炮台，所有炮位全是固定死的，只能向逆流而上的船開炮，卻無法回轉炮位，對順流而下的船開炮。戰前法國艦隊是以"遊歷"通商口岸福州為理由，逆流進入馬尾港，清軍不能向來"遊歷"的法艦開炮。在法國艦隊打垮船政水師，順流而下時，清軍已有理由阻擊法國艦隊撤離，但兩岸炮台上的大炮無法回轉，打不著法艦，結果，眼睜睜地看著法艦以所載重炮，從清軍炮台背後把沿岸炮台全部擊毀，然後全身而退，平安返回海口外洋。這幅當年法國軍方手繪的《法國艦隊炮擊閩江沿岸炮台圖》，真實記錄了法國艦隊順流而下，一路炮擊兩岸炮台的戰況。此圖刊載於 1884 年的法國《世界畫報》。

　　此圖最上一格，左邊繪出 8 月 23 日法國旗艦窩爾達號，右邊描繪了法國艦隊在羅星塔下擊垮福建水師的一幕。在這次海戰的第二階段，法艦完成對"軍器廠、船廠"，以及馬限山、羅星山兩個炮台的毀滅性打擊之後，於 8 月 26 日法艦分三路從背後轟擊閩安田螺灣、亭頭、象嶼、倌頭等炮台。由於炮台炮位射界有限，無法做出有力還擊。至下午 3 時，這組炮台群全部被摧毀。

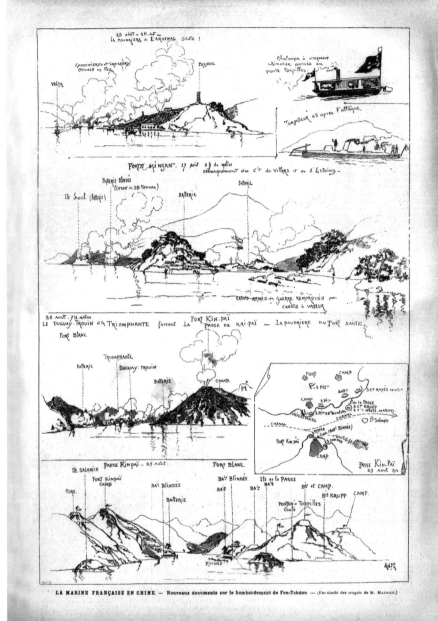

圖10.4：《法國艦隊炮擊閩江沿岸炮台圖》，是法國軍方手繪的
馬江海戰水域地形圖。刊載於1884年的法國《世界畫報》。

第二格是 8 月 27 日的畫格，表現的是法艦順流而下打擊兩岸炮台。

第三格是 8 月 28 日的畫格，江中標註的戰艦，一個是排水量四千六百四十五噸的法艦"triomphante"，即凱旋號鐵甲艦，一個是排水量三千四百七十九噸的"duguay－trouin"，即杜居士路因號二等巡洋艦，兩艘重型炮艦在轟擊"Kin pai"，即金牌炮台。

特別值得一提的是最下面的畫格，一幅側視圖和一幅俯視圖，描繪法國艦隊 8 月 29 日通過圖中標註的"Kin pai"（即金牌炮台）、"Fort Blanc"白堡（即長門炮台）。從這幅圖的右側，可以看出此炮台是由山巔電光山和山下江岸炮台兩部分組成，它與圖左側閩江南岸的金牌山相夾峙，成為閩江口最窄的咽喉要塞。這裏原本是閩江海口第一道防綫，此時卻變成了法艦撤離的最後一個關口。

圖右側的山巔炮台為電光山炮台，設在海拔七十七米的電光山頂。此炮台為光緒八年（1882 年）閩督卞寶第奏設。圖右側山腳下繪出了臨岸炮台的城垛式外牆，這裏的炮口朝向東南。法艦曾猛轟此炮台，最終完全摧毀了它。有一種說法認為是這個炮台的主炮擊中了法國旗艦窩爾達號，艦隊司令孤拔在炮擊中受傷，最後死在台灣。但從馬江海戰紀念館展出的岸炮炮彈為實心炮彈而不是開花彈來看，這種炮彈就算真的命中窩爾達號，其殺傷力也很有限，不太可能"擊傷孤拔"。

在閩江口，原本封鎖閩江口的雷諾堡號、梭尼號兩艦與孤拔艦隊會合，並向孤拔彙報了連日來的偵察情況。從 8 月 27 日下午開始到 29 日，法國艦隊將金牌、長門炮台摧毀。這期間，清軍在江口佈防的電發水雷防綫也被法軍發現。8 月 29 日下午 3 時，法國艦隊順利駛出閩江口。

馬江海戰後，法國的"中國艦隊"與原來在越南的"東京艦隊"，在閩江海口正式合併為"法國遠東艦隊"，隨後駛往台灣。

四

基隆海戰，
法軍欲奪取基隆煤炭資源

　　法國人在打馬江海戰時，就已將台灣海戰考慮其中了，其總體佈局非常明確——打開清朝的海門，馬尾港是一個選擇，台灣島也是一個選擇。

　　此時的清廷已經認識到台灣的重要性，獲知法國欲攻台灣的企圖後，即通令沿海各省及台灣抓緊佈防，並把台灣分成前（澎湖）、後（台灣東部）、北（台灣北部）、中（台灣中部）、南（台灣南部）五路，積極備戰。

　　基隆古名雞籠，明代張燮所著的《東西洋考》裏，就有雞籠社、雞籠港、雞籠城等記載。清光緒元年（1875 年）設雞籠廳，光緒九年（1883 年）改雞籠為基隆，含"基地昌隆"之意。

　　在法國欲取福州和基隆二港為"抵押品"的話放出後，清朝再次感到了台灣海峽的戰事危機。危難之際，清政府想起了退隱歸田的淮軍名將劉銘傳，急令他以巡撫銜奔赴台灣督辦軍務。

　　光緒十年（1884 年）7 月 16 日，劉銘傳登上台灣島，鑒於法軍曾請求在基隆購煤，他抵台的第三天即下令先封了煤窰。他知道法軍主攻方向應是台北而非台南，所以調老部下章高元率淮勇武毅兩營北上，加強台北防務。就在劉銘傳加緊台灣北部海防之時，7 月 31 日，法國海軍部長電令孤拔：立即進攻基隆。

　　8 月 5 日，清、法基隆首戰打響。上午 8 時，法國東京支隊司令利士比率領旗艦拉加利桑尼亞（La Galissonniere）號等三艘戰艦對基隆港口東部的社寮島（今和平島）炮台開火，營官姜鴻勝督炮還擊。利士比憑藉其佔優勢的炮火，僅用一個多小時即擊毀了基隆港口的前沿炮台，並引發一處彈藥庫爆炸，守軍曹志忠等部被迫撤出陣地。法軍在炮火掩護下從大沙頭登陸，佔領基隆港。

　　此後，法軍在炮火掩護下，向基隆市區推進。劉銘傳決定誘敵陸戰，傳令除了少數人固守海岸小山制高點外，部隊全部撤到後山隱蔽。法軍以為清軍大敗，湧上岸來。劉銘傳命令後山部隊從東西兩側迂迴包抄，三面夾攻，殺向敵人。法軍突遇反擊，敗退。基隆重回清軍手中。

圖 10.5：當年出版的《點石齋畫報》，以紀實畫《基隆懲寇》，報道了基隆首戰告捷，"斃寇百數十名，生擒酋目一名，奪獲法炮四尊，旗幟、帳棚等物甚多。餘俱逃入兵船退出海口"。

利士比只好率領艦隊離開基隆港，回到福建海岸附近的馬祖島。當年上海出版的《點石齋畫報》，以紀實畫《基隆懲寇》，報道了基隆首戰告捷，"斃寇百數十名，生擒酋目一名，奪獲法炮四尊，旗幟、帳篷等物甚多。餘俱逃入兵船退出海口"。利士比只好率領艦隊離開基隆港，回到福建海岸的馬祖島。

接下來的戰事發生了一個巨大轉折。法軍侵犯基隆首戰失敗後，再次向清政府提出議和條件。清政府再次拒絕。此時，法艦已有預謀地集中於福州海口，於8月23日下午，突然襲擊了停在馬尾港的船政水師，幾乎全毀清朝第一支近現代海軍。法艦由此掌握了台灣海峽的制海權，隨後輕鬆地回轉過來，再度攻擊台灣。

馬江海戰後，清法再次進入談判期。

孤拔和新組建的遠東艦隊在台灣海峽對岸的福建馬祖島駐泊休整，等待清法的談判結果。而在基隆初戰後，劉銘傳估計法艦還將再次進犯，便親率主力防守基隆。他以曹志忠部六營防守港灣東岸，以章高元部二營等軍防守西岸。

9月27日，談判破裂。法國遠東艦隊進行戰鬥準備，此前，法國還將在越南參加過戰鬥的三支海軍陸戰隊，緊急從越南運到馬祖。兩天後，孤拔率法艦膽(Tarn) 號、德拉克（Drac）號、魯汀（Lutin）號、巴雅（Bayard）號以及尼夫(Nive) 號五艦，從馬祖島向基隆進發，幾天後，即與在此擔任警戒任務的杜居士路因號和梭尼號、雷諾堡號三艦會合，並制定作戰計劃。

10月1日早晨，法艦巴雅號首先向基隆河口西岸的獅球嶺開炮，法軍登陸部隊在艦炮的掩護下，向西岸仙洞山海岸發起登陸衝鋒。守軍血戰失利。仙洞山遂為法軍佔領。炮台盡失後，劉銘傳棄守基隆，以滬尾（淡水）失則台北危為由，率主力連夜往援滬尾。

雖然法軍佔領了基隆南岸，但北岸仍有清軍仍與法軍隔河對峙，更重要的是，此地煤礦早被劉銘傳摧毀，法軍實際上只得到一座毫無價值的空城。無論是在燃料上還是戰事上，法軍在基隆都沒得到預想的成果。

五

滬尾大捷，
孫廕堂偏師退敵

為攻打台灣，孤拔將法國遠東艦隊分成兩組。

光緒十年（1884 年）9 月 29 日，孤拔率領一支分隊駛往基隆；第二天，遠東艦隊副司令利士比則率領拉加利桑尼亞號、凱旋號以及德斯丹號前往淡水。

法軍攻打淡水的戰略意圖自然是攻佔台北，加重與清朝談判的籌碼。

淡水古名滬尾，因其為河海相交之門戶，故名。它與基隆分別位於台北的東北角和西北角，呈犄角之態。從滬尾海口沿河上溯三十公里，即可到達台北，所以滬尾有台北門戶之稱。早在 17 世紀，西班牙人與荷蘭人都曾在此河口建造要塞，即台灣人所說的"紅毛城"。

10 月 1 日上午，法艦在攻基隆的同時，由利士比率分艦隊到達滬尾港外下錨，並與先前在此警戒的炮艦蝮蛇號會合。此時，清軍已對淡水港進行了防務佈置，"口之窄處，塞以竹排。排外有竹網，網之外埋水雷十餘具"，這有效阻止了法艦進港。

當時，淡水港內，有一艘英國軍艦甲蟲（Cockshafer）號滯留港內。為防止誤傷，利士比下令用國際信號旗告知甲蟲號："我將於明日十點開火。"下午，法艦再次提醒："你在我的射界內。"接到通知後，甲蟲號退入港口深處。

法軍對英艦的這一通知，同樣被清軍偵知。10 月 2 日上午 6 時 30 分，清軍先發制人，向尚未做好戰鬥準備的法艦開炮。雙方激戰十三小時。將近晚上 10 時，淡水守軍炮火被法艦炮火壓制。

10 月 3 日凌晨，法軍派出兩艘舢板進入河口，試圖排除水雷。淡水守軍引爆水雷，由於距離過遠沒能炸到法船，但法軍也放棄進入河口。這天夜裏，利士比向孤拔請求增援。攻下基隆的孤拔，派杜居士路因號、雷諾堡號和膽號三艦增援淡水。增援艦隊到達後，法軍淡水分隊擁有雷諾堡號、德斯丹號、膽號、凱旋號、杜居士路因號、拉加利桑尼亞號、蝮蛇號等七艘軍艦，以及陸戰隊員六百人。

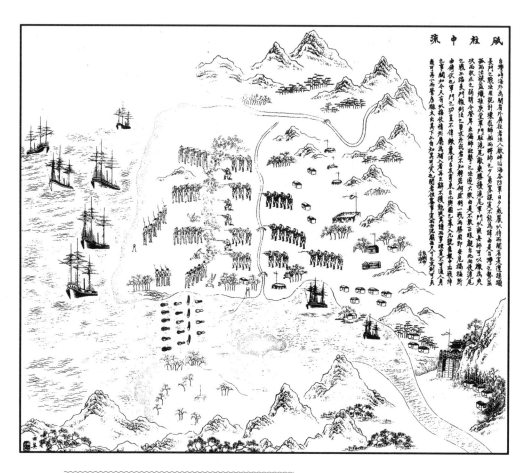

圖 10.6：當年《點石齋畫報》刊載的《砥柱中流》報道，
描繪保衛滬尾的孫庚堂軍，知道海戰不是法國人的對手，
便誘敵上岸，在陸上設伏，大敗法軍的場景。

10月5日晚上，台灣北部海域狂風大作，天氣惡劣，法軍不得不把登陸日期延至10月8日。10月8日上午9時，法軍七艘軍艦艦炮對守口炮台再次轟擊。在艦炮火力掩護下，法軍六百人分為五個連隊，每人帶一日口糧、十六包彈藥，分兩路搶灘登陸。守軍由於熟悉地形，且兵力數倍於法軍，守軍抵擋住了法軍登陸連隊。當年出版的《點石齋畫報》的圖畫報道《砥柱中流》，描繪了提督孫開華設計擊退登陸法軍的戰事。報道云：孫麐堂知海戰不如法軍，故"誘令登岸，出偏師迎擊之"。

孫開華，字麐堂，湖南慈利人，多次參與台灣防務戰事。他早年入湘軍鮑超部，1873年募勇組捷勝軍赴台北。1884年，在法人犯台時，劉銘傳將孫開華部從台北調往滬尾設防。孫開華長子孫道元在甲午海戰後參加抗日保台運動，並被推為義軍首領，在彈盡糧絕後殉難。

滬尾抗法時，孫開華在沙崙炮台和油車口炮台設下伏兵，待法軍從沙崙海灘登陸後，即在山林中以三千名清軍伏擊之。下午1時，在法國艦炮掩護下，登陸法軍撤回到接應艇，退到海口外。

根據法國方面的統計，此役法軍陣亡九人，失蹤八人，傷四十八人；根據劉銘傳向朝廷的奏報："斬首二十五級，內有兵酋二人，槍斃三百餘人。"清軍陣亡八十餘人，受傷兩百餘人。中國史書上稱此戰為"滬尾大捷"或"淡水大捷"。

法軍連續七天反覆進攻淡水，最後以失敗告終。淡水戰敗後，法軍自認已無力攻佔台灣北部，遂改變策略，轉而封鎖台灣海岸綫。從光緒十年（1884年）10月23日起，法軍全面封鎖了台灣海域。

六

封鎖台灣，
清法浙東對峙

法軍攻打基隆和淡水，都沒佔到多少便宜。無奈之下，宣佈封鎖台灣海峽，阻斷南北海運及閩台聯繫。

光緒十年（1884 年）10 月 26 日，在馬江之戰後受命督辦福建軍務的欽差大臣左宗棠上奏，如果台灣海峽繼續被封鎖，不僅基隆難以收復，台灣全島也有落入法軍之手的危險。他提議北洋水師派四五艘軍艦、南洋水師派五艘軍艦，在上海會合後，護送裝載八營楚軍的商船設法前往台灣增援。

11 月 20 日，北洋水師管帶林泰曾、鄧世昌率超勇、揚威二艦，抵達南洋水師基地上海吳淞口。這是當時北洋水師、也是清朝擁有的最精銳的兩艘撞擊巡洋艦。編隊由新聘任的總教習、德國人萬里城任統領。

南洋水師派出的軍艦包括船政水師建造的開濟艦，以及在德國訂造的南琛、南瑞三艘巡洋艦，這三艘軍艦均以法國杜居士路因號巡洋艦的圖紙為原型，是南洋水師的主力艦。此外，還有兩艘炮艦澄慶號、馭遠號。七艘軍艦組成的艦隊，由湘軍水師出身的總理南洋輪船營務處總兵吳安康任統帥，以開濟號為旗艦。

正當增援台灣的艦隊集結吳淞口，準備赴台之際。12 月 4 日，朝鮮突發內亂，日本藉清法交戰，清朝無暇東顧之機，派兵協助朝鮮親日的開化黨人發動政變，囚禁了朝鮮國王。清朝為控制朝鮮局勢，急令在吳淞口的北洋水師超勇、揚威二艦開赴朝鮮。

南下援台艦隊只剩下南洋水師五艘艦船。

1885 年 1 月 18 日，在清朝的一再催促下，準備了近兩個月的南洋水師增援艦隊才從吳淞口起錨南下台灣。

這一消息傳到法國艦隊後，法國艦隊司令孤拔決定不等清朝艦隊到達台灣海面而先發制人，2 月 7 日即率旗艦巴雅號、凱旋號、尼埃利（Nielly）號、杜居士路因號等七艘軍艦從福建沿海的馬祖島出發，北上攔截。

但本應火速增援台灣的南洋水師，在海上以牛車一樣的速度走了二十多天，才從上海走到浙江石浦檀頭山島海域。因為長時間沒有發現南洋援艦的蹤影，孤拔甚至懷疑清朝軍艦援台是虛假消息，準備要"放棄這次狩獵計劃"，杜居士路因號則因為燃煤將盡，被迫獨自返回基隆增加補給。

2月13日凌晨5時30分，連日搜尋的法國艦隊在檀頭山島海域裏發現了南洋水師艦隊，南洋水師五艦也發現了法國艦隊。原本就打算在這天清晨率隊北歸的總兵吳安康，當即率開濟號、南琛號、南瑞號三艘巡洋艦加大馬力逃往鎮海。澄慶號、馭遠號兩艘小炮艦航速較低，躲入附近的石浦灣，並要求岸上守軍協同防守。

孤拔擔心港內有埋伏，未敢冒進，便將軍艦分為三隊，封鎖石浦港與外界的三條通道。部署完成後，2月14日一早，法國艦隊開始進港偵察，孤拔下令將兩艘火輪舢板改裝成杆雷艇，準備實施偷襲。

2月15日凌晨3時45分，改裝後的2號杆雷艇發起衝鋒，但直接撞上馭遠號後部，引發爆炸，法軍士兵一人死亡。同行的另一艘法國小艇隨即撤離。馭遠號進水並開始下沉，艦上官兵開始發炮"還擊"。停泊在附近的澄慶號聽到炮聲，也開始發炮。由於是黑夜，不辨方向，結果造成兩船互相誤擊，澄慶號被馭

圖 10.7：《浙東鎮海得勝圖》繪於 1885 年，佚名繪，紙本彩繪，全圖共十二幅，圖幅不等，這裏選登的是第一幅，即總圖，可以看清楚當時的清法對陣形勢。

遠號擊沉，馭遠號也半沉港中。

在澄慶號、馭遠號沉沒後，法國艦隊於 2 月 16 日全部離去。孤拔率三艘軍艦返回馬祖島駐泊，另外三艘駛往基隆，繼續參與封鎖台灣海峽的行動，並繼續壓迫清政府，迫使其恢復和談。

1885 年 2 月 26 日，法國政府命令遠東艦隊切斷清朝經濟命脈——漕運。於是孤拔率領旗艦巴雅號和凱旋號、尼埃利號、梭尼號四艦出發，前往長江口搜尋運糧船隻，順路搜索上次北撤的三艘南洋水師軍艦。

孤拔率艦隊先到浙江寧波海口外下錨。在法艦侵擾東南沿海以來，浙江巡撫劉秉璋，積極督兵備戰，加強海防工事。在甬江入海口共建有九座炮台，炮台皆依山而建，有緊挨外海的，也有在山頂居高臨下的，還有在內河守衛的，參差錯落，構築起立體防禦體系。

北撤的南洋水師三艘軍艦在此入港後，清軍即封鎖鎮海江口，築長牆，釘叢椿，鋪電綫，清間諜。湘軍水師出身的浙江提督歐陽利見坐鎮金雞山，淮軍出身的記名提督楊岐珍駐北岸招寶山，嚴陣以待。此時港內除了南洋水師開濟號、南琛號、南瑞號三艘的巡洋艦，還有兩艘原來就停留這裏的超武號、元凱號軍艦。

3 月 1 日下午，法艦向鎮海港內駛近，招寶山炮台群首先向法艦尼埃利號發起炮擊，打斷該艦桅杆支索。由於清軍防衛有序，法國軍艦只得後退下錨。

由於鎮海口航道狹窄，兩岸炮台嚴密，再加上水深不夠，擁有重炮的巴雅號和凱旋號無法抵近攻擊。在無法擁有足夠攻擊力量的情況下，孤拔選擇對鎮海口實行圍而不打的封鎖策略。此後，直到清法戰爭結束，港內的三艘軍艦始終未能駛出港口一步，法艦也未對其進行主動進攻。

這樣一場封鎖戰，後來在清朝官員的奏摺中，被描繪成槍林彈雨的對抗戰，被稱為所謂的"鎮海大捷"。由於這是清軍少有的"勝利"，便有許多表現這場戰鬥的畫卷傳世。其中，較為著名的有繪於光緒十一年（1885 年）的十二幅紙本彩繪《浙東鎮海得勝圖》；有繪於光緒十二年（1886 年）的長 1.75 米的紙本彩繪卷軸《浙江鎮海口海防佈置戰守情形總圖》，現藏於北京大學圖書館；有大約繪於光緒十三年（1887 年）的《招寶山炮台圖冊》，現藏於寧波鎮海海防歷史紀念館。

七

孤拔病死，
法軍撤出澎台

法軍攻擊淡水失敗後，再度集中兵力攻擊基隆。1885 年 1 月，法軍大批援兵到達基隆，清朝守軍腹背受敵，退守基隆河南岸，兩軍隔河對峙，並將封鎖綫由台灣南端南岬（今屏東縣鵝鑾鼻）延伸至東北部的烏石鼻（今宜蘭縣頭城鎮烏石港）。同時，孤拔請求法國政府派遣陸戰部隊前來增援。

3 月 14 日，為擺脫在基隆進退維谷的處境，法國政府停止增援基隆戰事，命令封鎖鎮海的孤拔艦隊去攻佔澎湖。3 月 29 日，孤拔率領遠東艦隊裝甲巡洋艦巴雅號、凱旋號以及三等巡洋艦杜沙佛（Duchafault）號、炮艦德斯丹號，抵達澎湖外海，同行的還有裝載七百餘名登陸隊員的運輸艦安南人號。

澎湖的媽宮城（今稱馬公），是澎湖列島的中心。在媽宮城的金龜山上，守軍築有炮台，即金龜山炮台。在對岸蛇頭山上還設有南炮台和紅毛炮台，這兩個炮台始建於 1612 年，是當年荷蘭人所建。在蛇頭山西邊孤島上的是四角仔要塞，由清軍將領梁景夫駐守。看到法國軍艦擅自入港後，守軍開火射擊。雙方對轟了兩天後，戰至 3 月 31 日下午，四角仔炮台等外圍炮台被法艦炮火完全炸毀，法軍順利登陸澎湖。另一路法軍由苑里登島，守將周善初率部發起一次總攻，由於火力不敵而潰敗，他本人乘坐帆船逃離澎湖。

不過，剛剛登陸澎湖的法軍，卻接到了準備撤退的命令。原來，在越南戰場上，清軍取得了鎮南關大捷。3 月 30 日，法軍在鎮南關戰敗的消息傳到法國，引起國內政壇震盪，法國總理茹費理被迫下台，內閣否決了向清朝戰場追加軍費的議案。4 月 14 日，法國政府單方面宣佈停戰，命令孤拔解除對台封鎖。

清法兩方，陸海兩綫，各自一勝一負。6 月 9 日，《中法新約》簽訂。應當說，《中法新約》的簽訂，雙方都有"乘亂求和"之意。清廷利用法國人當時的困境，以最小的代價遏制了法國入侵的危機，算是清廷外交上難得的勝利。"條約"承認法國為越南的保護國，法軍撤出澎、台，並解除對於中國海面的封鎖。歷經十個月的血雨腥風，就這樣落幕了。

Le *Bayard*, A BORD DUQUEL EST MORT L'AMIRAL COURBET. — (Dessin de M. BRUN.)

上｜圖 10.8：版畫《法旗艦巴雅號載著孤拔將軍遺體離開澎湖媽宮港》，刊於 1885 年 6 月 27 日的法國《世界畫報》（*Le Monde illustre*）。

下｜圖 10.9：版畫《巴雅號的作戰室》，刊於 1885 年 8 月 29 日的法國《畫刊》。

清廷在戰後宣佈建立台灣省，命劉銘傳以福建巡撫的身份兼任首任台灣巡撫。7月29日，法國宣佈解散遠東艦隊。

不過，孤拔本人已無法撤退了。4月到6月，澎湖島上流行瘟疫，法軍三個月內，因病死亡九百九十七人。《中法新約》簽訂的兩天後，即6月11日，孤拔也因熱病死在停泊於澎湖媽宮港的巴雅號上。

這幅《法旗艦巴雅號載著孤拔將軍遺體離開澎湖媽宮港》的插畫，刊於1885年6月27日的法國《世界畫報》（Le Monde illustre）。畫面上的巴雅號等法軍戰艦都沒有升帆，而是靠蒸汽動力緩緩駛離澎湖媽宮港，遠處小山上的媽祖廟清晰可見。要特別說明的是，此時列隊出港的法國戰艦都將帆桁斜置成交叉狀，這是西方海軍的習俗，用以表示報喪和致哀。與八面威風的窩爾達號不同，巴雅號是法國遠東艦隊中排水量最大的鐵甲艦，也是孤拔攻打台灣的旗艦，但它給後世留下的則是這個悲涼的身影。

巴雅號有著全套風帆索具和汽輪機，配備八座鍋爐，雙軸推進，輸出馬力四千四百匹，航速可達14.5節，排水量五千九百餘噸；為木殼鐵甲艦，側舷裝甲152毫米至254毫米；甲板裝甲203毫米，主甲板兩舷配有六門140毫米炮，上甲板首尾各配一門193毫米炮，中前部（上層建築四角）各有一門240毫米炮（前方一左一右各有兩個耳台），該艦還配有兩具356毫米魚雷發射管。這艘武裝到牙齒的法國重型戰艦，在中國戰場上並沒有太多驕人戰績，幾次攻打台灣，都不成功。

或許是清軍太想打死這個法國遠東艦隊總司令。馬江戰役一結束，就有孤拔被長門大炮打死的報道。接著，法艦圍攻鎮海，又傳出招寶山大炮擊中法艦，打傷孤拔的說法。最終，孤拔死於澎湖。台灣和澎湖守軍沒說是自己打死孤拔。所以，至今馬江與鎮海各執一詞，皆認為是己方守軍打死或打傷了孤拔。

不過，據孤拔所部法國軍官嘉圖著《法軍侵台始末》載，在馬江之戰兩個月後，孤拔即於10月指揮進犯台灣的戰鬥，翌年3月，又率艦隊圍追南洋水師，攻打了鎮海。馬江之戰"打死"孤拔、鎮海之戰"打傷"孤拔之說，似乎都沒有更有力的證據。從法方史料看，孤拔應是患熱病而死。今澎湖馬公存有孤拔墓園，墓裏埋有他的頭髮，但他真正的墓地在法國本土。

第十一章

清代，清日海戰

一

北洋水師與北洋海防

　　光緒十一年（1885 年），慈禧太后剛好五十歲，作為女人已算個小老太太，作為一個政治家恰是深謀遠慮的好年歲。而此時的慈禧太后已顧不上遠慮，近憂就夠她盤算的了：十年前，日本人攻打台灣的“牡丹社事件”，令清朝失去了對琉球的控制；洋務派的“海防”之論，由此壓倒“塞防”，清朝始建南、北兩水師；一年前，法國人僅用大約半個小時就把南方的船政水師堵在馬尾港裏“滅門”……

　　此時，光緒皇帝才十五歲，登基多年，尚未親政，朝廷大權由慈禧太后把持。1885 年的 6 月 21 日，清廷以“現在和局雖定，海防不可稍弛”為由，發出“籌議海防”的上諭，要求李鴻章、左宗棠、張之洞等沿海沿江各省督撫就全局統籌、船廠增拓、炮台設置、將才遴選、經費籌措等問題切實籌議、具奏陳述，是為中國近代史上的“第二次海防大籌議”。

　　這次“籌議海防”的成果之一，就是成立“總理海軍事務衙門”，光緒皇帝生父醇親王奕譞就任總理大臣。從此光緒一朝貌似有了海軍總部和海軍總司令，有了統一指揮。此時，第一支“國產”水師——船政水師已在馬尾海戰中覆滅，清廷還剩三支水師：負責渤海與黃海的北洋水師，負責東海的南洋水師，負責粵洋一帶的廣東水師，是為“三洋水師”。

　　早在光緒五年（1879 年），在船政水師設立之時，直隸總督、北洋大臣李鴻章已在整頓北洋海防。當年，北洋訂購的鎮東等炮艇啟程東來，李鴻章又向英國訂造蒸汽動力並包有鋼板的揚威、超勇兩艘撞擊巡洋艦；次年，又向德國訂造定遠、鎮遠兩艘蒸汽鐵甲艦。

　　光緒十二年（1886 年），也就是醇親王奕譞總理海軍事務衙門事務的第二年，他奉慈禧太后懿旨，巡閱北洋水陸各軍。由於奕譞是光緒皇帝的父親，此舉具有高度的政治宣示意義。此次大閱，留下了《醇親王巡閱北洋海防日記》《渤海閱師圖冊》《巡閱北洋海防圖》等記載巡閱過程的官方文獻和圖繪。

　　特別值得一提的是，大閱之後醇親王上奏的奏摺，提出了南洋、北洋水師艦

圖 11.1：位於北京的軍事博物館收藏有北洋海軍靖遠艦瓷盤，盤中間印有英文標識：THE IMPERIAL CHINESE NAVY，即"中華帝國海軍"。由此也可見北洋海軍當時的地位。

艇數量少，需繼續引進，北洋軍艦的力量需要加強，海軍要專設提督，並制定章程，形成定制等議題。這些奏議影響了清廷的決策，直接促成光緒十四年（1888年）北洋海軍成軍——這一年，北洋水師從國外訂購的十四艘艦船全部回國。1888 年 9 月 30 日，海軍衙門將《北洋海軍章程》上奏清廷，三天後得到批准頒行，標誌著"北洋海軍"正式成軍。

雖然，北洋海軍名稱上冠有地域性極強的"北洋"二字，但實際上它是當時唯一的國家海軍。2015 年在遼寧丹東海域對北洋海軍致遠艦海底殘骸進行考古時，發現一枚瓷盤。該瓷盤中間印有致遠艦的艦徽，上面有一句英文標識：THE IMPERIAL CHINESE NAVY，翻譯過來就是"中華帝國海軍"或"中國皇家海軍"。位於北京的軍事博物館，也收藏有同款的北洋海軍靖遠艦瓷盤，由此也可以看出北洋海軍當時的地位。

光緒十六年（1890 年），醇親王奕譞去世。李鴻章在朝廷最高決策層中失去了能真正理解並支持他建設海軍的人。1891 年 6 月 1 日，由翁同龢擔任尚書的戶部上奏《酌擬籌餉辦法摺》，建議南北洋兩年內暫停購買外洋槍炮、船隻、機器，所省價銀解部充餉，這一奏章竟獲得批准。此後三年，北洋海軍的發展從全盛開始下滑，而日本卻將發展海軍定位為國策，三年間其海軍力量已經超越北洋艦隊。

光緒二十年（1894 年）5 月，北洋海軍進行了最後一次、也是規模最大的一次出海校閱，共有二十一艘軍艦參加。在這次大閱中，北洋海軍提督丁汝昌率定遠、

圖 11.2：《渤海閱師圖冊之煙台大會》，記錄了 1886 年 5 月北洋海軍的渤海閱師，
這是海軍總司令醇親王唯一一次閱兵。

鎮遠、濟遠、致遠、靖遠、經遠、來遠、超勇、揚威九艘巡洋艦；記名總兵余雄
飛率廣東水師主力艦廣甲號炮艦，廣乙、廣丙兩艘魚雷巡洋艦（這三條船均為船
政製造）參加；記名提督袁九皋、總兵徐傳隆分帶南洋水師的南琛、南瑞、鏡清、
寰泰、保民、開濟六艘巡洋艦，共十八艘戰艦在天津大沽口會合，隨後一起放洋
出海。同時，另派北洋海軍的威遠、康濟、敏捷三艘練船先赴旅順口守候。一時
間，渤海灣內龍旗獵獵。李鴻章後來在奏報中描述："夜間合操，水師全軍萬炮並
發，起止如一。英、法、俄、日本各國，均以兵船來觀，稱為節制精嚴。"

　　對於這次大閱，李鴻章的態度卻頗值得思量。5 月 29 日，在《校閱海軍事
竣摺》中，李鴻章在詳細描述大閱過程和表彰將士外，還表達了內心的隱憂：

　　"西洋各國，以舟師縱橫海上，船式日新月異。臣鴻章此次在煙台、大連
灣，親詣英、法、俄各艦，詳加察看，規制均極精堅，而英尤勝。即日本蕞爾小
邦，亦能節省經費，歲添巨艦。中國自十四年北洋海軍開辦以後，迄今未添一
船，僅能就現有大小二十餘艘勤加訓練，竊慮後難為繼也。"

　　1894 年 5 月這次大閱之後不到兩個月，甲午中日海戰爭就爆發了。

二

豐島海戰，
打響甲午中日海戰第一戰

發生在光緒二十年（1894 年）即農曆甲午年的中日"甲午戰爭"，並非一場戰役，而是在黃海、渤海接連發生的三場戰役：其一是"豐島海戰"，其二是"黃海大戰"，其三是"威海衛保衛戰"。

甲午這年，光緒皇帝二十四歲，年輕的皇帝渴望通過一場戰爭為自己的親政打下政治基礎；這一年，慈禧太后一心籌辦她的六十大壽，舉國上下則忙著營造"喜慶氣氛"；這一年，明治天皇四十二歲，通過明治維新頒佈了《大日本帝國憲法》，一年前，剛剛發佈了"國防之事，苟拖延一日，將遺恨百年"的敕諭。圖謀朝鮮的日本，就選在這一年，打響了"豐島海戰"。

1894 年 7 月初，李鴻章得到俄方不想介入朝鮮之爭，只能"友誼"勸日本退兵的消息，依靠俄國調停的希望破滅。他深知對日開戰，清朝是"陸軍無將，海軍諸將無才"，但事已至此，只好做應戰的準備。

北洋海軍完成在威海衛軍港的集結後，僱英國商船愛仁、飛鯨、高陞三船，開始從大沽口向朝鮮仁川南部的牙山港（今韓國牙山灣）港運兵。同時，從威海衛派出濟遠艦管帶方伯謙率領濟遠、廣乙兩艘巡洋艦以及威遠訓練艦，護送三艘運兵船赴朝鮮南端，鎮壓全州興起的東學黨起義。

在清朝出兵朝鮮之時，日本也以保護僑民和使館為藉口，先後運送四千步兵在仁川港登陸。7 月 23 日，日軍突襲漢城王宮，挾持保守派高宗和閔妃，扶植了以金弘集為首的激進派親日政府，唆使他"委託"日軍驅逐清兵。同時，日本將常備艦隊與西海艦隊整合為"聯合艦隊"，由原常備艦隊司令伊東祐亨中將任聯合艦隊司令，出海阻擊清朝援朝兵船和護航戰艦。

7 月 24 日上午，方伯謙完成第一批運兵護送任務，命僱用的英國商船愛仁號返航，派威遠艦前往仁川搜集情報，濟遠和廣乙兩艦繼續在牙山口外駐泊，等待後續運兵船的到來。下午 2 時，第二艘運兵船即僱用的英國商船飛鯨號抵達朝鮮。下午 5 時 30 分，威遠艦從仁川返回，帶回"韓王已被倭奴所虜"消息，以

THE WAR IN THE EAST.

THE MIKADO MUTSUHITO, EMPEROR OF JAPAN,
In the Uniform of Commander-in-Chief of the Army.

*The Japanese Empire is of very ancient date ; but in the twelfth
century the hereditary Mikado was deprived of the actual ruling
power ; which was exercised by the Shiogoon, head of the feudal
nobility. Since 1868, the Shiogoon having been overthrown, the
Mikado has been the ruling Sovereign. Mutsuhito was born in
1852, and succeeded his father in 1867.*

THE EMPEROR OF CHINA, TSAI-TIEN HWANG-TI.

*The Manchu dynasty of Tsing was established in 1644. The
present sovereign, Tsai-Tien, who reigns under the name of Kwang-
Su, is ninth Emperor of the Manchu dynasty. He was born in 1871,
and is nephew to the Empress Regent, mother of the last Emperor,
Tong Chih. In 1887, Tsai-Tien assumed the nominal reigning
authority ; in 1889 took the control of government.*

圖 11.3：《日本明治天皇與清國光緒皇帝》，原載 1894
年 11 月 24 日出版的《倫敦新聞畫報》。

及日本“大隊兵船明日即來”的消息。由於戰鬥力較弱，當夜 9 時許，威遠艦奉
命連夜返航回國。

　　7 月 25 日凌晨 4 時，方伯謙因擔心威遠艦帶來的消息於己不利，在尚未完
成護航任務的情況下，就率濟遠艦和廣乙艦返航，以避開日本兵艦。由於僱用的
英國商船飛鯨號裝載物資較多，一直到上午 9 時 15 分該船才完成卸載。方伯謙
的護航艦隊離開，不僅使牙山灣的僱傭英國商船飛鯨號失去防護，也導致僱用的
後續第三艘運兵船即英國商船高陞號也失去了護航力量。

　　早晨 5 時 30 分，濟遠艦桅盤瞭望哨報告，發現西南方向的海平綫上出現幾
縷煤煙。7 時左右，濟遠艦和廣乙艦到達豐島附近海面。此時瞭望兵辨認出遠方
目標是日本艦隊。兩艦隨即進入戰備狀態。

可能是豐島附近的海島阻隔，日本艦隊大約在 6 時 30 分左右，才發現濟遠艦編隊。日本艦隊是由吉野、秋津洲和浪速組成的第一遊擊隊，這三艦是日本艦隊的精銳，也屬於當時世界一流的巡洋艦，司令官是坪井航三。日艦隨即提高航速，組成縱隊戰鬥隊形，向濟遠、廣乙駛去。

上午 7 時 43 分，當雙方近至三千米時，濟遠艦編隊進入到了日艦大口徑速射炮的有效射程。日艦旗艦吉野艦主炮先行發炮。根據濟遠艦的航海日誌記載，吉野艦射出的第一炮竟然是空炮。7 時 45 分，吉野艦射出的第二炮是真正的榴彈炮，炮彈落入海中。隨後吉野艦上的火炮火力全開。

由於主炮射程問題，七分鐘後濟遠艦所載 210 毫米口徑前主炮開始還擊——豐島海戰爆發。

方伯謙的濟遠艦是德國監造的第一艘穹甲巡洋艦，廣乙艦則是船政製造的國產軍艦，無論是排水量還是火力，兩艦在三艘日艦面前都顯得過於弱小。根據戰後日本海軍的統計數字，三艘日艦共十七門大口徑火炮，每分鐘可以發射八十餘發炮彈。

日艦首先將炮火對準濟遠艦。戰鬥中，在濟遠艦前主炮位置督戰的槍炮二副柯建章中彈殉難。戰前分配在濟遠艦的見習軍官黃承勳接手指揮。黃承勳的手臂被炮彈打斷，水兵要扶他到甲板下進行治療，他說："爾等自有事，勿顧我也。"言罷，就停止了呼吸，年僅二十一歲。此時，濟遠艦管帶方伯謙正在裝甲司令塔內，在日艦猛烈的炮火下，一顆炮彈穿透 1.5 英寸厚的司令塔壁，碎片擊中了大副沈壽昌的頭，沈壽昌腦漿迸裂，壯烈捐軀，方伯謙也被震倒在地，軍服上濺滿了大副的腦血。被水兵扶起後，面無人色，本應該在指揮位置上的方伯謙面無人色，嚇得鑽到全艦裝甲最厚的輪機艙。

上午 7 時 58 分，戰鬥僅僅進行了六分鐘，濟遠艦已經損失慘重。就在濟遠艦按照既定航綫，試圖往威海方向邊打邊撤時，緊隨其後的廣乙艦竟然衝出編隊，高速衝向日艦吉野。

廣乙艦管帶林國祥，和方伯謙同為船政駕駛班一期畢業生，十年前他就參加過馬尾海戰，見識過海上戰火。林國祥的目的非常明確，廣乙艦上的火炮威力弱小，但在艦首有兩具魚雷發射管，這是廣乙艦威力最大的武器。

發現廣乙艦的戰術意圖後，吉野艦利用航速快的優勢，高速脫離接觸。廣乙艦轉而衝向日艦秋津洲號，並逼近至其船尾六百米處，正準備發射魚雷時，秋津洲號上的炮火開始向廣乙艦傾瀉，並擊毀了魚雷發射管。即便如此，廣乙艦依然堅持與秋津洲號纏鬥。秋津洲號拉響汽笛，浪速號聽到汽笛信號後放棄進攻濟遠，轉而參與圍攻廣乙艦。

廣乙艦憑藉小巧的船身，左突右衝，周旋在兩艘大艦之間。戰鬥中，廣乙艦的一顆炮彈還曾擊穿浪速左舷，並穿過艦體，打傷了浪速號的錨機。由於戰鬥距離近，在秋津洲號和浪速號的炮火壓制下，廣乙艦一百六十餘名官兵，傷亡達七十人以上，艙面人員幾乎全部殉難。林國祥被迫指揮軍艦向近處海岸方向撤退。

在廣乙艦與日艦搏鬥時，方伯謙居然指揮濟遠艦趁亂逃離戰場。這一舉動被吉野艦上的坪井航三發現這一舉動後，立即下令秋津洲和浪速放棄廣乙，全力追擊濟遠。上午 8 時過後，在濟遠船尾炮位的兩名水兵王國成和李仕茂，及時用 150 毫米尾炮連續擊中吉野。

這一戰果，後來被描述成"尾炮退敵"，被渲染成"我船後台開四炮，皆中其要處，擊傷倭船，並擊死倭提督並員弁數十人，彼知難以抵禦，故掛我國龍旗而奔"。事實上，在濟遠艦尾炮擊敵不久，海上又出現兩道煤煙，坪井航三由此產生顧慮，擔心是北洋海軍的支援艦，因此下令日艦放慢航速，由浪速號繼續追擊濟遠艦，而秋津洲號則轉向，改去追擊廣乙艦。

事實是，上午 8 時 53 分，在浪速號的持續追擊下，方伯謙竟然萌生降意，下令升起白旗，隨後又升起一面日本海軍軍旗。這是中國海戰史上最恥辱的一刻。

上午 9 時許，濟遠艦與高陞號相遇。看到艦上的日本軍旗，高陞號甚至誤以為濟遠艦是向自己行海上禮節的日艦。濟遠艦沒有做出任何提示或其他舉動，拋下本應該需要它護航的第三艘運兵船，繼續逃跑。途中，操江艦在看到濟遠艦逃跑後，也調頭就跑。但航速僅 9 節的操江艦，很快被日艦秋津洲號追上，連同船上的二十萬餉銀，一併被日艦擄走。

不久浪速號追來，截停高陞號。高陞號是清朝僱的英國商船，船上載有援朝清軍共一千一百一十九人，還有十二門行營炮。船上清兵拒絕向日艦投降。對峙到下午 1 時許，浪速號艦長東鄉平八郎下令以側舷炮齊轟，在百餘米距離內將高陞號擊沉。

此役，廣乙艦在離開戰場後，最終在朝鮮西岸十八家島附近擱淺。為免遺艦

圖之戰海嶋豐國韓

上｜圖 11.4：當年日本《朝日新聞》上刊登的圖畫報道《日本浪速丸擊沉大清高陞號》，高陞號上繪
有清朝龍旗，悄悄換掉了英國米字旗。逃避責任之意，已在圖中顯現。

下｜圖 11.5：《韓國豐島海戰圖》是當年日本出版的大量豐島海戰宣傳畫中的一幅，它不僅表現了日
本浪速號擊沉清朝高陞號，在圖右側，高陞號後邊，還畫出了掛起白旗逃跑的方伯謙指揮的清朝戰
艦濟遠號。

資敵，林國祥下令焚毀軍艦，幸存官兵最後分三批輾轉回國；高陞號被浪速艦擊沉，導致清朝在朝鮮的援軍力量大幅削弱；濟遠艦在 7 月 26 日上午 6 時許，回到劉公島。在方伯謙的報告中，豐島海戰被描繪成一次"大捷"。

關於"豐島海戰"，清朝方面沒留下任何海戰圖。現在經常被中國學者引用的，是當年日本《朝日新聞》上刊登的速描報道《日本浪速丸擊沉大清高陞號》。但日本當年出版的《韓國豐島海戰圖》內容則更為豐富。它不僅描繪了日本浪速號擊沉清艦高陞號，在高陞號後邊，還畫了掛白旗逃跑的清艦濟遠號。

此役，日艦方面，秋津洲號幾乎無損傷，吉野艦和浪速艦僅輕微受傷。被俘的操江艦官兵，在 7 月 28 日被送抵日本的佐世保軍港，日方"使之遊行各街，遊畢方收入監，以示凌辱"。

經此一役，日本海軍全然不怕擁有"堅船利炮"的清朝，伺意全殲北洋海軍，奪取制海權。

三

大東溝，
北洋海軍對陣日本聯合艦隊

豐島海戰結束第三天，1894 年 7 月 28 日，是光緒皇帝二十四歲的生日大典。幾天後，8 月 1 日，清廷發佈上諭，正式對日本宣戰："……朝廷辦理此事，實已仁至義盡，而倭人渝盟肇釁，無理已極，勢難再予姑容。著李鴻章嚴飭派出各軍，迅速進剿，厚集雄獅，陸續進發，以拯韓民於塗炭。"同一天，渴望已久的日本，立刻向清朝宣戰。

清廷開始陸續向朝鮮半島、遼東半島調兵。9 月 15 日，五艘商船來到大連灣集結，開始裝運兵員以及輜重、馬匹、火炮等物資。次日深夜 1 時許，裝載完成，北洋艦隊旗艦定遠號鳴響汽笛，護航艦隊起錨出發。

北洋艦隊由提督丁汝昌親率，以定遠、鎮遠為首，來遠、靖遠、濟遠、平遠、經遠、致遠、揚威、超勇、廣甲、廣丙等主力巡洋艦，還有鎮中、鎮邊兩艘炮艦，福龍、左一、右二、右三等四艘魚雷艇，以雙列縱隊航行，即北洋海軍陣形中的雙魚貫陣航行。9 月 16 日中午，護航、運兵船隊抵達鴨綠江的大東溝口外海域，清軍開始登陸。這是整個甲午海戰爭中，清廷最大規模的一次海上運兵和護航行動。

由司令官伊東祐亨率領的日本聯合艦隊，在 9 月 16 日下午 5 時，獲得清軍運兵情報，於是向遼東中部的海洋島海域進發。伊東祐亨將聯合艦隊分為兩個部分，由吉野、高千穗、秋津洲、浪速四艘最先進軍艦組成第一遊擊隊，由旗艦松島和千代田、嚴島、橋立、比睿、扶桑六艘軍艦組成本隊。艦隊中還有兩艘比較特殊的軍艦：一艘是由郵輪改裝後加裝火炮的西京丸號，它被作為觀戰的日本海軍軍令部長樺山資紀的座艦；另一艘是小型炮艦赤誠號。

上午 6 時 25 分，經過一夜航行的日本聯合艦隊，已經抵近距大東溝一百三十公里的海洋島。10 時 20 分，日軍吉野艦首先發現遠處的"煤煙"。至 11 時 30 分，吉野艦確認，煤煙來自北洋艦隊的主力。聯合艦隊此行目標原本是偷襲清朝運兵船，結果遇上了北洋海軍主力艦隊。日本聯合艦隊內瀰漫不安的

CHINESE

WARSHIPS

Illustrations and descriptions of the more important ships which took part in the battle of the Yalu and other engagements with the Japanese since the declaration of war. The details are from information received up to the present time.

The Chinese Fleet at the battle of the Yalu was considerably overmatched in armament by that of their more energetic opponents, and suffered accordingly. Of the fourteen vessels actually engaged, in addition to the six transports and six torpedo boats, four were sunk.

KING YUEN — The King Yuen and Lai Yuen were built at the Vulcan Works at Stettin, and known as "coast defence" ships.

CHEN YUEN — The Ping Yuen and Chen Yuen are steel battleships, built at the Chinese Navy.

YANG WEI — The Yang Wei and Chao Yung were steel cruisers constructed by Messrs. Armstrong, Mitchell and Co., at their shipbuilding yard at Low Walker in the Tyne.

CHING YUEN — The Ching Yuen and Chih Yuen are protected cruisers, built at Elswick.

CHIH YUEN — The Chih Yuen and Ching Yuen are protected cruisers, built at Elswick.

LAI YUEN — The Lai Yuen and King Yuen were built at the Vulcan Works at Stettin, and known as "coast defence" ships.

CHAO YUNG — The Chao Yung and Yang Wei were steel cruisers constructed by Messrs. Armstrong, Mitchell and Co., at their shipbuilding yard at Low Walker in the Tyne.

TAI YUEN — The Tai Yuen is a protected cruiser, built at the Vulcan Works at Stettin.

PING YUEN — The Ping Yuen is classed as a "coast defence" vessel, and was built at the Chinese dockyard at Foochow.

圖11.6：《清國戰艦》原載英國1894年12月1日出版的《圖片報》，清國九主力艦參戰，圖上，經遠；左，鎮遠、靖遠、來遠、濟遠；右，揚威、致遠、超勇、平遠。

JAPANESE

WARSHIPS

Illustrations and descriptions of the leading ships which took part in the battle of the Yalu and other engagements with the Chinese since the beginning of the war, with details revised from information received up to the present time.

The Japanese at the battle on the Yalu River brought nine vessels to the attack, divided into two squadrons, with the addition of an armour-belted corvette, a gun boat, a merchant cruiser, and five torpedo boats. Of the battleships only one suffered greatly, and all could have gone into action again the next day.

NANIWA. The *Naniwa* and *Takachiho* are sister ships and protected cruisers, built by the Armstrong firm at Low Walker. Their dimensions are :—Length, 300 feet ; beam, 46 feet ; and draught, 16 feet 6 inches, with a displacement of 3,650 tons. The protective deck over the vital parts, as machinery, &c., is three inches thick. The armament consists of two 10-inch Armstrongs, placed at the bow and stern, the crews of which are sheltered by a shield and the leading stations by stout steel armour : six 6-inch Armstrongs and sixteen smaller quick-firing guns. They carry about 300 officers and men each. The maximum speed of the *Naniwa* was 18·7 knots. Both these vessels were in the battle of the Yalu, though they severally escaped with but slight injury. It was the *Naniwa* which at the commencement of hostilities caused great excitement by sinking the transport *Kow Shing*, after herself being fired upon by the Chinese cruiser *Tsi Uuen*, an unexploded shell from the latter vessel entering the *Naniwa's* wardroom.

ITSUKUSHIMA. The *Itsukushima* and *Matsushima* were designed as "coast-defence" vessels by M. Berlin, and built to his plans by the Société des Forges et Chantiers de la Méditerranée. Their dimensions are :—Length, 295 feet 4 inches ; beam, 50 feet 6 inches ; draught of water, 17 feet 2 inches ; displacement, 4,200 tons. The armament consists of one 12·6-inch Canet gun, eleven 4·7 Armstrong quick-firers, six smaller quick-firers and Maxim machine guns. The trial speed was 16·78 knots. There is no hull armour, but a 6-inch steel deck extends fore and aft, and all hatches are covered with armoured glacis. The heavy gun is placed forward *en barbette* in a turret protected by 11·8-inch armour, and 4-inch steel sidesits cover the breeches of the other guns. They carry 400 officers and men each. Both these vessels were at the battle of the Yalu, and the *Matsushima* was set on fire and badly damaged. The *Itsukushima* received only a trifling amount of damage according to Japanese accounts.

YOSHINO. The *Yoshino* is a protected cruiser, built by the firm of Sir William Armstrong, Mitchell, and Company, at Elswick, from the designs of Mr. P. Watts, and the fastest vessel that has been in action. Her dimensions are :—Length, 350 feet ; beam, 46 feet 6 inches ; draught, 17 feet ; displacement, 4,150 tons. The protective deck is 4½ inches thick on its sloping sides, and 1¾ inch on its horizontal portion ; coal is stored over the deck to increase its protection. She is armed entirely with quick-firing guns from Elswick, and carries four 6-inch, eight 4·7-inch, and twenty-two 3-pounders. At the measured mile trials, the engines developed nearly 15,000 horse-power : the mean speed, with forced draught, being 23·03 knots. The *Yoshino* accompanied the *Naniwa* on the occasion of the sinking of the transport *Kow Shing*. She was present at the battle of the Yalu, and according to a Chinese account was set on fire and badly damaged.

CHIYODA. The *Chiyoda* is a protected cruiser, built at Clydebank by Messrs. J. and G. Thomson. She has a chrome steel armoured belt, 4½ inches thick, for about two-thirds of her length, and this is backed by coal and cellulose. A protective deck, 1 inch thick, also extends from stern to stern, covered with coal and coke. There is also a double bottom. The dimensions are :—Length, 310 feet ; beam, 42 feet ; draught, 14 feet ; and displacement, 2,450 tons. A speed of more than 19·5 knots was attained. The armament is ten 4·7 Armstrong quick-firers and seventeen other quick-firing guns. She is said to have come out of the battle without material injury.

HI-YEI. The *Hi-Yei* was built at Milford Haven in 1878 from Sir Edward Reed's designs. She is a composite corvette, with a composite armour-belt 4½ inches thick, extending along the ship at the water-line. Her dimensions are :—Length, 231 feet ; beam, 40 feet 3 inches ; draught, 19 feet 6 inches ; displacement, 2,280 tons. Her armament consists of six 6-inch Krupps (three on either broadside), two 6½-inch Krupps (one on either bow), with right-ahead fire, and a similar gun astern, as well as several fighting guns. Her original speed was 13 knots. The *Hi-Yei*, the *Yoshino*, and the *Naniwa* were the three warships which intercepted and sank the Chinese transport *Kow Shing*. Later the *Hi-Yei* was present at the battle of the Yalu, and set on fire and badly damaged, having to go into port for repairs.

FUSO. The *Fuso* is a central-battery battleship, designed by Sir Edward Reed, and built at Poplar in 1877. Her dimensions are :—Length, 220 feet ; beam, 48 feet ; draught, 18 feet 3 inches ; and displacement, 3,718 tons. She was designed to carry a crew of 250 officers and men and to steam 13 knots. Her armament consisted of four 9·4-inch Krupps on the main deck and two 6¾-inch Krupps on the upper decks. The armour on the side was 9 inches, and on the athwartship bulkheads 8 inches. She was present at the battle of the Yalu, and sustained sufficient injuries to necessitate going into port for repairs.

TAKACHIHO. The *Takachiho* and *Naniwa* are sister ships and protected cruisers, built by the Armstrong firm at Low Walker. Their dimensions are :—Length, 300 feet ; beam, 46 feet ; and draught, 16 feet 6 inches ; with a displacement of 3,650 tons. The armament consists of two 10-inch Armstrongs, placed at the bow and stern, the crews of which are sheltered by a shield, and the leading stations by stout steel armour ; six 6-inch Armstrongs and sixteen smaller quick-firing guns. They carry about 300 officers and men each. Both these vessels were in the battle of the Yalu, and were somewhat injured and burnt.

MATSUSHIMA. The *Matsushima* and *Itsukushima* were designed as "coast-defence" vessels by M. Berlin. Their dimensions are :—Length, 295 feet 4 inches ; beam, 50 feet 6 inches ; draught of water, 17 feet 2 inches ; displacement, 4,200 tons. The armament consists of one 12·6-inch Canet gun, eleven 4·7 Armstrong quick-firers, six smaller quick-firers and Maxim machine guns. There is no hull armour, but a 6-inch steel deck extends fore and aft, and all hatches are covered with armoured glacis. The heavy gun is placed forward *en barbette* in a turret protected by 11·8-inch armour, and 4-inch steel sidesits cover the breeches of the other guns. They carry 400 officers and men each. Both these vessels were at the battle of the Yalu, and the *Matsushima* carried Admiral Ito's flag. The *Matsushima* fared worse than any other ship on the Japanese side. Among other injuries she was once set on fire and 30 or struck by shells with appalling results from the *Chen Yuen's* 37-100 gun, nevertheless, Admiral Ito kept her at the head of the principal squadron until the close of the action, when he transferred his flag to the *Hashidate*.

HASHIDATE. The *Hashidate* is similar in nearly every respect to the *Matsushima* and *Itsukushima*, but these vessels being found to labour heavily against the sea owing to the weight of the big gun forward, the 12·6-inch Canet and its turret is placed aft in the *Hashidate*. She was built at Yokosuka Dockyard in Japan. This vessel was in the battle of the Yalu River, and appears to have escaped without material damage. It was to this vessel that Admiral Ito transferred his flag when the terrible injuries received by the *Matsushima* necessitated her being sent into dock for repairs.

圖 11.7：《日本戰艦》原載英國 1894 年 12 月 1 日出版的《圖片報》，日本九主力艦參戰。圖上，浪速；左，嚴島、千代田、扶桑、松島；右，吉野、比睿、高千穗、橋立。

氣氛，為了平息艦隊士兵的情緒，伊東祐亨下令立刻吃飯，並允許在飯後隨意抽煙。

這一天，天氣晴朗。停泊在大東溝口外的北洋海軍由於使用了劣質煤炭，導致產生濃厚的黑煙，被日軍提前一個多小時，遠遠地就發現了目標。而北洋海軍一直到 11 時 30 分，才發現西南方向的海面上出現異常情況。12 時，鎮遠艦上的瞭望兵報告，發現敵艦煤煙。此時，日艦已經開始進行戰鬥準備。12 時 10 分，北洋艦隊也全部動員，十艘主力艦啟動，駛向日本聯合艦隊進行攔截，以掩護背後大東溝裏還在登陸的陸軍。

清日鐵甲艦隊海上對決，其作戰隊形一直為後世所評說。

其中，有一種說法認為北洋艦隊採用的是死板而落後的 "A" 字形戰陣。史料證明，丁汝昌當時下令排出的正是 "犄角雁形陣"，並根據自身作戰優和火炮優勢下達了三條戰術指令：一、姊妹艦或同一小隊的兩艘軍艦要共同行動；二、艦首必須始終朝向敵艦作戰；三、所有艦船必須跟隨旗艦運動。這個陣，以定遠、鎮遠二巨艦處在艦隊中央，右側依次為來遠 / 靖遠、超勇 / 揚威兩個小組，左側為經遠 / 致遠、廣甲 / 濟遠兩個小組。由於外側小組抵達戰術編隊位置需要時間，北洋艦隊實際呈現出一個 "A" 字形。

日本聯合艦隊的陣形則是一分為二。第一遊擊隊吉野、高千穗、秋津洲、浪速四艘快速巡洋艦在前；本隊松島、千代田、嚴島、橋立、比睿、扶桑六艘主力戰艦在後；列迎敵面積小的單縱陣，戰術為移動作戰，充分發揮艦側舷速射火炮的優勢。

12 時 50 分，北洋艦隊與日本第一遊擊隊相距六千米，旗艦定遠先行開炮。定遠艦有四門口徑為 305 毫米的克虜伯巨炮，射程達七千八百千米，是北洋艦隊中最具威力的武器。定遠艦在如此距離開炮，就是要發揮重炮優勢，欲遠距離打擊日艦。

隨著定遠艦主炮的這聲巨響，清日黃海海戰正式打響。

四

黃海大戰，
北洋海軍受重創

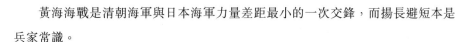

　　黃海海戰是清朝海軍與日本海軍力量差距最小的一次交鋒，而揚長避短本是兵家常識。

　　光緒二十年（1894 年）9 月 16 日 12 時 50 分開戰後，日本聯合艦隊因速射炮射程短，必須在三千米距離內才能開火，於是逼近炮火，加速逼進北洋艦隊。五分鐘後，本隊旗艦松島所載速射炮進入其三千米射程，卻被北洋艦隊上一發口徑一百五十毫米的炮彈擊中主炮，被迫進行緊急搶修。

　　日軍第一遊擊隊旗艦吉野艦，有兩門六英寸、四門 4.7 英寸口徑的阿姆斯特朗速射炮，以及十一門四十七毫米口徑的單管重型哈奇開斯機關炮，當駛進其機關炮三千米射程範圍內後，它立即向北洋艦隊最弱的右翼超勇、揚威二艦開火。超勇、揚威在北洋艦隊已服役十三年，不僅艦艇老舊，鍋爐甚至到了幾近報廢的程度。僅僅在幾分鐘之內，兩艦即傷亡慘重，艦上還燃起大火。在管帶黃建勳和林履中帶領下，兩艦官兵仍然頑強還擊。

　　距離日艦最近的靖遠、來遠兩艦，也向日本第一遊擊隊射擊，以支援戰友。一發炮彈還曾命中吉野艦的後甲板，引爆在此堆積的一些彈藥，五名日兵當場斃命。

　　此時，濟遠艦先是為了躲避日艦炮火而向右翼方向運動，當右翼的超勇、揚威二艦受到攻擊時，濟遠艦又向較為安全的左翼運動，與濟遠艦編組的廣甲艦，也隨著一起運動，令北洋海軍在開戰之初，就缺失了一個小隊的戰鬥力。

　　下午 1 時 10 分，吉野艦撲滅甲板之火，再次撲向超勇、揚威二艦，接連中彈的超勇、揚威二艦傾斜著駛向淺水區尋求自救。二十分鐘後，超勇艦開始沉沒，黃建勳沉水殉難，時年四十三歲，成為海戰中第一位殉難的北洋艦長。

　　日本第一遊擊隊與超勇、揚威等艦交火時，聯合艦隊本隊集中火力攻擊北洋艦隊旗艦定遠，開戰不久，北洋海軍提督丁汝昌受傷，究竟其如何受傷，至今說法不一。但北洋艦隊在主官負傷後，並沒有指定代理旗艦，令整個艦隊陷入各自

THE GRAPHIC

L'AMIRAL ITO YOUKO

ADMIRAL TING AND HIS SIGNATURE
The Commander of the Chinese Fleet at the Yalu River Engagement
From a Photograph by H. S. Mendelssohn, Newcastle-on-Tyne

圖 11.8：《黃海大戰，日本艦隊指揮官伊東祐亨，清國艦隊指揮丁汝昌》。原載英國 1894 年 12 月 1 日出版的《圖片報》。

為戰，是不爭的事實。

下午 1 時 25 分，定遠艦用尾炮擊中日軍小型炮艦赤誠，擊斃艦長阪元八郎汰。下午 2 時 15 分，丘寶仁管帶的來遠艦也逼近赤誠三百米的位置，並擊傷赤誠的代理艦長。僅僅五分鐘後，赤誠艦一百二十毫米口徑的尾炮發炮擊中了來遠艦後甲板。

此役，日艦炮彈中加裝了一種名為“苦味酸”的新型火藥，也叫“下瀨火藥”，這種火藥爆炸後會產生巨大的燃燒力量，連鋼鐵都可以點燃。來遠艦尾的大火，讓赤誠僥幸逃脱，北洋艦隊失去了一次擊沉日艦的機會。

混戰中，日本海軍軍令部長樺山資紀的觀戰座艦西京丸號落單。下午 2 時 22 分，定遠主炮命中西京丸，將其液壓舵輪打壞。西京丸只能啟動備用人力舵輪。截至此時，北洋艦隊最初接戰的十艘軍艦，超勇艦沉沒，揚威艦喪失戰鬥力，日本聯合艦隊的比睿、赤誠二艦也遭遇重創。

這時，此前留守在大東港入口處警戒的平遠、廣丙艦，以及福龍、左一、左

二、右三四艘魚雷艇結隊趕到戰場海域。廣丙艦先與日本艦隊旗艦松島交火，下午 2 時 34 分，平遠艦首兩百六十毫米口徑主炮一顆炮彈，穿透松島船殼，橫穿醫療室、魚雷發射室，最終將其主炮炮架液壓裝置擊碎，三名日兵被擊斃。遺憾的是，此彈是一顆無法爆炸的實心彈，沒能產生更大的戰果。同時，平遠艦主炮也被松島艦上的速射炮擊中，陷入癱瘓。平遠、廣丙二艦，只好暫時避讓。

下午 3 時 05 分，福龍魚雷艇也加入戰鬥，並在接近西京丸四百米時，接連發射兩枚黑頭魚雷，一枚在距離目標一米的位置擦過，另一枚也沒有擊中目標。福龍號繼續向西京丸號靠近，在兩船相距僅三五十米時，突然轉向，露出船尾的魚雷發射管，這是管帶蔡廷幹最後一招。西京丸上的樺山資紀見狀，閉上眼睛大喊"吾事已畢"。然而，魚雷從西京丸號的船體穿過，沒有爆炸。西京丸號死裏逃生，駛出戰場海域進行搶修。

下午 3 時 10 分，北洋艦隊遭遇一個重要的轉折點。

先是日本二等鐵甲艦扶桑號一門兩百四十毫米口徑的克虜伯炮擊中了定遠，在定遠艦醫室內爆炸，"苦味酸"炸藥在定遠艦內部引發大火，濃煙導致定遠艦四門主炮無法瞄準射擊。日本聯合艦隊趁此將全部炮火對準定遠。在定遠主炮位上作戰的顧問、英國人尼格路士在救火過程中，被彈片擊中陣亡，成為海戰中第一位陣亡的洋員。

在此危亡時刻，鄧世昌指揮致遠艦航行到定遠之前，護衛旗艦。但致遠艦防護力有限，在與日艦對抗時，艦體多處被擊穿，特別是水綫附近的彈孔導致海水大量湧入艦內，艦體出現了將近三十度的右傾。

長期以來的說法是，此時致遠艦衝向吉野艦。但最新研究顯示，致遠艦衝向的是日軍旗艦松島號，比衝撞吉野更有意義。下午 3 時 30 分，在逼近敵艦的過程中，致遠艦艦體內部發生爆炸，開始下沉。致遠艦管帶鄧世昌拒絕救援，與軍艦同沉海底，這一天是鄧世昌四十五歲的生日。兩百五十二人，除了七人生還，致遠艦上包括英籍管輪員余錫爾在內的其餘將士，都長眠黃海海底。

在致遠艦沉沒後，同在左翼的濟遠艦暴露在日艦的炮火之下，管帶方伯謙再次像豐島海戰時那樣，選擇了逃跑。看到濟遠逃跑，其僚艦廣甲也跟隨駛離戰場。在逃跑過程中，濟遠艦撞上了已受重傷的揚威艦。受此重撞，揚威艦開始下沉，管帶林履中悲憤莫名，蹈海而逝。

與此同時，管帶林泰曾和大副楊用霖指揮的鎮遠艦，趕來護衛旗艦。鎮遠艦

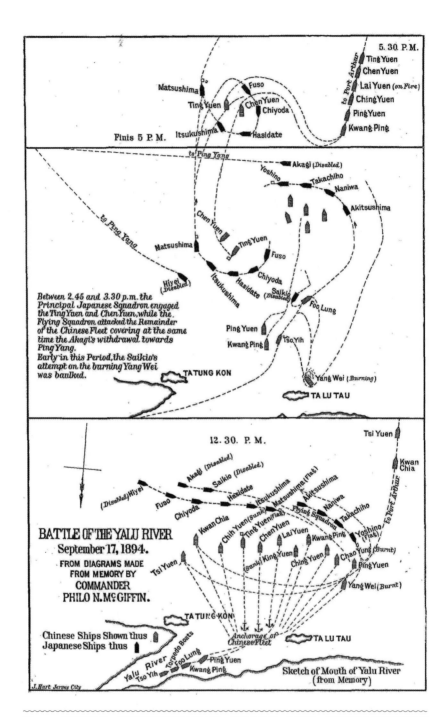

圖11.9：黃海戰敗後，鎮遠艦幫帶美國人馬吉芬，回紐約養傷，寫出了一份長達萬言的黃海海戰報告，發表在1895年8月出版的《世紀》雜誌上，並配有《清日黃海交戰圖》，為"中方"留下了唯一一份黃海戰圖。

圖 11.10：黃海大戰後的鎮遠艦，白色標識處為中彈標記，
累計中彈二百二十發。

主炮也幾次命中松島艦。松島艦體開始傾斜。至下午 4 時 7 分，已經基本喪失戰
鬥力的松島艦，升起"不管旗"，退出戰鬥。

下午 3 時 30 分，這是北洋艦隊的至暗時刻。先是致遠艦戰沉，隨後濟遠、
廣甲逃離戰場。經遠、來遠、靖遠等軍艦因為受損嚴重，也退出戰場試圖搶修自
救。最終在下午 5 時 30 分左右，經遠艦因艦體嚴重傾斜，在今天的遼東莊河老
人石海域側翻，沉入海底。在日艦的追擊中，經遠艦管帶林永升、大副陳榮、二
副陳京瑩等高級軍官先後中彈犧牲。

此時，戰場上僅剩定遠、鎮遠兩艘鐵甲艦和日艦本隊的五艘軍艦相抗。在日
艦密集的"苦味酸"炸藥的破壞下，定遠、鎮遠兩艦數度燃起大火，由於有超
厚裝甲，這兩艘戰艦一直未現沉沒跡象。戰後統計，定遠艦累計中彈一百五十九
發，鎮遠艦累計中彈兩百二十發。難怪松島艦上，身負重傷的三等水兵三浦虎次
郎，臨死前流著淚哀嘆"定遠艦怎麼還打不沉啊！"這個場景後來被繪成《三浦
虎次郎的浩嘆》，作為"名畫"收藏在日本的博物館。

下午 5 時 30 分，已是傍晚，恢復指揮系統的松島艦，掛出"停止戰鬥"的

信號旗，隨後又向第一遊擊隊下達命令“返回本隊”。下午 6 時左右，日本聯合艦隊會合在一起，開始撤離戰鬥海域。

下午 5 時 45 分後，完成搶修的靖遠艦掛出一面將旗，帶領來遠、平遠、廣丙、福龍、左一等艦艇重新匯聚到定遠艦旁，在夜幕中返回旅順基地。濟遠艦最終在 9 月 18 日凌晨 2 時到達旅順，廣甲艦在大連外海的三山島旁觸礁擱淺。濟遠艦管帶方伯謙因“首先逃走，致將船伍牽亂，實屬臨陣退縮”，於 9 月 24 日凌晨 5 時，在旅順黃金山下的刑場被處斬。

清日黃海大戰持續五個小時左右，日艦無一沉沒，松島、比睿、赤誠、西京丸等四艘軍艦被重創，陣亡九十人，負傷二百零八人。北洋艦隊損失超勇、揚威、致遠、經遠四艘戰艦，定遠、鎮遠、靖遠、來遠四艦受到重創。有數據稱，北洋艦隊自提督銜記名總兵鄧世昌以下官兵七百一十四人陣亡，一百零八人受傷。但這一數據仍有待繼續訂正。

世界海戰史上第一個戰役級鐵甲艦隊大海戰——黃海海戰就這樣結束了。

五

旅順、威海衛失陷，
北洋海軍就此覆沒

　　黃海海戰次日，北洋艦隊幸存主力全部回到旅順基地。在北洋艦隊還在船塢等待維修的同時，日本陸軍已經開始行動。

　　光緒二十年（1894 年）10 月 24 日，日本第一軍突破鴨綠江防綫，戰綫進入中國境內。與此同時，日本第二軍登陸花園口，僅用半個多月時間，即將部隊推進至旅順一綫。

　　遼東半島的旅順和山東半島的威海衛如巨人雙臂，環抱渤海，是京畿地區的鉗形防衛哨，打掉這兩個鉗口，就對北京構成了威攝。光緒十六年（1890 年）前後，北洋海軍先後在旅順建了九座海岸炮台，旅順口的口東五座，口西四座，從東至西分別為：黃金山炮台、摸珠礁炮台、嶗嵂嘴炮台、田雞台炮台、老虎尾炮台、威遠炮台、蠻子營炮台、饅頭山炮台、城頭山炮台。除了嶗嵂嘴炮台為穹窯式外，其餘均為露天炮台。

　　這些炮台可以對海上目標進行攻擊，卻無法防範來自背後的炮彈。

　　1894 年 11 月 21 日早晨，日軍向旅順發起第一輪進攻，日軍先抄旅順城的後路，上午打下案子山、松樹山、二龍山、東雞冠山等旅順後方要塞；下午，日軍發起第二輪進攻，集中主要兵力，向旅順市區及海岸炮台推進。

　　日軍首先進攻的是黃金山炮台，總兵黃仕林得知旅順後路炮台已失，不等日軍攻上黃金山，便搶先由構建最好的嶗嵂嘴海岸炮台，乘船逃走。日軍又不費吹灰之力佔領了黃金山炮台、嶗嵂嘴炮台、東人字牆和摸珠礁炮台。下午 5 時許，旅順口東海岸各炮台全部失守。次日上午，日軍又輕取旅順口西海岸各炮台。所謂「旅順保衛戰」不到兩天就結束了，日軍接下來伺機要做的就是拔掉渤海灣西岸的另一支鉗口——威海衛。

　　威海衛南北兩幫築有炮台二十三座，安炮一百六十餘門。

　　為防被日軍圍堵在旅順港中，北洋艦隊早在 1894 年 11 月 14 日，就從旅順轉移到威海海域的劉公島基地。此時，北洋海軍尚有定遠、鎮遠、濟遠、靖遠、來遠、平遠、廣丙七艘主力軍艦（但在黃海海戰中受到炮火損傷，都沒能進行十分有效的修復）；威遠、康濟兩艘練習艦，鎮東、鎮南、鎮西、鎮北、鎮邊、鎮中六艘老舊蚊子船；福龍、定一、左一、左二等十餘艘魚雷艇。

劉公島基地為防日軍偷襲，在出入口兩海面都安設了水雷、鐵鏈等防禦防材。北洋艦隊進港時，打頭陣的定遠艦帶動的海浪將海中浮標推離了原位置。跟在後面的鎮遠艦仍然朝浮標漂移的位置航行，不幸觸礁，艦底破損，無法作戰。第二天凌晨，內疚的鎮遠艦管帶林泰曾在艦長室內喝藥自盡，時年四十四歲。

北洋海軍就這樣迎來了威海保衛戰。

1895 年 1 月 20 日拂曉，日軍在山東半島的最東端榮成灣龍鬚島登陸。日艦用艦炮對岸上守軍進行轟炸。清朝守軍見勢難抵擋，棄炮西撤。

日軍佔領榮成後，於 1 月 30 日，開始對威海南幫炮台發起總攻。

南幫炮台因坐落在威海灣南岸而得名，有皂埠嘴、鹿角嘴、龍廟嘴三座海岸炮台以及陸地炮台兩座。甲午海戰爭爆發後，又在摩天嶺和蓮子頂增設臨時炮台兩座。

為防日軍佔領摩天嶺炮台後，居高臨下攻擊陸路其他炮台，丁汝昌率領定遠、靖遠、來遠、廣丙以及蚊子船，駛至南幫炮台附近，向摩天嶺炮台射擊。此時，日軍越過摩天嶺，攻佔了龍廟嘴炮台。日軍利用這裏裝備著的大口徑克虜伯巨炮，向威海灣內的北洋艦隊轟擊。剛剛修復的定遠主炮再次受損，廣丙艦幫帶大副黃祖蓮中彈陣亡。

此後，日軍又佔領了不遠處的鹿角嘴炮台，再次用這裏的大炮向北洋艦隊攻擊。此次定遠艦及時調轉炮口，將鹿角嘴火炮炮管打斷。北洋艦隊炮擊南幫炮台，還擊斃了在摩天嶺上的日軍第六師團第十一旅團旅團長大寺安純少將。這是整個甲午海戰爭期間擊斃的日軍最高級別陸軍將領。

1 月 30 日下午 2 時 30 分，南幫炮台徹底被日軍佔據。

劉公島是威海灣內的一座小島，被威海灣南北兩側南幫、北幫海岸環抱。失去南幫炮台，意味著劉公島已經失去一側防護，保住北幫炮台尤顯重要。

1 月 31 日，丁汝昌親自來到北幫炮台，與守將戴宗騫會商防務。此炮台與劉公島相距僅兩公里，如果日軍佔領此炮台，會直接以炮台的炮火轟擊劉公島的北洋軍艦，其威脅勝於南幫炮台。但北幫炮台守軍的軍心已散，很快棄守炮台。2 月 2 日清晨，鎮遠艦水兵乘坐輔助艦"寶筏"到達北幫炮台，將炮位全部炸

DRAWN BY C. W. WYLLIE

FROM SKETCHES BY LIEUT. W. H. TRING, R.N.

TRANSPORTS ENTERING THE INNER HARBOUR IMMEDIATELY AFTER THE HOISTING OF THE JAPANESE FLAG

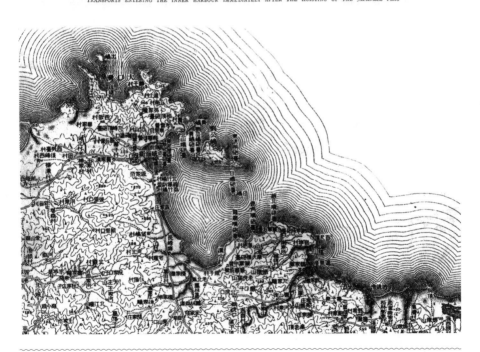

上│圖 11.11：倫敦 1895 年 1 月 12 日出版的《圖片報》刊載的《日本運兵船進入旅順港》插畫，報道 1894 年 11 月日軍佔領旅順。

下│圖 11.12：《1895.1.30 威海衛劉公島作戰地圖》上，日軍將所有威海衛炮台全部做了標註。港口南岸自東向西有謝家所炮台至摩天嶺炮台；港口北部自東向西有劉公島上的東洪稍炮台至九峰頂炮台。在各炮台後，清軍的各個營地……這是一幅非常完備的海陸作戰地圖。

毀。這天上午9時，日軍佔領威海衛城。北洋海軍對外的電報聯繫和補給中斷。

此時，威海灣內的防務，只剩北洋艦隊殘存的艦隻以及劉公島和日島上的炮台；劉公島的東西兩側海口也設置了水雷防材，防止日軍艦隊攻入港灣。困守孤島的北洋海軍，只能固守待援。

此時的日本聯合艦隊有，本隊有旗艦松島、千代田、橋立、嚴島四艦；第一遊擊隊有吉野、高千穗、秋津洲三艦；第二遊擊隊有扶桑、比睿、金剛、高雄四艦；第三遊擊隊有天龍、大和、武藏、葛城、海門五艦；第四遊擊隊有赤誠、摩耶、愛宕、鳥海等軍艦；還有一支魚雷艇隊。日本聯合艦隊幾乎傾巢出動來到威海海面，其實力遠超北洋艦隊。

日本聯合艦隊司令伊東祐亨曾嘗試正面進攻和誘騙北洋艦隊出港，均告失敗，於是改變戰術。於2月5日凌晨3時20分，聯合艦隊出動八艘魚雷艇在威海灣東口的缺口處進島偷襲。北洋海軍旗艦定遠被日第九號魚雷艇發射的魚雷擊中艦尾，海水湧入艦內，丁汝昌下令定遠艦往劉公島東部搶灘擱淺，希望將來能夠搶修，同時充當水面炮台使用。

定遠艦在被魚雷擊中的瞬間，其一百五十毫米口徑克虜伯大炮射出一枚炮彈，直接命中第九號魚雷艇。這是北洋海軍在甲午海戰中唯一一個擊毀敵艦的戰果。

在定遠艦遇襲的第二天，即2月6日凌晨，日軍故技重施，再次派魚雷艇隊進港偷襲。北洋海軍主力艦來遠、訓練艦威遠、輔助艦寶筏三艦，在一個小時內相繼被擊沉。從事後日軍拍攝的照片看，沉沒的威遠僅煙囪和桅杆露出水面，一片淒涼景象。

2月7日，在兩次偷襲成功後，伊東祐亨率領十五艘軍艦發起對劉公島的總攻。戰鬥從早上7時35分開始。島上守軍將士發炮抵抗，再加上丁汝昌率領鎮遠、靖遠等軍艦發炮參戰。日軍艦隊是從威海灣的東口發起攻擊。此時在西口沒有任何軍艦。

就在雙方炮擊之時，北洋海軍的十二艘魚雷艇和利順、飛霆兩艘汽艇集體從威海灣的西口衝了出去。伊東祐亨原以為北洋魚雷艇要發動自殺式進攻。但北洋魚雷艇出港後，全速向煙台方向駛去。日艦吉野等立即追擊。向外衝的清軍艦艇幾乎全被擊沉或擱淺。

長久以來的很多著作均將此次魚雷艇事件定性為"集體出逃"。但近年來的

THE ILLUSTRATED LONDON NEWS

REGISTERED AT THE GENERAL POST OFFICE FOR TRANSMISSION ABROAD.

No. 2894.—VOL. CV.　　　　SATURDAY, OCTOBER 6, 1894.　　　　TWO WHOLE SHEETS | SIXPENCE. By Post, 6½d.

THE JAPANESE WAR-SHIP "YOSHINO."

THE WAR IN EASTERN ASIA: NAVAL ATTACK ON THE FORTS AT WEI-HAI-WEI.

From a Sketch by Mr. E. J. Rowcroft, on board H.M.S. "Mercury."

圖 11.13：《日本戰艦吉野號進入威海港》原載《倫敦新聞畫報》1894 年 10 月 6 日。

一些最新研究成果顯示，魚雷艇行動極有可能是在執行一次秘密任務，即掩護帶著丁汝昌秘信的利順、飛霆兩艘汽艇，設法前往煙台求救。

日本聯合艦隊這次攻擊，雖然未能進入劉公島，但將與劉公島遙相呼應的南口日島炮台擊毀。至此，威海灣已無門可守了。

2月9日，中國農曆正月十五日，原本是中國人闔家團圓的日子。凌晨天尚未大亮，丁汝昌即派信使夏景春設法帶求援信回煙台，信中寫道："十六七日援軍不到，則船、島萬難保全。"上午8時許，丁汝昌登上靖遠艦，率領諸艦與日艦炮戰。戰鬥至中午，靖遠艦被日軍從南幫炮台群鹿角嘴炮台打來的炮彈擊中，翻沉擱淺。為免其資敵，廣丙艦發射魚雷將靖遠艦和早先擱淺的定遠艦炸毀。

深夜，定遠艦管帶劉步蟾在炸毀定遠艦之後，用從軍醫院取來的鴉片吞服自盡，由於藥力不夠，一直到2月10日下午才去世，時年四十三歲，實踐了其"苟喪艦，必自裁"的誓言。

此時，北洋海軍真正能作戰的大型軍艦只剩下濟遠、平遠、廣丙三艘，受重傷的鎮遠已無法出海，各艦上的大口徑火炮彈藥也已告罄。

THE GREAT CHINESE WARSHIP "TING-YUEN," AFTER BEING DESTROYED BY THE JAPANESE TORPEDO-BOATS, OFF THE SOUTHERN SHORE OF LIUKUNG ISLAND.

圖11.14：定遠艦管帶劉步蟾奉命炸毀定遠艦，日軍拍攝的定遠艦自爆圖。

2 月 10 日，由於聯合艦隊在補給燃煤，隻方沒有發生戰鬥。這是劉公島上最後的平靜。

2 月 11 日上午 7 時 30 分，日本第三遊擊隊再一次向劉公島發起攻擊。這一天島內的守軍居然取得小勝，接連將前來進攻的日艦葛城、天龍、大和艦擊傷，迫使日艦後撤停泊。中午，丁汝昌組織殘餘軍艦對南幫炮台進行了最後一次炮擊。傍晚，丁汝昌數次下令將鎮遠艦炸毀以免資敵，但已無人執行命令。夜裏，丁汝昌向營務處道台牛昶昞交代了後事，留下一句話："只得一身報國，未能拖累萬人。"

2 月 12 日，丁汝昌服毒自盡，時年六十歲（在丁汝昌去世後，清廷決定對其不予撫恤。直到宣統年間，經袁世凱上奏，清廷才開釋其罪責）。這天夜裏，劉公島護軍統領、李鴻章的外甥張文宣，也服毒自盡。

2 月 13 日下午 5 時，作為劉公島海陸軍代表的牛昶昞和程璧光來到松島艦上，商談降約。日方要求他們將劉公島海陸軍名冊交給日方，名冊上的軍人必須簽署永不再參與戰事的保證書。消息傳回劉公島，接任鎮遠艦管帶的楊用霖悲憤無比，在艦內吞槍自盡。這是甲午海戰爭中，北洋艦隊開出的最後一槍。

2 月 14 日下午 2 時，牛昶昞、程璧光再次來到松島艦，交出全島官兵名冊，共計 5124 人，其中海軍軍官 183 人，海軍學生 30 人，海軍士兵 2871 人，陸軍軍官 10 人，陸軍士兵 2000 人。最後，簽訂《威海降約》。

2 月 17 日上午 8 時 30 分，日本聯合艦隊進入威海灣，登上劉公島。北洋海軍的鎮遠、平遠、濟遠、廣丙、鎮東、鎮西、鎮南、鎮北、鎮中、鎮邊等十餘艘北洋軍艦被俘，沉沒在港內的北洋艦隻後被日方打撈、拆解。

當日下午 3 時，被解除武裝的北洋艦隊的康濟艦，在艦尾半升龍旗，載著丁汝昌、林泰曾、劉步蟾、楊用霖等人的靈柩駛出劉公島……

北洋海軍就此覆沒……

六

"馬關和談"，
台灣抗日

光緒二十一年（1895 年）3 月 20 日，清廷極為被動地派出李鴻章為全權代表，赴日本馬關（即下關）與日本進行和談。

5 月 10 日，中日雙方在煙台交換條約，標誌著《馬關條約》正式生效，也標誌著甲午海戰爭的結束。這對清朝來說絕不是個圓滿的"和局"。條約在領土主權方面的內容有：一、清朝承認朝鮮的獨立自主，廢絕中朝宗藩關係（1897年朝鮮宣佈建立"大韓帝國"。"韓"在朝鮮語中是"大"或"一"的意思。"韓"第一次變成了統一國號）。二、中國割讓遼東半島、台灣及澎湖列島給日本。

承認朝鮮的獨立自主，廢絕中朝宗藩關係，使朝鮮成為日本侵略中國的最佳跳板；割讓遼東半島給日本，則使中國則近乎失去東北地區。這對於清朝是天大的損失，也"影響"列強分割中國。

因此，李鴻章早在赴日本談判之前，就讓清廷動用所有的外交手段，聯合美、英、法、德、俄、意等西方列強，向日本施加壓力，不惜引狼入室也要保住清朝領土利益。所以，4 月 17 日，《馬關條約》正式簽字後，奉行"世界政策"的德國威廉二世，立即下令派鐵甲巡洋艦一艘開赴遠東，向日本示威；俄國調動三萬兵力到海參崴集結，準備出兵中國東北地區；由於俄、德、法三國的強勢干涉，5 月 4 日，日本內閣會議決定，將遼東半島退還給清朝，作為"歸還"代價，清朝要付給日本三千萬兩白銀作為"贖遼費"。

雖然，三國替清廷"要回"了遼東半島，《馬關條約》仍是一個喪權辱國的銘刻於歷史的條約。"還遼"也為日後俄國侵佔東北埋下了伏筆。不過清廷總算挽回了一點點兒敗局。當年上海出版的《點石齋畫報》，還刊發《贊成和局》的圖畫報道。圖中插著太陽旗的是日艦，插著星條旗的是美艦，插著三色旗的是法艦，插著三角龍旗的是煙台炮台。甲午海戰爭期間，煙台炮台沒有發揮任何作用，煙台最終成了見證清日"換約"的地方。

但在歷來屬於中國的寶島台灣，有血性的台灣民眾卻不接受這個所謂的"和

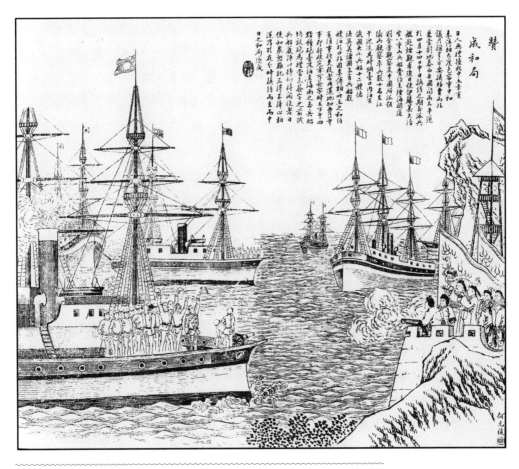

圖 11.15：《贊成和局》原刊於 1895 年出版的《點石齋畫報》。圖中插著太陽旗的是日艦，
插著星條旗的是美艦，插著三色旗的是法艦，插著三角龍旗的是煙台炮台，此炮台沒發揮過
任何作用，最終成了見證清日"換約"的地方。

局"。5 月 10 日，清日雙方在煙台交換條約，標誌著《馬關條約》正式生效。第二天，日本政府決定以武力佔領台灣。但日本人很快發現，要想佔領這片土地，他們不得不付出極為沉重的代價。

早在李鴻章去日本馬關開始與日方進行"和談"的 3 月 20 日，日本新編"南方派遣艦隊"即抵達台灣澎湖島列島將軍澳嶼灣，準備攻佔澎湖，造成威脅台灣之勢，以加大談判籌碼。3 月 25 日，日軍攻陷澎湖。日本政府從台灣民眾抵抗運動中預料到，將來即使《馬關條約》簽下來，將來全面佔領台灣，也會遭遇強烈抵抗，於是任命樺山資紀為首任台灣總督，率領文武官員三百餘人前往台灣，並派北白川宮能久親王率領的近衛師團作為台灣駐屯軍進駐，以加強佔領台灣的軍事力量。

4 月 23 日，三國"干涉還遼"，日本恐本土受到西方列強的攻擊，命攻台艦隊受命暫時返回日本。《馬關條約》生效後，"丟了"遼東的日本，不惜動武也要拿下台灣，於是，重開停了多日的攻台戰事。

5 月 25 日，已成清廷"棄兒"的台灣，宣佈成立"台灣民主國"，民眾推舉台灣巡撫唐景崧為"總統"、劉永福為大將軍、李秉瑞為軍務大臣。新政府拒絕向日本交割台灣。此時，台灣有綠營（漢軍）兵十幾個營，大約有五千人，兵分四路守台：北路統領為唐景崧，中路統領為林朝棟、丘逢甲，南路統領為劉永福，後山統領為袁錫中。

6 月 2 日晚，"做賊心虛"的日本派駐台灣的"總督"樺山資紀和清朝代表李鴻章之子李經芳，在停泊於基隆灣的日艦"西京丸"上，舉行了原本準備在台灣島上舉行的台灣"受渡"儀式。第二天，日軍即"名正言順"地對拒不交出台灣的清軍發起進攻，戰鬥在台灣北部第一大港基隆打響。

日軍艦隊在外海岸發起炮轟，一方面牽制炮台守軍，一方面以佯攻欺矇守軍。日軍從瑞芳出擊後，先進攻規模較小的沙元小炮台。令人費解的是，該炮台施放數炮後，竟全數陣前脫逃。接著另三座炮台——頂石閣、仙洞、社寮炮台的清兵勇守軍見狀，也加入脫逃的行列。日軍不費吹灰之力，就佔領四處炮台與大半個基隆。殘餘守軍撤退到最後方的獅球嶺炮台。日軍在下午開始進攻獅球嶺，一小隊日軍趁機從右翼空虛處登上獅球嶺，"台灣民主國"的軍隊被迫棄防。隨後，日軍佔領了基隆。

基隆失守後，北路的唐景崧搭上德國商輪"鴨打"號，從淡水逃往廈門；中路的丘逢甲帶著近十萬兩銀元的起義款，內渡廣東嘉應（今梅州）。6 月 11 日，日軍進入台北城。此時，"台灣民主國" 已群龍無首，只有台灣當地出身的幾位首領仍率部奮力抵抗。

6 月 26 日，台南擁立南路統領劉永福為 "民主國" 第二任 "大總統"，設 "總統府" 於台南安平城大天后宮。但由於清廷封鎖大陸與台灣的交通，並斷絕所有支援，台灣派使者向沿海各督撫乞助餉銀，無人接應。守在台南安平城的劉永福只能孤軍奮戰。

10 月 19 日，日軍大舉進攻安平炮台，劉永福親手點燃大炮，轟擊敵艦。劉永福的炮兵死守陣地，場面壯烈。次日，劉永福見大勢已去，不得不棄城，遂乘英國輪船塞里斯號，內渡廈門。台南民眾推舉英國牧師巴克禮（Thomas Barclay）為代表，請求日本軍隊和平進城。10 月 21 日，日軍佔領台南。至此，僅存一百五十天的短命 "台灣民主國" 滅亡。

值得一說的是，甲午海戰死難的清軍官兵幾乎都獲得了清廷的表彰和撫恤；但留守台灣的清軍，為護台而死的清軍將士，因違抗清廷交出台灣、內撤大陸的政令，未能獲得表彰和撫恤，甚至到今天也沒有得到足夠的宣傳與認可。甲午悲劇在台灣又多了一層複雜的悲涼。

七

輿論戰，
清廷自動放棄的戰場

　　鴉片戰爭時，清廷忽視了西方海軍的水道測量這一海戰重要保障措施；甲午海戰時，清廷又忽視了輿論戰這一能夠左右戰爭局勢的重要措施。在清廷看來，甲午海戰無疑是日本發起的一場侵略戰爭。但日本卻通過輿論戰，把它描繪成一場維護正義的戰爭，讓西方世界在道義上支持日本、矮化清朝。

　　日本明治維新後，媒體事業已非常發達，已趨成熟的媒體有《朝日新聞》《讀賣新聞》《大阪每日新聞》《中央新聞》等，並且學會了西方的媒體運作模式。此時的清朝媒體事業剛剛起步，上海雖然已有了許多報館，但報道水平不高，宣傳缺乏策略，更要命的是自大意識膨脹。

　　清廷決策層面，甚至調動媒體進行輿論協同的意識都沒有。在奉命出兵朝鮮時，清軍拒絕了國內外所有媒體採訪報導的申請。

　　於是，人們看到的諸如當時影響力最大的《申報》（1872 年由英國人美查出資創辦），還有 1884 年創刊的頗受市民歡迎的《點石齋畫報》等媒體的報導，無一不是「日本蕞爾小國」之類的虛妄自大報道，甚至還有自娛自樂的假新聞。比如，豐島海戰，明明是 7 月 25 日，東鄉平八郎指揮日艦吉野號不宣而戰，擊沉了清朝僱用的英國高陞號運兵船，方伯謙率濟遠艦臨陣逃脫。然而，《點石齋畫報》的圖畫報道卻是《海戰捷音》，畫面上是方伯謙的濟遠號開炮攻擊日艦，日艦急升清朝的龍旗和白旗乞降。畫上配長篇文字描述：

> 　　倭人不遵萬國公法，戰書未下，遽爾開兵，六月二十三日，見我濟遠鐵甲兵船駛至高麗海面，突出兵艦開炮轟擊我船。統領方君素嫻韜略，亦即開炮還擊，各兵亦奮勇爭先，第一炮將倭船之將台擊去，第二炮又將其船身擊穿一孔，炮火喧天，精神益奮，酣戰至四點鐘之久，倭水師提督殤焉。時濟遠船面等處稍有損傷，舵輪亦折，幸方君深嫻海戰，將輪捩轉，仍得行駛自如。船既轉，突開後面巨炮以擊倭船。倭船受傷更甚。倭兵官知不能敵，

圖 11.16：《點石齋畫報》的虛假報道《海戰捷音》。

急高掛龍旗乞降，並懸白旗以求免擊。其時方統領正在麾兵奪取此船，忽有
倭兵艦三號衝波而至，遂將此船救出，濟遠乃折回威海。所可惜者，同時廣
乙兵輪管駕林君督兵鏖戰，迨濟遠既去之後，船既擊損，猶能力敵倭兵艦四
艘，碎其一艘，傷三艘，卒以眾寡不敵，遂被擊沉，林君亦及於難。嗚呼，
其功不亦偉哉！

這種假新聞被日本抓住，成為國際笑柄。清廷原本可以藉此機會聯合英國打
擊日本，但日本伺機賄賂英國媒體，收買英國人為日本辯護。最後，變成了清廷

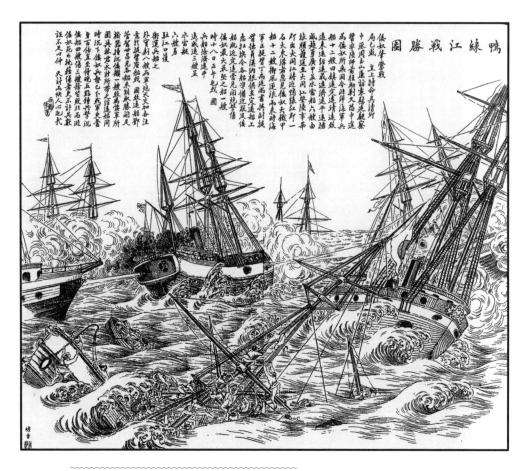

圖11.17：《點石齋畫報》的虛假報道《鴨綠江戰勝圖》。

無能、英國對高陞號被擊沉不再追問的結局。

在豐島海戰時，部分媒體刊發假新聞受到國際媒體嘲笑後，黃海大戰時一些媒體的報道實行的依然是自吹自擂套路。其中最為"經典"的假新聞是《點石齋畫報》的《鴨綠江戰勝圖》，畫面描繪的是黃海大戰中北洋海軍擊沉眾多日艦，日軍死屍枕藉、傷者更不計其數的場面。畫上配長篇文字敘述戰況及戰果：

> ……出大同江，將近鴨綠江，即一名大東溝者，忽見倭奴大鐵甲船
> 十二艘衝風逐浪而來。時海軍正提督丁禹廷尚書與副提督德員漢納根，俱在

定遠船上，急扯旗令各船準備迎敵。及倭船既近，定遠當先開炮，擊傷倭奴最大最堅之船一艘。時十八日正午也。我國兵船，除濟遠、平遠、威遠三艘，並水雷艇六艘，另駐江口護衛運兵船之外，實剩八艘。兩軍炮火交加，各注意於提督座船。我國致遠船鄧管駕世昌見各船未能取勝，開足機器撞沉倭艦一艘，致為倭軍所圍，與林君永升所帶之經遠船同時沉下。倭奴兵勢已分。我軍更奮勇百倍，直至傍晚五點鐘共擊沉倭船四艘，傷三艘，餘皆敗北而逃。倭奴死亡枕藉，傷者更不計其數，詎不足以伸天討而快人心也哉！

事實上，眾所周知，此役日軍沒有一艘戰艦沉沒，北洋艦隊被擊沉四艘戰艦。

反觀日本輿論宣傳。早在甲午開戰之前，日本已經是輿論先行，向世界宣傳朝鮮獨立論、義戰論，製造清朝威脅論、滿漢矛盾論，宣傳日本是在以文明消滅野蠻。日本還精心組織本國的宣傳力量，並請西方記者參與戰地報道。後世研究甲午海戰的許多照片，都是當時隨軍的日本記者和西方記者留下的。在甲午戰爭期間，清朝一般媒體的大量報道或重要媒體的報道，從形式到內容，再到其報導心態基本全部在日本人的掌握之中，這為日本營造了有利的國內與國際輿論氛圍。

值得一提的是，日本秘密高薪聘請了五十八歲的《東京時報》英文版美國高級編輯豪斯（John Willian Waterhouse），請他擔任甲午海戰公關宣傳的總策劃。豪斯久居日本，不僅是日本通，對歐美政治軍事更是非常熟悉。在其有計劃地包裝下，西方媒體對清朝與日本的形象塑造和報導，分別對應著野蠻與文明，並使國際輿論幾乎形成了有利於日本的"一邊倒"格局。

2014 年紀念甲午海戰雙甲子之際，萬國報館興趣小組出版了他們的研究成果《甲午——120 年前的西方媒體觀察》。這本書以第三方觀察角度，首次集中選取了收集了英國、法國、美國、俄羅斯、日本等國的十幾種報刊近三百個版面，展示西方媒體對於甲午海戰的關注和報道方向。

我們從這些報道資料可以發現，日本的輿論戰顯然取得了其預期效果：西方媒體大多站在日本一邊。如《紐約先驅報》認為，由日本主導改革是必須的，不能讓朝鮮再受野蠻中國的統治。再如，《舊金山檢查者報》甚至直接指責中國過分壓制朝鮮，讚揚日本是給朝鮮帶來活力。

日本對其國內的宣傳報道，也起到了很好的戰爭動員作用，使日本人參戰熱情高漲，自信滿滿，紛紛參軍。此時，清朝的民眾對這場戰爭則是另一種姿態，在百姓看來，國家是皇帝的國家，清朝是滿族人的清朝，亡與不亡，都與自己無多少關係。曾親歷這場戰爭的英國人泰萊（Tuler）感嘆："此役，非中國與日本戰，實李鴻章與日本戰，大多數中國人於戰事尚懵然無知也。"對於此戰，李鴻章也無限感慨，是"以北洋一隅之力，搏倭人全國之師"。

研究者指出，在甲午海戰中，無論是媒體宣傳、外交公關，還是國內外輿論管控，清日皆反差巨大。此戰之前，清朝與日本幾乎同時開始革新，日本開展了明治維新，清朝興起了洋務運動，但日本革新的是"體"，清朝革新唯"用"，結局很快見了分曉。

第十二章

清代，列強侵華

德佔膠州，
沒有戰役的佔領

甲午海戰敗，清朝不僅丟了台灣，而且引發了列強在華強租港灣、劃分"勢力範圍"的"熱潮"，天朝局面完全失控。

廣西"西林教案"時，清廷尚能與法國打上一仗，到了山東"巨野教案"時，清廷完全沒了血氣。"教案"發生十天後，即光緒二十三年（1897 年）11 月 14 日，德國艦隊佔領了膠州灣。

德軍佔領膠州灣與其他西方列強侵華不同，清、德兩國之間竟然沒有發生一場攻防之戰。由於是沒有打仗就丟了國土控制力，所以德軍佔領膠州灣事件，無法稱為"某某戰役"或"某某事變"。中國近代史家對其只好用"事件"一詞來定義。

光緒十二年（1886 年）3 月，出使德國的清朝使節許景澄上奏，提出"山東之膠州灣宜及時相度為海軍屯埠也"，此地"當南北洋之中，上顧旅順，下趨浙江……尤可為畿疆外蔽"。這應是中國最早的在膠州灣建軍港的建議。但李鴻章經過實地考察後，並沒有把它列為待建的海軍基地，而是提議在此設防，修築炮台。所以，光緒十七年（1891 年）光緒皇帝批准"膠澳設防"，登州鎮總兵章高元率部移駐膠澳。膠澳（今青島）海防由此建置。

至甲午海戰前，清軍在膠澳已營建鐵碼頭（現青島棧橋的前身）等設施。甲午海戰後，在總兵章高元四營繼續修築膠州灣炮台之際，兩夥不速之客也頻頻光顧這裏：光緒二十一年（1895 年），俄國太平洋艦隊取得在膠州灣的停泊權，時來停泊；接下來的兩年，德國遠東艦隊對膠州灣做了兩次秘密調查。兩股海上勢力都發現，膠州灣是停泊遠洋艦船的天然良港。

為此，德皇不得不親自出馬拜訪俄國沙皇。此時，沙皇也正想在中國北部另覓海港。兩個外國皇帝，在沒有知會清朝皇帝的情況下，私定：如果德國支持俄國佔領中國北方港口，俄國就不反對德國佔領膠州灣。德國接下來要做的事，就是尋個藉口進入膠州灣了。

光緒二十三年（1897 年）11 月 1 日，在魯西南巨野縣的磨盤張莊，發生了一起兩名德國傳教士被殺的事件。清廷說這是“強盜殺人”，也有人說是大刀會所為。11 月 7 日，正在漢口的德國駐華公使海靖（Hey King）照會總理衙門，告知“巨野教案”事，要求清廷“急速設法保護住山東德國人性命財產”，並“暫且先望設法嚴懲滋事之人，為德國人伸冤”。巨野知縣許廷瑞在縣內大肆搜捕，最終七人入罪，其中兩人被判死刑，五人被判無期徒刑。清廷雖採取了保教、“懲兇”等措施，試圖以此取得德國方面的諒解。但德國仍藉口“巨野教案”，悍然派兵艦侵佔膠州灣——“巨野教案”就這樣演變成“膠州灣事件”。

　　11 月 10 日，德皇威廉電令常駐上海吳淞口的德國遠東艦隊司令、海軍少將迪特里希（V. Diedrichs）啟航向膠州灣進發。這支艦隊由五艘軍艦組成：排水量四千三百噸的威廉王妃（Prinzess Wilhelm）號、排水量五千二百噸的鸕鶿（Cormorant）號、排水量七千六百五十噸的旗艦皇帝（Kaiserin Augusta）號和並未參加實際行動的排水量四千三百噸的伊倫娜（Irene）號、排水量兩千三百七十噸的阿克納（Arcona）號。

　　11 月 13 日下午，迪特里希委派幾個軍官和翻譯上岸拜會章高元，謊稱“借地演習，進行臨時休整，很快就會離開”。由於此前常有俄國艦隊前來暫泊，而且德國一直對華“友好”，又在“三國干涉還遼”事件中表現“公正”，這些因素令章高元麻痹大意——應允德艦在此臨時停泊。

　　11 月 14 日早晨，鸕鶿號放下幾艘小船，船上所載的一百餘名德國士兵，趁著未散的晨霧，一舉佔領了清軍後海營房和不遠處的火藥庫。收到鸕鶿號得手的消息後，迪特里希命令艦隊實施登陸。德軍士兵在棧橋西側登陸時，恰逢駐防清軍在上早操。兩軍相遇，出操的綠營兵們對全副武裝的德軍沒有絲毫的戒備，還競相跟德國人打招呼。德軍旋即搶佔制高點和沿海炮台，並包圍了總兵衙門和各處營房。中午，德軍向清軍發出照會，限其下午 3 時前全部撤退至女姑口和嶗山以外，只能攜帶步槍，以四十八小時為限，過此即當敵軍處理。中午 12 時 30 分，章高元的總兵旗從衙門前的竿頭落下。下午 2 時 30 分，停泊在海面的德艦鳴放二十一響禮炮，慶祝佔領成功。

　　德軍佔領膠州灣，不費一槍一炮。此時距“巨野教案”發生，僅僅十餘天。

　　德軍佔膠州灣後，公然在信號山上勒石紀念對此地的佔領。德國人稱其為迪特里希石刻。該石刻由碑座和碑體組成，共三塊碑文，係藉用山體的自然岩石雕

上｜圖 12.1：德軍佔領膠州灣後，公然在信號山上勒石紀念佔領。第一次世界大戰時，這一石刻被鏟除。

下｜圖 12.2：《德軍駐防青島圖》，此圖應是以此前"章高元駐防青島圖"為底本繪製，大約繪於 1902 年左右，由中國人繪製，德國人加註。

刻而成。主體用花崗石砌築，高約五米，寬約八米，碑面刻有德國鷹徽，碑文雕刻成上旋雙弧綫狀，上、左、右三邊均為花崗石碎石鑲邊，上書："他為皇帝，為帝國贏得了這片土地，這塊岩石以他的名字命名為馮·迪特里希石。"碑體下方碑座上刻有德文碑記，中譯為："1897 年 11 月 14 日，海軍將軍馮·迪特里希在這個地方佔領了膠州地區。"碑體下方右側，刻有中文碑記："伏維我大德國水師提督，棣君德利（即迪特里希）曾於光緒二十三年十月二十日，因在此處而據膠域之土地，凡我同僚實深敬佩。"第一次世界大戰時，這一石刻被鏟除。

1898 年 3 月，清德簽署《膠澳租借條約》。11 月，德國宣佈青島為自由港。次年，德國人以膠州灣出口的一個小島（今小青島）的名字，將此地命名為"青島市"，由德國海軍部直接管理，開始建設一座具有城市功能的海軍基地。

傳世的手繪畫作《德軍駐防青島圖》，基本反映了當時的膠澳建設與海防情況。其圖在中國山水畫式地圖上加註了德文，它應是以此前"章高元駐防青島圖"為底本繪製。圖中駐防德軍基本沿用了清軍駐防時所建的總兵衙門、炮台、兵營等，還有電報局等建築，但此時它們都被插上了德國海軍的十字鷹徽軍旗和德國的三色國旗。海灣中央最顯眼的是章高元於 1892 年督建的鐵碼頭（現棧橋的前身）和德國艦隊。圖中鐵碼頭西側是清軍未建完的團山炮台和西嶺炮台。圖右上方為青島山炮台（1899 年德國建），圖右下方的炮台應是匯泉角炮台。匯泉角炮台是 1902 年德國人所建。以此推測此圖大約繪製於 1902 年左右，由中國人繪製，德國人加註。

二

大沽要塞，
成了坐以待斃的"孤島"

在德軍佔領膠州灣後，山東等地興起義和團運動，豎起"殺洋人、滅贓官"和"扶清滅洋"等起義旗幟。光緒二十五年（1899 年），清廷下令嚴禁義和團，先後派出多批軍隊對其鎮壓，但義和團運動風起雲湧。

1900 年 2 月，山東高密民眾圍攻德國鐵路公司，破壞膠濟鐵路。3 月，英、法、美、德、意等國，不堪迅速升級的民教衝突，一方面聯合照會清廷，要求取締義和團；一方面在渤海集合各國海軍，準備"保教護民"。5 月底，在北京北堂（西什庫教堂，時為中國天主教總堂）主教樊國梁（Pierre Marie Alphonse Favier）建議下，英、俄、美、法、日、意等六國，從天津調派海軍及陸戰隊員四百人登岸，乘火車進入北京"衞護使館"。

在內外交困之際，慈禧太后聽信守舊大臣之言，想藉"刀槍不入"的義和團之力來排外，因此她承認義和團為合法組織。在清廷默許下，從 6 月 10 日起，義和團開始大舉進京勤王，到處殺害外國人及基督教徒，燒教堂、拆電綫、毀鐵路，並攻進天津租界。

6 月 10 日，北京使館對外通訊斷絕。各國駐天津領事及海軍將領召開會議後，決定組成聯軍，由英國東亞艦隊司令、海軍中將西摩爾（Edward Hobart Seymour）任聯軍司令（第二次鴉片戰爭中，此人曾參與英法聯軍侵華），率英、德、俄、法、美、日、意、奧等軍隊組成的八國聯軍兩千餘人乘火車自津赴京。

6 月 11 日，日本使館書記官杉山彬出永定門迎候西摩爾聯軍，在永定門外被剛調入京的甘軍所殺，開腹剖心。"庚子事變"由此點燃了戰爭的引信。

6 月 15 日，八國聯軍攻佔大沽口的軍事行動，先從大沽口背後的內河開始。此前，以護送商人為由，俄艦機略（Giliyak）號、美艦馬拉卡西（Monocacy）號、日艦亞打號、英艦灰丁（Whiting）號、發徽號等戰艦已進入海河內。

與此同時，日軍佔領了塘沽火車站，俄、法兩國軍隊已佔領軍糧城火車站。此時的大沽口要塞，已經沒有"後方"可言，成了一個坐以待斃的"孤島"。

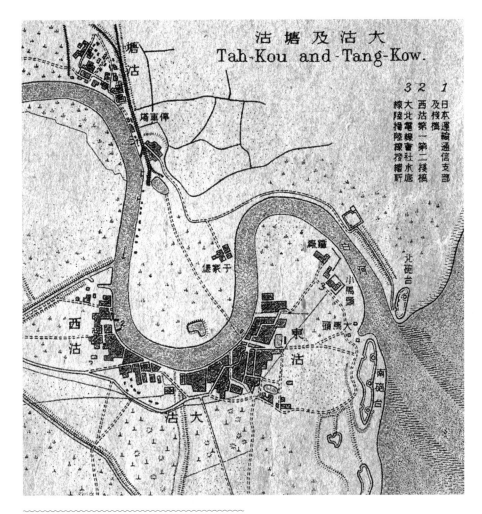

大沽及塘沽
Tah-Kou and Tang-Kow.

3 2 1
線陸揭陸接轄所　大北電線會社水底　西沽第一第二棧橋　日本運輸通信支部及棧橋

圖 12.3：日軍庚子之變時繪製的《大沽及塘沽地圖》。

　　6月16日，已進入海河內的英、日、俄、德、美、法、意等國海軍在大沽口炮台背後，佈下戰陣：俄國保布（Bobr）、稿烈（Koreets）、日愛利亞三艦組成三角隊形，靠向南岸炮台；德國伊爾提（Litis）斯巡洋艦為旗艦，與法國力量（Lion）號、英國亞爾舍林（Algerine）號排成一字縱隊，靠向北岸炮台；俄國巡洋艦機略號、日本亞打號、美國馬拉卡西號，緩緩駛入作戰水域；日艦笠置號、愛宕號和水雷艦豐橋號，包圍萬年橋清軍營盤，切斷南岸炮台的後援。此外，有多艘軍艦開往炮台火力射程之外停泊。基於如此周密佈置，聯軍在攻打大沽口之前，語氣十分強硬。當晚，聯軍向守軍將領、天津鎮總兵羅榮光發出最後通牒：限於第二天凌晨 2 時交出南北兩岸的五座炮台。六十七歲的總兵羅榮光，斷然拒絕了聯軍的無理要求。

第二次鴉片戰爭後，清廷曾對大沽炮台進行了修復和改建，至八國聯軍進犯前，南北兩岸共有四座炮台：主炮台在海河口南岸，安裝有多種火炮共約二十門；在海河口的北岸有北炮台，上有七十四門火炮；在北炮台的西北方向有一座新建炮台，安有多種火炮共約二十門；北炮台的西北還建有西北炮台，也安有二十門火炮。這些炮台上的火炮，大都是克虜伯、阿姆斯特朗式和國內仿製的武器，威力極大。但清廷萬萬沒有想到，大沽口最後迎擊的不是第二次鴉片戰爭的英軍、法軍或英法聯軍，而是規模空前的八國聯軍。

6 月 17 日零時 45 分，聯軍艦隊和陸軍對大沽炮台發起總攻，戰鬥打響。

聯軍十餘艘艦艇在探照燈的照耀下，用艦載大炮同時轟擊大沽口南北炮台。南岸三座炮台：在羅榮光的指揮下，發炮擊中俄國巡洋艦槁烈號，中彈的槁烈號轉舵逃走。接著，南岸炮台又發炮擊中俄艦機略號，引發其彈藥倉爆炸。北岸炮台方面，左營炮台在管帶封得勝的指揮下，擊中德艦伊爾提斯號，炸斷艦長蘭茨(Lans) 的一條腿，也擊中法艦力量號。聯軍在接連受挫之後，改變策略，轉而集中兵力，先攻北岸炮台。北岸左營彈藥庫被擊中，管帶封得勝陣亡，左營炮台和副左營炮台先後失陷。

擺脫了兩岸炮火夾擊的聯軍艦隊，隨後集中火力轟擊南岸炮台。佔領了北岸炮台的日軍，更是用北岸炮台的大炮，直接轟擊南岸炮台。南岸右營、副右營的彈藥庫先後被炸起火，主炮台的大炮只能打遠不能打近，無法攻擊已靠到炮台前的聯軍戰艦。上午 8 時前後，南岸炮台清軍向新城方向撤退。接下來，八國聯軍的進攻目標轉向內陸。

大沽口海戰是清朝海軍打的最後一場海戰，主戰場之戰只持續半天時間。

6 月 21 日，清廷以光緒皇帝的名義向列國宣戰，同時，懸賞捕殺洋人："殺一洋人賞五十兩，洋婦四十兩，洋孩三十兩。"但無論是義和團，還是清兵，此時皆兵敗如山倒。

7 月 14 日，天津失守。8 月 14 日，北京破城。

光緒二十七年 (1901 年)，清廷被迫與十一國簽訂喪權辱國的《辛丑條約》。

三

四艦被俘，
大清海軍最後一場海戰

　　光緒二十六年（1900 年）6 月 17 日零時 45 分，聯軍艦隊和陸軍向大沽口發起總攻時，英國灰丁號和發徽號兩艦冒著炮火，順海河深入，在靠近天津機器局的河邊發現了北洋水師剛剛接收的海龍、海犀、海青和海華四艘驅逐艦。英軍發現它們的時候，四艘軍艦正兩兩結隊，繫泊在一起，正在進行例行的修理保養。

　　英軍隨即抽調十三人組成小隊，乘坐舢板向這四艘軍艦發起突襲。事發突然，四艘軍艦來不及做出反應，官兵離船上岸，依靠岸上建築向英軍抵抗。英國海軍名譽（Fame）號艦長上尉羅傑·凱斯（Roger Keyes）在 6 月 17 日寫下一段日記："我們遇到了零星的抵抗，從岸上跑過來的清國水兵試圖破壞停靠在岸邊的驅逐艦，很多都被兩艘英艦射殺。"

　　清英交火過程中，海華艦管帶饒鳴衢陣亡，成為八國聯軍侵華戰爭中唯一一名作戰捐軀的清朝海軍軍官。短暫的交火後，北洋水師四艘驅逐艦全部被俘虜，經聯軍分配，海龍號歸於英國，海華號歸於俄國，海青號分給德國，海犀號歸法國。四國分別用自己國家的語言，將獲得的軍艦命名為"大沽"這一帶有羞辱性的名字。

　　早在光緒二十五年（1899 年）清廷開始重建北洋水師，清廷向德國訂購了海龍、海犀、海青和海華四艘驅逐艦（清廷的文書中將它們稱為"魚雷獵船"），該級艦最大的特點是航速快，達到了三十二節。1899 年的 6 月 9 日，這四艘驅逐艦全部抵達天津大沽口，成為北洋水師的主力組成。但是，想不到剛剛重拾了信心的北洋水師，就在大沽之役，遭此劫難。

　　一般認為，這四艘海龍級驅逐艦，因"未知開戰，故均未預備"，但據裕祿在戰後向清廷奏報的說法，當時大沽守將羅榮光曾"差人密約魚雷艇開炮協擊，詎該魚雷船始終並未援應"。

　　大沽之戰時，除了這四艘海龍級驅逐艦外，清朝水師的其他戰艦都沒在天

圖 12.4：這是北洋水師被俘的海青號，編入德國海軍後，艦首被德軍改為 "TAKU"（大沽）的艦名。

津，而是根據清廷的指示，"於北洋相近廟島、煙台一帶，常川巡哨，演練水操"。此時軍艦大多駐泊在山東沿海的廟島一帶。

當時海容艦因為要送統領葉祖珪到天津，當時他曾命海龍等四艘軍艦去山東歸隊，以避戰火，但未及成行戰事已開。海容艦也被大沽口外的聯軍艦隊圍困，經葉祖珪與聯軍多次交涉，才沒有像海龍號那樣被擄走。

戰時，山東巡撫袁世凱等督撫聯合起來搞了所謂的"東南互保"。由於擔心軍艦駐泊會招來八國聯軍的攻擊，袁世凱提議北洋艦隊的其餘艦隻南下到長江口停泊。對此，海天艦管帶劉冠雄率先響應，由此劉冠雄結交上了袁世凱。

當時兼任海圻艦管帶的北洋水師幫統薩鎮冰，則以未接到清廷正式命令為由，拒絕南下。海圻艦的幫帶大副謝葆璋的女兒冰心曾寫過一篇《記薩鎮冰先生》，其中一段回憶道：當時艦上官兵看到其他兵船南下，軍心很搖動，"艙面上萬聲嘈雜，不可制止，在父親竭力向大家勸說的時候，薩先生忽然拿把軍刀，從艙裏走出，喝說著：'有再說要南下的，就殺卻！'他素來慈藹，忽發威怒，大家無不失色驚散，海圻卒以泊定"。

6 月 28 日，八國聯軍艦隊中的美國戰列艦俄勒岡（Oregon）號在山東廟島附近觸礁擱淺。海圻號在薩鎮冰帶領下前往救援。在俄勒岡脫險後，美國國會曾致函清廷道謝，並向薩鎮冰頒授了一枚勳章。俄勒岡艦艦長阿爾伯特擔心山東也會變成聯軍和義和團等的戰區，也勸說薩鎮冰帶海圻號南下避禍。

這成為八國聯軍侵華過程中，發生在清朝海軍中的奇特一幕。

四

日俄旅順口海戰，
清廷保持"中立"

　　清廷與列強十一國簽訂喪權辱國的《辛丑條約》，並沒給清朝帶來持久的和平，相反，此後列強在華的利益衝突更加公開化。此前是清朝軍隊在本國海面反抗外來國艦隊，此後則成了外國軍隊在清朝沿海爭搶清國的地盤。

　　光緒二十三年（1897年），俄國艦隊佔領旅順口。庚子事變後，入侵清朝東北的俄軍準備長期駐紮東北……這一切，嚴重影響了日本在朝鮮和清朝的擴張。兩國角力，最終在旅順口引發戰爭。

　　旅順口位於遼東半島最南端，西有老虎尾，東有黃金山，這個天然的不凍良港原名"獅子口"。朱元璋登基第四年，也就是洪武四年（1371年），為保遼東安全，明朝廷派馬雲、葉旺兩將軍率部從山東半島跨海到遼東鎮守，船隊順風順水地到達"獅子口"，遂將此地改名為"旅順口"。旅順口在明代順風順水，但到晚清就不順了，十年之內經歷兩場海上戰爭，甲午海戰硝煙剛散，日俄海戰炮聲又起。

　　在俄、德、法三國"干涉還遼"成功後，俄國以"還遼"有功為藉口，於光緒二十二年（1896年）與清廷簽訂了共同防禦日本的《中俄密約》。第二年年底，俄國擅自派艦隊闖入旅順口（此前一個月，德國強佔了青島），幾個月後便迫使清廷與之簽訂了《中俄旅大租地條約》，強行"租借"了旅順、大連及其附近海域。

　　當時，俄國人將旅順港稱為"阿瑟港"（Port Arthur），因為在第二次鴉片戰爭期間，一艘英國炮艦在此停泊，因艦長叫威廉·阿瑟。從此，殖民者的海圖上便以"阿瑟港"之名標註旅順口。

　　《辛丑條約》之後，在遠東問題上，列強形成了兩大集團：一個是法俄同盟，德國在遠東則支持俄國；一個是英日同盟，以美國為後盾。日本有了英美的支持，一邊與俄國談判，一邊加緊備戰。日本在朝鮮、中國東北地區的權利訴求，最終沒能得到已經在中國東北修築了"東清鐵路"和"南滿鐵路"的俄國認可。

　1904 年 2 月 6 日，日本正式與俄國斷交，明治天皇密令日本艦隊即刻開赴黃海，想以一貫的突襲手法，先殲滅俄太平洋艦隊，奪取制海權。俄太平洋艦隊分駐旅順港和海參崴港，兩個分艦隊共擁有六十餘艘戰艦，多數戰艦停泊在旅順；日本聯合艦隊共有戰艦八十艘。俄國總兵力雖然超過日本，但在遠東戰場，俄國實力則遜於日本。

　2 月 8 日，恰好是東正教的 "聖燭節"。這天上午，日本利用英國汽船駛進旅順口，日本駐旅順領事心領神會迅速立即撤僑。知道日俄談判破裂的俄國旅順總督阿列克塞耶夫（Evgeni Ivanovitch Alexeiff），對日本撤僑一事視而不見，而在旅順的俄國太平洋艦隊司令斯塔爾克（O. B. Starke）中將，則一心準備 "聖燭節" 和夫人的生日晚會，完全不知日本聯合艦隊正分頭靠向俄國太平洋艦隊：一

圖 12.5：《俄太平洋艦隊的旗艦彼得羅巴甫洛夫斯克號觸雷沉沒》，這幅海戰畫刊於 1904 年出版的法國畫報上，報道了 4 月 18 日彼得羅巴甫洛夫斯克號觸雷沉沒，造成包括太平洋分艦隊司令斯捷潘·馬卡羅夫海軍中將在內的六百多名官兵死亡的戰事。

支由三艘驅逐艦組成的先遣隊，開往旅順口；一支由八艘驅逐艦組成的編隊，開往大連；還有一支艦艇編隊，開往朝鮮仁川。

2月8日夜裏，日軍八艘驅逐艦計劃在大連灣襲擊俄國太平洋艦隊旅順分艦隊，但沒能找到目標，不得不撤回長山。另一支開往旅順口的日本魚雷艇隊，在次日零時前後，悄悄靠近旅順口外側俄艦外錨地（旅順港內港較狹窄，水淺，大型戰艦只能在漲潮時出入內港），近距離發射了十六枚魚雷，重創停在外錨地的俄國戰列艦列特維贊（Retvizan）號、策薩列維奇（Tse sarevich）號（又名皇太子號）和巡洋艦帕拉達（Pallada）號。這一天，開赴朝鮮西海岸的日本艦隊，在仁川港偷襲了俄國巡洋艦瓦良格（Varyag）號和炮艦高麗人（Korietz）號，兩艘俄艦被迫在港內自沉。

日本就這樣以不宣而戰的方式，揭開了日俄戰爭的序幕。

此後的一個月，日本艦隊幾次試圖封死旅順口，均未成功。雙方在旅順港外都制定了相應的水雷封鎖戰術，日俄都有戰艦觸雷沉沒。4月18日，俄太平洋艦隊的旗艦彼得羅巴甫洛夫斯克（Petropavlovsk）號觸雷沉沒，造成包括太平洋分艦隊司令斯捷潘・馬卡羅夫（Stepan OsipOvitch Makarov）海軍中將在內的六百多名官兵死亡。此戰令俄軍失去爭取黃海制海權的自信心。

8月7日，日軍對旅順口發動大規模進攻，首次攻佔了要塞外圍前沿制高點——大孤山和小孤山。日本陸軍開始以攻城炮攻擊旅順港口，猛烈的炮火導致俄國旅順分艦隊有被全殲之虞。沙皇得知此情況後，命令俄國太平洋艦隊旅順分艦隊“迅速突圍，駛往海參崴”。

8月10日，由維佐弗特（Vithoft）少將任指揮官的俄國旅順分艦隊，沿前一天清掃的航道，以一路縱隊出旅順港突圍。這支有二十四艘戰艦的艦隊，包括戰列艦六艘：旗艦皇太子號、列特維贊號、塞瓦斯托波爾（Sevastopol）號、波爾塔瓦（Poltava）號、佩列斯維特（Peresviet）號、勝利（Pobeda）號，有阿斯科利德號（Askold）等四艘巡洋艦，有十四艘驅逐艦，外加一艘醫院船。

日本聯合艦隊第一艦隊的指揮官東鄉平八郎大將，早料到俄艦隊會在炮擊下逃出旅順口，故親率戰列艦三笠號（旗艦）、敷島號、富士號、朝日號四艘；裝甲巡洋艦春日號、日進號兩艘；巡洋艦八艘；驅逐艦十八艘；魚雷艇三十艘，在山東半島外的黃海海面實施封鎖。

這天中午，從旅順口突圍的俄國艦隊與日本艦隊在黃海相遇。這是日俄戰爭

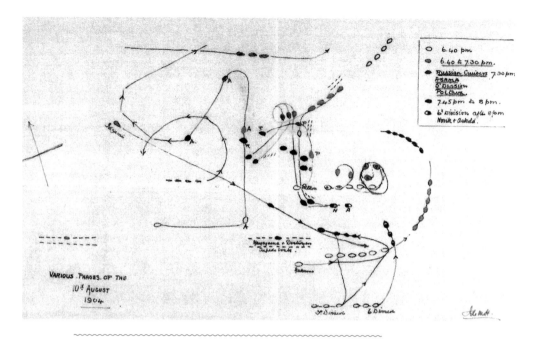

圖 12.6：《1904 年 8 月 10 日黃海戰局變化圖》表現了俄國艦隊出逃旅順口，在黃海海戰中第二次與日軍交火。此圖繪於 1904 年，作者為英國人哈金森。

期間兩國艦隊第一次正面遭遇。日艦隊為保持與俄國艦隊的接觸，與俄艦隊相向而行。下午 1 時前後，雙方距離接近到 4.5 海里時，雙方開始第一次交火。戰鬥中，俄艦隊不斷轉向，脫離了與日艦隊的炮火接觸，向東南方向突圍。這樣雙方打到下午 4 時 30 分，俄國艦隊跑到了山東半島成山角一帶，但仍沒衝出日本艦隊包圍圈。

英國人哈金森繪製的《1904 年 8 月 10 日黃海戰局變化圖》，表現了雙方在這場海戰中的第二次交火，也是最後時刻。哈金森是英國海軍上校，被任命為臨時大使館海軍武官，有可能是這場戰役的目擊者。他註明 “機密” 的日誌，包括這幅交戰時繪製的戰局變化圖，後來交給了英國海軍部（該圖現藏於英國海軍部圖書館手稿收藏室）。

下午 5 時 30 分，俄艦隊集中打擊日艦隊旗艦三笠號，但對其造成的損害不大；日本艦隊也集中打擊俄國旗艦皇太子號。下午 6 時 40 分，皇太子號被炮彈擊中艦橋，指揮官維佐弗特少將當場陣亡，俄艦隊失去了指揮，無法保持戰鬥隊形，不再與搶佔"T"字一橫的"有利陣位"（這樣敵艦只有首艦可以發炮，其餘被擋在首艦後面）的日本艦隊進行對抗，四散而逃。最後，除了旗艦皇太子號以及兩艘巡洋艦和四艘驅逐艦逃到青島和上海等中立地區外，俄艦隊的其他五艘戰列艦和大部分戰艦都敗退回旅順港，俄艦隊的突圍行動，宣告失敗。

在俄艦隊旅順分艦隊無奈地退回旅順口之時，俄艦隊海參崴分艦隊趕到了日朝之間的海峽，準備接應旅順分艦隊，但等待三天沒能等到。8 月 14 日，卻等到已"恭候多時"的日本第二艦隊，日俄艦隊在朝鮮蔚山一側激戰四個小時，損失慘重的俄艦隊海參崴分艦隊撤回至海參崴基地。俄艦隊旅順分艦隊撤回旅順後，也再沒有嘗試突圍，戰艦上的火炮都被拆下而安裝在陸上陣地，水兵也被編進陸軍守備部隊，全力抵抗從陸上進攻旅順的日軍。

從光緒二十三年（1897 年）強佔旅順之後，俄國即開始實施以長期霸佔為目的的城市和海防建設，歷時七年修築旅順要塞，共建堡壘五十二個，設大炮六百四十門，派駐守軍四萬餘人，號稱東方第一要塞。這個要塞系統，除旅順港口西犄角上的老虎尾炮台，和東犄角黃金山的高炮台和低炮台（即電岩炮台）等沿海炮台外，還有在旅順城的東邊構築了一系列要塞，用以防禦地面部隊攻城。這條防綫以二龍山炮台為中心要塞，東有東雞冠山要塞，西有松樹山要塞，盤龍山有前進炮台。

日本人為了奪取旅順口，組建了第三軍，由乃木希典指揮。第三軍於 6 月 26 日發起進攻，戰鬥打打停停，又經歷了換掉乃木希典，由兒玉原太郎指揮，終於在 12 月 5 日，佔領了可俯瞰和炮擊整個旅順軍港的 203 高地，逼迫旅順口守軍於 1905 年 1 月 2 日，簽署了投降書。

旅順口之戰持續了三百二十九天。俄國太平洋艦隊旅順分艦隊戰艦皆被擊毀，全軍覆沒。日軍則付出了五萬官兵傷亡的代價。

值得一提的是，甲午海戰中被俘虜的清軍濟遠、平遠兩艘軍艦，以及北洋艦隊的死敵吉野號，皆隨日本聯合艦隊參加了日俄旅順口海戰，三艘軍艦最終都觸雷沉沒在旅順海域。

五

日德青島攻圍戰，
"航母"首次應用於實戰

光緒三十年（1904 年），日本打著"驅逐俄軍"、"維護東亞和平"的旗號，對俄宣戰，最終取代俄國佔領中國遼東。如果再拿下膠東，日本就可以控制中國東部沿海地區，但膠東在光緒二十四年（1898 年）已被德國強佔，所以，日本一直在尋找日德開戰，奪取膠東的機會。

宣統三年（1911 年）10 月 10 日，武昌起義爆發，1912 年元旦，孫中山就任中華民國臨時大總統，清朝終結，民國初立，之後軍閥混戰，中國一片亂局。

1914 年 7 月 28 日，第一次世界大戰在歐洲爆發。8 月 1 日，德國對俄、法兩國宣戰。8 月 4 日，英國對德宣戰。8 月 7 日，英國正式要求盟友日本派海軍打擊在中國海面襲擊英國商船的德國偽裝巡洋艦。日本終於等到了挑戰德國的機會。

8 月 23 日，日本打出"恢復東亞和平"、"維護英日同盟的利益"的旗號，向德國宣戰。次日，日本海軍封鎖了膠州灣出海口，要求德國將膠州灣租借地無條件地交付日本，以備將來"交還"中國（刻意製造"並無佔領土地野心"的假象）。德國雖然在歐洲戰場上焦頭爛額，但也不甘心把青島交給日本。於是，青島成為日德的戰場，也是第一次世界大戰中唯一的亞洲戰場。

當時，在青島的德國正式軍人有五千人，加上從鐵路等其他機構徵調人員，守軍共湊出一萬多人；日軍投入的兵力則是德軍的五倍，並且能就近從日本旅順、大連和日本九州的軍港發兵，補給源源不斷。

青島一役，日本首先搶佔的是制海權。

日軍為奪取制海權，動用了三支艦隊參戰：第一艦隊負責東海及黃海，保護日本運輸船隻；第二艦為戰鬥主力，隊負責封鎖和攻打膠州灣；第三艦隊負責上海以南、香港以北的海上警戒，解除敵對船隻武裝。其中，第二艦隊由三艘戰列艦、兩艘重巡洋艦、五艘輕巡洋艦組成。同時，英國派出兩艘戰艦配合日軍海上作戰。

圖 12.7：世界首次應用於實戰的日本 "航母" 若宮丸。有趣的是它誕生時，還沒有 "航母" 這個詞。

　　特別要說明的是，在日德之戰中，日本不僅搶佔了制海權，還同時搶得了制空權。在這場戰爭中，第二艦隊專門配備了一艘水上飛機母艦——日本由此成為世界上最早使用 "原始航母" 作戰的國家。

　　雖然，日本是剛剛崛起的亞洲強國，但在軍事上卻勇於 "趕英超美"。1911年，美國在經過改裝的巡洋艦上試飛並降落飛機成功。日本緊隨其後，第二年即建立了海軍水上飛機基地。在 "一戰" 爆發僅半個月，日本即將在日俄戰爭中繳獲的排水量七千七百噸的俄國貨輪若宮丸進行 "船載飛機" 改裝。

　　9 月 1 日，在日本對德宣戰後不到十天，完成改裝的若宮丸就趕到了青島海域。這艘 "準航母" 可載四架飛機，但它所載的飛機並不是從甲板起飛的飛機，而是只能從海面起飛和在海面降落的法爾曼水上飛機，完成任務後由船上搭載的吊臂將其吊到船上。這就是世界首次應用於實戰的日本 "航母"，有趣的是，它誕生時還沒有 "航母" 這個詞。

　　9 月 5 日，若宮丸派出一架水上飛機，對青島進行高空偵察：德國遠東艦隊

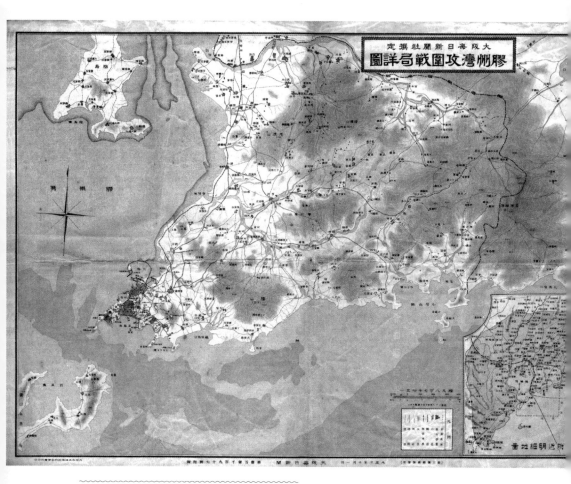

圖 12.8：《膠州灣攻圍戰局詳圖》1914 年在日本發行，
標註了日本、德國在膠東半島的戰事情況、戰略部署，
圖縱 39 厘米，橫 54 厘米，彩色印刷。

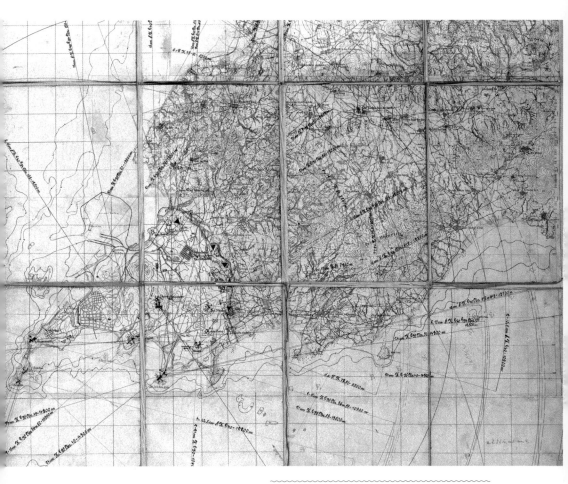

圖 12.9：《膠澳租借地德軍佈防圖》大約繪於 1908 年，
圖中橙色綫條標註了老城陸地邊界綫的五個炮台，在海
岸一綫設有匯泉角、團島、台西鎮等炮台，以及城中央
太平山和青島山炮台。圖面佈滿炮台射程與火力交叉
綫，一派固若金湯的防衛體系。

主力——六艘巡洋艦已在日軍合圍青島前離開青島，港內只有奧匈帝國的五千噸級舊式巡洋艦伊莉莎白女皇（Queen Elizabeth）號、S-90 號水雷艇、美洲虎（Jaguar）號炮艇（曾參加八國聯軍侵華）、伊爾蒂斯（Iitis）號炮艇及其他小型雜船。這架水上飛機完成空中偵察任務後，"順便"對德國軍事設施進行了轟炸——這是世界海戰史上第一次艦載飛機的實戰轟炸。

此時，德軍在青島只有一架飛機，無法與日本參戰的九架飛機展開真正的空中格鬥。德國海軍無法應對來自日軍的海上與空中打擊。德國 S-90 號水雷艇的最大戰績，是先後擊沉日本二等巡洋艦高千穗號，擊傷英國驅逐艦凱旋（Triumph）號，最後擱淺自沉。所以，日德海軍基本沒有發生大規模的海上作戰，青島爭奪戰主要在陸地要塞間展開。

膠州灣是一個伸入內陸的半封閉性海灣，青島位於膠州灣的東犄角上，三面環海。德國人在青島海岸建立了多層海防工事，構成海陸兼備的堡壘體系。1914年日本出版的《青島要塞攻防概見圖》勾勒了日軍攻打青島要塞的全過程。

日德開戰後，在海岸一綫，日本戰列艦丹后號（原俄軍波爾塔瓦號戰列艦，旅順口一役被日軍俘獲，歸日本海軍，改名丹后號，為一等戰艦）、英國凱旋號巡洋艦等不斷炮擊匯泉灣炮台，但德國有射程十公里的兩百八十毫米和兩百四十毫米口徑的克虜伯加農炮組成的火力網，使日軍無法正面登陸青島。

一幅德國人大約繪製於 1908 年的《膠澳租借地德軍佈防圖》表明，德國早就料到會有開戰的這一天，所以早早就系統地構築了堅固的要塞。圖中用橙色綫條標註了德軍在青島老城陸地邊界綫修築的炮台，由南至北：靠南部海岸的小湛山南炮台，然後是沿伸至內陸的小湛山北炮台、中央炮台、台東鎮堡壘和靠膠州灣的海岸炮台，五座炮台連成封堵陸路進攻的封鎖綫。在海岸一綫，從東至西為，匯泉角炮台（大炮都是 1900 年從大沽口掠奪的克虜伯大炮）、團島炮台、台西鎮炮台（原為清軍的西嶺炮台），後兩座炮台處在膠州灣的東犄角尖上，守衛著膠州灣入口。在青島城中央的兩個制高點上，有能發炮至海面的大炮台，一是太平山上的南北炮台，德稱伊爾奇斯炮台；一是青島山上的南北炮台，德稱俾斯麥炮台。圖上佈滿了炮台的射程與火力交叉綫，一派固若金湯的海防體系。

從 9 月 3 日至 23 日，日英聯軍在青島側後方的龍口、小嶗山灣、浮山所口一綫登陸。日軍登陸後，即搶佔制高點，9 月 28 日，打下"浮山（福山）"。佔領這個海拔三百八十三米的浮山第二高峰，即可俯瞰整個青島。此後，日軍從圖的右側一步步向左側推進，圍攻青島，德軍的孤山、樓山、羅圈澗、浮山等外圍陣地陸續被突破。

10月，日英聯軍開始向青島東北部德軍以五座炮台連成的堡壘綫發起全面攻擊。但德軍堡壘堅固，防守嚴密，加上連日大雨，整個10月份，未讓日軍前進一步。10月31日，是日本大正天皇的生日，日軍選擇此日向青島德軍發起總攻。

11月7日凌晨，日軍突擊隊趁德軍極度疲憊之機，偷襲其中央堡壘。經過激烈肉搏之後，中央堡壘陷落。日軍由中央突破口順勢前後夾擊兩邊的堡壘，先後攻陷南邊的湛山和北邊台東鎮等堡壘。德軍的浮山所灣、湛山、亢家莊、海泊河堡壘綫全綫崩潰。孤立於城中的伊爾奇斯諸炮台和火力強大的俾斯麥炮台，也沒能堅守多久。11月7日，德軍在信號山懸掛白旗投降。

德軍早已料定守不住青島，一邊抵抗，一邊毀掉武器裝備。9月28日，先自沉了伊爾蒂斯號、猞猁（Luchs）號、鸕鷀號（德國佔領青島時的戰艦之一）；10月17日，S-90號水雷艇成功偷襲日艦後，自沉；11月3日，又自沉了巡洋艦伊莉莎白女皇號、炮艇美洲虎號（曾參加八國聯軍侵華）。11月7日，德軍在青島的唯一戰機成功飛出戰區，在江蘇海州迫降，飛行員將飛機焚毀後，逃回德國。

是役，德軍戰死數百人，被俘四千餘人；日軍死亡一千餘人。經過兩個多月的戰鬥，青島又落入日本殖民者手中。

第十三章

清代，創建船政與重建海軍

設立船政，
創建第一支近代化艦隊

中國近代海軍的發展大致分為四個階段：第一階段是草創時期（1860 年—1874 年），以創辦江南製造局和船政為標誌，清朝造出最初的國產軍艦，興辦海軍教育機構；第二階段是南北洋佈局時期（1874 年—1885 年），從國外訂購的軍艦陸續到位；第三階段是海軍成軍時期（1885 年—1895 年），清朝成立海軍衙門，統籌全國海軍事務，北洋海軍正式成軍；最後一個階段是海軍重建到辛亥革命時期（1895 年—1911 年），清朝海軍最後成為走向革命的新軍。

咸豐十年（1860 年），總理各國事務衙門成立。在多位督撫的倡議下，清廷於同治元年（1862 年）準備從國外購進一支艦隊。清廷通過時任清朝總稅務司的英人李泰國向英國訂購軍艦。次年，七艘艦船由英海軍上校阿思本帶到中國，甚至在英國報刊上公佈了清朝海軍軍旗的設計方案。但清英雙方因艦隊的指揮權問題爭執不下，清廷決定遣散該艦隊，第一支引進艦隊，胎死腹中。

此後，清廷對設廠造船和籌辦海軍有所重視。太平天國佔領的南京被清軍攻陷後，曾國藩便把安慶內軍械所由安慶遷到南京，輪船的研製也移往南京而繼續進行。一年後，即同治四年（1865 年），徐壽等人自行研製的中國第一艘蒸汽輪船終於全功告成。同年，李鴻章在上海創辦江南機器製造總局，又稱江南製造局。江南製造局是洋務派舉辦最早的、新式的、先進的、標誌性的一個機器製造工廠，但該局以生產槍炮為主，輪船軍艦只是兼造。

同治五年（1866 年），時任閩浙總督左宗棠鑒於"自海上用兵以來，泰西各國火輪兵船直達天津，藩籬竟成虛設，星馳飆舉，無足當之"的狀況，提出"整理水師"和"設局監造輪船"的建議，同時提出，在福州馬尾設立船政，造艦育才，籌建海軍。1866 年的 11 月 19 日，清廷根據已調任陝甘總督的左宗棠奏薦，啟用原江西巡撫沈葆楨為首任船政大臣，聘請法國人日意格、德克碑（Paul Alexandre Neveue d'Aiguebelle）統籌建設工作，並簽訂了一個五年計劃。

1866 年 12 月 23 日，船政正式破土動工。

圖 13.1：同治八年（1869 年），船政造出第一艘木殼蒸汽兵船萬年青號，它是中國造船業從木帆船到現代輪船轉型的標誌。這是 1868 年 1 月 18 日萬年青號正式鋪設龍骨的場景。

　　同治八年（1869 年）初夏，船政造出第一艘千噸級木殼蒸汽兵船萬年青號，該船長 76.16 米，寬 8.9 米，吃水 4 米，排水量 1450 噸，航速 12 節，火炮 6 尊，用銀 16.3 萬兩。從同治八年到同治十三年（1869 年—1874 年），船政共造出了十五艘兵船，有關艦船分佈在天津、牛莊、澎湖、廈門、福州等沿海防綫。

　　同時，船政還設製造學堂，以法語教學，主要培養艦船製造工程師；設駕駛學堂，以英語授課，包括駕駛和管輪專業，培養海軍軍官。另外，設立專門培養技術工人的藝圃。船政早期的優秀畢業生，均送往國外留學，以便能夠學習世界最先進的世界艦船技術。

　　同治十年（1871 年），船政通過自造軍艦組建了中國第一支近代化艦隊——船政水師。三年後，也就是同治十三年（1874 年），日本藉口"牡丹社事件"發兵侵入台灣。清廷派沈葆楨為欽差大臣，辦理台灣等處海防兼理各國事務。沈葆楨命船政水師揚武、福星、靖遠、振威等艦往來台灣和大陸運送兵員和軍火。雖然此次清日未發生海戰，但船政水師首次出兵，還是給日軍造成極大的心理威懾。

　　船政作為清朝第一個專門負責近代化艦船建造、管理、指揮等海防建設及人
才教育的國家機構，共建造各類軍艦四十餘艘，佔這一時期全國造船總量的百
分之八十二。其畢業生以及建造的軍艦，日後參加了甲申馬江海戰和甲午清日海
戰、清末收復東沙島、巡視西沙群島以及後來的抗日戰爭等眾多歷史事件，可謂
"中國近代海軍的搖籃"。

二

創建北、南、粵
"三洋" 水師

早在同治六年（1867年）年底，時任江蘇布政使的丁日昌就通過湖廣總督李鴻章，附呈了關於創設"三洋提督"的條陳，即建立北洋提督（駐大沽，直隸、盛京、山東各海口屬之）、中洋提督（駐吳淞，江蘇、浙江海口屬之）、南洋提督（駐廈門，福建、廣東各海口屬之）。因此，丁日昌也被後世稱為晚清海軍最早的"設計師"。

同治十三年（1874年）發生的"牡丹社事件"，令清廷大為震動，"海防"呼聲首次壓過"塞防"。清廷與日本簽訂《北京專條》的第五天（1874年11月5日），總理衙門呈上切籌海防的奏摺，提出練兵、簡器、造船、籌餉、用人、持久等六條緊要機宜，請飭沿海、濱江督撫詳細籌議。

這一次，丁日昌又通過廣東巡撫張兆棟代為遞上"擬海洋水師"章程六條，再次提出"三洋提督"主張，提出建立北洋、東洋、南洋三支海洋水師，三支海洋水師各設大兵船六艘，根鉢輪船十艘，每半年會操一次，使"三洋聯為一氣"。總理衙門奏請將丁日昌所擬章程發交沿海、濱江督撫，彙入總理衙門籌辦海防的奏摺，限督撫們一個月內妥議覆奏。沿海、濱江督撫的覆奏，大多對總理衙門提要的六條切籌海防建議和丁日昌提出的"擬海洋水師"章程表示贊同。

又經親王、郡王會同大學士、六部、九卿的"廷議"，光緒元年（1875年），清廷終於確立加強海防與建立海軍之國策，任命直隸總督李鴻章和兩江總督沈葆楨分別督辦北洋、南洋海防事宜。

第一次海防大籌議的直接成果，就是決定創建北洋水師。

光緒二年（1876年）冬天，在英國訂造的兩艘炮艇龍驤、虎威率先駛抵天津大沽，李鴻章親自前往驗收，船政學堂優秀畢業生張成、丘寶仁分任兩艦管帶。第二年夏天，飛霆、策電兩炮艇從英國抵達中國。這四艘炮艇的管帶也進行了重新任命，由鄧世昌、李和、丘寶仁、吳夢良四人分任。這四艘炮艇構成北洋水師最初的戰鬥力量。

圖 13.4：李鴻章奏准任命原淮軍將領丁汝昌為北洋水師統領。此為 1881 年率領官兵赴英國接受超勇和揚威艦期間，丁汝昌在英國拍攝的照片。

光緒五年（1879 年），李鴻章在天津設水師營務處，辦理北洋海軍事務。兩年後，李鴻章奏准任命原淮軍將領丁汝昌為北洋水師統領，北洋水師正式成型。

中法馬江海戰，令清廷第一支"國產"船政艦隊全軍覆沒，近代海軍建設顯得更加急迫。在船政水師覆沒的第二年（1885 年），清廷即發佈上諭：

> 自海上有事以來，法國恃其船堅炮利，橫行無忌。我之籌畫備禦，亦嘗開設船廠，創立水師，而造船不堅，製器不備，選將不精，籌費不廣。上年法人尋釁，迭次開仗，陸路各軍屢獲大勝，尚能張我軍威；如果水師得力，互相援應，何至處處牽掣。當此事定之時，懲前毖後，自以大治水師為主。

李鴻章、左宗棠等沿海各省督撫再一次就海防籌議展開討論。這是清廷第二次海防大籌議。經過此次大籌議，清廷做了三個重要決定：成立海軍衙門，委派醇親王奕譞總理海軍事務，所有沿海水師悉歸海軍衙門節制調遣，並責成李鴻章專司精練北洋海軍事宜；確立了"三洋佈局，北洋為重"的海防格局；設立台灣行省。

光緒十四年（1888 年），《北洋海軍章程》正式頒發頒行，標誌著北洋海軍正式成軍，丁汝昌正式就任北洋海軍提督，成為中國近代海軍第一位"司令"。

特別值得一提的是，《北洋海軍章程》參考了西方國家的海軍章程，對船艦等級、人員編制及升擢事宜、俸餉雜支等作了具體規定，開了軍制近化改革之先河。

北洋海軍不只是一支軍隊，還包括環渤海灣建立的旅順口、威海衛、大沽口三大基地和海防要塞，計劃中本是一個進可攻、退可守的軍事建制。

南洋水師創建於光緒元年（1875年）。這一年，做了八九年船政大臣的沈葆楨升任兩江總督兼南洋通商大臣，主持南洋海防。南洋水師部分將領來自船政，基本上是船政的班底。初建時期的南洋水師，基本上是一支"國產"艦隊。沈葆楨在已購買江南製造總局建造的惠吉、威靖、海安、馭遠等戰艦的基礎上，又借調船政建造的元凱、登瀛州等艦艇。蔣超英、何心川、葉富等少部分管帶也是船政學堂的畢業生。

南洋水師的防區主要是江浙一帶海面，沈葆楨先是借船政建造的靖遠艦駐防金陵，借超武艦調往浙江，然後奏請由江南提督李朝斌為南洋外海兵輪統領。水師主要基地設在上海吳淞口。

光緒五年（1879年），沈葆楨病逝。左宗棠、曾國荃、劉坤一等先後繼任兩江總督，南洋水師便一直由湘系控制。雖然，南洋水師共有大小艦船二十多艘，也有少量艦隻購自國外，但僅備巡防之用，未能和北洋海軍一樣正式成軍。

南洋水師似乎沒有什麼光彩戰績，在清法馬江海戰中，南洋水師曾派船南下援助，但由於帶隊將領怯敵，導致任務失敗。清日甲午海戰中，朝堂上也一度討論調用南洋水師軍艦北上，但由於南洋水師軍艦老舊以及人才匱乏，未能成行。北洋海軍在甲午戰爭中覆沒後，南洋水師的開濟、南琛、南瑞等艦船一度調防北洋。

宣統元年（1909年），清廷將南、北洋各艦改編為巡洋艦隊和長江艦隊。南洋水師退出歷史舞台。

廣東水師原為綠營廣東水師，最早成立於康熙三年（1664年）。在近代海軍興起後，廣東水師很快順應風潮，開始改良舊式艦隊。同治五年至七年（1866年—1868年），當時兩廣總督瑞麟向英國、法國購入了六艘蒸汽火炮艦船，用於巡海、緝私、捕盜。

光緒十年（1884年），張之洞署任兩廣總督後，廣東水師先向船政先訂購了一艘無防護巡洋艦廣甲號，又追加了廣乙、廣丙兩艘魚雷巡洋艦和炮艦廣庚。廣乙艦管帶林國祥、廣丙艦管帶程璧光等將領，也是船政學堂畢業生。

甲午海戰爭期間，廣甲、廣乙、廣丙北上和北洋海軍一起參加了清日海戰。甲午海戰後，林國祥等將領重回廣東水師，伏波、琛航等一批船政老舊船隻經過修整後調入廣東。雖然宣統元年全國海軍力量被整編為巡洋艦隊和長江艦隊，但廣東水師作為獨立建制一直存在，設有水師提督一職，直到辛亥革命後清王朝終結。

在購入新型西洋軍艦的同時，清廷開始在全國多地興建水師學堂。

圖 13.5：在德國訂購的飛鷹魚雷快艦有著標誌性的四根煙囪，此艦航速 22 節，排水量 850 噸。這是 1895 年飛鷹艦回國途中與英國海軍相遇互相升旗致意，艦船首升黃龍旗，主桅升英國旗。李鴻章給此類快速船起名 "飛" 字號。

　　光緒六年（1880 年）李鴻章奏請在天津設立水師學堂，次年正式落成。天津水師學堂開辦了二十年，為北洋海軍培養了大批人才。李鴻章曾奏報："臣於天津創設水師學堂，將以開北方風氣之先，立中國兵船之本。"

　　光緒十三年（1887 年），時任兩廣總督張之洞在廣州黃埔創設廣東水陸師學堂，甲午海戰後更名為廣東黃埔水師學堂。1921 年 12 月該校因經費問題停辦，招生至第十八期。黃埔水師學堂自開辦起，共畢業駕駛班學生十名、管輪班學生一百九十八名。

　　光緒十五年（1889 年），北洋海軍提督奏請在劉公島設立威海水師學堂，至甲午海戰敗，該學堂僅培養一屆畢業生共四十六人。

　　光緒十六年（1890 年），江南水師學堂在南京開設，其畢業生被送往日本或英國留學，此後幾經變革，直到 1949 年成為中國人民解放軍華東軍區海軍學校。

　　清朝的近代海軍建設，不僅是一場抵抗外辱的自強運動，還開啟了晚清的西學風氣，推動了思想啟蒙；除了培養了大批的海軍人才，還由此誕生了一批外交家、翻譯家等。同時，隨著近代海軍的建設，也推動了造船、電報、鐵路、西醫等眾多新興行業在中國落地，促進了科技與工業發展，奠定了中國近代化的基礎。

三

建立海軍部，
各洋海軍合為一軍

甲午海戰敗後，光緒二十一年（1895 年）清廷下令裁撤海軍衙門，撤銷北洋海軍編制。幸存的北洋海軍將領，因北洋海軍失事，"暫行革職，聽候查辦"。然而，失去海防力量的清廷，還是需要應對新的海防危機。第二年，總理衙門又奏請，重整海軍，籌辦戰船。

此後幾年，列強紛紛侵佔中國港口，德國強佔膠州灣，俄國控制旅順和大連，英國選中威海衛，法國看上廣州灣（今湛江），連二等強國意大利都覬覦浙江三門灣（位於寧波和溫州之間）……清廷不得不加快重振海軍的步伐，被暫行革職的北洋海軍將領陸續得到起用。

隨著甲午海戰爭期間李鴻章在國外訂購的數艘艦船陸續交付，北洋水師得以重建，到光緒二十四年（1898 年），清廷從國外購買各種艦船達到二十三艘。光緒二十五年（1899 年）春天，光緒皇帝召見前北洋海軍副將葉祖珪、參將薩鎮冰，開復他們的革職處分，命他們統領和幫統新購各艦，統領衙門設在天津紫竹林——清廷正式恢復北洋水師。

總理衙門大臣裕祿在光緒二十五年五月二十九日（1899 年 7 月 6 日）向清廷上奏："查北洋重整海軍，經總理衙門訂購德廠海容、海籌、海琛三快船，海龍、海犀、海青、海華四雷艇，均已先後接收；又定購英廠海天、海圻兩快船，現已將次到津。合之舊有飛鷹、飛霆兩雷艇，通濟、復濟兩練船，北洋水師規模粗具。"光緒二十九年（1903 年），清廷同意在煙台設立海軍學校，原北洋海軍來遠艦駕駛二副謝葆璋為創校校長。

由於原北洋海軍實缺已裁汰，重建後的北洋水師的官缺只能向南洋、舊式廣東水師借用，所以，光緒二十九年（1903 年），實授葉祖珪為溫州鎮總兵、薩鎮冰為南澳鎮總兵。光緒三十年（1904 年）又授葉祖珪為廣東水師提督，但人仍留在北洋差遣。光緒三十一年（1905 年）葉祖珪卒於上海軍次，年僅五十三歲。薩鎮冰接任，繼續未竟的海軍事業。

圖 13.6：清末重建海軍時購入的最大軍艦之一海天艦。

　　光緒三十二年（1906 年），南洋大臣周馥奏，請將南北洋海軍合為一軍，以便切實整頓。次年，清新軍練兵處提調姚錫光提出方案，請將當時殘破不堪的北洋、南洋、廣東、福建四支海軍，統一整編為巡洋艦隊和長江艦隊兩支艦隊，並設立統一的海軍指揮機構。同年，清廷在陸軍部內設海軍處，下設機要、船政、運籌三個司。

　　晚清海軍的基本架構算是基本完成了。

　　光緒三十四年（1908 年）11 月 14 日，三十七歲的光緒皇帝去世。第二天，挾制光緒皇帝幾乎一生的慈禧太后也撒手西去。溥儀登基，成為清朝第十二位皇帝，次年改元"宣統"，這是中國封建王朝最後一個年號。

　　宣統元年（1909 年），清廷任命原北洋海軍廣丙艦管帶程璧光為巡洋艦隊統領，任命原北洋海軍定遠艦大副沈壽坤為長江艦隊統領，分別負責沿海和長江防務，同時，成立籌辦海軍事務處，"著派郡王銜貝勒載洵、提督薩鎮冰充籌辦海軍大臣"。載洵的父親正是老醇親王奕譞，算是子承父業。

　　這年秋天，載洵、薩鎮冰出訪歐洲，他們走訪了意大利、奧匈帝國、德國、英國。第二年，兩人又率團走訪美國和日本。幾乎每到一個國家，他們都要訂購軍艦：在意大利訂造了鯨波號炮艦，在奧匈帝國訂造了龍湍號驅逐艦，在德國訂

造同安號等四艘魚雷艇和江鯤號等兩艘炮艇，在英國訂造了肇和號、應瑞號巡洋艦兩艘；在美國訂造飛鴻號巡洋艦，在日本訂造永豐號、永翔號炮艦……如此分散的購艦方式，被後世學者戲稱為"天女散花"。但載洵真正的目的是要購買原型艦，然後在國內進行仿製。

載洵一行考察時，特意關注了西方的海軍陸戰隊，並上奏朝廷："查英國有海軍警備隊之制，平時保衛本國海疆，以補陸軍所不逮；戰時佔據要地，以助海軍之進攻；而整飭艦隊紀律等事，亦歸管理。中國從前辦理海軍，尚缺此項制度，現擬採用其制。"不久之後，清政府即在山東煙台組建了中國第一支海軍警衛隊。

根據這次考察，又擬定了全新的軍銜制度，和國際全面接軌——三等九級的軍銜制，載洵在奏摺中明確要求官名要"冠以'海軍'字樣"。此後，海軍大臣旗、正督統旗等長官旗式、各級軍官章服標誌也陸續制定。

宣統二年（1910 年），清廷改籌辦海軍事務處為海軍部，各項機構設置、制度編列都參照英國。海軍部由載洵任海軍大臣。海軍提督薩鎮冰"統制巡洋、長江艦隊"，設司令部於上海高昌廟，薩鎮冰也成為首任"海軍總司令"。至此，整編後的清朝海軍終於有了統一的海軍指揮機構和海軍司令部。

自甲午海戰敗到辛亥革命爆發的十六年間，清廷（包括廣東等地督撫）外購大小艦艇近五十艘，同時還有一批國內船廠建造的少量國產艦船。

至辛亥革命前，全國軍艦經過整理，巡洋艦隊有十五艘戰艦，總噸位有 1.8 萬噸；長江艦隊有十七艘艦艇，總噸位有 1.5 萬噸。僅從噸位上來說，英國 1906 年下水的無畏號戰列艦，其標準排水量已達到 1.8 萬噸。而對於承擔著"甲午"、"庚子"兩項巨額賠款的清廷來說，能使海軍得以穩步發展，已經是勉為其難了。

四

清朝海軍軍服、
軍旗及軍歌

　　作為中國第一個完全採用近代化軍事制度、訓練方式，武器裝備的軍種，清朝海軍在甲午海戰後重建時，在軍服、軍旗以及軍歌等設計上，完全與西方海軍接軌。

　　清初，綠營兵已經成為常備軍的主力，軍服由兵部統一撥發，樣式統一，俗稱“號衣”。此時的清軍水師官兵之穿著與普通綠營兵，並無不同。

　　同治七年（1868 年），船政建設了清朝第一支近代化艦隊，其水師官兵服裝顏色與陸軍服裝顏色相同，衣服的補內書寫“××輪船”字樣，作為水兵與陸軍的區分標誌，但它還不是正規海軍軍服。

　　光緒八年（1882 年）夏，為了辨等級、壯觀瞻，由時任北洋水師統領丁汝昌組織人員，設計了中國第一部海軍服裝規範：《北洋水師號衣圖說》。這部號衣圖說詳細規定了北洋水師官兵的軍服樣式和著裝制度，將軍服分成官弁、洋槍隊、水手夫役等三大類，每類又分為春秋冬季和夏季制服兩種，對於軍官還有關於禮服的規定。

　　這部軍服的設計規範參考了西方軍服的設計理念，在款式上仍然屬中式風格，採用了對襟式的設計。同時，按照西方海軍規制，北洋水師軍服在袖口標識軍銜方式，以區別不同崗位和軍官的級別。例如槍炮官的符號是方天畫戟，醫官符號是靈芝壽桃、蝙蝠，帆纜官符號為中國結，文案符號是毛筆、宣紙等。

　　光緒十四年（1888 年），北洋海軍正式成軍。在《北洋海軍章程》中，列有專門的冠服規範，可以視為是對 1882 年軍服樣式的修訂和補充。其中，關於軍官服的部分，《北洋海軍章程》規定，軍官平時穿著行裝，在慶祝皇帝、太后生日的萬壽聖節，以及元旦、冬至等時令節慶，應穿著禮服，如果剛好節慶時因公在岸，則和岸上官員一樣，穿著朝服。從當時留存的照片以及相關文字記載看，當時北洋海軍在艦服務時的常服，已經出現了藍色軍官服和白色馬褲的組合，即西方海軍中標準的半白服搭配法。

北洋海軍成軍後另一項制度化的標誌，是對軍銜標識的明確。對此，北洋海軍水兵的一份口述資料可供參考。這位名叫苗秀山（1873 年—1962 年）的北洋海軍水兵，在 1961 年 10 月 13 日接受甲午戰爭史學者戚其章先生採訪時稱：“當官的都穿青紗馬褂，邊上帶雲字，級別以袖口上分：炮手是一條金色龍；管帶、大副、二副都是二龍戲珠，但珠子顏色不同，管帶的珠子是紅色的，大副的珠子是藍色的，二副的珠子是金色的。”

光緒十七年（1891 年），在北洋海軍訪問日本時，日本東京《朝日新聞》曾對北洋海軍的形象有過報道：“軍官依然穿著綢緞的服裝，只是袖口像洋人一樣飾有金色的條紋……尤其水兵的服裝，……幾乎無異於普通人，只是在草帽和上衣上縫有艦名，才看出他是一個水兵。”

北洋海軍中的洋員沒有專門的規範。如曾任北洋海軍總查的琅威理，其軍服仍是自己國家的海軍制服，僅在袖口處自己國家的軍銜之上，加上了他在北洋海軍獲得的軍銜符號。又如北洋海軍鎮遠艦的美國教習馬吉芬，則直接穿著北洋海軍的制服，這套軍服由他的後人捐給了香港海事博物館，成為了解北洋海軍軍服的重要實物。

宣統元年（1909 年），清廷重建海軍，光緒皇帝的幼弟、二十四歲的載洵被任命為籌辦海軍大臣，按照國際慣例正式啟用了海軍軍官軍銜等級制，軍銜等級依據新式陸軍的三等九級軍銜制，分為海軍正都統、海軍副都統、海軍協都統（分別相當於上將、中將、少將），海軍正參領、海軍副參領、海軍協參領（分別相當於上校、中校、少校），海軍正軍校、海軍副軍校、海軍協軍校（分別相當於上尉、中尉、少尉），另有一級相當於準尉的額外軍官。

這一年，有過海外考察經歷的載洵上奏，“擬定海軍長官旗式及軍官章服標誌”，並呈上《海軍旗式及章服圖說》。此時的清朝海軍軍服完全摒棄了中式元素，採用西方軍服款式。

軍官服分為常服、禮服和立領大禮服三種服制，採用西式銅質紐扣。軍官服依照春秋冬季以及夏季分為兩種，分別著全黑制服、全白制服。這是中國首次使用白色軍服。

大禮服樣式與燕尾服相似，雙排扣，袖口有表示級別的寬邊金綫，還有金綫鎖邊的肩章。大禮服帽為拿破崙式三角帽。大禮服袖口以不同標識表明軍官的級別，都統為一道龍形粗槓，上方按正、副、協三級分別綴有三、二、一條金龍

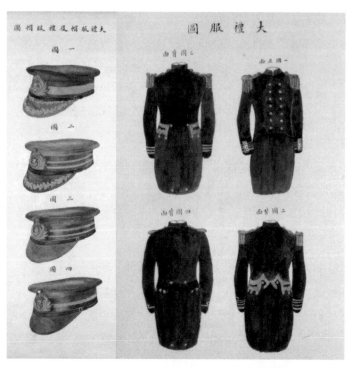

上｜圖 13.8：清末重建海軍後，制定的海軍大禮服，軍衣軍帽圖式。

下｜圖 13.9：清末重建海軍後，制定的正兵目之臂章圖式。

圖形；參領按正、副、協三級分別綴有三、二、一條金龍圖形；軍校按正、副、協三級分別綴有三、二、一條銀龍圖形。

水兵服前方為"Ｖ"字領，袖口繡兩道白綫，軍褲為筒形。春冬兩季為深藍色，夏季為白色。水兵軍帽分冬帽、夏帽，冬帽是無檐大頂帽，帽後端有飄帶，帽牆上用金綫繡有"大清××軍艦"字樣。夏帽為黃色帶藍邊的平頂大草帽，草帽上紮著寫有艦名的布條。此時清朝海軍在服裝上，已經完全與國際海軍接軌。等到程璧光率船出訪歐洲時，清朝海軍官兵將腦後的辮子剪掉，則意味著官兵們不僅在服飾上，而且在思想上開始轉變為現代軍人，這也可以解釋為什麼在辛亥革命發生時，清朝海軍是全軍唯一起義的軍種。

清朝在進行現代海軍建設時，創設了專門的海軍旗幟。

近代海軍因國際交往與戰事需要，將海軍軍旗分為：艦尾旗、艦首旗、長旒旗、各級主官旗和通信旗等。海軍旗通行的掛旗方式為：航行時掛於桅杆斜桁，如果是雙桅杆則掛於後桅杆斜桁，停泊時則掛於船尾旗杆。因此，海軍軍旗也被稱為艦尾旗。艦首旗是懸掛在軍艦艦首旗杆上的一種海軍專用旗。長旒旗是一種懸掛在軍艦桅杆上、尾端分叉的長條旗，是表示在役的海軍專用旗，又稱服役旗。主官旗也被稱為將旗，一般懸掛在艦艇的主桅杆頂端，表明有相應職務、級別的主官在艦上。掛主官旗的艦艇，也就是編隊的旗艦。此外，還有天后旗（長方形紅底黑字，書"天上聖母"四字），於農曆每月十五日或媽祖祭日懸掛。

光緒十四年（1888年），《北洋海軍章程》獲准頒行，其中對於"國旗"作出專門規定："按西洋各國，有國旗、兵船旗、商船旗之別。……大致旗式以方長為貴，斜長次之。""今中國兵商各船日益加增，時與各國交接，自應重定旗式，以崇體制。應將兵船國旗改為長方式，照舊黃色，中畫青色飛龍。"由此清朝的國旗和北洋海軍的軍旗樣式正式確立，長方形青龍旗取代了之前的三角黃龍旗。這面國旗的圖案為"黃底青龍戲紅珠圖"。

光緒十五年（1889年），天津軍械局完成了清朝國旗的設計樣稿和營造法則，文獻記載了四種國旗的尺寸：頭號橫長一丈五尺六寸，直寬一丈六尺五分；二號橫長一丈三尺九寸，直寬九尺五寸；三號橫長一丈一尺五寸，直寬七尺六寸；四號橫長九尺六寸，直寬六尺三寸。旗為羽紗質地，正黃色。

關於北洋海軍主官旗，《北洋海軍章程》第十三章《將旗》中也作了規定："提督用五色長方旗；諸將用三色長方旗；旗之上角，各飾以錨形。"不久之後，北洋海軍的提督旗就換成團龍五色旗。

1890年12月31日，北洋海軍提督丁汝昌曾致函時任南洋海軍統領吳安康："查敝軍團龍五色旗，當奏定章程時曾知照各國，為海軍提督專用旗幟，昭昭在人耳目，未便別有通融。至南洋縱不俟奏設海軍提督，擬相效用未始不可。然必須南洋大臣諮明總理衙門，通行各國再行張掛，方足以以昭慎重。不然，漫無知覺，體制紛更，既紊外觀，必滋疑議。"

丁汝昌寫這封信的背景是，當時團龍五色旗被南洋水師濫用。從丁汝昌的這封信函來看，團龍五色旗為海軍提督專用旗幟，且已經諮明總理衙門，並已知照各國。

北洋海軍最後一次懸掛軍旗是光緒二十一年（1895年）2月17日。甲午海

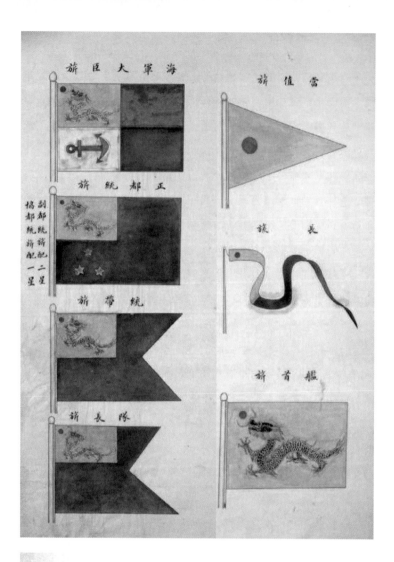

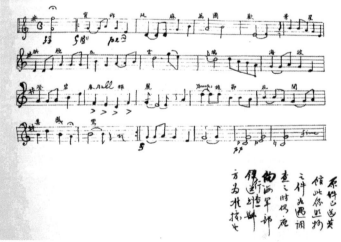

上｜圖 13.10：清末重建海軍
後，制定的海軍大臣旗、正
都統旗、統帶旗、隊長旗、
當值旗、旒旗、艦首旗圖式。
下｜圖 13.11：清末海軍軍歌
曲譜檔案。

三
七
〇

中國古代海戰史

戰中清軍戰敗，日軍進入劉公島，日本聯合艦隊司令伊東祐亨命令解除武裝的康濟艦交還中國，用其載運丁汝昌等殉難將領的靈柩。寒風苦雨，一面青龍黃旗低垂在康濟艦的艦尾旗杆上。

清末重建海軍時，也重新創製了海軍軍旗，旗面仍為長方形，但黃底青龍移至左上角，海軍軍官旗幟以錨和星等元素加以區別。《海軍旗式及章服圖說》中，有專門的海軍長官旗式圖說，包括海軍大臣旗、正副都統旗、協都統旗、統帶旗、隊長旗、當值旗、長旒、艦首旗等旗的樣式，均詳繪其圖案，並註明質地、尺寸、長寬比例等。海軍是清朝軍隊近代化的第一軍，也是旗幟制度國際化的第一軍。

清末重建海軍時，另一項重要舉措是在宣統三年（1911 年），首次制定了海軍軍歌。

光緒三十四年五月十一日（1908 年 6 月 9 日），英國駐華公使朱爾典（John Newell Jordon）致函清朝外務部，告知英國海軍部擬出版各國國家樂章，請將清朝樂章樂譜開示轉覆。七月初二日（7 月 29 日），載洵和薩鎮冰回覆外務部，海軍樂章樂譜未經奏定，未便抄送英國。

宣統三年（1911 年），因為巡洋艦隊統領程璧光要率領海圻艦到英國參加英王的加冕典禮，因此海軍部在 1911 年 5 月通過外務部把程璧光以及海圻艦管帶官銜名並海軍樂章詞譜，送達英國外交部。光緒三十二年（1906 年），清朝成立陸軍部，曾譜製一首陸軍軍歌《頌龍旗》，並用這首軍歌權代國歌。在英國檔案中這份珍貴的檔案保存了下來，這首海軍軍歌的歌詞是一首七言絕句：

> 寶祚延庥萬國歡，景星拱極五雲端。
> 海波澄碧春輝麗，旌節花間集鳳鸞。

在這份檔案上，除了歌詞和五綫譜，還有一段手寫備註文字："原件已送英館，此係照抄之件，如遇調查之時，仍應向海軍部行查……" 從字體對比來看，這一段文字極有可能出自薩鎮冰之手。

相比已經國際化的軍服、軍旗制度，這首軍歌的歌詞仍然具有著濃厚的中式風格。如今人們雖然無法知道這首軍歌的作者，但詞中所表達的靖海衛國的壯志豪情，是中國一代海軍人的最大願望。

五

宣示海權，
嚇退意大利，收復東沙巡西沙

　　清末重建海軍後，對外未再發生大規模海戰，卻發生了幾段海上交涉的“小插曲”，顯示了清廷新海軍的獨特存在，也是近代中國海軍少有的“不戰而屈人之兵”的戰例。

　　第一件是趕走來清朝“租借”港口的意大利軍艦。

　　光緒二十五年（1899 年），看到俄、德等列強紛紛在中國沿海“租借”良港，1861 年才完成國家統一的意大利，竟然也向清廷提出“租借”浙江三門灣（位於寧波和溫州之間），甚至遞交了“哀的美敦書”（最後通牒）。這個歐洲二流國家派出了馬可波羅（Marco Polo）號等三艘軍艦來到中國東南沿海，向清廷進行武力施壓。

　　此時，清廷從英國定購的海天號等巡洋艦已經抵達國內。這是清末海軍噸位最大的軍艦，僅次於甲午海戰前的定遠級戰艦。此時的清朝海軍實力已超過意大利遠東艦隊，於是，清廷以強硬姿態拒絕了意大利的無理要求。在軍事和外交的雙重壓力下，意大利放棄了對三門灣的“租借”要求。

　　不久，海圻艦抵達天津，這艘巡洋艦標準排水量 4300 噸，航速 24 節，裝備兩門 203 毫米口徑主炮，十門 120 毫米（4.7 英寸）口徑速射炮，十二門 47 毫米口徑副炮，四門 37 毫米口徑機關炮，五具魚雷發射管。海圻、海天兩艘姊妹巡洋艦成為清末重建海軍的重要柱石，猶如當年的定遠艦和鎮遠艦。此間，意大利軍艦在中國沿海一帶伺機下手，但面對強勢的清朝海軍，最終不得不離開。這是自馬江、甲午慘敗之後，清朝海軍面對西方列強的第一次勝利。

　　第二件是“看管”俄國軍艦。

　　光緒三十年（1904 年），日本和俄國在中國的東北開戰，清廷宣佈“中立”。海容號等主要軍艦長期駐紮在煙台，以作策應。

　　8 月 11 日，俄國軍艦剛毅（Ryeshitelni）號從旅順突圍，駛入山東半島煙台港。率領海容、海圻等三艘軍艦駐泊在此的薩鎮冰，立即派員登艦查問。經過交涉，俄國軍艦向清朝海軍投降，並簽署不再參與戰事的保證狀，拆卸艦上所有武器交清朝海軍。但在 12 日，日方仍強行將已向清朝海軍投降的剛毅號拖走，薩鎮冰雖曾試圖阻攔，但日方卻置之不理。

8 月 12 日，亞斯科德（Askold）號、暴風雨（Grozovoi）號兩艘俄艦從旅順逃入上海吳淞口。兩艦自恃武備較強，拒絕向清軍投降。後經交涉，兩艦降下國旗，向清軍繳械，近千名俄國官兵被看管在上海。

11 月 16 日上午，俄國驅逐艦別斯頓洛浦涅號攜帶信件從旅順突圍到煙台，在信件交送俄國領事後，將軍艦自沉。艦上官兵被清軍海容艦運到上海。

1905 年 1 月 2 日上午，在俄軍決定向日軍投降後，又有四艘俄國驅逐艦及一些小汽艇，從旅順逃至煙台。海容艦於 1 月 6 日從上海趕到煙台，將俄艦艇解除武裝並實施看管。

1905 年初，因俄國第二太平洋艦隊將趕到遠東海域，海圻、海容、海籌以及海琛四艘軍艦被派往上海，看守在此的俄國軍艦。

5 月 26 日，俄國第二太平洋艦隊的六艘運輸船闖入吳淞口，被海容艦等攔截看管。第二天，對馬海戰爆發，俄艦隊大敗，一艘驅逐艦和一艘運輸艦再次闖入吳淞口，均被中國軍艦解除武裝並看押。

直到日俄簽訂合約，局勢穩定後，被羈押在上海的俄國海軍官兵和艦船才被全部釋放。這也是清朝海軍首次在西方列強之爭中，顯示了自己實力和存在。

第三件是收復東沙島。

光緒三十三年九月初五日（1907 年 10 月 11 日），清朝外務部致電兩廣總督張人駿，告知其港澳附近與美屬小呂宋群島（今馬尼拉）連界之間有一荒島，被日商西澤吉次糾合眾人於本年七月初登岸，建設宿舍，高懸日旗，改島名為 “西澤島”，命名暗礁為 “西澤暗礁”，將其據為己有。外務部認為 “該島為我屬地”，命張人駿詳細查明該島舊係何名、有無圖籍可考。

此前，對於清朝外務部得知日人佔據東沙島，有兩種說法：一是端方訪聞說，“清光緒三十三年，日本商人西澤吉次佔據東沙島事，為兩江總督、南洋大臣端方訪聞，報告於外務部。” 此說載於 1928 年陳天賜編著的《西沙島東沙島成案彙編》。二是廣東水師提督李準發現說，“光緒三十三年春，余乘伏波艦巡洋至其地，遠望有旭日之旗高飄，不勝驚訝，以為此吾國之領海，何來日本之國旗，即下令定碇，乘舢板登岸。” 這段文字見於 1933 年見諸報端的《李準巡海記》。

事實上，這兩種説法均有訛誤之處。台北"中央研究院"近代史研究所藏有晚清外務部關於東沙島的一冊專檔，時間起自光緒三十三年九月至宣統元年十二月（1907 年 10 月—1910 年 1 月），全冊檔案共五十四件，為外務部與各方就東沙島事商討的來往電文，以及外務部説帖一份。

通讀此冊檔案可知，最先得知日人佔據東沙島消息的是清朝外務部，而外務部是從報紙上注意到這一消息的。1907 年 9 月 20 日，《申報》刊發一篇報道《日本發見太平洋新島》，該文正是光緒三十三年九月初五日外務部發給時任兩廣總督張人駿電文的信息來源。從其他資料來看，《申報》的資訊來源為日本報紙。這一事件的來龍去脈應該是：日人西澤吉次非法佔據東沙島——日本媒體報道——《申報》編譯報道（或國內其他媒體也有編譯報道）——外務部注意到——電告兩廣總督、兩江總督。

由此開始，外務部、兩廣總督張人駿、兩江總督兼南洋大臣端方、總理南北洋海軍兼廣東水師提督薩鎮冰等地方督撫要員對此展開調查……

1907 年 11 月 3 日，端方致電張人駿稱，駐寧日領事告知島嶼的確切位置："實在台灣之西南，香港之東南，距香港一百七十餘海里，並舉其經緯度及英文名稱，按其所言考之，即係前準貴省資送廣雅書局所印新譯《中國江海險要圖志》（英國海軍海圖官局編，侯官陳壽彭譯）內之蒲拉他士島，一名蒲冕他士島，為廣東雜澳第十三，在北緯二十度四十二分，東經一百一十六度四十三分，距香港一百七十海里"。早在日本人踏上廣東圖中已明確描繪的東沙島之前，因1866年英國人蒲拉他士的船被風吹到了東沙島，英國官方在繪製南海海圖時，就將此島命名為"蒲拉他士島"。端方強調"《中國江海險要圖志》，即係英國官局原本，彼既列諸中國海內，其非我之私言"，提議由外務部"據此圖志照會英、日，宣佈此島為中國屬島"。

東沙島的具體位置和名稱確定了，可是"日人已踞其地，若貿然派船往查，中外言語不通，恐生枝節，不可不慎，應先將憑據考核切實"。於是，查找記載東沙島的史籍、誌書，成為清日交涉前的關鍵環節。此後，張人駿、端方等人反覆檢閱公牘、史書，都沒有發現太多有關該島主權歸屬的證據。

1908年9月，駐廣州英國總領事傅夏禮函達粵省洋務委員溫宗堯，問及可否設立燈塔，謬稱"該島是否中國屬島，中國政府有無宣佈明文"。

英國人介入東沙島，並未引起大的波瀾，反而促使清政府繼續調查取證。張人駿告知外務部與端方，他認為"英領現函明知係我屬地境，竟欲在該島設燈，似係意存嘗試"，"請午帥派員前往探明"。調查日商佔領東沙島之事，直接由張人駿負責，南洋大臣提供艦船。

經過一年多廣泛搜討，查證史書，尋找證據工作終於有了成果。

宣統元年（1909年）閏二月，張人駿方面查到，光緒五年（1879年）前後由王之春編成、光緒十七年（1891年）由廣雅書局刊刻的《國朝柔遠記》附圖二十二頁載"其島土名東沙，固嘗載在《柔遠記》舊書。按圖內列該島於甲子、遮浪之間，證之英國海圖，部位相當，唯方向遠近，未能如該圖之準確"，並隨信附上《國朝柔遠記》一部及第六冊《圖志》第二十二頁以供查核備案。三月二十三日，端方進一步查證，並告知張人駿："東沙一島，頃欽發陳君慶年來言，渠見《藝海珠塵》史部地理類中有陳倫炯所著《海國聞見錄》載有是島，與英人金約翰《海道圖說》所載形勢相合。西人之來此島探測據金書始於嘉慶十八年（1813年），而倫炯是書成於雍正八年（1730年），有此足為我屬之確據。"確認西澤島即為廣東一帶漁民習慣稱呼的"東沙島"，也被西人稱為"蒲拉他士島"。

有了歷史文獻的證明，剩下的事就是如何收復了。由於東沙島距離廣東較遠，中日交涉需備得力軍艦，要從南洋大臣處調撥。總理南北洋海軍兼廣東水師提督薩鎮冰派黃鍾瑛管帶率飛鷹號到廣東，以供調遣。飛鷹號是甲午海戰期間李鴻章在德國伏爾鏗船廠訂購的一艘魚雷炮艦，排水量 850 噸，航速可達 22 節。

宣統元年（1909 年）3 月，飛鷹號由香港開赴東沙島。黃鍾瑛率人對東沙島進行了初步調查。根據飛鷹號的報告："該島粵名東沙，沿海居民尚能道之。該處現多台灣人，真正日人不多。船弁操英語均素不解，僅藉閩語粗詢大略。"同時，報告中還指出："該處舊有天后廟，已被彼滅跡。"

隨後，張人駿根據此次調查結果，又派人進行了第二次詳細調查。前後兩次調查，詳細了解了日商西澤吉次對東沙島的侵佔情況，還有清朝沿海漁民對日商的數份控訴。其中最珍貴的是調查人員拍下的當時東沙島的八幅照片，它們成為研究中國南海海防歷史的珍貴文獻。

經兩年多反覆交涉，最終清日雙方達成協議：清朝收買日商西澤吉次在島上的物業，西澤吉次則賠償其所損毀的島上廟宇以及漁戶等的損失，還要補交稅款。經過計算，最終廣東方面實給日商龍毫銀十三萬元。

宣統元年十月初七日（1909 年 11 月 19 日），清日雙方將島上物業點驗清楚，清廷東沙島收復手續完成。

第四件事是巡視西沙。

在與日方交涉收復東沙島的同時，兩廣總督張人駿還命廣東水師完成對西沙群島的巡視和勘察。宣統元年閏二月初三日（1909 年 3 月 24 日），兩廣總督

圖 13.13：台灣檔案機構藏的照片資料"前往接收東沙島的清朝官員。"從左至右疑似為：吳敬榮、林國祥、王仁棠。

張人駿在發給外務部的電報中，提到"查該島向名東沙，與附近瓊島之西沙對舉"。這是官方文獻首次出現將該片群島以"西沙"稱呼。兩天後，張人駿給外務部的電報中再次提到："現既查明，（東沙島）距粵海界甚近，且有瓊海西沙島對待之稱，西沙島現已派員，仍借用海關輪船往查。"

這次率隊前往西沙勘察的是廣東水師副將吳敬榮。這是中國官方第一次專門針對西沙全島的巡視，"勘得該島共有十五處，內分西七島、東八島"。

張人駿認為："（西沙）其地居瓊崖東南，適當歐洲來華之要衝，為南洋第一重門戶。若任其荒而不治，非唯地利之棄，甚為可惜，亦非所以重領土而保海權。"

宣統元年（1909 年）5 月，在吳敬榮勘察的基礎上，張人駿設立西沙島籌辦處，調直隸熱河道王秉恩、補用道李哲浚為總辦，會同籌劃開發該島事宜。王秉恩在當月開始辦公。

籌辦處設立後，王秉恩等即籌備前往西沙島復勘事宜，制定了辦理大綱十條。這十條依次是：測繪各島；勘定各島；採取分化研究；修築鹽漏試曬；察驗土性，以備種植；同往查勘員役工匠各項人等；製辦目前應用各項器物；同行人員、連同僕從工匠等；酌帶木泥工匠等；復勘擬派輪船等。

宣統元年四月初一日（1909 年 5 月 19 日），前往西沙群島復勘的船隊從廣州出發。勘察隊由廣東水師提督李準帶隊，加上港商以及各項工人，達一百七十餘人。這是中國海權史上極具重要意義的一次航行。

由於遭遇颱風，勘察船隊在榆林港避風十天。廣金艦由於船況較差，被遣回廣州，後續行程由琛航、伏波兩艦完成。李準雖然為此行的最高將領，但航海總指揮由林國祥擔任，也許是一種巧合，在馬江海戰前，林國祥曾先後擔任伏波、琛航兩艦的管帶。

由於天氣原因，此次僅登陸三四座島嶼，未能將西沙群島的島嶼全部勘察，其餘島嶼多為瞭望，再與所攜帶的西方海圖等著述材料比對核實。

此後，籌備處根據此次考察，對西沙群島的十五座島嶼的名字進行了草擬，其中伏波、琛航、廣金三島是以三艘軍艦命名，珊瑚、甘泉兩島以島上物產和地理特

圖 13.14：廣東水師最後一任提督李準，宣統元年（1909 年）帶船隊復勘西沙群島。

圖 13.15：陳倫炯成書於雍正八年（1730 年）的《海國聞見錄》，後被收錄到和珅的老師吳省蘭嘉慶年間所刊印的《藝海珠塵》"史部地理類"，其海圖中明確繪出了東沙和西沙。

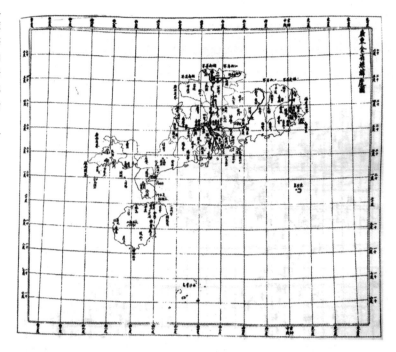

徵命名。這五個島名沿用至今。今天三沙市政府所在地永興島，當時擬定用名為林島。

1909 年 6 月 24 日《台灣日日新報》（日文版）也報道稱，復勘人員在琛航島"特意升起黃龍旗，並鳴炮二十一響，隆重地舉行宣示領土主權的儀式"。

在這次考察後，在宣統元年（1909 年）7 月，廣東參謀處測繪科製圖股刊印了一本《廣東輿地全圖》，其中《廣東全省經緯度圖》上，首次明確標出"東沙島"和"西沙群島"的位置，這是中國現存最早採用西方經緯度製圖法對兩處島嶼進行標示的記錄，但由於地圖採用網格方式標示，只能推測兩處島嶼所在經緯度的大致範圍。

此後在宣統二年冬月（1910 年 12 月），廣東水師提督李準主持編印了一本《廣東水師國防要塞圖說》，該書將"將歷年測繪內河、外海、水道圖辦理完竣"，其中也以現代經緯度對東沙島和西沙群島兩處進行說明。從數據看，李準測量的數據與現代精確測量數據極為接近，《廣東水師國防要塞圖說》載東沙島在東經 116°43′14″、北緯 20°42′3″，西沙群島在東經 111°14′—112°45′、北緯 15°46′—17°17′5″。

這是中國在南海主權歷史證據鏈上的重要一頁。

第十四章

辛亥革命，現代海軍的曙光

清朝最後的遠航，
傳奇"炮艦外交"

清末海軍重建，"炮艦外交"和護僑成為新的任務。

宣統二年（1910 年）初，英國國王愛德華七世逝世，其次子喬治五世繼承王位。清政府派貝子載振為正使、巡洋艦隊統領程璧光為副使，前往英國出席新國王的加冕典禮和國際閱艦式。

宣統三年（1911 年）4 月，程璧光率清朝當時最大的巡洋艦——海圻艦離開上海錨地，開始了出訪之旅。途中，海圻艦順道訪問了新加坡、科倫坡等地。在離開新加坡時，程璧光為了能與國際接軌，下令全艦官兵剪去髮辮。海圻艦官兵由此成為清朝第一支全部剪掉髮辮的部隊。

在經過近兩個月的航程後，海圻艦在 6 月 19 日抵達英國樸茨茅斯港。6 月 22 日，海圻艦參加了在樸茨茅斯港舉行的英王閱艦式。6 月 24 日，英國國王喬治五世與瑪麗王后在海軍大臣丘吉爾和程璧光的陪同下檢閱了海圻號。

在完成赴英出席慶賀英王加冕大典的外交使命後，海圻艦離開樸茨茅斯港，來到它的誕生地紐卡斯爾，進塢更換了艦內全部電綫。在參加活動的間隙，程璧光還帶領海圻艦官兵前往紐卡斯爾聖約翰公墓，弔唁了當年接收超勇、揚威、致遠、靖遠艦時，不幸去世的五位北洋海軍水兵，並對他們的墳墓進行了修葺。

9 月 10 日，海圻艦到訪美國紐約港，成為第一艘完成大西洋航行的北洋軍艦。

之後，程璧光一行隨即前往華盛頓、波士頓一帶進行外交活動，拜會美國總統，而後重返紐約。其間，中國海軍派出儀仗隊，列隊前往紐約哥倫比亞大學附近，向美國前總統格蘭特的墓地敬獻了花環，這一舉動在紐約乃至美國引起轟動。

從當時留下的照片看，程璧光身著清朝新式近代海軍禮服，陪同紐約市長蓋諾爾檢閱一百二十餘名水兵精英。當時清軍水兵持槍組成儀仗隊，以步行列隊的方式行進，在紐約市騎警的護送下，沿著著名的河濱大道前往格蘭特墓園。為美

上｜圖 14.1：海圻艦 1898 年 1 月 24 日在英國舉行了下水儀式。上面已經可以辨認有林國祥（原廣乙艦管帶）、程璧光（原廣甲艦管帶）、陳鎮培（原鎮東艦管帶）以及有著標誌性大鬍子的呂文經（原鎮北艦管帶）。

下｜圖 14.2：1911 年 6 月 22 日，海圻艦參加了樸茨茅斯港的英王閱艦式，共有十八國兩百餘艘軍艦列隊受閱，海圻艦參與其中的閱艦照片，後來作為紀念品帶回國內，並題字留念。

國南北戰爭時期的名將，與中國洋務運動發起人之一李鴻章私交甚好。李鴻章訪美時即曾到格蘭特墓拜謁。在紐約市政廳前，程璧光還用流利的英語發表了簡短演說。

這次行動，展現了晚清海軍現代的一面。

當時，墨西哥、古巴發生反華排華暴亂。清廷令海圻艦，順訪古巴、墨西哥，以慰僑胞。10月1日，海圻艦抵達古巴首都哈瓦那，當時“古巴僑民扶老攜幼來觀祖國之海軍”。古巴總統還接見了程璧光和海圻艦管帶湯廷光，再三表示“決不會歧視華僑。”與此同時，發生排華行為的墨西哥政府，也表示同意賠償華人損失。

程璧光成功完成一次“炮艦外交”。

10月中旬，海圻艦離開哈瓦那，再次橫渡大西洋前往英國。11月3日，海圻艦抵達英國巴羅港。這時，辛亥革命的消息傳到海圻艦上。程璧光集合全艦官兵於甲板訓話，請贊同革命的站到右舷，不贊成的站到左舷，“待我唱出‘一、二、三’時，按個人意志決定行動。”艦上官兵最後全部移至右舷，表示贊同革命。

不過，出於對國內政治局勢不明朗的擔憂，程璧光並沒有立即率艦回國。1912年2月12日，清帝宣佈退位，此時海圻艦才在英國舉行了隆重的易幟儀式，降下黃龍旗。不久，程璧光率海圻艦回到上海。

民國政府對海圻艦的壯舉給予嘉獎：

“前清末葉，因英國加冕盛典，特派海圻赴賀。旋因墨國內亂，復派赴美鎮撫華僑。往返需時一年餘，計程萬餘里，使我國國徽飄揚於異地，實自海圻始。……按前清海軍舊章，本有帶艦遠航褒獎條例，民國肇始伊始，若非量予獎敘，不足以資鼓勵而策將來。”

程璧光以及海圻艦上六十九名官兵獲得獎敘，依級別被授予二等文虎勳章至九等文虎勳章。這是民國海軍第一大褒獎案。

1913年春，袁世凱派員邀請程璧光入京，聘為海軍高等顧問，後又任他為陸海軍大元帥、統率辦事處參議。

二

武昌起義，
海軍革命

　　1911 年 10 月 10 日，武昌起義爆發，時為清宣統三年八月十九日，序屬辛亥，史稱"辛亥革命"。

　　武昌起義前，停泊在長江武漢段的清朝海軍戰艦有長江艦隊的建威、楚豫、江元三炮艦以及和巡洋艦隊的湖鷹號、湖隼號、列號魚雷艇，噸位最大的建威炮艦為隊長。

　　武昌起義爆發後，湖廣總督瑞澂立即派人給建威炮艦送去手令，要求各艦發炮攻擊起義部隊，並嚴防起義部隊渡江。新軍士兵向湖廣總督府進攻後，無力抵抗的湖廣總督瑞澂逃至停泊於江中的楚豫炮艦上。當天晚上，他利用艦上的無綫電台向北京發出了"萬急"密電——有關辛亥革命的第一封電報，就這樣通過海軍軍艦傳遞出去。

　　接到電報後，清廷在 10 月 12 日作出部署，在派出陸軍的同時，令海軍提督薩鎮冰親率軍艦前往武漢江面，配合陸軍作戰。此時，薩鎮冰駐上海，最大的主力艦海圻號正在做環球訪問，比海圻艦略小的海容、海籌、海琛三艘姊妹艦正在山東廟島海域操演。薩鎮冰只得乘坐當時唯一一艘可以立即出行的長江艦隊的楚有炮艦，前往武漢，同時電令其他軍艦前來集合。

　　接到命令後，狀態最好的海琛號在管帶容續（滿族，頤和園昆明湖水師學堂畢業）的帶領下首先出發，在上海會同長江艦隊統領沈壽坤率領的楚同、江利、江貞三艦，於 10 月 17 日抵達距離武漢三鎮不遠的陽邏江面，同薩鎮冰以及建威艦隊會合。

　　10 月 18 日早晨 6 時，清朝陸軍先頭部隊抵達漢口北郊劉家廟車站，這是清軍南下運兵的重要站點。清軍在此遭到革命軍的進攻，薩鎮冰知悉此情況後，親率海琛等艦前往京漢鐵路沿綫地區附近江面，配合陸軍炮擊革命軍。下午 3 時，革命軍佔領劉家廟車站。下午 7 時，清軍在海軍炮火的配合下，重新奪回劉家廟車站。

10 月 19 日上午，革命軍再次對劉家廟車站發起攻擊，但在進展順利的時候，遭到停泊於長江上的清軍艦炮的攻擊，損失很大。中午，清朝海軍彈藥告罄，回到陽邏的臨時駐地進行補給。趁此時機，革命軍於同日下午 3 時佔領劉家廟車站。

10 月 20 日，胡漢民等革命黨人在廣州成功勸說廣東水師提督李準反正。

10 月 26 日，清朝另外兩艘主力艦海籌、海容趕到武漢江面。薩鎮冰親率海籌、海容、海琛三艘主力艦攻打劉家廟附近的革命軍陣地。三艦集中六門 150 毫米口徑、十二門 105 毫米口徑的火炮，構成了當時武漢戰場上最兇猛的火力網，革命軍死傷慘重，戰綫崩潰。

10 月 27 日，清軍繼續進攻，薩鎮冰率軍艦來到革命軍劉家廟陣地的側翼攻擊。在海軍的配合下，清朝陸軍再次攻佔了劉家廟。

10 月 28 日，清軍乘勢向漢口市區進攻。下午 3 時 2 分，薩鎮冰率艦隊向漢口對岸的武昌青山革命軍炮兵陣地轟擊，以阻止其用炮火隔江支援漢口革命軍。

11 月 1 日，在海軍艦炮的配合下，清軍完全攻佔了漢口。

但武昌起義的星火很快呈燎原之勢。首先受到影響的是清朝海軍總司令部所在地上海。

11 月 2 日，在光復會和同盟會的影響下，上海吳淞口炮台總台官姜國梁率吳淞口的南台、北台、獅子林炮台官兵全部起義。同日，清朝長江艦隊駐泊吳淞口的策電號炮艦全體官兵起義——這是海軍參加辛亥革命的第一艦。

此時在黃浦江上高昌廟和楊樹浦兩處基地內，還停有炮艦建安號，運輸艦南琛號、登瀛洲號，魚雷艇湖鵬號、辰號、宿號等七艘艦艇。這些艦艇當時仍然掛著龍旗。

11 月 3 日下午，同盟會骨幹陳其美率隊進攻江南製造局，遭遇製造局總辦、李鴻章外甥張士珩組織的激烈抵抗。戰鬥中，張士珩向附近的海軍求助，但未獲支援。當晚，上海光復。

11 月 4 日，同盟會會員、從日本輟學回國的海軍留學生王時澤主動請纓，前去策反態度尚未明確的七艘軍艦。經過簡短溝通，七艘軍艦全部宣佈起義——這是革命軍掌握的第一支海軍隊伍。

11 月 5 日，滬軍都督府成立，陳其美任都督。都督府內專門設立"海軍處"——這是辛亥革命中，革命黨成立的第一個海軍機構。原清朝海軍軍官、同盟會會員毛仲方任海軍處處長。策反有功的王時澤被任命為都督府海軍陸戰隊指揮官。

上海光復，帶來了巨大的連鎖反應。11 月 5 日，蘇州光復，江蘇巡撫程德全支持起義，被公推為江蘇都督。11 月 7 日，鎮江光復。

此時，在南京江面，清軍還有一支海軍力量，計有長江艦隊的練習艦鏡清號，炮艦楚觀、楚泰、楚謙、江亨等，巡洋艦隊的練習艦通濟、保民，海軍大臣專用座艦聯鯨號以及張字號魚雷艇等艦船。其中，以軍階較高的鏡清艦管帶、甲午海戰時廣甲艦軍官宋文翽為隊長。除了在武漢江段的清軍主力艦和已在上海起義的海軍艦艇，這是清朝海軍的一個重要艦艇群。由於作為長江出海口的上海已經光復，加之革命軍正在圍困南京，這支艦隊的補給基本斷絕。

此時，鏡清艦幫帶大副陳復等青年軍官心向革命，秘密籌劃起義，並派代表與鎮江都督林述慶取得聯繫。林述慶派遣三十餘人組成敢死隊，在艦上革命黨人的引導下潛入各艦。由於連日來的緊張局勢，艦上人心惶惶，11 月 11 日，宋文翽在鏡清艦上召集各艦軍官開會，商量對策。開會時，陳復率領敢死隊衝進會場，要求全部軍艦開往鎮江。在楚觀艦艦長吳振南的首先響應下，全艦官兵同意開船。

11 月 12 日，艦隊抵達鎮江江面。因宋文翽和鎮江都督府參謀許崇灝是親戚，許親自上船動員，宋文翽同意起義。鎮江都督府同樣設置海軍處，由吳振南任處長。所有起義艦艇編為一隊，由鏡清艦管帶宋文翽任艦隊司令。

此後，又有飛鷹、虎威、江平等艦隻經過鎮江江段，均被攔截並編入鎮江艦隊。至此，清朝海軍主力主要還有在武漢江段與革命軍作戰的薩鎮冰艦隊。

在武漢江段的薩鎮冰艦隊，主要倚靠的是由德國建造的 2950 噸級巡洋艦海籌、海容、海琛，此三艦在清朝海軍中，是僅次於海圻號的主力艦。鑒於這三艘軍艦上的指揮官大多是擁有新派思想的青年軍官，薩鎮冰嚴令各艦艦員不得私自往來，以防出現串聯舉事的行為。

不過，三艦上都裝有無綫電台，在各艦剛到武漢江面時，海琛艦電報官張懌伯就已聯絡起事，得到包括海籌艦管帶黃鍾瑛、海容艦大副陳世英、海琛艦駕駛二副楊慶貞等一批高級軍官的支持。

這時，薩鎮冰的態度就顯得非常關鍵。這位深孚眾望的海軍老將對於艦隊的走向有著重要影響。其實，早在起義後的第十天（1911 年 10 月 20 日），即戰況

最為膠著的階段，湖北軍政府都督黎元洪就致書薩鎮冰，勸說海軍支持起義。

黎元洪在信中對薩鎮冰執弟子禮，這背後隱藏著兩人的一段海軍緣分。光緒九年（1883 年），黎元洪考入天津水師學堂，此時薩鎮冰擔任該校教習。畢業後，黎元洪在廣東水師服役，後隨廣甲艦參加了甲午海戰。

11 月 7 日，薩鎮冰回信給黎元洪，大意是對武昌起義“初亦無甚反對，但民國政體，不宜行之於中國”。由此可見，薩鎮冰對起義的態度——他並不是完全站在對立面。

程德全在蘇州反正而出任江蘇都督後，也致信薩鎮冰，並派出代表與之接洽。為了能爭取海軍，程德全也在江蘇都督府內預設了“海軍處”。

這時，駐江北的北洋學生也上書薩鎮冰，希望老師能率本部軍隊為北伐先鋒，不然則“以行暗殺手段，不殺吾師不朝食”。這已是公開的威脅。

隨著上海的光復，薩鎮冰艦隊失去了出海基地，同時，也無法得到江南製造局的軍火接濟。另外，時間馬上要進入冬季，長江枯水期來臨，海容、海籌、海琛三艘巡洋艦有擱淺的危險。薩鎮冰的艦隊在武漢江面上，猶如數頭困獸。

經過反覆思考，薩鎮冰認為革命已是大勢所趨，再戰無益，便以自己患病需要到上海醫治為由，將艦隊指揮權交給贊成革命的黃鍾瑛：“本人有病，必須赴滬就醫，統領沈壽坤亦同去滬，此間各艦長以海籌艦長黃鍾瑛資格最深，堪為隊長。"發完這條指令後，薩鎮冰和沈壽坤由江貞炮艦送到黃石港，然後換乘民船前往九江，最後以商人的身份搭乘英國太古輪船公司的商船前往上海。

薩鎮冰此舉，實際上是默許了海軍的起義。

11 月 11 日，經過會商，海籌艦長黃鍾瑛以隊長身份下令，武漢江面的清朝軍艦，駛向下游已經光復的九江。第二天，各艦升起贊成革命的白旗。

11 月 15 日，起義軍艦在九江受到革命軍代表林森、吳鐵城等人的歡迎，推舉薩鎮冰的副官湯薌銘為艦隊司令。湯薌銘是湖北軍政府民政長湯化龍的胞弟，在武漢期間他曾多次勸說薩鎮冰贊成革命。

海容、海琛二艦比較特殊。兩艦管帶喜昌、榮續都是滿人，雖然不反對起義，

圖 14.4：袁世凱於 1912 年 2 月，任命甲午海戰時靖遠艦幫帶大副劉冠雄為海軍總長。

但在軍艦抵達九江後，兩人被驅逐離艦。江貞炮艦管帶杜錫珪調任海容管帶，海琛則由幫帶林永謨升任管帶。

1911 年 12 月 5 日，黎元洪任命正率領清朝最大的軍艦海圻號在歐美訪問的清朝巡洋艦隊統領程璧光為海軍總司令，海籌艦長黃鍾瑛為副總司令。由於程璧光遠率艦隊在訪問英美途中，起義海軍實際上由黃鍾瑛負責指揮。

1912 年 1 月 1 日，中華民國臨時政府在南京成立。3 日，臨時大總統孫中山任命黃鍾瑛為海軍總長。

1912 年 2 月 12 日，清帝宣佈退位。正在英國訪問的海圻艦，在程璧光的帶領下降下黃龍旗……

1912 年 2 月 15 日，南北議和，孫中山辭職，袁世凱就任中華民國臨時大總統，任命甲午海戰時的靖遠艦幫帶大副劉冠雄為海軍總長。

1913 年春，臨時大總統袁世凱聘剛剛率海圻艦回國的程璧光為海軍高等顧問，接著又任命他為陸海軍大元帥、統率辦事處參議。

三

海軍光復，
走向共和

　　清朝海軍全部起義後，隸屬於各地軍政府。由於沒有統領，海軍仍處於亂局之中……此時，不僅起義海軍處在亂局之中，還有一大批從國外訂購的軍艦肖在船台上……武昌起義後的第十三天，清朝駐英公使劉玉麟的女兒，在紐卡斯爾將一瓶香檳砸碎在巡洋艦肇和號的船首，按照西方的傳統，劉玉麟的女兒是肇和艦的教母。紐卡斯爾當地報紙上刊登了肇和艦下水儀式啟事，上面登出了清朝海軍的龍旗，並寫著儀式主禮人 "AMY LEW"，即劉玉麟女兒的英文名字。

　　1913 年 3 月 14 日，肇和艦從英國紐卡斯爾起航抵達上海，海軍總司令李鼎新（甲午海戰時任定遠艦副管駕）親自驗收，降下黃龍旗，升掛五色旗──延續了兩千多年的中國古代海軍的歷史，最終以易幟的形式黯然落幕，同時又揭開新的篇章，走向另一個時代。

　　此外，清政府在德國訂造的長風、伏波、飛雲三艘驅逐艦，以及江犀、江鯤、川江炮艦；在日本訂造的永豐、永翔炮艦；還有在上海江南製造局船塢裏的永績、永健炮艦等。這些軍艦後來都成為民國海軍的重要力量。

　　1912 年 4 月，民國海軍部由南京移往北京，劉冠雄出任海軍總長，黃鍾瑛為海軍總司令，同時按之前的巡洋艦隊、長江艦隊的性質設立左、右兩司令，不久又改為第一、第二艦隊司令，各設司令處。第一艦隊所轄艦艇有：巡洋艦海圻、海容、海籌、海琛，驅逐艦飛鷹、建康、同安、豫章，炮艦永豐、永翔、聯鯨、舞鳳，運輸艦福安；第二艦隊所轄艦艇有：炮艦建威、建安，淺水炮艦江元、江亨、江利、江貞、楚同、楚泰、楚有、楚豫、楚觀、楚謙、江鯤、江犀、拱宸、建中、永安，魚雷艇宿字、列字、辰字、張字、湖鵬、湖鶚、湖鷹、湖隼。此後，又將晚期到達的肇和、應瑞等艦編為聯繫艦隊。

　　民國海軍建制由此粗定。

　　1913 年 6 月 19 日，北洋政府舉行了成立以後的首次海軍閱艦式，地點在天津的大沽口外。以海圻艦為首的十艘多個類型主力艦，全部繼承自清朝，艦隊分

列為兩個縱隊，排成雙行魚貫陣。左隊為海圻、應瑞、海容、永翔、南琛，右隊為海籌、肇和、海琛、飛鷹、通濟。各艦左右相距八百碼，前後相距四百碼。

檢閱從 19 日的下午 4 時 30 分開始。海圻艦首先鳴禮炮十七響。海軍總長劉冠雄乘坐原清末海軍大臣專用座艦聯鯨號檢閱全軍。

劉冠雄每經過一艦，全艦官兵均列隊於船舷旁，高喊"海軍萬歲"。

在閱艦式完畢後，艦隊於當夜起航赴廟島海域閱操。當晚，各艦長在海圻號上出席晚宴，劉冠雄發表致辭，其中説道：

> 我海軍官佐、士兵，深明大義，克盡天職，雖一時規模未臻完備，然而防亂保安，固自有其能力，國基賴以鞏固。……所望我全體軍人，萬眾一心，如四肢之衛腹心，如手足之捍頭目，純以國家為前提，勿以意氣相用事，和衷共濟，自無彼此誤會之可言。將見國旗生色，飛揚環球，他日與列強並駕齊驅，豈非民國前途之幸福哉。

作為從北洋海軍時代走來的海軍總長，劉冠雄的這段講話很有針對性，也表示對海軍寄予很高的期望。

在海軍總長任內，劉冠雄對民國海軍的制度建設作出了重要貢獻。

1916 年夏，袁世凱去世，黎元洪繼任總統，任命程璧光為北洋政府海軍總長。

上｜圖 14.6：北洋政府於 1921 年 10 月正式設立海道測量局，借吳淞商船學校舊址為辦公地點，派許繼祥為局長，並照會各國駐華使團"中國領水內，外人不得私行測量"，自此，中國領海由本國測量的原則確立。

下｜圖 14.7：中國海軍海道測量局於 1924 年 7 月，從英國購入一艦作為測量艦，命名為甘露號。

　　1917 年夏，孫中山發起護法運動。程璧光率海軍第一艦隊海琛、海圻、永豐等八艦南下，連同原駐廣州的楚豫、永翔二艦共計十艦，在廣州發出護法第一聲。這年 9 月 1 日，國會非常會議選舉孫中山為中華民國軍政府大元帥。10 日，軍政府宣告成立，程璧光任海軍總長。

　　1918 年 2 月 26 日，程璧光於廣州被暗殺，刺殺主使人至今成謎，海軍再度陷入亂局。此後，隨著民國政局進入軍閥混戰時期，沒有自己"轄區"的海軍分裂成不同派系，依賴各路軍閥生存。

　　1921 年 10 月，北洋政府正式設立海道測量局，以軍務司司長陳恩燾兼任局長，直屬海軍部。第二年，海道測量局遷至上海，借吳淞商船學校舊址為辦公

上｜圖 14.8：1929 年國民政府正式成立全國海軍最高管理機構——海軍部，
海軍部舊址現今在南京中山北路 346 號，此地原是江南水師學堂。
下｜圖 14.9：民國時代的海容艦，它最終與海圻、海籌、海琛四艘巡洋艦，在
江陰江面打開海底門，靜靜地沉入長江……

地點，派許繼祥為局長，並照會各國駐華使團 "中國領水內，外人不得私行測
量"，自此，中國領海由本國測量的原則得以確立。

　　直到 1928 年年底，奉系軍閥張學良宣佈 "東北易幟"，南京的國民政府實
現了形式上的全國統一，國民政府在行政院軍政部之下設立海軍署，任命陳紹寬

為署長，管理全國海軍。

有趣的是，在民國初年，當時軍艦在艦尾掛的都是青天白日滿地紅旗，艦首則懸掛國旗五色旗。

青天白日滿地紅旗是孫中山提出的，孫中山主張將其設為國旗，但在北洋政府時期以此為海軍軍旗，因此掛於艦尾。

1928 年國民政府北伐成功，以青天白日滿地紅旗為國旗。1929 年 12 月 20 日，國民政府明確規定海軍旗與國旗同式。這也使軍旗變國旗。

1929 年 6 月 1 日，國民政府正式成立全國海軍最高管理機構——海軍部，辦公地點是原江南水師學堂（今南京中山北路 346 號）。由於海軍部部長楊樹莊同時兼任福建省主席，海軍部工作實際由次長陳紹寬主持。1932 年，陳紹寬晉升為海軍上將，出任海軍部部長。全國艦隊整編為第一艦隊、第二艦隊、練習艦隊，原東北海軍編為第三艦隊。民國政府自晚清接收而來的軍艦，絕大多數使用到 1937 年，並參加了軍艦生涯中的最後一戰——抗日戰爭。

1937 年 9 月 14 日，肇和艦在廣東抗日，與日艦打響「虎門保衛戰」。這是抗日戰爭中，中國海軍唯一一次對日軍進行艦對艦作戰，也是肇和艦自英國歸來後，第一次以衛國作戰的方式體現其國防價值⋯⋯9 月 21 日，肇和艦被日軍炸沉在虎門要塞海域。

9 月 20 日，蔣介石發佈手令

> 「海圻」、「海琛」、海容」等，凡年在四十及以上之大艦，須將其炮卸下，準備沉沒，堵塞長江各段之用。如三日內卸拆不及，則連炮沉塞亦可。務如期辦到，以示我海軍犧牲之精神。

9 月 25 日，清末時從英國訂購的噸位最大的海圻艦，以及海容、海籌、海琛四艘老舊巡洋艦進行了最後一次航行，它們來到長江江陰江面，打開海底門，在海軍官兵的目送下，靜靜沉入長江⋯⋯

這四艘巡洋艦參與了清末民初幾乎所有重大政治事件，是甲午海戰後中國近代海軍的象徵。它們以這種悲壯的方式，為抗日戰爭作出了最後的貢獻。這也代表著舊海軍時代的徹底結束。

中國古代海戰史
大事記

新石器時代　距今 8000—7500 年，中國先民已經開始使用獨木舟，此為中國舟船文化的起點。《易·繫辭下》曰："刳木為舟，剡木為楫，舟楫之利，以濟不通，致遠以利天下。"

公元前 549 年夏　《左傳》記載："夏，楚子為舟師以伐吳。"楚國派舟師沿長江順流而下攻擊吳國。這是中國歷史上有明確記載的第一次水戰，也是關於舟師作戰的最早記載。

前 525 年　吳國舟師沿長江逆流而上攻打楚國。

前 504 年　吳楚舟師再一次交戰。楚國因為水陸均戰敗，最終被迫遷都郢。

前 494 年　越王勾踐興兵伐吳，吳王夫差徵發吳國全部水陸軍迎戰。雙方在夫椒（今江蘇蘇州市西南太湖中的椒山）展開激戰，越軍大敗。

前 485 年　吳王夫差在擊破越國後，北上與齊國爭霸，派徐承統帥舟師"自海入齊"。齊國派艦隊在海上攔截。兩國水師在海上交戰，吳國舟師大敗而歸。這是中國有史記載的第一次海戰，是一場近海戰鬥，推測海戰地點大約在今天的山東瑯琊台附近的黃海海域。

前 482 年　吳王夫差率大軍赴黃池（今河南封丘西南）會盟，試圖與晉國爭霸。越王勾踐趁吳國後方空虛起兵伐吳，越國大勝。

前 478 年　勾踐再次起兵伐吳。宋人徐天祐《吳越春秋注·勾踐伐吳外傳》中稱："笠澤之戰，越以三軍潛涉，蓋以舟師勝。"

前 475 年　越王勾踐傾全國之力，發動了滅吳之戰。勾踐，也成為春秋時期最後一位霸主。

前 138 年　西漢建元三年，東南沿海的地方政權閩越國攻打東甌國。漢武帝派中大夫嚴助前往援助。這是漢朝首次在軍事行動中獨立使用舟師。東甌地區從此納入西漢王朝版圖。

前 112 年　元鼎五年秋，漢武帝發樓船軍十萬人，分五路大舉討伐南越。在平定南越國後，漢武帝在原南越國轄地設置了南海、蒼梧、鬱林、合浦、交趾、九真、日南七郡。

前 111 年　元鼎六年秋，閩越地區公開反叛。漢武帝派水陸大軍分道攻入閩越境內，使東南沿海的廣大地區正式納入漢朝中央王朝的直接管轄。東南沿海的航路也由此貫通。

前 110 年　漢元封元年正月，漢武帝首次東巡海上，派出了數千人組成的船隊出海尋仙。

前 110 年　漢軍自合浦郡徐聞縣（今天的廣東省湛江市徐聞縣，位於中國大陸最南端，與海南島隔海相望）渡海，登上海南島。漢朝在此設儋耳、珠崖兩郡。海南島正式併入中原王朝版圖。島上兩郡和原南越國的七郡同屬於交州刺史部，此為"南越九郡"，其疆域包括今天的廣東、廣西及越南之河內、清化、義安一帶。

前 109 年　元封二年正月，漢武帝再巡東萊並留居數月，求神仙無果。四月返回長安。

前 109 年　元封二年秋，漢武帝派水陸兩路大軍進攻朝鮮，至第二年夏平定朝鮮，並分別在朝鮮半島北部和中部設立樂浪、玄菟、真番、臨屯四郡，史稱"漢四郡"。自此，山東半島與遼東半島之間的跨渡渤海航行日趨頻繁。

前 106 年　元封五年冬，漢武帝第三次巡海。

前 105 年　元封六年十月，漢武帝第四次巡海，查元封元年所派出海尋仙船之下落，因未見其返航，再派第二批船隊東渡出海。

前 102 年　太初三年正月，漢武帝第五次巡海求仙。

前 94 年　太始三年二月，漢武帝第六次求仙，至琅琊然後渡海到成山頭、芝罘。

前 89 年　征和四年正月，漢武帝第七次巡海，至東萊欲親自浮海求仙，因遇海上大風，樓船不能出港，只得返回。

公元 12 年　王莽新朝始建國四年，在連雲港東連島上今天的羊窩頭和蘇馬灣兩處界域刻石，明確地劃定了兩郡的海域權屬，留下中國最早的海權石刻。

17 年　王莽新朝天鳳四年，山東琅琊海曲（今山東日照附近）富戶呂母，聚眾起義。此後，呂母帶領起義隊伍"復還海中"。呂母是中國歷史上農民起義第一位女領袖，也是"中國歷史上第一位女海賊"。

42 年　東漢建武十八年，漢光武帝以馬援為伏波將軍，發兵兩萬餘人，船隻兩千餘艘南征交趾。"伏波將軍"由此成為海將的代名詞。

109 年　東漢永初三年七月，"海賊張伯路等寇略緣海九郡。遣侍御史龐雄督州郡兵討破之"。這是有名有姓的"海賊"首次在歷史文獻中出現。

399 年　東晉隆安三年，在舟山群島海域爆發了孫恩、盧循等人領導的海上武裝起義。此次起義，前後堅持了十二年。

598 年　隋開皇十八年，朝鮮半島的高麗政權侵犯遼西。是年六月，隋文帝楊堅發兵三十萬人，水陸並進討伐高麗。水路自東萊郡（今山東萊州）出發，出渤海渡黃海，直航平壤，但由於中途遇大風，幾乎全軍覆沒。隋朝第一次跨海東征雖失利，但高麗王迫於隋軍威勢，遣使求和。

612 年　隋大業八年，隋煬帝楊廣御駕親征，率一百一十萬大軍分海陸兩路進攻高麗。水軍由右衛大將軍來護兒統領，史載“舳艫數百里，浮海先進”。但由於水陸兩軍均未能得手，再加上大軍“糧盡”，隋煬帝被迫撤軍，虛設遼東郡和通定鎮。

614 年　隋大業十年，隋煬帝再次發水陸大軍東征高麗。水軍由來護兒率領從東萊郡出發，橫渡渤海海峽，在遼東半島南端登陸，攻打卑奢城（今大連金州區一帶），擊破高麗守軍，乘勝直趨平壤。高麗遣使求和。

645 年　唐貞觀十九年，唐太宗李世民親率水陸兩路大軍征高麗。水路方面，“勁卒四萬，戰船五百艘，自萊州泛海趨平壤”。由於高麗軍負隅頑抗，加之天寒糧盡，唐軍被迫撤退回國。東征高麗是李世民唯一沒有獲得全勝的戰役。

647 年　唐貞觀二十一年三月，左武侯大將軍牛進達、右武候將軍李海岸率水軍自山東半島萊州渡海，沿遼東海岸而行，進入鴨綠江流域，先後攻取高麗石城（今丹東市石城縣石頭村的石築山城址）、積利城（今遼寧寬甸縣鴨綠江北岸），得勝後引軍而還。

648 年　唐貞觀二十二年一月，右武衛大將軍薛萬徹、右衛將軍裴行之等率水軍三萬人，從萊州渡渤海，入鴨綠江，進攻泊灼城（今遼寧省寬甸縣鴨綠江北岸），破高麗軍三萬人。

648 年　唐貞觀二十二年四月，唐水軍浮海進攻高麗，大勝後渡海回航。

649 年　唐貞觀二十三年四月，唐太宗病逝，唐朝“罷遼東之役”。

663 年　唐龍朔三年八月，唐朝、新羅聯軍與倭國、百濟聯軍於白村江口（今韓國錦江入海口）發生一次大規模水戰，百濟與日本聯軍大敗。白村江海戰重整了東亞地區的政治格局。此後一千多年中，日本沒有再對朝鮮半島用兵。新羅在唐朝的協助下，統一了朝鮮半島。

938 年　嶺南的南漢政權與交趾地區（今越南北部）的軍閥吳權發生戰爭，雙方戰於今越南北部的白藤江，南漢水軍大敗。吳權擊敗南漢軍後，於公元 939 年建立越南吳朝。

1042 年　宋慶曆二年，登州知州郭志高奉命沿丹崖山構築停泊艦船的水城，建立了北方最大的水軍基地。因水軍使用的戰船稱“刀魚舡”，水城便被稱為“刀魚寨”。

1132 年　南宋紹興二年，為防禦金人從海上偷襲，設立了沿海制置司，分設為浙東福建沿海制置司和浙西淮東沿海制置司。此後，兩司廢置不長，最後只有浙東沿海制置司延續下來。浙東福建沿海制置司是中國最早的海軍衙門。

1161 年　南宋紹興三十一年，金朝發兵六十萬，分四路進攻南宋。其中第四路為海軍，自山東半島膠州灣浮海南下，由海路進至杭州灣。南宋將領李寶採用先發制人、火攻破敵的戰法，在唐島（今青島黃島靈山衛與薛家島之間的一座小島）將金國艦隊消滅。戰後，李寶升任沿海制置使，統領各地水軍，成為南宋的“海軍司令”。

唐島海戰是中國古代海戰史上一場劃時代的戰役，它第一次將火藥發射型武器應用到海戰之中。中國古代海戰由此從冷兵器時代進入到火器時代。

1257 年　南宋寶祐五年、元憲宗七年，在攻滅大理國後，元軍發兵安南京北。十二月，兩軍交戰，安南水陸軍大敗。元軍繳獲大量戰船，乘勝直入安南國都。元軍在此駐留九日，因不習慣天氣炎熱而撤退。這是元朝第一次討伐安南，勝利而返。

1274 年　元至元十一年十月，忽必烈發兵三萬兩千三百人、戰船九百艘，從朝鮮半島東南端的合浦出發征討日本。元軍一度在築前博多灣（今福岡附近）登陸，但由於夜間遭遇大風，元軍船翻人亡，損失慘重，被迫撤回朝鮮。元朝第一次跨海征日結束。

1279 年　南宋祥興二年、元至元十六年，南宋軍隊與蒙古軍隊在崖山進行最後一次大規模海戰。宋軍十萬官兵，軍民船加起來有千餘艘。元軍有兩萬兵力，有船五百多艘。二月初六是雙方最後決戰的一天，宋元兩軍從早晨一直打到晚上。偏安的南宋小朝廷，最終沉沒於海。

1280 年　元至元十七年，忽必烈下令在朝鮮半島設立設征東等處行中書省（一説為設日本行省），發兵十四萬分兩路東征日本。這年閏七月初一夜，由於前敵將領配合失誤，外加颶風和暴雨突然降臨。在巨浪之中，元軍兵船互相撞擊，艦毀人亡嚴重。剩餘元軍倉皇歸國。

1282 年　元至元十九年六月，忽必烈調集淮、浙和福建、湖廣駐軍五千人，各式戰船二千六百餘艘，由占城行省右丞唆都率領，從廣州出發跨海討伐占城。至元二十一年（1284 年）二月，忽必烈又增兵一萬五千人，戰船兩百艘進軍占城。此戰元朝雖未達到戰略目的，但占城被迫遣使求降。此後忽必烈亦放棄征討占城。

1285 年　元至元二十二年，元軍由鎮南王脱歡率領征討安南，再次大敗安南水陸軍，直抵其都城升龍（今河內），安南王棄城而逃。但因時至夏季，天氣炎熱潮濕，“蒙古軍馬不能施其技”，元軍回撤。途中，元軍遭遇安南軍一路追堵截殺。元朝第二次討伐安南，無功而返。

1287 年　元至元二十四年正月，元朝派軍隊九萬一千人、船五百艘分路進軍安南。元軍水軍從海道出發，經玉山、雙門，在安邦口遭遇安南水軍四百餘艘。經激戰，元朝水軍大勝，殲滅安南水軍四千餘人，生擒安南軍百餘人，獲戰船一百艘。此後元軍水陸並進，直趨安南都城，安南王再次棄都而逃。但元軍由於補給困難，加上又要到濕熱雨季，分道撤回。回撤途中，在白藤江元朝水軍全軍覆沒。

1293 年　至元三十年七月，忽必烈命大將劉國傑準備第四次征安南。次年正月，忽必烈病逝，元成宗鐵穆耳即位，下詔罷征安南。

1407 年　明永樂五年，鄭和船隊首下西洋回國途中，經過蘇門答臘島上的三佛齊王國，生擒當地匪首陳祖義等人。此後，明朝在此設立“舊港宣慰司”。這是明朝中央政府在南海最南端設立的地方行政機構。

1409 年　明永樂七年，鄭和第三次下西洋，再次經過錫蘭山國。由於錫蘭山國王“負固不恭，謀害舟師”，鄭和將其活捉，帶回京城。《明實錄》載：“群臣請誅之，上憫其愚無知，命姑釋之，給與衣食。命禮部議擇其屬之賢者立為王，以承國祀。"

　　1414 年　明永樂十二年，鄭和第四次下西洋。永樂十三年，在途中平定蘇門答剌國之亂。鄭和船隊海外戰鬥的"三戰三捷"，保證了從西洋各國到中國海上朝貢航綫的安寧和明朝對這一地區的控制，堪稱十五世紀的海上"維和部隊"。

　　1419 年　明永樂十七年六月十五日，明軍在望海堝（今大連市金州區東北的金頂山）大敗入侵倭寇，為明朝抗倭首次大捷，史稱"望海堝大捷"。以後百餘年，倭寇不敢復犯遼東。

　　1521 年　明正德十六年，時任廣東海道副使汪鋐率領水軍，驅逐聚集在廣東屯門地區的葡萄牙人。與葡萄牙海軍發生屯門海戰。屯門海戰是中西交往史上的第一場海戰，以明朝的獲勝而告終。

　　1548 年　明嘉靖二十七年四月，浙江巡撫朱紈派都指揮盧鏜率戰船三百八十艘、水軍六千餘人，清剿位於舟山群島的雙嶼港。擒獲驅逐盤踞在此的海盜及驅逐葡萄牙商人，並以木石填平了雙嶼港。此後，葡萄牙人則往南撤，在澳門落腳。

　　1552 年　明嘉靖三十一年秋，倭寇在江南賊首陳東引領下，突襲劉家港。次年，海盜王直又引倭船十一艘，掠寶山、闖瀏河、登岸剽劫；此後，蕭顯又引倭寇二千多人大舉登陸，沿婁江襲太倉、崑山、轉而掠嘉定、青浦、松江，進犯上海；接著，徐海帶領倭寇數百人，何八帶領倭寇七百餘人，合圍太倉城……明嘉靖年間，倭患達到頂峰。

　　1553 年　明嘉靖三十二年，戚繼光升署都指揮僉事，管理登州、文登、即墨三營，下轄二十五衛所，擔負山東沿海的禦倭任務。此後，從山東到閩浙再到廣東，一直到隆慶元年（1567 年）十二月北調鎮守薊門為止，戚繼光在沿海前綫抗倭十餘年，"戚家軍"威名赫赫，其水軍的建設和戰法，影響後世。

　　1562 年　明嘉靖四十一年，鄭若曾在浙江巡按御史胡宗憲的支持下，出版了以鞏固海防為目的的《籌海圖編》。該書中彙聚了明初以來各方繪製的地圖、艦船圖及武器一百七十二幅。這是中國第一部以圖為主的海防著作，對後世影響深遠。

　　1598 年　明萬曆二十六年、日本慶長三年八月十八日，豐臣秀吉病死在京都。九月，日軍開始從朝鮮撤軍。明軍將領陳璘、鄧子龍等同朝鮮名將李舜臣聯合出擊，在露梁海上截擊日軍。露梁海戰以中朝聯軍獲勝告終，共擊沉、焚毀日軍艦船四百五十餘艘。此戰粉碎了日本吞併朝鮮並進而侵略中國的野心，還在戰後的三百年裏遏制了日本的對外擴張，直到甲午海戰爆發。

　　1633 年　明崇禎六年七月，荷蘭人突襲廈門，試圖以武力撬開對華貿易大門。守衛廈門的明朝水師對此沒有防備，損失慘重。此後荷蘭東印度公司派出九艘荷蘭蓋倫戰船前往福建沿海，準備進攻明朝。最後，明朝水師以鄭芝龍（鄭成功之父）為前鋒，以絕對優勢兵力在金門料羅灣擊敗荷蘭東印度公司與海盜劉香聯軍。"料羅灣海戰"是中國古代規模較大的海戰之一，也是明朝滅亡前與西方殖民者進行的最後一場海戰。

　　1661 年　清順治十八年四月三十日，經過兩年精心準備，鄭成功率兩萬五千名將士，戰船數百艘，從金門出發，經澎湖，突襲被荷蘭人佔據的台灣。第二年，荷蘭人宣佈投降，結束了在台灣三十八年的統治。鄭成功收復台灣，是古代中國與西方殖民者海上戰爭中少有的全勝記錄，也是唯一收復故土的記錄，台灣由此進入“明鄭時期”。

1662 年　台灣明鄭小王朝元年、清康熙元年。三十八歲的鄭成功在台灣病逝，八歲的康熙皇帝在北京遙撰輓聯：“四鎮多貳心，兩島屯師，敢向東南爭半壁；諸王無寸土，一隅抗志，方知海外有孤忠。”清廷從順治到康熙，清廷曾派人與鄭氏三代進行了至少十次談判。

1662 年　康熙元年，由於和談失敗，清廷任命施琅為福建水師提督，征討台灣。康熙三年、四年（1664 年、1665 年），施琅兩次率軍試圖征台，均遭遇颶風，無功而返。

1673 年　康熙十二年，雲南平西王吳三桂舉兵叛清，福建靖南王耿精忠、廣東平南王尚可喜接連響應，是為“三藩之亂”。鄭經乘機西渡，佔領了福建、廣東七府之地，兵力一度發展到十萬多人。

1681 年　清康熙二十年年底，清廷平定“三藩”之亂，也肅清了福建、廣東境內的鄭經部隊。這一年，三十九歲的鄭經病逝，其年僅十一歲的次子鄭克塽繼位。鄭氏集團出現內訌。

1682 年　康熙二十一年，施琅在李光地等大臣的力薦下，復任福建水師提督之職，並加太子少保銜，南下福建指揮武力攻台。

1683 年　康熙二十二年六月十四日，施琅率水軍兩萬餘人、大小戰船二百三十餘艘，從福建銅山（今東山島）出發，奪取地處澎湖主島以南、鄭軍防守薄弱的八罩島（今望安島），準備向澎湖鄭軍發動進攻。六月二十二日，施琅率軍對澎湖發起總攻，經過九小時激戰，清軍取得全面勝利。

1683 年　清康熙二十二年八月十三日，施琅率軍在台灣登陸，鄭克塽、劉國軒、馮錫範等鄭氏集團主要成員剃髮迎降。

1684 年　康熙二十三年，清廷在台灣設置一府三縣，設總兵官一員，兵八千；澎湖設副將一員，兵兩千，隸屬於福建省。台灣島正式納入清朝版圖，“台灣”開始成為台灣島及其附近島嶼的稱謂。

1786 年　乾隆五十一年十一月，台灣爆發“林爽文起義”，到乾隆五十三年正月被平定，歷時一年有餘。平定林爽文起義後，乾隆皇帝特命宮廷畫師繪製了《平定台灣戰圖冊》。

1800 年　嘉慶五年六月二十一日，越南海盜倫貴利帶領二十八艘夷艇進入浙江海域，糾結閩浙海盜，準備次日登陸台州。當天夜裏，海面颳起一場颶風，使越南海盜遭到滅頂之災。此後十年間，海盜蔡牽幫收拾各幫殘餘，成為閩浙海域實力最強的、最為著名的海盜頭目。

1803 年　嘉慶八年正月，在蔡牽率部駛至浙江普陀山海面時，浙江水師提督李長庚指揮水師戰船尾隨跟蹤，並對其實施突然打擊。在閩浙洋面遭遇困境後，蔡牽意圖仿效鄭成功，在嘉慶九年、十年、十一年多次進攻台灣，但均遭失敗。

1805 年　嘉慶十年，廣東海域最有"實力"的七位海盜首領簽訂"合約"，對海盜各部的海上交易、船隻管理、矛盾解決乃至"保護費"收取等都作了規定，該"合約"是中國海盜史上極具史料價值的一份文獻。

1805 年　嘉慶十年，新任兩廣總督那彥成抵達廣東，奉命剿滅廣東海域的海盜。

1807 年　嘉慶十二年秋，海盜鄭一在越南去世。華南海盜聯盟中這支最大的船隊落到了其妻鄭一嫂手裏，人稱"龍嫂"。傳說中，鄭一嫂後來改嫁鄭一的養子張保，張保綽號"張保仔"，此人後來成為紅旗幫首領。

1807 年　嘉慶十二年，浙江水師提督李長庚和福建水師提督張見升率水師在海上追擊蔡牽海盜集團。在廣東潮陽黑水洋，李長庚中炮遇難。蔡牽退往越南沿海。

1808 年　嘉慶十三年，廣東虎門鎮總兵林國良帶領師船巡航，與海盜烏石二交戰，林國良戰死。

1809 年　嘉慶十四年，新任兩廣總督百齡派水師摧毀了白旗幫。此後，百齡一方面開始號召廣東沿江、沿海各地發展團練，一方面開始與同樣受到海盜騷擾的葡萄牙澳門駐軍聯絡，雙方約定聯合打擊海盜。

1809 年　嘉慶十四年秋，閩浙水師在浙江漁山洋海面發現蔡牽踪跡。浙江水師提督丘良功指揮水師官兵對其展開攻擊，福建水師提督王得祿也率軍加入戰鬥，蔡牽"知不免，舉炮自裂其舟，沉於海"。蔡牽之死，標誌著浙江海盜大幫時代的終結。

1810 年　嘉慶十五年初，海盜郭婆帶率領黑旗幫及黃旗幫的重要頭目投降。百齡親自到歸善縣接見投降的兩幫海盜首領。不久，各幫海盜陸續來降，總人數達九千餘人。這年春天，鄭一嫂與張保仔率領紅旗幫一萬七千多人、兩百二十餘條船、一千三百多門火炮正式投降。名噪一時的華南海盜，逐漸平息。

1840 年 7 月 5 日　道光二十年，英國艦隊入侵定海，清、英艦隊在海上展開對轟——鴉片戰爭第一戰由此開始。定海總兵張朝發率戰船及水師兩千餘人出海迎戰，戰鬥僅持續了九分鐘。定海總兵張朝發戰死，清軍潰退到陸上防綫。7 月 6 日，定海淪陷。

1841 年 1 月 7 日　英軍總指揮伯拉特少校率領艦船進入虎門外的穿鼻洋水域，突襲珠江口的第二道關口。

1841 年 1 月 20 日　義律逼迫琦善擬訂了《穿鼻草約》，但雙方未正式簽約。1 月 21 日，義律單方面公佈了《穿鼻草約》。1 月 26 日義律私自派軍艦在香港水坑口登陸，隨即出任香港行政官（不是總督）。這一天，後來被當作香港淪陷日。

1841 年 2 月 26 日　英艦向虎門陣地發起進攻。此戰，清軍自水師提督關天培以下戰死四百餘人、被俘千餘人，英軍僅五人輕傷。

1841 年 1 月 27 日　清廷決定對英國開戰，第一次鴉片戰爭的第二階段戰事由此展開。當年英國艦隊溯珠江北上，向烏涌炮台發起進攻。戰鬥中，清軍引進的第一艘現代軍艦劍橋號，被摧毀。

1841 年 3 月 3 日　英軍拿出《約議戢兵條款》，向清廷開出比《穿鼻草約》更苛刻的賠款、割地條件，並限期三天之內答應。

1841 年 3 月 6 日　英軍發兵，先後攻陷獵德、二沙尾炮台，隨後，英軍又繞道河南島的另一側，試圖從這裏尋求通往廣州城的道路。3 月 13 日，英軍攻佔大黃滘炮台，並駐紮於此。

1841 年 3 月 18 日　英軍攻擊廣州城。英國軍艦由大黃滘炮台出發，一路連克鳳凰崗、永靖等炮台，沿河道行至花地，並進一步攻至廣州城外西南部西關沙面，在十三行的英國商館停留片刻後撤離。

1841 年 5 月 20 日　清軍統帥奕山在獲得相關情報後，下令在第二天對英軍發動“夜襲”，未能奏效。

1841 年 5 月 23 日　在香港的英軍趕到廣州水域，分兩路集結。次日下午 2 時，英艦發起攻擊。25 日，英軍佔領廣州城北高地越秀山的四方炮台，並設司令部於地勢最高的永安炮台，大炮可直轟廣州城內。

1841 年 5 月 27 日　廣州城掛起白旗，奕山保城求和。奕山與英軍簽訂《廣州和約》，清軍向英軍交“贖城費”六百萬元。6 月 1 日起英軍開始撤退，廣州戰役至此結束。

1841 年 5 月 31 日　英國外相以義律對清朝行動過於保守為由，改派璞鼎查接替義律全權辦理對清事務。8 月 21 日，璞鼎查帶艦隊，進入廈門附近海域。第一次鴉片戰爭由此進入第三階段。

1841 年 8 月 25 日　當日晚英軍到達廈門海域。次日清晨，璞鼎查和海軍司令巴加、陸軍司令郭富乘輪船偵察廈門設防情況，並制定作戰計劃。26 日下午 1 時 45 分，廈門之戰打響。8 月 27 日，英軍攻下廈門城，在此休整二十天。

1841 年 10 月 1 日　英軍攻打定海。此役清軍損失最為慘重，葛雲飛、王錫朋、鄭國鴻三總兵同日殉國；英軍損失微小，僅死兩人、傷二十七人。

1841 年 10 月 10 日　英國艦隊攻打鎮海，兵分三路，進入甬江口。守將浙江提督余步雲逃跑。城中的總指揮、兩江總督裕謙，跳入縣學內的泮池準備殉節，被家丁救起，行至距鎮海縣城七十多公里的餘姚氣絕身亡。

1842 年 3 月 10 日　清軍準備收復寧波和鎮海。清軍統帥奕經選擇“四寅佳期”（1842 年 3 月 10 日凌晨 5 時，即壬寅年壬寅月戊寅日甲寅時）為進攻日期，以生年屬虎（寅）的貴州安義鎮總兵段永福為主將，謂之“五虎制敵”。但這次進攻未獲成效。

1842 年 5 月 13 日　英國艦隊開始向長江口進犯，摧毀乍浦港。在乍浦保衛戰中，清軍八旗乍浦水師副都統長喜以下將士近七百人陣亡，英軍陸軍中校湯林森以下死九人、傷五十人。這是鴉片戰爭中，英軍傷亡最大的戰鬥之一。

1842 年 6 月 16 日　英軍全部出動，進攻吳淞。此戰清軍江南提督陳化成以下八十八人陣亡，英軍死兩人、傷二十五人。

1842 年 7 月 5 日　英軍在援兵全部到齊後，攻打鎮江城。此時鎮江城內僅有八旗兵一千六百人，城外有兩千七百人，火炮很少。鎮江之戰是鴉片戰爭中清、英兩軍投入兵力最多的一次，也是清軍抵抗最激烈的一次。英軍有三十九人斃命、一百三十人受傷、三人失蹤。

1842 年 8 月 9 日　英艦抵達南京江面，並揚言將於 8 月 11 日開始攻城。

1842 年 8 月 29 日　經在南京靜海寺的多次談判，清朝代表耆英、伊里布、牛鑒等人，與英國代表在英軍旗艦康華麗號上簽訂了近代中國第一個不平等條約《南京條約》。歷時兩年三個月的第一次鴉片戰爭至此結束。

1856 年 10 月 12 日　清咸豐六年，英國以"亞羅號事件"為藉口，由海軍上將西馬糜各厘指揮戰艦與陸戰隊員兩千人衝至虎門，拉開了第二次鴉片戰爭的序幕。

1856 年 10 月 25 日　英國艦隊在海珠炮台安營紮寨，並用艦炮和該炮台大炮轟擊廣州城。10 月 30 日，英方再次要求開放廣州城，並間歇性炮擊廣州。兩廣總督葉名琛不為所動，但也沒有認真做戰鬥或者其他準備。

1857 年 1 月　英軍退出珠江內河，戰事陷入僵持階段。英軍一邊在珠江口等待援軍，一邊做再打廣州城的戰鬥準備。

1857 年 3 月　英國議院改選，主張對清朝開戰的一方獲勝。議院任命前加拿大總督額爾金為全權代表，率一支英軍增援中國戰場；同時，英國向法國提出聯合出兵的要求，法國任命葛羅為全權代表，率一支法軍協助英軍。英法聯合艦隊在香港完成集結。此時，美、俄兩國亦聲明支持英、法侵華。

1857 年 12 月 27 日　葉名琛上奏清廷稱英法已"計窮力竭"，"英夷現已求和，計日準可通商"。

1857 年 12 月 28 日　上午 6 時，英法聯軍先是在廣州城外河南地區炮轟廣州城。12 月 29 日，英法聯軍由小北門入城，佔領了觀音山（即今越秀山）。城外二十五艘英艦、七艘法艦的一百二十門大炮轟擊廣州城，城內燃起大火。12 月 30 日，不足兩天的攻城戰鬥結束，廣州淪陷。

1858 年 4 月　英法聯軍，聯合俄、美公使北上大沽，要求進京遞交國書，而咸豐皇帝則堅持雙方在天津換約。彼此僵持之際，英法聯軍選擇了武力進犯。

1858 年 5 月 20 日　上午 8 時，英法聯軍向直隸總督譚廷襄遞交"最後通牒"，限清軍在兩小時內交出大沽口炮台。譚廷襄不予理睬，並決心與英法開戰。10 時剛過，第一次大沽口戰役打響，英法聯軍海陸配合，以傷亡不滿百人的輕微損失，輕取大沽口炮台。

1858 年 6 月 5 日　在天津城南的海光寺，清朝代表與英法代表進行簽約談判。從 6 月中旬至當月底，英、法、俄、美四列強與清朝分別簽署了《天津條約》。

1859 年 6 月　英、法兩國按上一年所簽《天津條約》之換約規定，又來到大沽口提出進京換約。因為"事關國體"，清廷沒有答應。

1859 年 6 月 17 日　英法聯軍到達大沽口，派人向清朝守軍投遞信件，要求三日內開放一個入口，以便公使溯河前往天津。但清廷要求公使前往北塘登陸，並由清軍保護到北京換約。英法聯軍不理清廷要求，直闖禁止外國船隻進入的大沽口，拉開了第二次大沽口戰役的序幕。

1859 年 6 月 25 日　早晨，英法聯軍的炮艇開始進入大沽口內。戰至 6 月 26 日凌晨，英法聯軍艦隊全部逃出大沽口，英法第二次攻打大沽口，以失敗告終。此戰，清軍有四千四百五十四人參戰，直隸提督史榮椿以下陣亡三十二人。英法聯軍參戰炮艇十一艘，被擊沉或摧毀四艘。英軍參戰人數一千餘人，炮艇水兵被擊斃二十五人，受傷九十三人；登陸部隊被擊斃六十四人，受傷兩百五十二人。法軍參戰人數六十人，被擊斃四人，受傷十人。這是第一次鴉片戰爭以來，清軍取得的最大一次勝利。

1860 年初　英軍增援部隊開始陸續抵達中國海岸。4 月 14 日，英法聯軍商定軍事計劃。4 月 21 日，英軍佔領舟山。5 月 27 日，英軍佔領大連。6 月 4 日，法軍佔領煙台。6 月下旬，英法聯軍完成進攻大沽口的軍事準備。6 月 26 日，英法兩國政府向清朝正式宣戰。

1860 年 8 月 1 日　英法聯軍趁北塘清軍守備空虛，開始攻打北塘炮台。第三次大沽口戰役由此打響。至 8 月 14 日清晨，英法聯軍已將戰綫推進至塘沽。

1860 年 8 月 18 日　英法聯軍渡過海河，登陸南岸。8 月 21 日凌晨，英法聯軍集中全部火力向大沽北岸炮台猛烈轟擊。戰至下午 2 時，守將僧格林沁命南岸炮台守軍和蒙古馬隊盡撤天津。幾天後，英法聯軍佔領天津。

1860 年 9 月 18 日　英法聯軍攻陷張家灣和通州。八里橋野戰，僧格林沁所部依然慘敗。隨後，清軍退入北京城。

1860 年 10 月 13 日　英法聯軍攻入北京，清帝退避熱河行宮。10 月 18 日，英法聯軍燒毀圓明園。10 月 24 日，清朝與英法兩國簽訂《北京條約》。

1866 年　同治五年，時任閩浙總督左宗棠提出，在福州馬尾設立船政，造艦育才，籌建海軍。這一年的 11 月 19 日，清廷根據已調任陝甘總督的左宗棠奏薦，啟用原江西巡撫沈葆楨為首任船政大臣，聘請法國人日意格、德克碑統籌建設工作，並簽訂了一個五年計劃。

1866 年 12 月 23 日　船政正式破土動工。

1867 年　同治六年底，時任江蘇布政使的丁日昌，通過湖廣總督李鴻章，附呈了關於創建"三洋提督"的條陳，提議建立北洋提督、中洋提督、南洋提督。因此，丁日昌也被後世稱為晚清海軍最早的"設計師"。

1869 年　船政造出第一艘千噸級木殼蒸汽兵船萬年青號。到 1874 年，船政共造出了十五艘兵船，有關艦船分佈在天津、牛莊、澎湖、廈門、福州等沿海防綫。

1871 年　船政通過自造軍艦組建了中國第一支近代化艦隊——船政水師。

1874 年　日本藉口"牡丹社事件"派兵侵入台灣。清廷派沈葆楨為欽差大臣，辦理台灣等處海防兼理各國事務。沈葆楨命船政水師揚武、福星、靖遠、振威等艦往來於台灣和大陸，運送兵員和軍火。雖然此次清、日未發生海戰，但船政水師首次出兵還是對日軍造成心理震攝。

1875 年　清廷終於確立加強海防與建立海軍之國策，任命直隸總督李鴻章和兩江總督沈葆楨分別督辦北洋、南洋海防事宜。

1876 年　在英國訂造的兩艘炮艇龍驤、虎威率先駛抵天津大沽，李鴻章親自前往驗收，船政學堂優秀畢業生張成、丘寶仁分任兩艦管帶。第二年夏天，飛霆、策電兩炮艇從英國駛抵中國。這四艘炮艇構成北洋水師最初戰力。

1881 年　李鴻章奏准任命原淮軍將領丁汝昌為北洋水師統領，北洋水師正式成形。

1884 年 8 月 5 日　清、法關係緊張，清、法基隆首戰打響。守軍在劉銘傳的指揮下，反擊法軍。法軍退到福建海岸的馬祖島。

1884 年 8 月 23 日　馬江之戰打響。這是清朝船政水師第一次參加海戰。在不到二十分鐘的時間裏，船政水師九艦被擊毀，另有伏波、藝新兩艦自沉，有姓名可考的陣亡者達五百餘人。法軍僅損失了兩艘自殺式的杆雷艇，軍艦損傷輕微，共死亡六人，受傷二十七人。

1884 年 8 月 24 日　法國艦隊炮繫船政廠區。8 月 25 日，法國海軍陸戰隊登陸羅星塔，搬走了三門價格不菲的克虜伯行營炮作為戰利品，並在退出馬江途中摧毀了沿江兩岸炮台。8 月 29 日下午 3 時，法國艦隊順利駛出閩江口。

1884 年 10 月 1 日　早晨，法艦再次攻打台灣。因劉銘傳守城得當，法軍自認已無力攻佔台灣北部。隨後，法軍全面封鎖了台灣海域。

1884 年 11 月 20 日　北洋水師管帶林泰曾、鄧世昌率超勇、揚威二艦抵達南洋水師基地上海吳淞口，準備支援台灣。12 月 4 日，朝鮮突發內亂，清廷為控制朝鮮局勢，急令在吳淞口的北洋水師超勇、揚威二艦開赴朝鮮。

1885 年 1 月 18 日　在清廷的一再催促下，準備了近兩個月的南洋水師五艘增援艦從吳淞口起錨南下台灣。2 月 7 日，法國艦隊司令孤拔率七艘軍艦從馬祖島北上攔截。

1885 年 2 月 13 日　早晨 5 時 30 分，清法艦隊在檀頭山島海域遭遇，清軍將領吳安康卻率巡洋艦開濟號、南琛號、南瑞號逃往鎮海。澄慶號、馭遠號躲入附近的石浦灣，並要求岸上守軍協同防守。

1885 年 2 月 15 日　凌晨 3 時 45 分，法軍杆雷艇進攻石浦港，發起衝鋒。澄慶號、馭遠號沉沒後，法國艦隊於 2 月 16 日全部離去。

1885 年 2 月 26 日　法國政府命令法軍遠東艦隊切斷清廷經濟命脈——漕運。孤拔率艦隊，前往長江口搜尋漕運船隻，順路搜索上次北撤的三艘南洋水師軍艦。

1885 年 3 月 1 日　法國軍艦向鎮海港內駛來，招寶山炮台群首先向法艦尼埃利號發起炮擊。由於清軍防衛有序，法艦只得後退下錨。此後，直到清法戰爭結束，港內的三艘清軍軍艦始終未能駛出港口一步，法艦也未進行主動進攻。

1885 年 3 月 14 日　為擺脫在基隆進退維谷的處境，法國政府停止增援基隆戰事，命令封鎖鎮江的孤拔艦隊轉攻澎湖。3 月 29 日，孤拔率領遠東艦隊登陸澎湖。

1885 年 3 月 30 日　法軍在鎮南關戰敗的消息傳到法國，引起國內政壇震盪，法國總理茹費理被迫下台。4 月 14 日，法國政府單方面宣佈停戰，命令孤拔解除對台封鎖。清法於 6 月 9 日簽訂《中法新約》。

清廷在戰後宣佈建立台灣省，命劉銘傳以福建巡撫身份兼任首任台灣巡撫。7 月 29 日，法國宣佈解散遠東艦隊。

1885 年 6 月 21 日　清廷以清法和局雖定，然海防不可稍弛，發出"籌議海防"的上諭，要求李鴻章、左宗棠、張之洞等沿海沿江各省督撫就全域統籌、船廠增拓、炮台設置、將才遴選、經費籌措等問題切實籌議、具奏陳述，是為清史上的"第二次海防大籌議"。

經此次大籌議，清廷做了三個重要決定：成立海軍衙門，委派醇親王奕譞總理海軍事務，所有沿海水師悉歸海軍衙門節制調遣，並責成李鴻章專司北洋精練海軍事宜；確立了"三洋佈局，北洋為重"的海防格局；設立台灣行省。

1888 年 9 月 30 日　海軍衙門將《北洋海軍章程》上奏清廷，三天後得到批准頒行，標誌著"北洋海軍"正式成軍。

1891 年 6 月 1 日　由翁同龢擔任尚書的戶部上《酌擬籌餉辦法摺》，建議南北洋購買外洋槍炮、船隻、機器暫停兩年，所省價銀解部充餉，獲准。

1894 年 5 月　北洋海軍進行了最後一次、也是規模最大的一次出海校閱，共有二十一艘軍艦參加。大閱之後不到兩個月，甲午海戰爆發。

1894 年 7 月 25 日　在朝鮮牙山灣口豐島西南海域，日本海軍同北洋海軍編隊的濟遠、廣乙兩艦相遇，發生"豐島海戰"。在交戰過程中，日軍又攔截了清軍運兵船高陞號和操江號。此戰中，濟遠艦逃跑，廣乙艦擱淺自焚，高陞號被日軍擊沉，操江號被俘。

1894 年 8 月 1 日　清廷發上諭，正式對日本宣戰。同一天，日本向清朝宣戰。

1894 年 9 月 15 日　清軍徵調五艘商船向大連灣集結，開始向朝鮮半島、遼東半島運送兵員以及輜重、馬匹、火炮等物資。次日深夜 1 時許，北洋艦隊為運兵船護航起錨出發。

1894 年 9 月 16 日　下午 5 時，獲得清軍運兵情報後，日本聯合艦隊向遼東中部的海洋島海域進發。

1894 年 9 月 17 日　北洋艦隊與日本聯合艦隊相遇。中午 12 時 50 分，北洋海軍旗艦定遠先行開炮，清日黃海戰正式打響。海戰進行到下午 6 時左右，日本聯合艦隊開始撤離戰鬥海域。這是世界海戰史上第一次戰役級鐵甲艦隊大海戰。黃海大決戰持續五個小時左右，日艦無一沉沒，松島、比睿、赤誠、西京丸四艘軍艦受重創；日軍陣亡九十人、負傷兩百零八人。北洋艦隊損失超勇、揚威、致遠、經遠四艘戰艦，定遠、鎮遠、靖遠、來遠四艦受到重創。

1894 年 10 月 24 日　日軍第一軍突破鴨綠江防綫，進入清朝境內；與此同時，日軍第二軍登陸花園口，僅用半個多月時間即推進至旅順一綫。

1894 年 11 月 14 日　為防被日軍圍堵在旅順港中，北洋艦隊從旅順轉移到威海灣的劉公島基地。

1894 年 11 月 15 日　鎮遠艦進港時，因觸礁受損無法作戰，管帶林泰曾在艦長室喝藥自盡，時年四十四歲。

1895 年 1 月 20 日　日軍在山東半島的最東端榮成灣龍鬚島登陸，1 月 30 日，佔領威海南幫炮台不久，佔領北幫炮台。

1895 年 2 月 2 日　鎮遠艦水兵乘坐輪船寶筏號到北幫炮台，將炮位全部炸毀。這天上午 9 時，日軍佔領威海衛城。北洋海軍對外的電報聯繫和補給中斷。

1895 年 2 月 5 日　凌晨 3 時 20 分，日軍出動八艘魚雷艇從威海灣東口進港偷襲。北洋海軍旗艦定遠艦被日軍第九號魚雷艇發射的魚雷擊中艦尾，與此同時，定遠艦用大炮射出一枚炮彈，直接命中第九號魚雷艇。這是北洋海軍在甲午海戰中擊毀敵艦的唯一戰果。

1895 年 2 月 6 日　凌晨，日軍再次派魚雷艇隊進港偷襲，北洋海軍主力艦來遠、訓練艦威遠、輔助船寶筏三艦船相繼被擊沉。

1895 年 2 月 7 日　在兩次偷襲成功後，伊東祐亨率領十五艘軍艦對劉公島發動總攻。戰鬥從早上 7 時 35 分開始，島上守軍將士發炮抵抗，再加上丁汝昌率領鎮遠、靖遠等軍艦發炮參戰，阻止了日本聯合艦隊攻佔劉公島，但日軍將威海港南口日島炮台擊毀，威海灣門戶盡失。

1895 年 2 月 9 日　中國農曆正月十五，凌晨，丁汝昌派信使到煙台求援，上午 8 時許，他登上靖遠艦，率領諸艦與日艦炮戰。戰至中午，靖遠艦被日軍從南幫炮台群打來的炮彈擊中，翻沉擱淺，為免資敵，廣丙艦發射魚雷將其炸毀。隨後，丁汝昌又令將擱淺的定遠艦炸毀，深夜，定遠艦管帶劉步蟾吞服鴉片自盡。

1895 年 2 月 11 日　上午 7 時 30 分，日軍再一次向劉公島發起攻擊。中午，丁汝昌組織殘餘軍艦對南幫炮台進行了最後一次炮擊。傍晚，丁汝昌數次下令將鎮遠艦炸毀以免資敵，但已無人執行命令。夜裏，丁汝昌向營務處道台牛昶昞交代了後事，留下一句話："只得一身報國，未能拖累萬人。"

1895 年 2 月 12 日　丁汝昌服毒自盡，時年六十歲。這天夜裏，劉公島護軍統領、李鴻章的外甥張文宣，也服毒自盡。

1895 年 2 月 13 日　下午 5 時，作為劉公島海陸軍代表，牛昶昞和程璧光來到日軍松島艦商談降約。當天，接任鎮遠艦管帶的楊用霖吞槍自盡。這是甲午海戰中北洋艦隊開出的最後一槍。

1895 年 2 月 14 日　下午 2 時，牛昶昞、程璧光再次來到松島艦，交出全島官兵名冊，共計五千一百二十四人，其中海軍軍官一百八十三人，海軍學生三十人，海軍士兵兩千八百七十一人，陸軍軍官四十人，陸軍士兵兩千人。最後簽訂《威海降約》。

1895 年 2 月 17 日　上午 8 時 30 分，日本聯合艦隊進入威海灣，登上劉公島，北洋海軍的鎮遠、平遠、濟遠、廣丙、鎮東、鎮西、鎮南、鎮北、鎮中、鎮邊等十艘軍艦被俘。下午 3 時，被解除武裝的北洋艦隊康濟艦，載著丁汝昌、林泰曾、劉步蟾、楊用霖等人的靈柩駛出劉公島。北洋海軍就此覆沒。

1895 年 3 月 20 日　清廷派出李鴻章為全權代表，赴日本馬關（今日本下關）進行和談。

1895 年 5 月 4 日　因俄、德、法三國"干涉還遼"，日本內閣會議決定，將遼東半島"退還"給中國，作為"歸還"代價，清朝支付給日本三千萬兩白銀"贖遼費"。

1895 年 5 月 8 日　清日雙方在煙台交換條約，標誌著《馬關條約》正式生效，也標誌著甲午戰爭正式結束。

1895 年 5 月 25 日　已成清廷"棄兒"的台灣，宣佈成立"台灣民主國"，推舉台灣巡撫唐景崧為"總統"、劉永福為大將軍、李秉瑞為軍務大臣。台灣"新政府"拒絕向日本交出台灣。此時，台灣有綠營（漢軍）兵十幾個營約五千人。

1895 年 6 月 2 日　當晚，日本派駐台灣的"總督"樺山資紀和清朝代表李鴻章之子李經芳，在停泊於基隆灣的日艦上，舉行了台灣"受渡"儀式。

1895 年 6 月 3 日　日軍對拒不交出台灣的守軍發起進攻，戰鬥在台灣北部第一大港基隆打響。6 月 11 日，日軍進入台北城。10 月 21 日，日軍佔領台南。至此，成立僅一百五十天的短命"台灣民主國"滅亡。

1897 年 11 月 14 日　德國艦隊藉"巨野教案"，佔領山東膠州灣。

1899 年初　光緒皇帝召見前北洋海軍副將葉祖珪、參將薩鎮冰，撤銷對他們的革職處分，命他們統領和幫統新購各艦，在天津紫竹林設統領衙門——清朝正式重建北洋水師。

1899 年 5 月　意大利向清朝"租借"浙江三門灣，並派三艘軍艦來到中國東南沿海，進行武力施壓。但在清朝軍事和外交的雙重壓力下，意大利最終放棄對三門灣的非分要求。

1900 年 6 月　因"庚子事變"，八國聯軍發動侵華戰爭。

1900 年 6 月 16 日　八國聯軍艦隊進入天津海河。當晚，聯軍向守軍將領、天津鎮總兵羅榮光發出最後通牒，限於第二天凌晨 2 時，交出南北兩岸的五座炮台，被拒絕。

1900 年 6 月 17 日　零時 45 分，聯軍艦隊和陸軍發起總攻。大沽口海戰是清朝海軍打的最後一場抵抗外來侵略的海戰，只打了半天，大沽口失陷。北洋水師剛剛接收的海龍、海犀、海青和海華四艘驅逐艦被聯軍俘獲。

1900 年 6 月 21 日　清朝向列國宣戰。

1900 年 7 月 14 日　天津失守。

1900 年 8 月 14 日　北京破城。

1901 年　清朝與列強十一國簽訂《辛丑條約》。

1904 年 2 月 6 日　日本正式與俄國斷交，明治天皇密令日本艦隊立即開赴黃海，準備突襲俄太平洋艦隊。俄太平洋艦隊分駐旅順港和海參崴港，兩支分艦隊共擁有六十餘艘戰艦，多數戰艦停泊在旅順。日本聯合艦隊有戰艦八十艘。

1904 年 2 月 9 日　零時左右，日軍派出魚雷艇偷襲旅順口內的俄國軍艦，近距離發射了十六枚魚雷，重創停在外錨地的俄國戰列艦列特維贊號、策薩列維奇號和巡洋艦帕拉達號。日本以不宣而戰的方式，揭開了日俄戰爭的序幕。

1904 年 8 月 7 日　日軍對旅順口發動大規模進攻。

1904 年 8 月 10 日　日俄艦隊主力在黃海相遇，俄國艦隊受重創，除了旗艦皇太子號以及兩艘巡洋艦和四艘驅逐艦逃到青島和上海等中立地區外，其他五艘戰列艦和大部分戰艦都敗退回旅順港。俄艦隊的突圍行動失敗。

1905 年 1 月 2 日　旅順口俄國守軍投降。旅順口之戰，持續三百二十九天。俄國太平洋艦隊旅順分隊戰艦皆被擊毀，全軍覆沒。日軍也付出了傷亡五萬官兵的代價。

1907 年 10 月 11 日　清朝外務部致電兩廣總督張人駿，告知港澳附近與美屬小呂宋群島（今馬尼拉）連界之間有一荒島，被日商西澤吉次侵佔。外務部認為“該島為我屬地”，命張人駿詳細查明該島舊係何名、有無圖籍可考。經過兩年多的交涉，1909 年 11 月 19 日，清朝收回該島，這就是今天的東沙島。

1909 年　清廷將全國海軍力量，統一整編為巡洋艦隊和長江艦隊兩支艦隊，並設立統一的海軍指揮機構。

同年　清廷任命原北洋海軍廣丙艦管帶程璧光為巡洋艦隊統領，任命原北洋海軍定遠艦大副沈壽堃為長江艦隊統領，分別負責沿海和長江防務。同時，成立籌辦海軍事務處，“著派郡王銜貝勒載洵、提督薩鎮冰充籌辦海軍大臣”。這年秋天，載洵、薩鎮冰出訪歐洲，訂購軍艦。根據這次考察，他們也帶頭擬定了和國際全面接軌的海軍三等九級軍銜制。此後，海軍大臣旗、正都統旗等長官旗式、各級軍官章服標識也陸續制定。

1909 年 5 月　廣東水師提督李準帶隊前往西沙群島勘察，其中伏波、琛航、廣金三島是以三艘軍艦名命名，珊瑚、甘泉兩島以島上出產物和地理特徵命名。這個五個島名沿用至今。今天三沙市政府所在地永興島，當時擬名為林島。這是中國在南海主權歷史證據鏈上的重要一環。

1910 年　清廷改籌辦海軍事務處為海軍部，其各項機構設置、制度編列都參照英國。海軍部由載洵任海軍大臣。海軍提督薩鎮冰“統制巡洋、長江艦隊”，設海軍司令部於上海高昌廟，薩鎮冰也成為首任海軍總司令。至此，整編後的清朝海軍終於有了統一的海軍指揮機構和海軍司令部。

1911 年 4 月　程璧光率清朝最大的巡洋艦海圻艦離開上海錨地，出席英國喬治國王的加冕典禮和國際閱艦式。此後又訪問美國，到古巴宣慰華僑，完成中國軍艦的首次環球之旅。清帝退位後，程璧光率海圻艦回到上海，受到民國政府嘉獎。

1911 年 10 月 10 日　武昌起義爆發，薩鎮冰受命率軍艦前往武漢江面，配合陸軍鎮壓起義。

1911 年 11 月 2 日　清朝長江艦隊駐泊吳淞口的策電號炮艦全體官兵起義——這是

海軍參加辛亥革命的第一艦。

1911 年 11 月 5 日　滬軍都督府成立，陳其美任都督。都督府內專門設立"海軍處"——這是辛亥革命中，革命黨成立的第一個海軍機構。

1911 年 11 月 11 日　薩鎮冰將艦隊指揮權交給贊成革命的海籌艦艦長黃鍾瑛。黃鍾瑛以艦隊長身份令武漢江面的清朝軍艦，駛向下游已經光復的九江。第二天，各艦升起贊成革命的白旗。11 月 15 日，起義軍艦在九江受到革命軍代表林森、吳鐵城等人的歡迎。

1911 年 11 月 12 日　長江艦隊練習艦鏡清號，炮艦楚同、楚觀、楚泰、楚謙、江亨等，巡洋艦隊的練習艦通濟、保民，海軍大臣專用座艦聯鯨號以及張字號魚雷艇等艦船，在鎮江江面起義。

1911 年 12 月 5 日　黎元洪任命正率領海圻號在歐美訪問的清朝巡洋艦隊統領程璧光為海軍總司令，海籌艦長黃鍾瑛為副總司令。由於程璧光遠在歐美訪問，起義海軍實際上由黃鍾瑛負責指揮。

1912 年 1 月 1 日　中華民國臨時政府在南京成立。3 日，臨時大總統孫中山任命黃鍾瑛為海軍總長。

1912 年 2 月 15 日　南北議和，袁世凱就任中華民國臨時大總統，他任命甲午海戰時的靖遠艦幫帶大副劉冠雄為海軍總長。

1912 年 4 月　民國海軍部由南京移往北京，劉冠雄為海軍總長，黃鍾瑛為海軍總司令。同時按之前的巡洋艦隊、長江艦隊的性質設立左、右兩司令，不久改為第一、第二艦隊司令，各設司令處。民國海軍建制由此而始。

1913 年春　中華民國臨時大總統袁世凱聘剛剛率海圻艦回國的程璧光為海軍高等顧問，接著又任命他為陸海軍大元帥、統率辦事處參議。

1913 年 3 月 14 日　清朝在英國訂造的肇和艦，從英國紐卡斯爾起航抵達上海，民國海軍總司令李鼎新親自前往驗收，升掛民國五色旗。

1913 年 6 月 19 日　北洋政府舉行了成立以後的首次海軍閱艦式，地點在天津的大沽口外。以海圻艦為首的十艘主力艦，全部為清朝海軍遺產。海軍總長劉冠雄乘坐原清末海軍大臣專用座艦聯鯨號檢閱全軍。

1914 年 8 月 23 日　日本藉"一戰"爆發，向德國宣戰，次日，封鎖了膠州灣出海口。11 月，德軍在青島信號山懸掛白旗投降。是役，德軍戰死數百人，被俘四千餘人；日軍死亡一千餘人。青島自此被日本侵佔。

1916 年夏　在袁世凱去世後，黎元洪繼任總統，任命程璧光為北洋政府海軍總長。

1917 年夏　孫中山發起護法運動，程璧光率海軍第一艦隊海琛、海圻、永豐等八艦組成"護法艦隊"南下，回應護法運動。

1921 年 10 月　北洋政府正式設立海道測量局。自此，中國領海由中國測量的原則得以確立。

1928 年底　奉系軍閥張學良宣佈"改旗易幟"。南京的國民政府實現了形式上的全國統一，國民政府在行政院軍政部下設立海軍署，任命陳紹寬為署長，管理全國海軍。

　　1929 年 6 月 1 日　南京國民政府正式成立全國海軍最高管理機構——海軍部，辦公地點設在原江南水師學堂（今南京中山北路 346 號）。

　　1932 年　陳紹寬晉升為海軍上將，出任海軍部部長。

　　1937 年 9 月 14 日　肇和艦在廣東抵抗日艦打響 "虎門保衛戰"。這是抗日戰爭中，中國海軍唯一一次對日軍進行艦對艦作戰，也是肇和艦自英國歸來後，第一次以衛國作戰的方式體現其國防價值……9 月 21 日，肇和艦被日軍炸沉在虎門要塞海域。

　　1937 年 9 月 20 日　蔣介石發佈手令："海圻、海琛、海容等，凡年在四十及以上之大艦，須將其炮卸下，準備沉沒，堵塞長江各段之用。如三日內卸拆不及，則連炮沉塞亦可。務如期辦到，以示我海軍犧牲之精神。"

　　1937 年 9 月 25 日　清末時從英國訂購的噸位最大的海圻、海容、海籌、海琛四艘老舊巡洋艦進行了最後一次航行，最終沉入長江。這也代表著中國舊海軍時代的徹底結束。

參考文獻

- 《帆船史》，楊槱著，上海交通大學出版社，2005 年出版。
- 《二十六史》，戴逸主編，吉林人民出版社，2012 年出版。
- 《龍江船廠志》，（明）李昭祥撰，江蘇古籍出版社，1999 年出版。
- 《籌海圖編淺説》，范中義撰，解放軍出版社，1987 年出版。
- 《中國古船圖譜》，王冠倬編著，三聯書店，2011 年出版。
- 《海洋交通與文明》，孫光圻著，海洋出版社，1993 年出版。
- 《中外交通史籍叢刊》，中華書局，1961—2006 年出版。
- 《中國古代航海史》，孫光圻著，海洋出版社，2005 年出版。
- 《中國古代造船史》，席龍飛著，武漢大學出版社，2015 年出版。
- 《中國歷代戰爭史》，台灣三軍大學編著，中信出版社，2013 年出版。
- 《中國古代海軍史》，張鐵牛、高曉星著，解放軍出版社，2006 年出版。
- 《中國的海賊》，（日）松浦章著，謝躍譯，商務印書館，2011 年出版。
- 《華南海盜 1790—1810》，（美）穆黛安著，劉平譯，商務印書館，2019 年出版。
- 《南中國海海盜風雲》，（美）安樂博著，蘭馨譯，香港三聯書店，2014 年出版。
- 《龍旗飄揚的艦隊》，姜鳴著，三聯書店，2002 年出版。
- 《清日戰爭 1894—1895》，宗澤亞著，世界圖書出版公司，2012 年出版。
- 《日俄戰爭：開戰背景及海戰始末》，查攸吟著，武漢大學出版社，2012 年出版。
- 《靖海澄疆》，馬幼垣著，中華書局，2013 年出版。
- 《中外海戰大全》，趙振愚主編，海潮出版社，1991 年出版。
- 《中法海戰》，陳悅著，台海出版社，2018 年出版。
- 《中日甲午黃海大決戰》，陳悅著，台海出版社，2019 年出版。
- 《甲午海戰爭》，丁一平主編，海潮出版社，2014 年出版。
- 《甲午海戰爭史》，戚其章著，上海人民出版社，2014 年 5 月出版。

- 《船政史》，陳悅著，福建人民出版社，2016 年出版。
- 《天朝的崩潰——鴉片戰爭再研究》，茅海建著，三聯書店，2018 年出版。
- 《大汗之怒：元朝征伐日本小史》，周思成著，山西人民出版社，2019 年出版。
- 《北洋海軍艦船志》，陳悅著，山東畫報出版社，2009 年出版。
- 《近代中國海軍》，海軍司令部《近代中國海軍》編輯部編著，海潮出版社，1994 年出版。
- 《中國近代海軍史》，吳傑章、蘇小東、程志發主編，解放軍出版社，1989 年出版。
- 《中國近代海軍史事編年》，姜鳴著，三聯書店，2017 年出版。
- 《清末海軍史料》，張俠等合編，海洋出版社，2001 年出版。
- 《中華民國海軍史料》，楊志本主編，海洋出版社，1987 年出版。
- 《檔案裏的中國海軍歷史》，馬駿傑著，山東畫報出版社，2014 年出版。
- 《丁汝昌集》，陳悅主編，孫建軍整理校註，山東畫報出版社，2017 年出版。
- 《丁汝昌年譜》，戚俊傑編著，山東大學出版社，2016 年出版。
- 《北洋海軍與晚清海防建設》，戚海瑩著，齊魯書社，2012 年出版。
- 《廣東海防史》，《廣東海防史》編委會編，中山大學出版社，2010 年出版。
- 《銳艦：海軍耆宿薩鎮冰傳》，薩支輝著，天津人民出版社出版，2010 年出版。
- 《永遠的蔚藍色：福州"宮巷海軍劉"》，《永遠的蔚藍色：—福州"宮巷海軍劉"》編委會編著，天津大學出版社，2014 年出版。
- 《大清福建海軍的創建與覆沒》，楊東梁著，中國人民大學出版社，1989 年出版。
- 《中國近代海軍職官表》，劉傳標編纂，福建人民出版社，2004 年出版。

責任編輯　　陳思思　龍　田

書籍設計　　道　轍

書　　名　　**中國古代海戰史**

著　　者　　梁二平　王國平

出　　版　　**三聯書店（香港）有限公司**

香港北角英皇道 499 號北角工業大廈 20 樓

Joint Publishing (H.K.) Co., Ltd.

20/F., North Point Industrial Building,

499 King's Road, North Point, Hong Kong

香港發行　　香港聯合書刊物流有限公司

香港新界荃灣德士古道 220-248 號 16 樓

印　　刷　　美雅印刷製本有限公司

香港九龍觀塘榮業街 6 號 4 樓 A 室

版　　次　　2022 年 3 月香港第一版第一次印刷

規　　格　　16 開（170 mm × 240 mm）424 面

國際書號　　ISBN 978-962-04-4900-0

© 2022 Joint Publishing (H.K.) Co., Ltd.

Published & Printed in Hong Kong